ePub für (In)Designer

Sacha Heck • Yves Apel

Mit InDesign Schritt für Schritt zum E-Book

dpunkt.verlag

Lektorat: Barbara Lauer, Bonn
Copy-Editing: Alexander Reischert (Redaktion Aluan, Köln)
Layout: Sacha Heck, Yves Apel
Herstellung: Nadine Thiele
Umschlaggestaltung: Helmut Kraus, www.exclam.de
Druck und Bindung: Media-Print Informationstechnologie, Paderborn

Bibliografische Information der Deutschen Nationalbibliothek
Die Deutsche Nationalbibliothek verzeichnet diese Publikation in der Deutschen Nationalbibliografie; detaillierte bibliografische Daten sind im Internet über http://dnb.d-nb.de abrufbar.

ISBN: 978-3-89864-794-6

1. Auflage 2012

Ringstraße 19 B
69115 Heidelberg

5 4 3 2 1 0

ePub
für (In)Designer

Sacha Heck ist ausgebildeter Typograf und Medienoperator und arbeitet in der Publishing-Abteilung eines großen Luxemburger Medienunternehmens. Aus der Produktion des ersten luxemburgischen E-Books ist ein kleiner Leitfaden für ePub entstanden, der nun hiermit zum Buch ausgeweitet wurde.

Yves Apel ist ausgebildeter Typograf, Adobe Certified Expert & Instructor für InDesign und arbeitet als Beauftragter für elektronische Publikationen und neue Medien sowie Ausbilder im Premedia-Bereich bei der Imprimerie Centrale in Luxemburg.

Beide Autoren sind aktiv in der Community und Moderatoren bei der bekannten Schweizer Medienplattform HilfDirSelbst.ch.

Vorwort

Ein Buch über ePub zu schreiben hörte sich spannend an und erschien uns leicht in der Umsetzung. Doch schnell mussten wir feststellen, dass unser mitunter sehr technisches Denken für andere in der Umsetzung nicht praktikabel werden würde. Umso mehr hat uns die Herausforderung gepackt. Ein Konzept musste her! Ein leicht verständliches Konzept, das sowohl Anfängern den Einstieg in die Welt von ePub zeigen sowie Fortgeschrittenen als Nachschlagewerk dienen kann. Zudem sollte das Buch länger Gültigkeit haben, auch wenn die Technologie einem ständig fortschreitenden Wandel unterliegt.

So war die Entscheidung naheliegend, das Buch auf Tutorial-Basis aufzubauen und Sie als Leser und zukünftigen ePub-Ersteller, Schritt für Schritt zu begleiten und durch die Herstellungsprozesse zu führen. Gespräche mit Arbeitskollegen, Freunden aus der Community und Beratern haben uns dazu angeregt, nicht nur zu zeigen, was möglich ist, sondern auch zu erwähnen, wo die Grenzen liegen und was Probleme verursachen kann, um Ihnen die Herstellungsfehler zu ersparen, die uns bei den ersten Versuchen unterlaufen sind.

Als Herstellungswerkzeug haben wir uns für InDesign entschieden. Doch angesichts des großen Entwicklungssprungs bei ePub von InDesign CS5 nach InDesign CS5.5 stellte sich uns die Frage, in welcher Version wir die Herstellung beschreiben sollten. Die Antwort war ganz klar. Beide Versionen sollen beschrieben werden, damit auch Nutzer von InDesign CS5 nicht zu kurz kommen.

Wir hoffen, dass Sie an dem Buch viel Freude haben werden und das enthaltene Wissen in Ihre Produktion einfließen lassen können.

Sacha Heck
Yves Apel
Luxemburg, Februar 2012

Danksagung

Wir möchten uns bei allen, die an der Entstehung dieses Buches beteiligt waren, bedanken.

Dies gilt vor allem für Familie und Freunde, die uns in der Umsetzung unterstützt haben. Des Weiteren gilt unser Dank den Gutachtern Stefan Göbel, Gregor Fellenz und Simon Specht, die uns mit Rat und Tat sowie positiven und kritischen Kommentaren unterstützt und motiviert haben. Hervorzuheben ist auch unsere Lektorin Barbara Lauer, die uns bis zuletzt gefordert und in unserem Vorhaben bestärkt hat.

Nicht zu vergessen sind auch die Eltern von Yves, die das erste Manuskript Korrektur gelesen und die teils sehr mit luxemburgischem Dialekt belasteten Texte verbessert haben.

Der gleiche Dank gilt den Personen, die nicht namentlich erwähnt wurden, jedoch unverzichtbar für das Erscheinen des Buches sind.

Inhaltsverzeichnis

1 Einleitung

1.1 Was ist eigentlich ein E-Book?

Elektronische Bücher (E-Books) gewinnen in den letzten zwei bis drei Jahren immer mehr an Popularität. Es gibt mehrere Formate, die als E-Books gelten, jedoch hat sich das ePub-Format mittlerweile zum Lesen von Büchern und anderen Publikationen auf den Tablet-PCs und Smartphones durchgesetzt. Die Ursprünge von ePub liegen in den späten 90er Jahren und wurden von den beiden Firmen SoftBook Press und NuvoMedia Inc. unter dem Namen Open eBook entwickelt. Im September 2007 wurde ePub als Weiterentwicklung von Open eBook als offizieller Standard des IDPF (International Digital Publishing Forum) vorgestellt.

Ein ePub zeichnet sich vor allem durch die dynamische Anpassung der Texte und Bilder an die Bildschirmgröße des Lesegerätes aus. Zudem kann der Leser die Schriftgröße selbst seinen Bedürfnissen und Vorlieben anpassen. Die meisten E-Reader sind mit einer Software ausgestattet, die das ePub-Format auslesen können, bzw. es kann die dazu notwendige Software nachinstalliert werden. Diverse Programme bieten auch noch verschiedene Lesemodi wie z.B. einen Nacht-Lesemodus, der den Text automatisch in weißer Schrift auf schwarzem Hintergrund erscheinen lässt, was bei dunkler Umgebung die Augen schont und das Lesevergnügen erhöht. Viele Programme bieten zudem auch eine Volltextsuche sowie das Hinterlegen von Lesezeichen und das Erstellen von Notizen. Außerdem können ePub-Dateien leicht verteilt werden. Ein ePub kann auf einer Homepage als Download angeboten, per E-Mail verschickt oder mit einer anderen Person per Dropbox geteilt werden, um nur einige Beispiele zu nennen.

Ein Nachteil des ePub-Formats besteht darin, dass es nicht für Zeitschriften oder grafisch aufwändige Gestaltungen gedacht ist. ePub offenbart seine Stärken erst bei textlastigen Inhalten.

AZW, Mobipocket

Zeitnah zur Veröffentlichung des ePub-Formats hat Amazon sein eigenes Projekt unter dem Namen »Kindle« gestartet. Amazon bietet seinen Kunden ein Shop-Portal, um elektronische Bücher zu kaufen, die auf den Kindle-Geräten zu lesen sind. Allerdings können diese Kindle-Geräte keine ePub-Dateien lesen, da Amazon seine eigenen Dateiformate AZW und Mobipocket etablieren möchte. Während AZW mittlerweile immer mehr verschwindet, erfreut sich das Mobipocket-Format (Dateiendung: mobi) einer ähnlichen Beliebtheit wie ePub. Und dies nicht zuletzt deshalb, weil es in wenigen einfachen Schritten möglich ist, eine ePub-Datei in das Mobipocket-Format zu konvertieren. Diese Arbeitsschritte werden selbstverständlich in diesem Buch erläutert.

Weitere Technologien im Überblick

PDF

Das PDF-Format hat den großen Vorteil, dass es seit Jahren bei den Anwendern etabliert und sehr weit verbreitet ist. Es gibt kaum jemanden, der das PDF-Format nicht kennt, und es ist nahezu auf jedem Computer möglich, ein PDF darzustellen. Auf Tablet-PCs und kleinen Bildschirmen hat das PDF allerdings einen entscheidenden Nachteil: Die Gestaltung passt sich nicht dynamisch an, sondern der Inhalt wird auf die Bildschirmgröße verkleinert, was das Lesen schwierig macht, da man je nach Textgröße sehr stark hineinzoomen und dauernd mit dem Finger hin und her wischen muss, um den Text in einem Stück zu betrachten. Ein weiterer Nachteil ist, dass PDF-Dateien mit interaktiven Inhalten nicht richtig auf Tablet-PCs funktionieren und auch Farben und Schatten nicht richtig dargestellt werden.

Flip Book / E-Paper / Webanwendung

Ein Flip Book oder E-Paper basiert meist auf der Adobe-Flash-Technologie sowie neuerdings auch auf HTML5. Ähnlich wie bei PDF kann bei einem Flip Book die Gestaltung beibehalten werden. Ein Flip Book kann direkt im Webbrowser betrachtet werden und es ist keine Zusatzsoftware nötig. Ein Flip-Book wird zudem mit einer Benutzeroberfläche versehen, die unter anderem mit Buttons zur Navigation, zum Zoomen, Ausdrucken oder Suchen von Inhalten ausgestattet werden kann. In aller Regel werden Flip Books auf einer Internetseite platziert, was den Vorteil hat, dass die Publikation zum Lesen nicht erst ganz geladen werden muss und somit schnell von Seite zu Seite gewechselt werden kann. Allerdings muss man online sein, um eine Flip-Book-Publikation lesen zu können. Auch interaktive Inhalte können eingebunden werden.

Eine Webanwendung ist die erweiterte Form von Flip Book und E-Paper. Bei einer Webanwendung wird ein komplettes Programm auf dem Server des Anbieters ausgeführt, jedoch die Anwendung von Ihnen im Webbrowser gesteuert. Webanwendungen bieten sehr weit reichende Möglichkeiten für Publikationen. Ein gutes Beispiel einer Webanwendung sind die Google Docs.

Digitale Publikationen in App-Form

Unter App (Application = Anwendung) versteht man ein Programm, das auf Ihrem Lesegerät installiert werden kann. Beim digitalen Publizieren gibt es mehrere Formen von Apps. Die bekanntesten sind Single-Issue-Apps, bei denen die Publikation die App selbst ist: Nach deren Start bekommt man direkt Einsicht in die Publikation. Daneben gibt es die Kiosk-App, eine Anwendung die beim Öffnen zuerst eine virtuelle Bibliothek der verfügbaren Publikationen anzeigt, die dann von dort aus heruntergeladen und gelesen werden können. Bei Apps wird die Gestaltung der Publikationen meist auf die Bildschirmgröße des Lesegerätes angepasst und mit interaktiven Inhalten wie Bildergalerien, Filmen und in die Publikation eingebundenen Webinhalten angereichert. Digitale Publikationen in App-Form bieten ganz andere Gestaltungsmöglichkeiten als beim Druck. Neue Distributionskanäle wie der Apple App-Store oder der Android Market machen diese Form der Veröffentlichung umso interessanter. Allerdings müssen diese Publikationen meist aufwändig und zeitintensiv hergestellt werden.

Multi-Touch Book (iBooks Textbook)
Ein »Multi-Touch Book« (auch noch iBooks Textbook genannt) ist ein neues elektronisches Buchformat, das unter dieser Bezeichnung im Januar 2012 von Apple vorgestellt wurde. Multi-Touch Books werden mit dem Programm iBooks Author (nur für Mac erhältlich) erstellt und können sowohl Text-, Koch-, Bilder-, historische und Lehrbücher sein, die aktuell nur auf dem iPad in der iBooks-App dargestellt werden können. Multi-Touch Books basieren auf dem ePub-Standard, sind aber für die Zwecke von Apple abgewandelt.Sie können mit Hilfe von iBooks Author und vorgefertigten Templates ohne große Vorkenntnisse angefertigt werden. Mitgelieferte Widgets ermöglichen die Integration von interaktiven Inhalten. Bücher, die zum Verkauf gedacht sind, dürfen derzeit nur im iBooks Store vertrieben werden.

Der ePub-Standard

Im Oktober 2011 wurde der ePub3-Standard verabschiedet, der somit den noch immer gebräuchlichen ePub2-Standard ablösen wird. Der maßgebliche Unterschied zwischen beiden Standards liegt in den Möglichkeiten und Funktionen in einer ePub-Datei. Einen näheren Blick auf die Neuerungen bietet das Kapitel 23, S. 290 am Ende des Buches. Weiterhin aber wird der ePub2-Standard mehrheitlich in den nächsten Monaten verwendet werden, da viele Gerätehersteller noch nicht so weit sind, auf den ePub3-Standard umzustellen, bzw. noch nicht klar ist, ob sie die Möglichkeit geben werden, ältere Geräte auf ePub3 zu aktualisieren. In diesem Buch haben wir dennoch nicht darauf verzichtet, bereits einige der ePub3-Funktionen wie Video und Audio zu erwähnen, die jetzt schon mit InDesign möglich sind.

Weiterhin ist zu berücksichtigen, dass selbst mit der Veröffentlichung des ePub3-Standards einige Geräte noch nicht einmal den ePub2-Standard im vollen Umfang beherrschen werden.

Von der Gestaltung ähnelt ein ePub am ehesten einer Website, und das aus gutem Grund, so wie wir später noch feststellen werden. Denn ein ePub gehorcht hauptsächlich den Regeln der Webgestaltung, weshalb langjährige Printgestalter erst etwas umdenken müssen. Aber keine Sorge! Dieser Schritt ist leichter zu vollziehen, als so mancher denken mag, und Sie brauchen sich nicht davor zu fürchten.

Eine gut strukturierte ePub-Datei zu erstellen heißt leider auch, einiges an Nacharbeit im Quellcode zu leisten. Die Gestaltung für eine Druckdatei fällt etwas anders aus als für ein elektronisches Buch und eine gute Vorbereitung ist ausschlaggebend.

1.2 Aufbau des Buches

Buchstruktur

Wie ist dieses Buch strukturiert? Wie sollten Sie das Buch am besten lesen? Bei der Erstellung eines ePubs gilt es, einige Schritte in festgelegter Reihenfolge abzuarbeiten und das Buch ist auch auf diese chronologische Reihenfolge abgestimmt. Grob gesagt wird zunächst ein InDesign-Layout so vorbereitet, dass es sich optimal für den ePub-Export eignet. Danach wird das ePub aus InDesign exportiert und mit einem E-Reader in einem ersten Check überprüft. Danach erfolgt die Validierung, und wenn das alles geklappt hat, können Sie die ePub-Datei noch mit Editoren weiter bearbeiten. Zum Schluss stellt sich die Frage, was nun mit dem E-Book geschehen soll. Davon handelt der letzte Teil des Buches.

Sie können nun das Buch von vorne bis hinten durcharbeiten und erhalten so eine detaillierte Anleitung zu allen Schritten, die nacheinander zu erledigen sind. Oder Sie lesen das Buch selektiv, wenn Sie nur ein bestimmter Aspekt interessiert. Die einzelnen Themen sind wie kleine Tutorials in sich abgeschlossen und reich illustriert, so dass Sie die Schritte möglichst anschaulich nachvollziehen können. Dadurch können sich an manchen Stellen Informationen überschneiden. Wir werden Sie dann ggf. auf ein anderes Kapitel verweisen, in dem die Funktionen näher beschrieben werden.

Software

In Kapitel 2 stellen wir Ihnen eine Reihe von hilfreichen Programmen vor, die teilweise im Laufe des Buches auch zum Einsatz kommen. Bei der ePub-Erstellung gibt es jedoch viele Wege, die nach Rom führen. Sie können also gerne mit Ihren Lieblingstools arbeiten, das sollte keinen Einfluss auf die Beispiele haben, die wir erklären. Wir haben uns allerdings der Einfachheit und Einheitlichkeit halber im ersten Teil auf InDesign festgelegt und im zweiten Teil über die Nachbearbeitung kommt hauptsächlich Sigil [☝1] zum Einsatz. Das Prüfen der ePubs erfolgt vor allem in Adobes Digital Editions [☝2] oder ebenfalls in Sigil.

Links

Im Buch finden sich manchmal Hinweise auf Websites mit weiterführenden Informationen, auf Firmen-Websites von Herstellern, die Tools für E-Book-Publishing anbieten oder einfach hilfreiche Skripte bzw. kleine Helferlein. Die Links sind mit einer Linkhand und einer Nummer versehen ([☝0]). Sie finden diese Hyperlinks auch am Ende des Buches zusammengefasst als QR-Codes wieder. Sie können mit einer geeigneten QR-App den Code lesen und gelangen sofort auf die entsprechende Website. Beliebte QR-Apps sind z.B. »RedLaser« für iPhone und iPad [☝**3**] oder »QR Droid« für Android-Geräte [☝**4**].

Website zum Buch

Zu diesem Buch gibt es auch eine eigene Website unter www.epub-fuer-indesigner.de. Sie finden dort die Beispiele aus diesem Buch zum Nachstellen und wir werden auch regelmäßig zu Neuerungen aus dem ePub-Bereich berichten. Außerdem gibt es da alle Links aus dem Buch in einer Liste. Sollten wir feststellen, dass es nach der Veröffentlichung noch Fehler oder Ungenauigkeiten im Buch geben sollte, so finden Sie entsprechende Korrekturen ebenfalls dort. Surfen Sie also am besten regelmäßig mal vorbei.

1.3 Kurze Einführung in HTML und CSS

Wenn Sie als (In)Designer bisher noch nicht mit HTML und CSS in Berührung gekommen sind, sollten Sie dieses Kapitel durchlesen. Aber keine Angst: Sie brauchen jetzt kein Code-Guru zu werden, um ein E-Book erstellen zu können. Wir erklären kurz, was es damit auf sich hat, wie es bei einem ePub zum Einsatz kommt und wie HTML mit CSS zusammenarbeitet. Wenn Sie damit schon Erfahrung haben, können Sie das Kapitel vermutlich überspringen. Wer bessere Ergebnisse bei der ePub-Produktion erzielen möchte, sollte sich in HTML und CSS vertiefen, denn sie bieten den Schlüssel zu allen Designfragen beim E-Book.

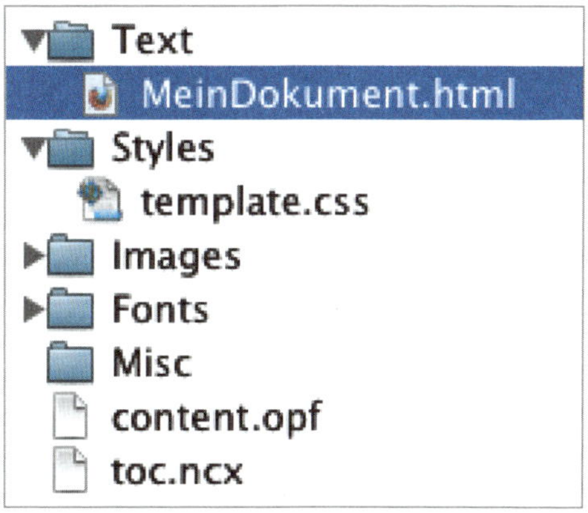

Inhalt einer ePub-Datei in Sigil: Im Text-Ordner finden Sie die HTML-Dateien und im Styles-Ordner die dazugehörige CSS-Datei, auf die im HTML-Code verlinkt wird.

HTML

HTML (Hypertext Markup Language) ist eine Auszeichnungssprache zur Strukturierung von Inhalten (Texte, Bilder, Hyperlinks etc.) und die Grundlage des Word Wide Webs. Browser interpretieren das Ganze und stellen es visuell dar. HTML-Dateien bestehen aus reinem Text und können mit einem normalen Text-Editor betrachtet werden. HTML wird von einem Gremium, dem World Wide Web Consortium (W3C), kontinuierlich weiterentwickelt. Die kommende HTML5-Version ist schon in aller Munde und spielt für die Publishing-Industrie eine große Rolle. Einige Geräte und

Software können Teile von HTML5 bereits umsetzen. Darauf werden wir im Buch noch später zu sprechen kommen.

Tags

Was hat nun HTML mit InDesign zu tun? In InDesign werden wir unsere Dokumente im Kapitel 4.3 »Absatz- und Zeichenformate« S. 49 durchstrukturieren. Durch Zuweisen der Absatz- und Zeichenformate geben Sie InDesign die Information, was ein Titel ist, was der Grundtext, was eine Bildunterschrift etc. Diese Information wandelt InDesign beim ePub-Export in HTML um. Das geschieht in HTML mit Hilfe von Tags. Es gibt meist ein Start-Tag und ein End-Tag. Ein normaler Textabsatz sieht in HTML so aus:

```
<p>Ich bin ein normaler Text</p>
```

Wir sprechen hier von einem »Element«. Das Element wird durch ein Start-Tag am Anfang einmal geöffnet, indem hier z.B. »p« für »Paragraph« (Absatz) zwischen zwei spitzen Klammern steht. Am Schluss steht das End-Tag, erkennbar durch den Querstrich nach der spitzen Klammer. Das ist das Grundprinzip für alle Elemente.

Es gibt auch leere Elemente, d.h., diese besitzen kein End-Tag und nehmen keinen Inhalt auf. Die bekanntesten leeren Elemente, die Ihnen auch im ePub begegnen, sind `<br>` (break, Zeilenumbruch), `<hr>` (horizontal rule, Linie) oder `<img>` (image, Bild).

Für Überschriftenhierarchien stehen in HTML Standard-Tags zur Verfügung: h1 bis h6. »h« steht hier für Heading. Sie können also hiermit eine Hauptüberschrift von einem Untertitel unterscheiden:

```
<h1>Ich bin die Hauptüberschrift</h1>
<h2>Ich bin nur der Untertitel</h2>
<p>Ich bin dann der Haupttextteil …</p>
```

Tags können auch ineinander verschachtelt werden. Soll z.B. ein Wort ausgezeichnet werden, kursiv (`<em>`, emphasis = Betonung) oder fett (`<strong>`, stark), dann muss das entsprechend definiert werden:

```
<p>Ich bin ein normaler Text, aber dieses <em>Wort</em> wird
jetzt kursiv gesetzt und <strong>das</strong> wird fett
ausgezeichnet.</p>
```

div-Tag

Dem div-Tag werden Sie im ePub an verschiedenen Stellen begegnen, z.B. bei eingefügten Kästen oder verankerten Objekten. Es ist ein Behälter für weitere HTML-Elemente und strukturiert Inhalte, die logisch zusammengehören und optisch (via CSS) herausgestellt werden sollen. Man kann sich das div-Element wie eine unsichtbare

Fläche vorstellen, die Inhalte aufnehmen kann. Das öffnende und schließende <div>-Tag führt jeweils zu Zeilenumbrüchen.

```
<div class="kasten">
<p class="text">Manche Klingen erhalten dann beim Graveur noch eine
Dekoration (Horimono).</p>
</div>
```

Attribute
Ein Tag steht nicht immer allein. Durch die Angabe weiterer Parameter können Sie dem Tag Eigenschaften verleihen. Diese Parameter werden Attribute genannt. Ein typisches Beispiel ist etwa die Definition von Bildern:

```
<img width="300px" height="150px" src="meinBild. jpg"/>
```

Mit »width« und »height« bestimmen Sie die Breite und Höhe des Bildes. »src« (source) gibt den Pfad zur Bilddatei an.

XHTML

Es gibt eine spezielle Ausprägung von HTML, das sogenannte XHTML. Das X im Namen steht für »Extensible«, also ein erweiterbares HTML. Es basiert auf XML. XML bedeutet »Extensible Markup Language«, also erweiterbare Auszeichnungssprache. XML ist dahingehend relativ flexibel, dass man sich eigene Elemente beliebig erschaffen kann, dies freilich nach einem bestimmten Schema. Bei XHTML gibt es strengere Regeln, wodurch die Datei standardisierter ist und damit z.B. in ein anderes Format umgewandelt werden kann (etwa mittels XSL = Extensible Stylesheet Language). Vorteilhaft ist dies auch bei mobilen Browsern, die die XHTML-Regeln sehr konsequent umsetzen. Hier, ohne Anspruch auf Vollständigkeit, einige:

- Es dürfen nur Kleinbuchstaben verwendet werden.
- Jedes Start-Tag muss auch ein End-Tag haben.
- Leere Elemente sind nicht möglich, außer durch die Kurzform mit abschließendem Schrägstrich und einem Leerzeichen davor (Beispiel: `<br />`).
- Der Wert von Attributen muss immer in Anführungszeichen stehen (Beispiel: `<a href="http://www.epub-fuer-indesigner.de">`).
- Es dürfen keine unerwünschten Elemente benutzt werden (deprecated, missbilligt), also veraltete Methoden der Darstellung (z.B. `<i>` für kursiv oder `<b>` für fett).

Sie brauchen das alles jetzt aber nicht auswendig zu lernen. InDesign exportiert für Sie automatisch XHTML-Dateien. Es wird erst dann relevant, wenn Sie bei der Nachbearbeitung in die XHTML-Dateien eingreifen müssen. Wir sprechen in diesem Buch meist ganz einfach nur von »HTML«.

CSS

In HTML geht es nur um beschreibende Textauszeichnung. Das heißt, wir strukturieren das Dokument damit. Wie die Tags vom Browser oder E-Reader dargestellt werden, ist bisher nicht festgelegt worden. Wird ein Tag nicht näher definiert, greifen die Reader auf die Standarddarstellung für das Tag zurück. Die Information, wie meine Hauptüberschrift und mein Text aussehen soll, wird in CSS (Cascading Stylesheets) definiert. Dabei ist das HTML-Dokument eine Datei für sich (im ePub im Ordner OEBPS, bei Sigil im Unterordner »Text« zu finden) und die CSS-Datei ist auch eine eigene Textdatei (im ePub »template.css« im Ordner OEBPS, bei Sigil im Unterordner »Styles«). In der HTML-Datei wird im Header auf die CSS-Datei verwiesen, so dass der Reader weiß, dass er die dort definierten Eigenschaften umsetzen soll. Aber das erledigt InDesign automatisch, darum müssen Sie sich nicht kümmern.

```
<link href=”../Styles/template.css” rel=”stylesheet” type=”text/
css” />
```

In der CSS-Datei finden Sie eine Auflistung der im HTML-Dokument verwendeten Tags mit den jeweils zugewiesenen Eigenschaften. Sie möchten z.B. Ihre Überschrift rot setzen, in der Schriftart Minion Pro, 24 Punkt und fett mit einem »Abstand nach« von 10 Millimeter. In InDesign wird das in einem Absatzformat definiert. In der nachher exportierten CSS-Datei steht Folgendes:

```
h1 {
   font-family: “Minion Pro”, serif;
   font-weight: bold;
   font-size: 2em;
   color: #d90000;
   margin: 0px 0px 28px 0px;
}
```

Sie werden die Eigenschaften wiedererkennen, wenn Sie etwas Englisch verstehen. Die Einheiten wie Punkt oder Millimeter, die Ihnen aus dem Print vertraut sind, werden hier zu Screen-Einheiten umkonvertiert: Aus 24 Punkt werden 2 em (2 Geviert), aus 10 Millimeter werden 28 Pixel.

Klassen

Ein wichtiges Element in CSS sind die Klassen. Stellen Sie sich eine Bildunterschrift vor. Es gibt kein Tag für »Bildunterschrift« in HTML, also muss diese Information auf eine andere Art und Weise mitgeteilt werden. Wir können sie mit dem <p>-Tag für Absatz auszeichnen und zusätzlich eine Klasse definieren. Der Name kann frei gewählt werden. Diese Klasse finden Sie dann in der CSS-Datei wieder und können hier die Bildunterschrift mit Hilfe von Attributen gestalten. Im HTML verweisen Sie auf eine Klasse:

```
<p class="bildunterschrift">Ich bin eine Bildunterschrift</p>
```

In der CSS-Datei finden Sie die Klasse dann wieder in dieser Form:

```
p.bildunterschrift {
   font-family: serif;
   font-size: 1em;
   font-weight: normal;
   font-style: italic;
   color: #000000;
}
```

`font-family`, `font-size` etc. bezeichnen mögliche Attribute, die der Klasse zugewiesen werden können.

Zeichenformate werden in HTML mit dem Tag span deklariert. Wollen Sie z.B. ein Wort innerhalb des Absatzes rot einfärben, so sieht das HTML folgendermaßen aus:

```
<p>Ich bin ein Absatz und dieses <span class="rot">Wort</span> wird
jetzt rot dargestellt werden.</p>
```

Die Klasse »rot« wird jetzt wieder im CSS auftauchen, sie enthält nur die Definition der Farbe Rot.

```
span.rot {
   color: #d90000;
}
```

Die Klassen werden von InDesign automatisch entsprechend den Absatz- und Zeichenformaten generiert, die Sie festlegen. Aber wir werden in späteren Kapiteln manchmal in die HTML- oder CSS-Datei eingreifen, um eine Zeile dazuzuschreiben oder um etwas abzuändern und dadurch einen bestimmten Effekt bei der Darstellung im E-Reader zu erreichen.

Bei der ePub-Produktion werden Sie feststellen, dass es am besten ist, die Tags und Klassen so einfach und logisch wie möglich zu wählen. Das verspricht die besten Ergebnisse auf den verschiedenen Readern. Alles, was irgendwie zum Grundtext gehört, sollte z.B. das Tag <p> mit auf den Weg bekommen. Die Änderungen werden dann in der jeweiligen Klasse zugewiesen.

Es gibt Reader, die CSS-Informationen nur teilweise auslesen. Aber eigentlich alle E-Book-Reader kennen die Standard-Tags und stellen diese entsprechend dar. So stellen Sie sicher, dass im schlimmsten Fall die Inhalte vom E-Reader wenigstens von der Struktur her richtig interpretiert und dargestellt werden, auch wenn nicht alles so schön durchgestaltet aussehen sollte.

Diese Einführung ist bewusst kurz gehalten und soll vor allem dazu dienen, Zusamenhänge, die im Laufe des Buches erklärt werden, besser zu verstehen. Wir können Sie nur dazu ermutigen, sich intensiver mit diesem Thema zu beschäftigen. Es gibt mittlerweile eine Vielzahl an Lehrbüchern und -videos dazu (siehe [☝**5**]).

2 Tools

InDesign CS5 und speziell die neue Version CS5.5 stellt gute Funktionen zur Verfügung, um aus InDesign heraus ePubs erstellen zu können. Durch die Neuerungen in CS5.5 wird es um einiges einfacher, Dateien für den ePub-Export aufzubereiten, und einfache Projekte kann man schon allein mit InDesign durchführen. Sie werden im Verlauf dieses Buches noch sehen, dass wir häufig Dinge nachbearbeiten müssen, sei es in den CSS-Dateien, den XHTML-Dateien selbst oder auch anderen Dateien, z.B. der OPF-Datei mit den Metainformationen. Dazu steht uns eine Reihe von Tools zu Verfügung, die mehr oder weniger empfehlenswert sind. Wie so oft gibt es auch hier mehrere Herangehensweisen.

2.1 E-Reader

Zuerst einmal brauchen wir ein Tool, um unsere erzeugten ePub-Dateien überhaupt ansehen zu können. Neben den Hardware-Readern wie Sony Reader, Amazons Kindle, Barnes & Noble Nook u.a. gibt es auch eine Menge Software-Reader, die meistens gratis heruntergeladen und auf dem Computer oder Tablet installiert werden können. Das geschieht in Form einer App, eines kleinen Hilfsprogrammes, oder auch einer Anwendung, die komplett im Browser ablaufen kann. Wir sehen uns in diesem Abschnitt einige »Viewer« an, die wir aber in erster Linie dazu benutzen, um unsere erstellten E-Books zu testen.

Apple iBooks [☝6]

Die Idee des E-Book ist eigentlich schon sehr alt, aber bis zu seiner jetzigen Form ist viel Zeit ins Land gegangen. Besonders das iPad hat die Begeisterung dafür entfacht und die Publishing-Szene angespornt, entsprechende Inhalte zu erstellen. Mit dem iPad kommt auch die iBooks-App, die aus Apples App Store bezogen werden kann. Hiermit wurde das Konzept des digitalen Bücherregals umgesetzt und der Benutzer kann Bücher aus dem angebundenen iTunes-Store auf sein iPad laden und sofort mit Lesen beginnen. iBooks gibt es auch für das iPhone und iPod-Touch-Geräte ab iOS 4.

Warum vor allem immer wieder iBooks in Zusammenhang mit E-Books erwähnt wird, hängt damit zusammen, dass iBooks von Anfang an mehr Möglichkeiten bot als die meisten anderen E-Reader. So kann iBooks Videos und Audio einbetten und es ist sogar möglich, JavaScript zu verwenden. iBooks ist sehr auf die Zukunft ausgerichtet und kann schon einige HTML5 und CSS3-Features umsetzen, während andere E-Reader noch hinterherhinken. Wir werden später im Buch noch auf iBooks-spezifische Besonderheiten zurückkommen.

Winnie the Pooh wird bei iBooks mitgeliefert.

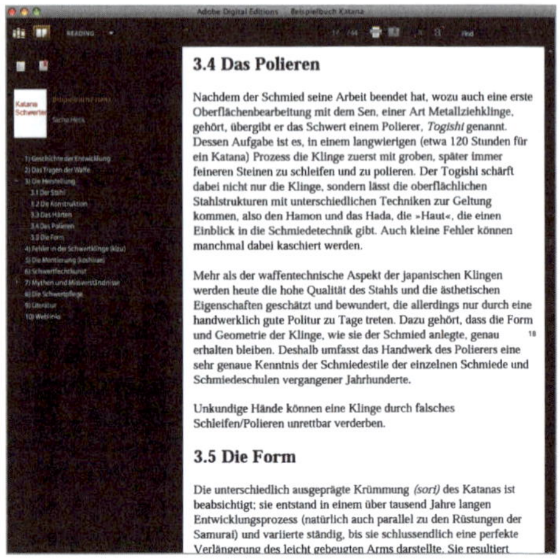

Leseansicht in Adobe Digital Editions.

Adobe Digital Editions [☝7]

Digital Editions ist der E-Book-Viewer von Adobe und ist empfehlenswert zur visuellen Kontrolle der bearbeiteten ePub-Dateien. Digital Editions ist ein reiner Reader, kein Editor. Die Software kann auch PDF- und HTML-Dateien sowie ePub-Dateien mit dem Adobe-eigenen DRM-Schutz (Digital Rights Management) lesen. Man hat so die Möglichkeir, sich eine eigene Bibliothek anzulegen und auch elektronische Bücher für mehrere Rechner zu authentifizieren. In der E-Book-Bibliothek von Adobe kann man einige kostenlose Beispiele herrunterladen [☝8]. In diesem Buch werden die meisten Beispiele in Digital Editions gezeigt, weil es einfach der schnellste Weg ist, sich das resultierende ePub anzuschauen.

ePub Reader (Firefox-Add-on) [☝9]

Das Schöne am Firefox-Browser ist, dass dafür mittlerweile massenhaft Add-ons entwickelt werden. Als Add-ons werden kleine Zusatzfunktionen bezeichnet, die als Plug-ins im Browser installiert werden können. Nun gibt es für Firefox ein in unserem Zusammenhang ziemlich nützliches Plug-in, einen ePub-Reader. Einmal installiert, kann man mit Firefox ePub-Dateien öffnen und lesen – und die Darstellung ist gar nicht mal so schlecht. Das Tool eignet sich wie Digital Editions vor allem zur Kontrolle. Es ist immer sinnvoll, ein produziertes E-Book in verschiedenen Readern zu testen. Man erkennt dabei teilweise erhebliche Unterschiede bei der Darstellung, auch bei den Hardware-Readern. Einmal installiert, findet man das Plug-in nach einem Neustart von Firefox als »ePub-Catalog« im Menü »Tools«.

Sie können jetzt also einfach via *Datei → Öffnen* das erstellte ePub auswählen und von Firefox anzeigen lassen.

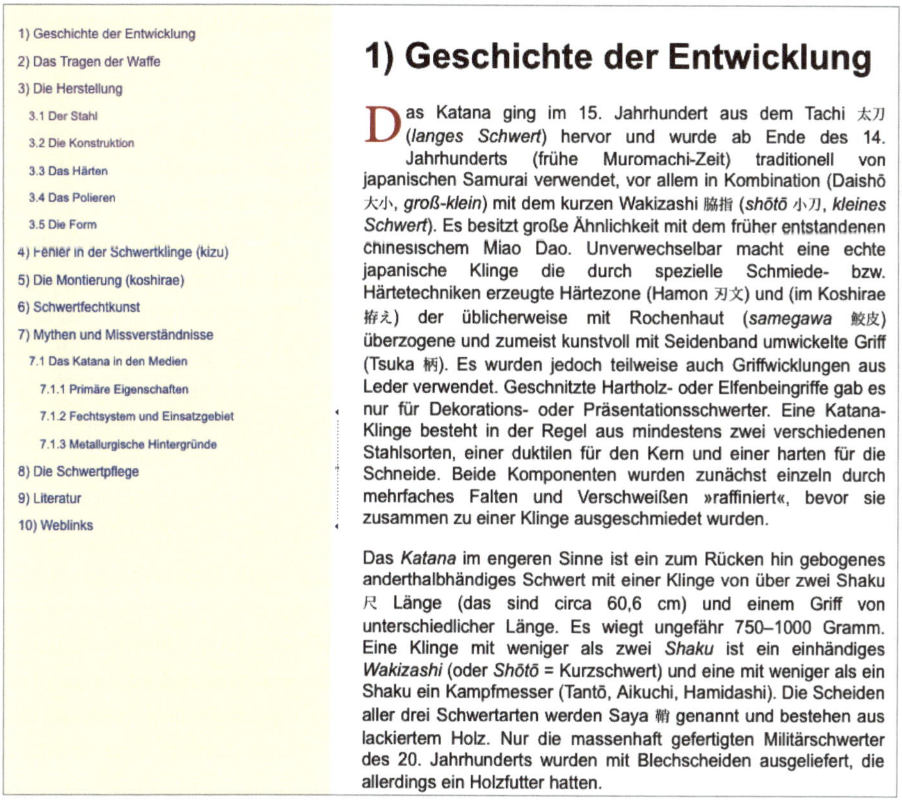

Leseansicht mit Navigation des Firefox-Add-on »ePub-Reader«.

Kindle Reader: Mac [☝10] Win [☝11]
Amazon bietet mit Kindle schon lange einen Hardware-E-Reader an, aber es gibt auch freie Reader-Anwendungen für Windows, Macintosh, iOS- und Android-Geräte. Damit können die Leser ihre bei Amazon gekauften Bücher auf ihrem Heimcomputer, Tablet-PC oder Smartphone betrachten, auch wenn sie kein Kindle-Gerät besitzen. Amazon benutzt für das Kindle nicht das ePub-, sondern das AZW-Format, das auf Mobipocket aufbaut. ePubs können aber (mit Einschränkungen) in dieses Format konvertiert werden. Darauf kommen wir später im Buch noch zu sprechen.

Amazon setzt auf die Cloud, d.h., Ihre gekauften Bücher befinden sich auf den Servern und können bei Bedarf auf die verschiedenen Geräten heruntergeladen werden. Ihre Bücher werden somit auf all Ihren Geräten synchronisiert. Amazon hat auch eine sog. Web-App eingeführt, den Kindle Cloud Reader, mit dem Sie die gekauften Bücher im Browser lesen können [☝12].

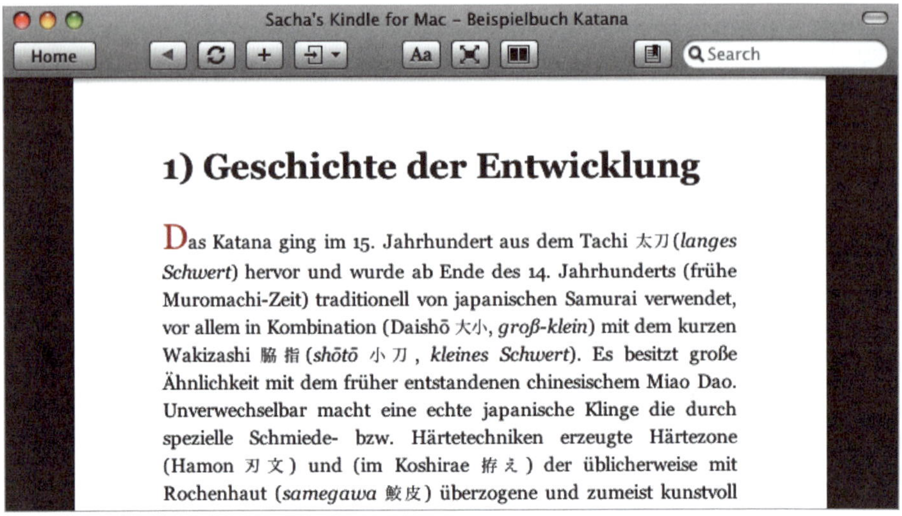

Der Kindle Reader unter OS X

Ibis Reader [13]

Der Ibis Reader von Threepress ist keine Software wie die anderen hier aufgelisteten Tools, sondern ein E-Book-Lesesystem komplett im Browser, so wie der oben angesprochene Kindle Cloud Reader. Die E-Books werden in der Cloud, also auf dem Server gespeichert und man hat so Zugriff von überall, Internetzugang vorausgesetzt. Einmal geladene Bücher können dann auch ohne Webverbindung gelesen werden. Die eigenen ePubs können ebenfalls hochgeladen und angeschaut werden. Somit ist auch dieses Tool interessant zur visuellen Kontrolle unseres E-Books. Der Ibis Reader wird von der Firma Threepress Consulting zur Verfügung gestellt, die auch den nützlichen ePub-Validator entwickelt (mehr dazu im Kapitel 9, S. 138).

Der Ibis Reader ist ein webbasierter E-Book-Reader und E-Book-Management-Tool.

Blio [14]

Eine gute Reader-App ist auch der Blio-Reader von K-NFB. Sie können ihn aus dem Android Market bzw. aus dem Apple Store herunterladen und es gibt auch Desktop-Versionen. Die Blio-Plattform wurde durch das Erscheinen von Quark XPress 9 bekannter. Diese Version beherrscht ebenfalls den ePub-Export und arbeitet mit Blio als Veröffentlichungsplattform. Die Darstellung von ePubs ist sehr gut. Blio versteht sich als komplette Publishing-Plattform, mit der mehr möglich ist als nur reines Lesen.

Blio ist Reader-App und Publishing-Plattform in einem.

Reader für Android [15]

Die iBooks-App von Apple wurde oben schon vorgestellt. Für Android-Tablets gibt es im Android Market einige E-Book-Reader, die man kostenlos herunterladen kann. Allerdings sind viele noch nicht in Europa erhältlich, z.B. die Lese-App von Barnes & Noble oder auch Google Books. Es gibt aber Kindle für Android. Die ePub-Reader für Android erreichen meist nicht die gleiche Darstellungsqualität wie bei Büchern in iBooks. Vor allem bieten sie viele Dinge nicht, die iBooks schon kann, wie JavaScript-Fähigkeit, HTML5-Video-Tags etc.

Im Hinblick auf die Darstellung der Formatierungen und CSS-Regeln ist »Bluefire« einer der besseren E-Reader. Die Bluefire-Reader-App gibt es für alle iOS-Geräte und für Android. Der Reader setzt auf der Adobe-Publishing-Plattform auf, wodurch die Darstellung in etwa so aussieht wie in Adobe Digital Editions. Die im vorigen Abschnitt vorgestellte Blio-App ist ebenfalls für Android erhältlich.

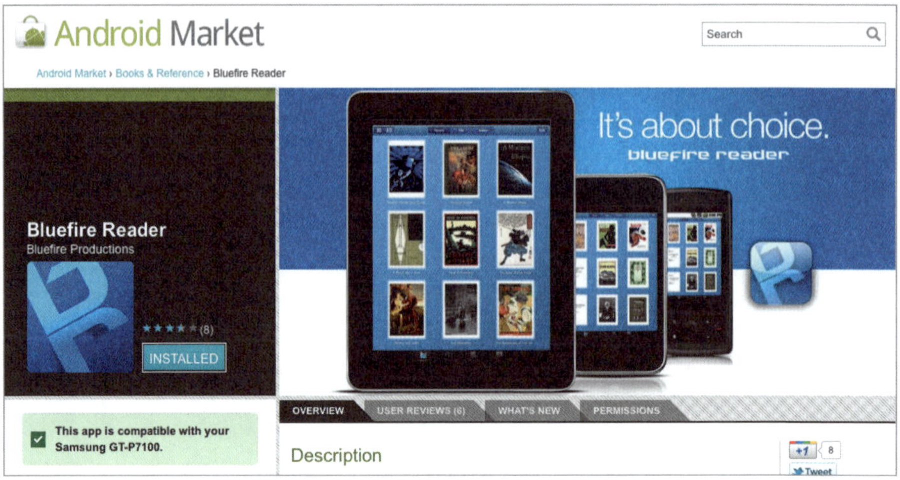

Den Bluefire Reader gibt es auch für Android-Geräte.

2.2 E-Book-Management

Beim E-Book Management geht es darum, die ePubs auf bestimmte Geräte zu bekommen, die E-Books zu archivieren, eine Bibliothek anzulegen oder z.B. um die Umwandlung in andere Formate.

iTunes [☝16]

iTunes ist nicht direkt eine Software zum Lesen oder Bearbeiten von E-Books, kommt aber zum Einsatz, wenn wir E-Books aus dem iBookstore kaufen oder – in unserem Fall – das erstellte ePub in den iBookstore stellen möchten. Hierbei spielt iTunes sozusagen immer die Rolle der Zentrale. Über den Reiter Books (seit iTunes 9.1) können die Bücher synchronisiert werden. Um ein ePub der Bibliothek hinzuzufügen, genügt es, die ePub-Datei einfach per Drag & Drop ins Fenster zu ziehen, oder man wählt den Weg übers Menü *Datei → Zur Bibliothek hinzufügen*. Nachdem Sie Ihr Gerät synchronisiert haben, steht das E-Book in iBooks zum Lesen zur Verfügung.

Bücher zum iPhone oder iPad überspielen via Synchronisierung in iTunes.

Besonderheit in iTunes: Wenn Sie das E-Book vom iPad oder iPhone löschen möchten, müssen Sie es zuerst aus der iTunes-Bibliothek löschen und dann noch einmal synchronisieren, damit es auch vom iPad/iPhone gelöscht wird.

PhoneDisk / iPhone Explorer [17] [18]

Ein weiteres Tool, das hilfreich sein kann, um E-Books zum iPad/iPhone zu übertragen, ist – als Alternative zu iTunes – *PhoneDisk* von Macroplant (kostet ca. 15 €) oder »iPhone Explorer«, dessen kostenlose Version. Hiermit ist es möglich, das iPad/iPhone wie eine USB-Platte zu mounten. Sie können also direkt auf die Dateistruktur zugreifen, Dateien bearbeiten und zurückspeichern, ganz ohne Synchronisierung über iTunes. Allerdings werden die ePubs hier etwas seltsam bezeichnet und bestehen aus vier Großbuchstaben. Außerdem findet man die ePub-Datei im entzippten Zustand vor.

Da es leider noch keinen iBooks-Previewer gibt, ist das eine Möglichkeit, im Endstadium die ePubs zu überprüfen, in CSS oder HTML noch Änderungen vorzunehmen, um sie dann wieder zum iPad / iPhone / iPod-Touch zu übertragen und nochmal in iBooks gegenzuprüfen.

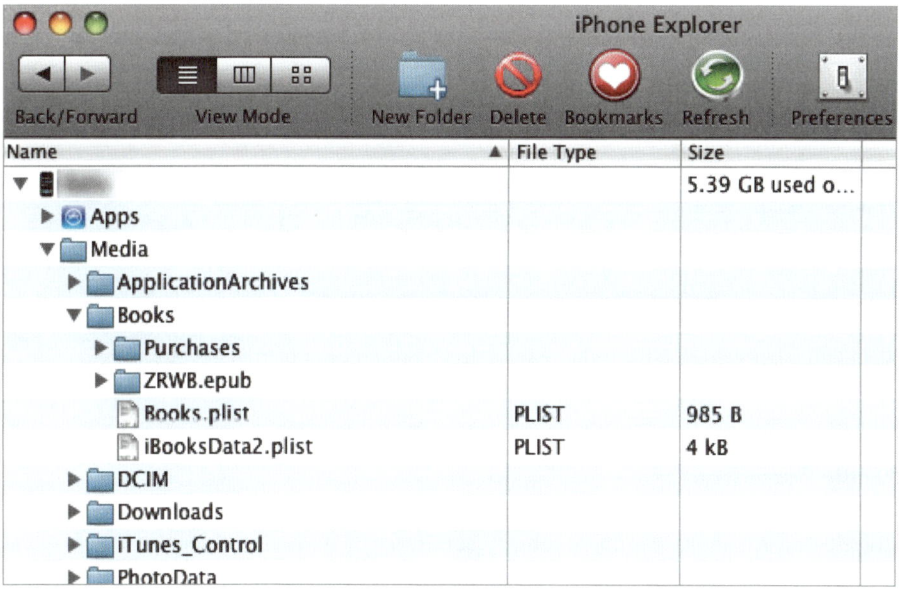

iPhone Explorer ermöglicht den direkten Zugriff auf die Dateistruktur.

Calibre [19]

Calibre ist ein Open-Source-Tool und für Mac, Windows sowie Linux verfügbar. Calibre ist kein E-Book-Editor wie Sigil (siehe unten), also nicht dazu gedacht, am Code zu arbeiten, sondern vor allem ein Konvertierungstool. So kann man ePub-Dateien für Amazons Kindle aufbereiten und in dessen Mobi-Format konvertieren. Aber auch etliche andere Konvertierungen sind möglich (z.B. PDF, RTF, TXT). Außerdem kann man mit Calibre Metadaten ergänzen oder ein neues Coverbild einfügen und es gibt auch einen eingebauten Reader. Als Enduser kann man mit Calibre zudem sein E-Book-Archiv pflegen. Auf Calibre kommen wir im Kapitel über die ePub-Nachbearbeitung noch zu sprechen.

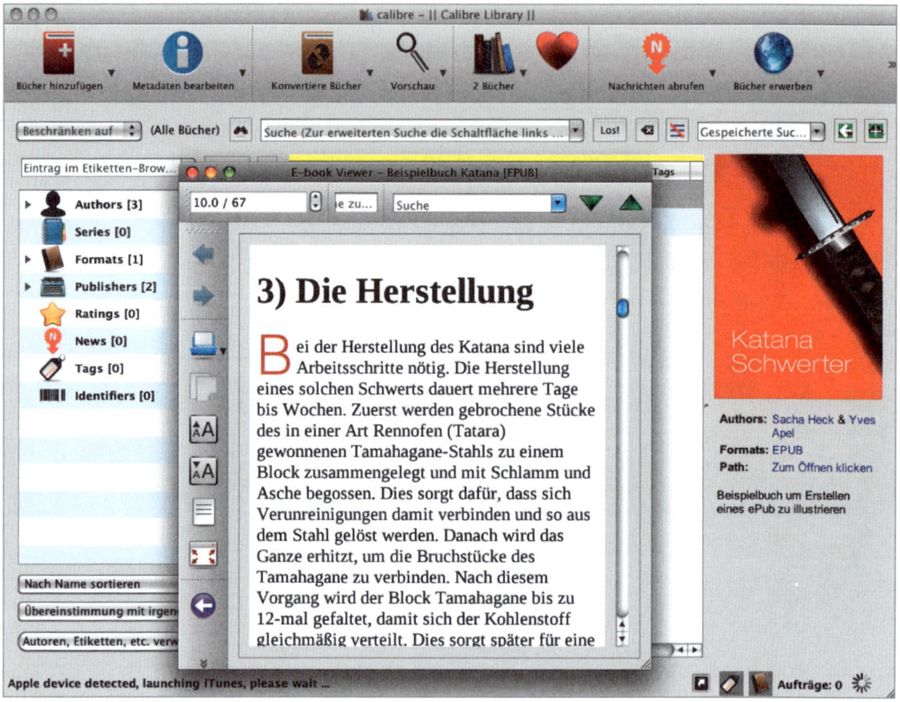

Mit Calibre lassen sich E-Books managen und in einem Archiv pflegen. Mit dem integrierten Viewer kann man die erstellten E-Books betrachten.

Kindle Previewer [20]

Der Kindle Previewer ist ein Tool für Windows und Mac OSX, das die Rendering-Engine von Amazons Kindle emuliert. Somit erhält man eine Vorschau dessen, wie E-Books auf dem Kindle wiedergegeben werden. Kindle Previewer ist aber gleichzeitig auch ein Konvertierungstool, das Ihre ePub-Datei zu einer Kindle-kompatiblen AZW-Datei umwandeln kann. Interessant ist außerdem die Preview-Funktion, mit der verschiedene Geräte simuliert werden können (Kindle, Kindle DX, Kindle for iPhone und Kindle for iPad). Dieses Thema behandeln wir im Kapitel 20, S. 263.

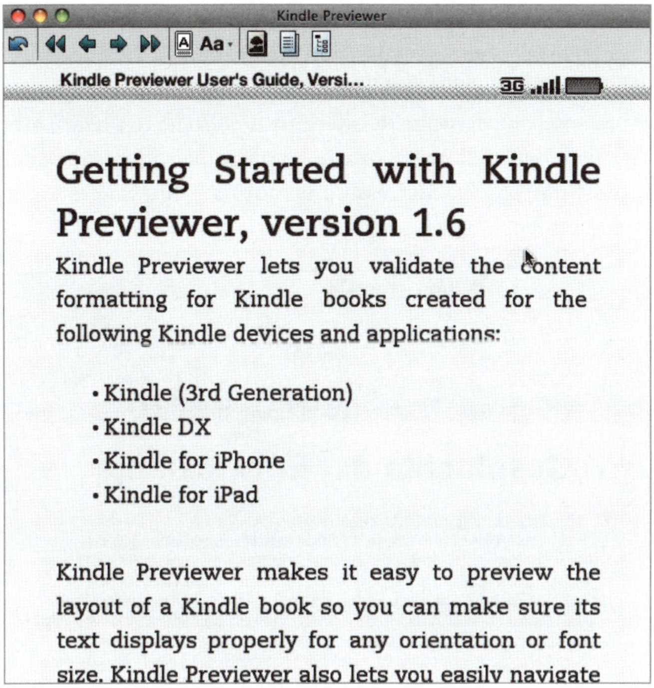

Kindle Previewer simuliert die Darstellung eines Kindle-Geräts auf dem Desktop-Computer.

2.3 E-Book-Editoren

Um eine ePub-Datei nachzubearbeiten, muss diese zuerst entzippt werden, um an die einzelnen Dateien zu kommen, die zum ePub gehören (dies wird im Kapitel 11, S. 149 näher erklärt). Sind die Dateien erst einmal entzippt, kann man sie mit einem einfachen Text-Editor bearbeiten. Allerdings ist es besser und bequemer, spezielle Editoren zu benutzen, also keine Software wie Word oder LibreOffice. Tools wie Sigil, oXygen oder BBEdit sind bei der richtigen Syntax behilflich und können helfen, den Überblick zu wahren, indem sie Teile des Codes farbig auszeichnen.

Sigil [☝21]

Bei Sigil handelt es sich um ein Open-Source-Projekt von Google. Das Programm zum Erstellen und Editieren von ePub-Dateien ist sowohl für Mac als auch für Windows und Linux verfügbar. Besonders bequem dabei: Sie brauchen die ePub-Datei nicht erst zu entzippen, um sie zu bearbeiten. Sigil kann auch so den Inhalt der Datei »sehen«. Bei den meisten Beispielen in diesem Buch kommt Sigil zum Einsatz. Da Sigil ein Open-Source-Projekt ist und immer weiter verbessert wird, kann es sein, dass man während der Arbeit auf vereinzelte Bugs trifft. Daher ist es besser, an einer Kopie zu arbeiten. Am besten halten Sie sich regelmäßig durch die Community auf dem Laufenden, in der solche Fehler besprochen werden (z.B. ab und zu einen Blick auf den Bereich »Issues« werfen [☝22] und den Entwickler-Blog verfolgen [☝23]). Für Sigil gibt es auch regelmäßig neue Versionen. Es kann also sein, dass bei Veröffentlichung des vorliegendes Buches schon wieder eine neue Version erschienen ist.

Sigil bietet verschiedene Modi an: die gerenderte Darstellung des ePub, eine geteilte Codeansicht, wie im Screenshot dargestellt, oder nur den Code, der bearbeitet werden kann. Das Arbeiten mit dem Editor ist relativ komfortabel: Ein geänderter Wert im CSS-Code wird sofort dargestellt. Interessant ist auch die eingebaute ePub-Validierung. Dazu mehr im Kapitel 9, S. 138.

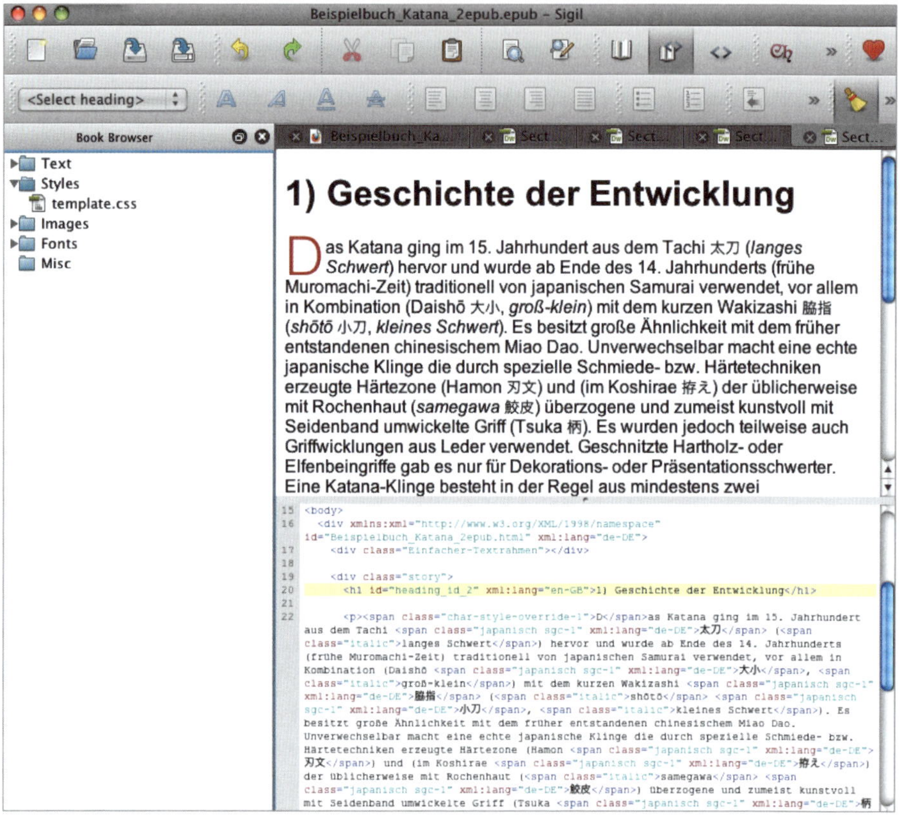

Sigil ist ein speziell auf ePubs zugeschnittener Editor, der manche Arbeitsschritte vereinfacht.

TextWrangler / TextMate / Notepad++ [24] [25] [26]

TextWrangler von Barebones ist ein beliebter Editor für Mac, der kleine (kostenlose) Bruder von *BBEdit* (kostet ca. 50 $). Eine Alternative ist *TextMate* von MacroMates. Für Windows gibt es *Notepad++*. *TextWrangler* ist auch eine gute Wahl, um die im ePub enthaltenen XML-Dateien wie toc.ncx oder content.opf zu bearbeiten, bei denen es nicht um HTML oder CSS geht. Darauf gehen wir im Buch noch näher ein (z.B. im Kapitel 12.2, S. 159).

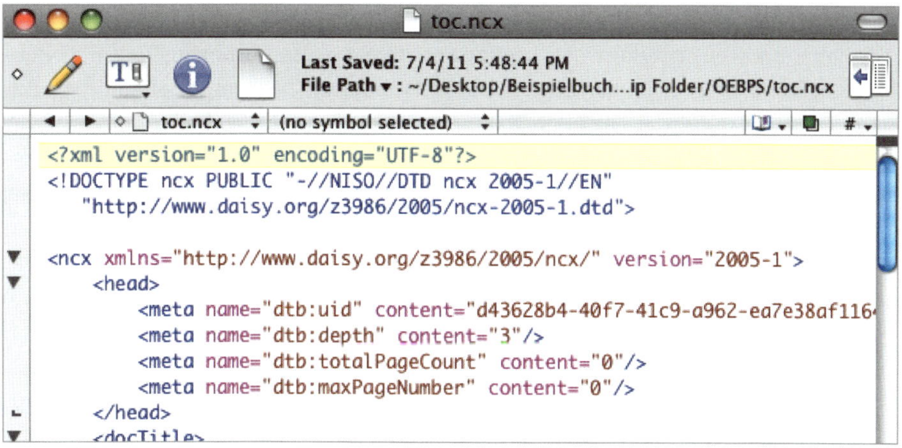

Word oder LibreOffice sind keine geeigneten Editoren, um ePub-Dateien zu bearbeiten. Besser eignet sich hier z.B. TextWrangler.

oXygen XML Editor [27]

Ein sehr interessanter Editor mit vielen Funktionen ist oXygen XML Editor. Er bietet Syntax-Highlighting und Code Completion für viele bekannte Programmiersprachen an und kann nahezu jede Datei öffnen. Für ePub-Dateien sind vor allem zwei Funktionen wichtig: oXygen XML Editor kann ePub-Dateien nativ öffnen und speichern, d.h. dass die ePub-Datei nicht zuerst entpackt werden muss, um die Dateien verändern zu können. Außerdem bietet der Editor eine integrierte ePub-Validierung mit IDPF-Konformität. Leider ist der oXygen XML Editor mit ungefähr 300 € (inkl. MwSt.) verhältnismäßig teuer. Es gibt drei Varianten des Editors: XML Developer, XML Author und XML Editor. Die Unterschiede werden auf der Internetseite in einer Matrix dargestellt. oXygen ist ein Profitool, das sich sich eher an Anwender richtet, die sich im Code gut zurechtfinden.

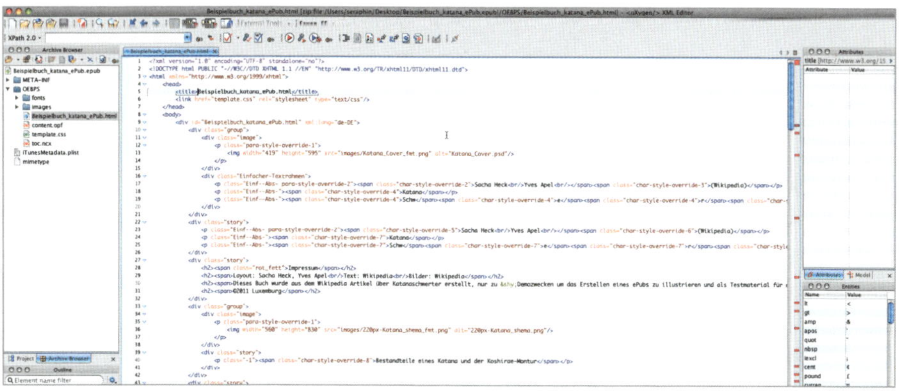

oXygen XML ist ein Editor mit sehr vielen professionellen Funktionen für Coder.

Dreamweaver [28] [29]

Wer Dreamweaver installiert hat, besitzt bereits ein gutes Authoring-Tool für ePub-Dateien. Dreamweaver ist das professionelle Webdesign-Tool von Adobe und besitzt einen guten Code-Editor. Die ePub-Datei muss zum Bearbeiten aber zuerst entpackt werden (siehe Kapitel 11, S. 149). Ein Vorteil bei Dreamweaver besteht darin, dass man CSS-Klassen z.B. visuell mit Hilfe des Dialogfensters oder der sog. Code-Hints bearbeiten kann, wenn man die genaue Syntax nicht kennt. So kann man Dreamweaver benutzen, um ein bestimmtes Layoutelement WYSIWYG zu definieren und danach den CSS-Code zu kopieren. Da ein ePub an sich wie eine komprimierte Website betrachtet werden kann und wie diese aus (X)HTML und CSS besteht, liegt es nahe, auch einen Webeditor zu benutzen.

Für diejenigen, die nicht die Creative Suite Premium besitzen und kein Dreamweaver installiert haben, ist das kostenlose »KompoZer« vielleicht eine Alternative.

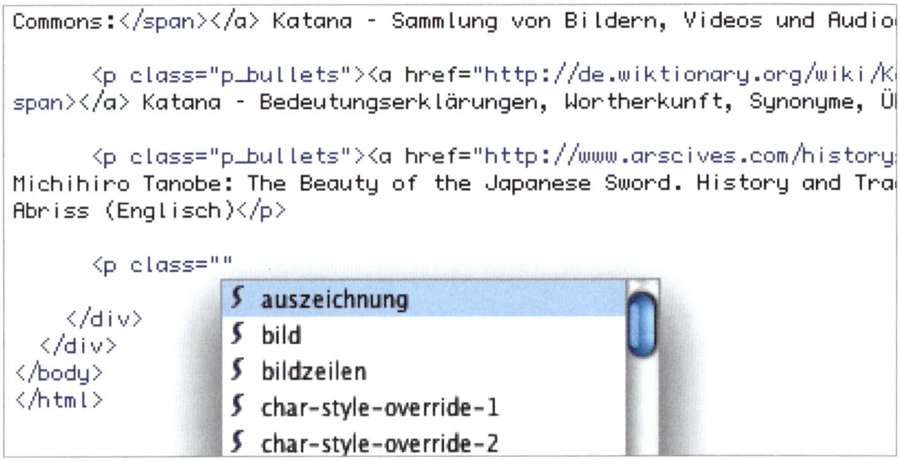

Dreamweaver bietet in der Codeansicht auch eine Autovervollständigung für die richtige Syntax an.

2.4 Die Programme der Autoren

Die Favoriten von Yves

Als ich mit der ePub-Erstellung begann, kamen die beiden freien Programme Sigil und Calibre zum Einsatz. Zudem wurden meine ersten E-Books noch in InDesign CS3 erstellt. In InDesign CS4 und CS5 gelang die ePub-Erstellung schon etwas besser, die Resultate waren trotzdem ernüchternd. All dies hat sich mit InDesign CS5.5 geändert: Adobe hat viel an der Entwicklung gearbeitet und die Umsetzung in Richtung E-Publishing ist gelungen. Für die ePub-Erstellung ist InDesign CS5.5 eine gute Wahl und kommt bei mir zum Einsatz.

Nichtsdestotrotz ist noch immer eine gewisse Nachbearbeitung der ePub-Dateien notwendig. Sigil kann ePub-Dateien nativ öffnen und die enthaltenen Einzeldateien darstellen, verändern und zurück in die ePub-Datei schreiben. Allerdings ist Sigil noch eine Beta-Version und mich persönlich stört, dass die ePub-Struktur beim Öffnen und Speichern anders aufgeteilt wird.

Eine kurzzeitige Alternative war das freie Programm TextWrangler. Doch auch hier gab es Limitierungen bei den editierbaren Dateiformaten, so dass die ePubs immer aufwendig in Einzeldateien entpackt werden mussten. Aber dann kam BBEdit 10.0, der große kostenpflichtige Bruder von TextWrangler. *BBEdit* (ab Version 10.0.2) kann, genau wie Sigil, ePub-Dateien nativ öffnen und verändern. Zudem werden alle notwendigen Dateiformate unterstützt und es gibt integrierte Funktionen, um CSS- und HTML-Code ohne Codekenntnisse einzufügen. Nach nur einem Abend, an dem ich die Demoversion an mehreren E-Books ausgetestet hatte, reifte bei mir sehr schnell die Entscheidung, das Programm in meinen Bestand aufzunehmen, was mir bei einem Kaufpreis von 32 € nicht sehr schwerfiel. Mit der Kombination aus InDesign CS5.5 und BBEdit 10 lässt sich hervorragend arbeiten, solange man gewillt ist, ein kleines Budget dafür vozusehen. Zur Validierung kommt das freie EpubCheck zum Einsatz.

Die Favoriten von Sacha

Meine ersten Schritte mit ePub bestanden hauptsächlich darin, das Beste aus InDesign herauszuholen. Schnell merkte ich aber, dass vieles hier noch fehlte – ich spreche hier von der Version InDesign CS4. Um weiterzukommen, war (und ist) es unbedingt notwendig, die HTML- und CSS-Dateien nachträglich zu bearbeiten. Zuerst ging ich den manuellen Weg: die Datei entzippen und dann mit Dreamweaver als Editor bearbeiten. Das Zurückzippen erledigte ich mit dem AppleScript, das auch hier im Buch vorgestellt wird. Was ich an Dreamweaver einfach mag, ist die Codeansicht und die Zweiteilung mit der Vorschau. Des Weiteren bietet diese Software auch einen CSS-Editor und Hints beim Schreiben von Codezeilen. Das ist erst mal sehr praktisch. Allerdings hört man aus Fachkreisen auch, es bestehe die Gefahr, dass Dreamweaver den Code abändert und somit das ePub vielleicht nicht mehr richtig funktioniert.

Auf der Suche nach Alternativen bin ich dann auch zuerst auf Sigil gestoßen. Das Herunterladen und Ausprobieren der Software liegt nahe, da sie ein Open-Source-Projekt ist und nichts kostet. Als reiner ePub-Editor hält Sigil aber auch interessante Funktionen für uns ePub-Ersteller bereit, von denen wir einige noch vorstellen werden. Bei der damaligen Version von Sigil war es jedoch noch nicht möglich, die toc.ncx oder die opf-Dateien zu öffnen, weshalb ich dafür auf eine andere Lösung zurückgreifen musste: TextWrangler. Somit arbeitete ich dann mit drei bis vier Programmen und habe viel hin- und hergewechselt. Mittlerweile hat Sigil aber Fortschritte gemacht und ist immer noch mein Lieblingseditor. Als Open-Source-Projekt wird Sigil ständig weiterentwickelt. Ich würde mir persönlich noch eine bessere Darstellung des E-Books wünschen, damit es auch z.B. der iBooks-Darstellung näher kommt.

Ansonsten ist bei mir natürlich mittlerweile auch InDesign CS5.5 im Einsatz, was für ePub auf jeden Fall zu empfehlen ist, da diese Version extra auf Digital Publishing und ePub ausgelegt wurde. Allerdings wünsche ich mir für zukünftige Versionen noch etliche Verbesserungen, z.B. das Live-Editieren von CSS direkt in InDesign mit integrierter Vorschau. Da ist noch einiges machbar.

TEIL 1

Grundlegende ePub-Erstellung mit InDesign

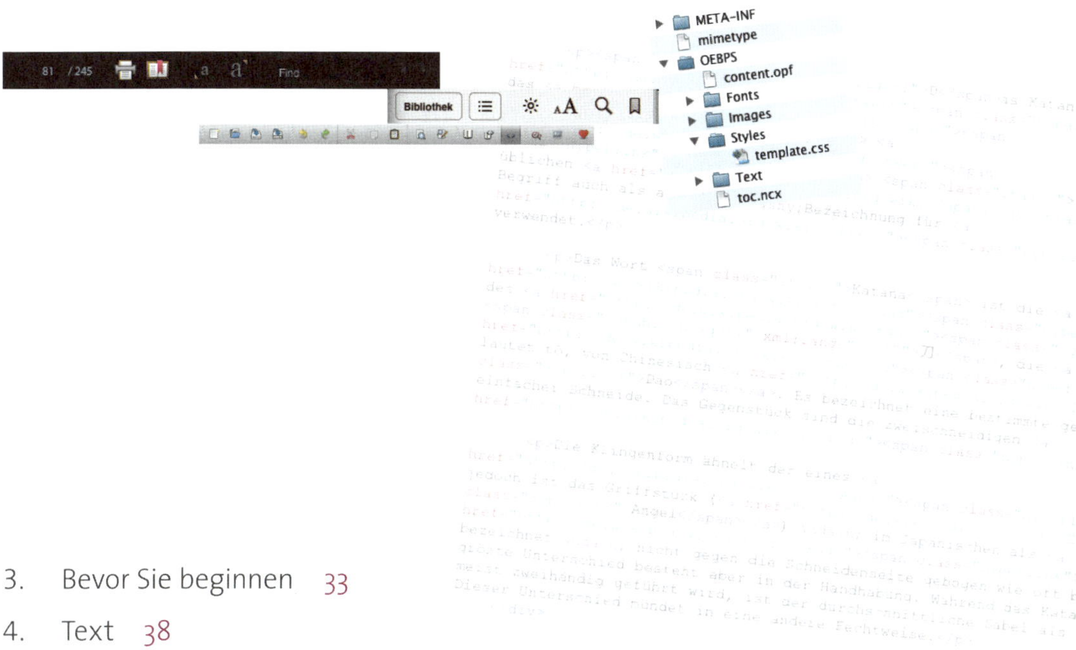

3 Bevor Sie beginnen

Bevor Sie eine elektronische Fassung Ihres Buches erstellen, sollten Sie zuerst eine Analyse der bestehenden Daten vornehmen und sich einen Masterplan zurechtlegen, wie Sie vorgehen möchten. Dazu prüfen Sie zunächst, was Ihr Quelldokument ist. Wurde das Buch noch nicht in InDesign realisiert, ist klar, dass Sie einen Neuaufbau machen. Liegen Ihnen aber bereits InDesign-Daten vor, stellen sich hauptsächlich zwei Fragen: Baue ich mein bestehendes InDesign-Dokument auf die ePub-Anforderungen um oder erstelle ich ein neues InDesign-Dokument und übernehme nur die bestehenden Daten?

Die Antworten auf diese Fragen hängen sicherlich von Ihrer Arbeitsweise ab. Aus eigener Erfahrung und auch Berichten versierter ePub-Ersteller zufolge ist es eine beliebte Herangehensweise, zuerst das bestehende Dokument den neuen Anforderungen entsprechend zu säubern. Für die Feinarbeiten wird jedoch ein neues Dokument angelegt, in das diese gesäuberten Daten übernommen werden.

Dafür spricht an erster Stelle der Aufbau einer ePub-Datei. Anders als bei einem für den Druck optimierten Buch gibt es bei ePub-Dateien keine Kopf- oder Fußzeilen. Auch eine mehrspaltige Gestaltung ist (noch) nicht möglich. In einer normalen ePub-Datei gibt es auch keine festen Positionswerte. Das heißt, man muss Text, Bilder und Objekte anders anordnen und zueinander platzieren, als man es bisher gewohnt war. Der wohl wichtigste Unterschied ist aber, dass ePub-Dateien keine festen Seitenzahlen kennen. ePub-Dokumente passen sich dynamisch der Bildschirmgröße an und auch die Schriftgrößen können auf den meisten E-Book-Geräten verändert werden, so dass je nach Bildschirm- oder Textgröße mal mehr oder mal weniger Seiten entstehen.

Bei bestehenden InDesign-Dokumenten

Werfen wir doch mal einen Blick auf die üblichen Verdächtigen, indem wir das bestehende Dokument analysieren. Der erste Schritt: Erstellen Sie eine Kopie Ihrer Druckversion für die ePub-Gestaltung, um nicht die falsche Datei zu bearbeiten oder gar mit den Änderungen zu überschreiben.

InDesign exportiert keine Objekte nach ePub, die sich auf Musterseiten befinden und im Layout nicht extra gelöst wurden. Dies betrifft in der Regel die Kopf- und Fußzeilen sowie die Seitenzahlen. Nicht benötigte und von der Musterseite gelöste Objekte müssen für die ePub-Fassung beseitigt werden. Hier haben Sie mehrere Möglichkeiten (wobei Sie im Hinterkopf behalten sollten, dass diese Daten später in ein neues Dokument kopiert werden). Sie können die nicht verwendeten Daten in Ihrem Dokument belassen, müssen aber später aufpassen, nicht fälschlicherweise doch noch ein nicht benötigtes Objekt kopieren. Sie können die Objekte auf eine gesonderte Ebene verschieben oder in den Infobereich stellen. Oder, was ich bevorzuge, Sie löschen die nicht benötigten Objekte ganz einfach frei nach dem Motto: aus den Augen, aus dem Sinn.

Ein kleiner Tipp: Legen Sie sich regelmäßig Sicherheitskopien an, falls Sie mal Arbeitsschritte getätigt haben, die nicht sein sollten.

Erste Schritte in der Vorbereitung

Um eine saubere und gut strukturierte ePub-Datei herzustellen ist es empfehlenswert, den Aufbau und die Strukturierung in einer neuen InDesign-Datei anzulegen. Werfen wir schon mal vorab einen Blick auf die weiteren Produktionsschritte, um zu verstehen, warum es besser ist, ein neues Dokument anzulegen und nicht das bestehende Druckdokument zu nehmen.

Ein ePub kann man als einen Textfluss vom Anfang bis zum Ende verstehen. Elemente wie Kopf-, Fußzeilen und Seitenzahlen werden nicht berücksichtigt. Ein weiterer wichtiger Unterschied besteht aber auch darin, dass die Anordnung der Kapitel, Bilder, Kästen und anderer Gestaltungselemente in der ePub-Datei anders ist. Insbesondere ist dies an Bildern festzumachen, die in der Druckversion aus gestalterischen oder platzierungstechnischen Gründen nicht immer an der Stelle stehen, an der sie im Text vorgesehen sind. Im ePub ist diese Möglichkeit jedoch gegeben.

Wie später im Buch genauer gezeigt wird, ist ein wichtiger Punkt bei ePub-Dateien die richtige Reihenfolge der Texte und die Festlegung der Kapitel für die spätere Navigation in Ihrem elektronischen Buch. Um zum Beispiel ein neues Kapitel in einem ePub auf einer neuen Seite beginnen zu lassen, ist es in InDesign notwendig, pro Kapitel eine separate InDesign-Datei zu erstellen. Es gibt zwar noch andere Wege, die aber bei Weitem nicht so zuverlässig sind. Tatsache ist, dass in den meisten Fällen die druckoptimierte Datei nicht so leicht in der Struktur abzuändern ist und ohne Weiteres aufgeteilt werden kann. In einem neuen Dokument, in dem Sie die Struktur direkt definieren, geht es einfacher und schneller. Die Details dazu erklären wir Ihnen ab Kapitel 6, S. 102. Ein weiter Punkt ist, dass Texte, Bilder, Kästen, etc. zu einem Textfluss pro Kapitel verknüpft werden müssen. Andernfalls könnte es passieren, dass in Ihrer ePub-Datei zuerst nur der Text erscheint und dann erst die Bilder folgen.

Eine Seitengröße für das neue InDesign-Dokument definieren

Das wohl am häufigsten angestrebte Zielobjekt bei einer ePub-Datei ist Apple iBooks auf dem iPad. iBooks bietet auf dem iPad, hält man es im Hochformat, einen Satzspiegel von ca. 560 × 800 Pixel. Hält man das iPad im Querformat und iBooks zeigt das ePub in Doppelseiten, hat der Satzspiegel einer Seite ca. 400 × 570 Pixel. Im Vollbildmodus, der mit iBooks 1.5 eingeführt wurde, beträgt die Seitengröße im Hochformat ca. 570 × 860 Pixel und im Querformat ca. 430 × 620 Pixel. Die im Buch genannten Beispiele beziehen sich auf die reguläre Ansicht, sofern nicht anders angegeben.

Diese Maße jetzt als Satzspiegel in InDesign zu übernehmen, wäre wenig sinnvoll, da die Werte in InDesign und iBooks anders interpretiert werden. Ein Satzspiegel von 600 × 800 Pixel in InDesign kommt dem hochformatigen Satzspiegel von iBooks sehr nahe. Sie können also ein Seitenformat von 600 × 800 Pixel in InDesign als neues Format definieren. Und wenn Sie die ganze Bildschirmgröße (nicht den Vollbildmodus von iBooks) des iPad simulieren möchten, ist das mit einem Seitenformat von 768 × 1024 Pixel möglich. Die Stege befinden sich oben und unten bei 112 Pixel sowie links und rechts bei 84 Pixel. Es empfiehlt sich, ein Dokument mit dem Zielmedium Web anzulegen und die Maßeinheit in Pixel anzugeben (durch Auswahl von Web wird Pixel als Maßeinheit automatisch von InDesign ausgewählt).

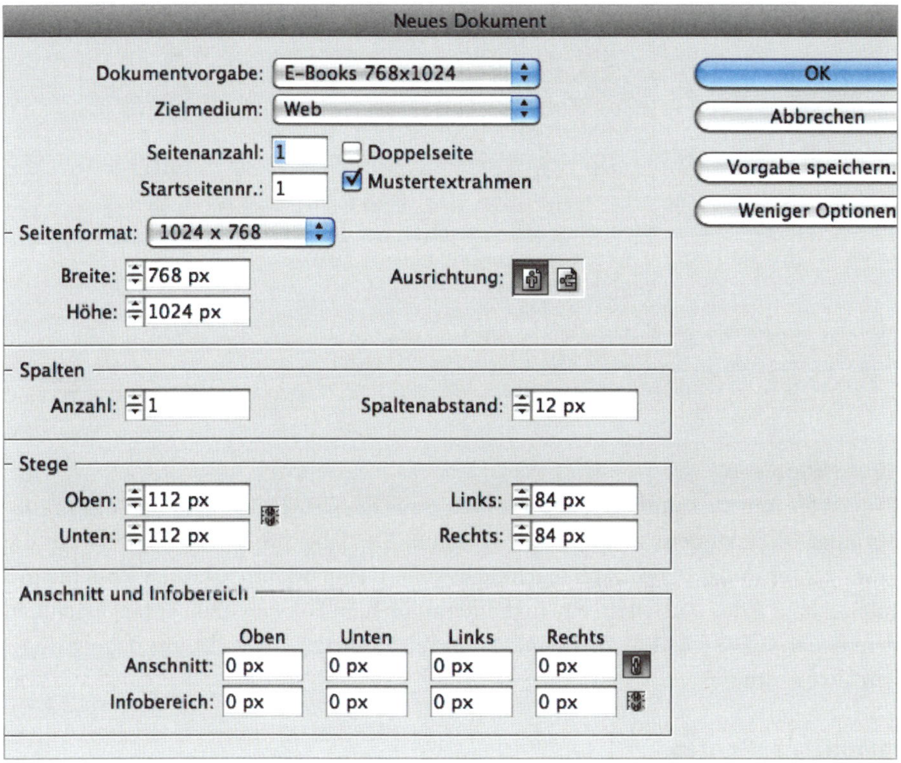

Hier möchten wir Sie aber nochmal darauf hinweisen, dass die Arbeit mit Seitengrößen, die das Resultat simulieren, lediglich als Erleichterung zur Umsetzung ins ePub-Format dienen soll. ePub selbst kennt keine Seitengröße (außer bei fixed layout ePub-Dateien), was ja auch Sinn und Zweck des ePub-Standards ist.

Des Weiteren setzen Sie auch das Häkchen bei *Mustertextrahmen*. *Doppelseite* lassen Sie am besten ausgeschaltet.

Intelligenter Textumfluss

Nachdem Sie das neue Dokument angelegt haben, wechseln Sie in den Voreinstellungen zum Punkt *Eingabe* und aktivieren den intelligenten Textumfluss. InDesign legt damit entsprechend der Textlänge automatisch Seiten an bzw. löscht leere wenn *Leere Seiten löschen* aktiviert ist.

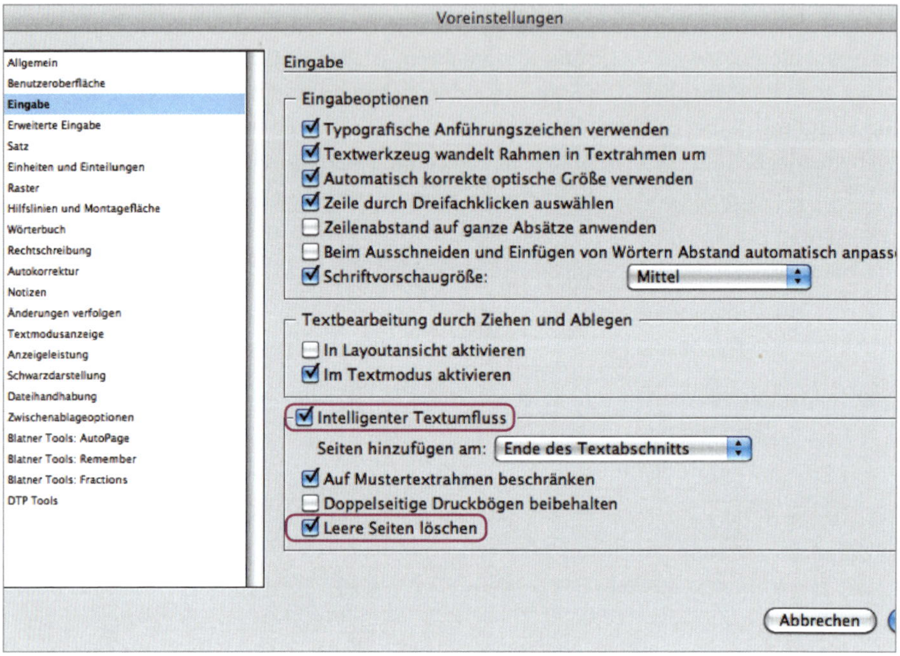

Texte kopieren

Fangen Sie nun an, sämtliche benötigte Texte aus der Druckversion in Ihr neues ePub-optimiertes Dokument zu kopieren. Beachten Sie dabei die Reihenfolge, in der die Texte später in der ePub-Datei erscheinen sollen. Sehr wichtig ist auch, dass Sie pro Kapitel bzw. jedes Mal, wenn ein Text auf einer neuen Seite im ePub anfangen soll, in dem neuen InDesign-Dokument eine neue Seite anlegen, die nicht mit dem vorherigen Text verknüpft ist.

Manuelle Fußnoten

Es ist kein Geheimnis, dass die Fußnotenfunktion in InDesign für die Druckgestaltung ausgereifter sein dürfte. So ist es häufig nötig, dass Fußnoten in der Druckversion manuell erstellt und positioniert werden. Eine der aufwändigsten Arbeiten in ePub ist es nun diese manuellen wieder in automatische Fußnoten umzusetzen. Dabei gibt es leider noch keinen Automatisierungsprozess, so dass Sie gezwungen sind, für jede manuelle Fußnote eine neue anzulegen und die Texte per Copy & Paste von der Druckversion in die ePub-Version zu bringen.

Bilder, Kästen und andere Objekte

Bisher haben Sie nur Texte kopiert und eine Struktur erstellt. Die Bilder, Kästen und sonstigen Objekte wurden dabei noch nicht übernommen, was auch so gewollt ist. Denn im nachfolgenden Kapitel werden wir die Texte zunächst noch für ePub aufbereiten wodurch die Seitenzahl schwanken kann. Würden Sie jetzt schon Bilder, Kästen und Objekte in Ihre ePub-Datei kopieren, müssten Sie danach die Objekte erneut an den richtigen Textstellen platzieren, was zu überflüssiger Mehrarbeit führt.

4 Text

4.1 Typografie für E-Books

Buchtypografie hat eine sehr lange Tradition und Wettbewerbe wie »Die schönsten Schweizer Bücher« vom Schweizer Bundesamt für Kultur oder »Die schönsten deutschen Bücher« der Stiftung Buchkunst zeichnen gute Buchtypografie aus. Ob es einmal einen Wettbewerb für die schönsten E-Books geben wird, steht noch in den Sternen. Es handelt sich hier einfach um ein gänzlich anderes Medium und man muss teilweise die gelernten Satzregeln neu überdenken. Was auf dem Papier gut funktioniert, muss im elektronischen Buch nicht genauso sein.

Da es eine große Anzahl an E-Readern gibt, haben wir ein ähnliches Problem wie bei den Internetbrowsern: Je nachdem, welcher Browser zum Einsatz kommt, wird eine Website anders dargestellt. Die Bemühungen der Webdesigner laufen darauf hinaus, dass möglichst alle Browser bedient werden und man einen gemeinsamen Nenner erreicht. Bei E-Books gestaltet sich die Sache noch etwas schwieriger, da man unmöglich alle E-Reader testen kann. Im Folgenden werden wir deshalb ein paar Überlegungen zur Typografie in Bezug auf elektronische Medien anstellen.

Umgesetzt wird die Typografie beim ePub mittels HTML und CSS. Sie können in InDesign schon einiges tun, damit diese Umsetzung möglichst gut gelingt. Ein interessantes Projekt ist hier übrigens der ePub-Zen-Garden [☝**30**]. Genau wie bei der beliebten CSS-Zen-Garden-Seite [☝**31**], geht es hier darum, durch CSS ein attraktives Layout zu erstellen. Das HTML-Grundgerüst bleibt dabei immer gleich (siehe Kapitel 1.3, S. 11).

Auf die einzelnen Gestaltungsmöglichkeiten gehen wir in diesem Buch in den entsprechenden Kapiteln noch genauer ein. Im Folgenden stellen wir zunächst einige Grundüberlegungen an.

Der Grundtext

Das Wichtigste ist der Text. Das heißt, es eignen sich zur ePub-Konvertierung vor allem Bücher, die aus Fließtexten bestehen. Bei Büchern, die mit Marginalien, Infoboxen u. Ä. gespickt sind, ist es schwieriger bzw. man muss zuerst abwägen, was sinnvoll ist, und vielleicht andere Wege und Konzepte für das E-Book ausarbeiten.

Überschriftenhierarchien

Gibt es zu viele Hierarchieebenen bei den Überschriften, kann das schnell zu Konfusion führen, sowohl beim Lesen als auch im Inhaltsverzeichnis. Deshalb ist es angebracht, die Überschriftenhierarchie auf zwei oder drei Ebenen zu beschränken und die HTML-Tags `<h1>`, `<h2>` etc. zu benutzen.

Satzart

In Romanen ist es gang und gäbe, den Lesetext im Blocksatz zu setzen. Beim ePub-Format haben wir allerdings das Problem, dass die meisten E-Reader momentan keine Silbentrennung kennen. CSS bietet keine Kontrolle über Trennungen. Es gibt zwar JavaScript-Bibliotheken, die mit Trennungen umgehen können, und auch die neue CSS3-Eigenschaft »text-justify«, aber dies steckt noch in den Kinderschuhen. Auf jeden Fall hat man keine richtige Kontrolle darüber, wie und wo getrennt wird. Es ist ein typisches Merkmal von E-Books, dass sie sich der Breite des Anzeigegerätes anpassen, so wie sich Zeilen im Browser anpassen, wenn das Fenster verkleinert wird. Der Umbruch kann sich ebenfalls ändern, wenn Nutzer sich dazu entschließen, die Schrift größer einzustellen. Dieses Feature haben E-Reader heutzutage in der Regel integriert und liefert auch ein gutes Argument für E-Books. Man kann im ePub zwar auch sogenannte Soft Hyphens benutzen und auf diese Weise Trennvorschläge einbauen (»bedingter Trennstrich« in InDesign). Bei richtig langen Wörtern mag dies sinnvoll sein, aber die Volltextsuchfunktionen der E-Reader können nicht unbedingt damit umgehen und sie werden auch nicht von allen angezeigt. Solange es für die Silbentrennung keine gute, standardisierte Lösung gibt, empfehlen wir, E-Books besser linksbündig zu setzen.

Im ePub wird nicht getrennt, daher erhält man im Blocksatz viele hässliche Löcher. Deshalb besser linksbündig setzen.

Auszeichnungen

Wörter, die im Text hervorgehoben werden sollen, können mit dem HTML-Tag `<em>` für kursiv oder `<strong>` für fett in E-Books gesetzt werden. Wenn Sie in InDesign schon das Kursiv- und Fettsetzen mit Zeichenformaten vornehmen, wie später im Buch beschrieben, exportiert InDesign automatisch die richtigen Tags.

Schrift

Viele E-Reader besitzen bereits vorgefertigte Sets mit Schriften und ignorieren einfach die Schriftinformationen im ePub. Bei Apples iBooks stehen für Lesetexte z.B. Schriften wie Palatino, Cochin, Baskerville, Times New Roman oder Verdana zur Verfügung. Mit neuen Versionen von iBooks sind weitere hinzugekommen. (Eine schöne Auflistung findet sich z.B. auf [👆**32**].) Sie haben nun verschiedene Optionen: Sie können die Schriftwahl allgemein halten und dem E-Reader nur sagen, dass eine serifenlose oder eine Serifenschrift verwendet werden soll. Oder Sie können verschiedene Schriftalternativen angeben: Wenn der E-Reader die erste nicht darstellen kann, nimmt er die zweite. Die dritte Möglichkeit besteht darin, die Schrift einzubetten. Wie das alles genau funktioniert, lesen Sie im Kapitel »Eingebettete Schriften und Sonderzeichen«.

Es gibt momentan auch Bemühungen von Type-Designern, Schriften zu entwerfen, die speziell für digitale Lesegeräte optimiert sind. Allerdings wird dies nur bei Readern funktionieren, die die Nutzung eingebetteter Schriften erlauben. Dabei gibt es das Problem, dass die Schriften aus dem ePub extrahiert werden können, was lizenzrechtliche Probleme haben kann, und das Einbetten von Schriften macht die Dateien größer. Sie sollten daher eher auf lizenzfreie Schriften setzen, dies vor allem für ePubs, die nicht verschlüsselt werden. Die ePub3-Spezifikation unterstützt das Web Open Font Format (WOFF) sowie OpenType-Fonts. Ob die Reader das dann umsetzen, steht auf einem anderen Blatt und wird die Zukunft zeigen. Eine interessante Seite, um Schriftbilder zu vergleichen, ist [👆**33**].

Fußnoten

Fußnoten im klassischen Sinne gibt es im ePub nicht, weil diesem das Konzept des linearen Leseflusses zugrunde liegt. Es gibt demnach keinen Seitenfuß und somit auch keine Stelle, wo die Fußnote platziert werden kann. Hier bieten sich in der Regel zwei Hauptlösungen an: Die Fußnote erscheint sofort hinter dem entsprechenden Absatz oder die Fußnote folgt ganz am Ende des Kapitels. Im ePub werden Fußnoten automatisch zu Hyperlinks konvertiert. Sie springen darüber zur Fußnote und genauso durch einen Hyperlink wieder zurück zur Textstelle. Wie das geht, zeigen wir im Kapitel 7.3, S. 129.

Striche und Symbole

Es gibt in der Typografie einige Stricharten, die Sie in InDesign im Menü *Schrift* → *Sonderzeichen einfügen* → *Trenn- und Gedankenstriche* finden. Leider können nicht alle umgesetzt werden, aber die zwei wichtigsten funktionieren immer: der Bindestrich und der Halbgeviertstrich. Den Halbgeviertstrich erreichen Sie über das Menü oder per Tastenkombination »Alt + -«, unter Windows auch mit Alt + 0150. In HTML finden Sie ihn wieder unter `–`

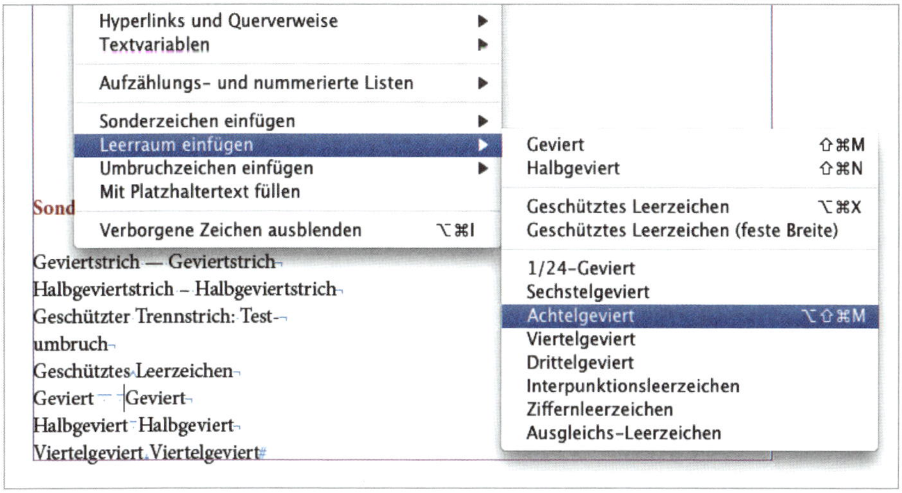

Die feinen typografischen Leerräume, die Sie in InDesign benutzen können, werden im ePub durch normale Leerzeichen ersetzt.

Manchmal kommen in Text oder Tabellen mathematische Symbole vor. Mathematischer Satz im ePub – davon kann momentan noch nicht die Rede sein. Hier müssten Sie stattdessen also ein Bild einfügen. Die meisten Schriften enthalten ein Multiplikationssymbol, man kann es nur meist nicht via Tastatur einfügen, sondern muss in InDesign über die Glyphenpalette gehen. Wurde das Multiplikationssymbol in InDesign richtig gesetzt, wird es auch korrekt ins ePub übernommen. Falls Sie es mal in HTML bei der Nachbearbeitung benutzen müssen: Der HTML-Code lautet `×` und für das Minussymbol `−`.

Das Ellipsenzeichen, die drei Auslassungspunkte, wird in InDesign mit Alt + Punkt gesetzt, in HTML durch `…`

4.2 Texte säubern

In InDesign kommt man meist auf vielen verschiedenen Wegen zum Resultat. Wenn ein InDesign-Dokument für den Druck aufbereitet wurde, beinhaltet es oft Dinge, die Sie für einen guten ePub-Export später überarbeiten müssen, da dort andere Regeln gelten.

Doppelte Leerzeichen

Eigentlich ist das auch bei der Printproduktion tabu, aber man sollte vor dem ePub-Export das Dokument noch einmal mit Suchen/Ersetzen (Strg + F) auf doppelte Leerzeichen hin untersuchen. Gerade bei kleineren Bildschirmgrößen wie auf dem iPhone sehen doppelte Leerzeichen nicht gut aus.

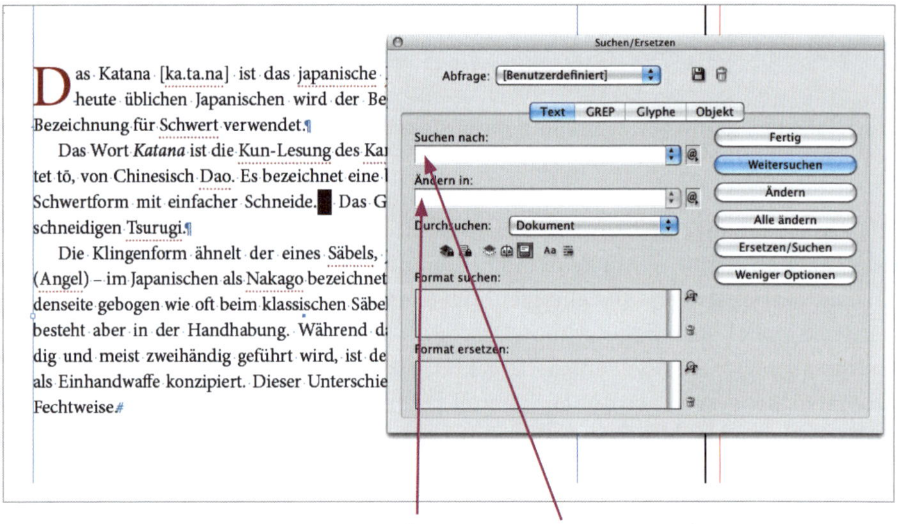

Doppelte Leerzeichen ersetzen. **(1 Leerzeichen; 2 Leerzeichen)**

Einzüge sollten beim ePub – genau wie in der Printproduktion – nicht mit Leerzeichen vorgenommen werden, sondern durch Eingabe eines Einzugwertes im entsprechenden Feld in der oberen Werkzeugleiste oder dem Absatz-Bedienfeld. Wünschen Sie den Einzug ein Geviert groß, geben Sie hier als Wert die Schriftgröße ein, bei 10- Punkt-Schrift also »10 pt« (InDesign rechnet aber in Millimeter um).

Wenn Sie wollen, dass der Einzug mitwächst, sobald die Schrift im E-Reader durch den Leser vergrößert wird, muss der Einzug im ePub durch die Einheit »em« definiert werden, in der Typografie auch als Geviert bekannt. Leider kann man das in InDesign nicht vordefinieren, denn InDesign exportiert nur einen festen Wert in Pixel. Sie können aber manuell in der CSS-Datei den Wert ändern. In den HTML- und CSS-Dateien basteln wir zwar erst später ab Teil 2, S. 147, aber hier schon der Hinweis auf die Zeile, die Sie suchen müssen, um den Wert des Einzugs zu ändern: `text-indent: 10px;`. Ändern Sie die Zeile einfach zu `text-indent: 1em;`, um ein Geviert für den Einzug zu defnieren. Sie können den Einzug auch größer gestalten und Zwischenwerte definieren, z.B. 1.2 em.

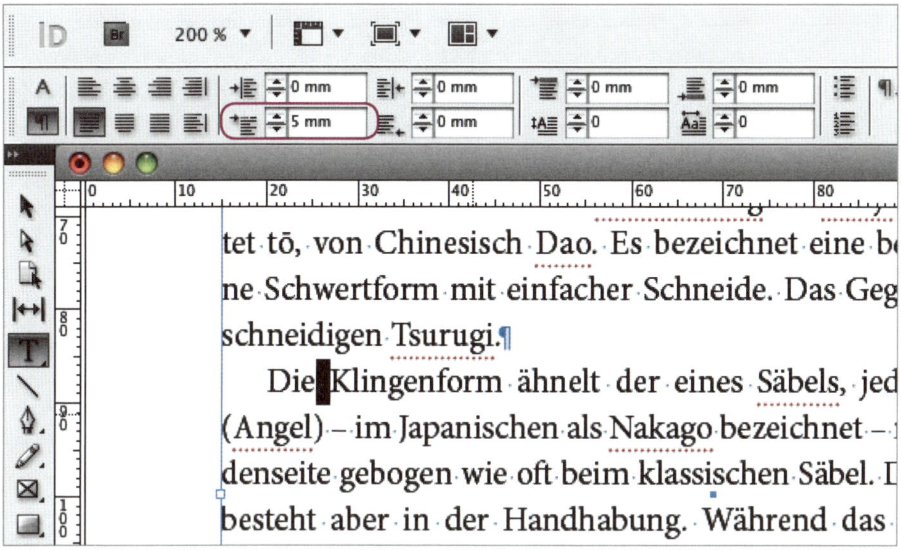

Einzüge sollte man nicht mit Leerzeichen setzen sondern mit der Funktion *Einzug links in erster Zeile*.

Zeilenschaltungen

Da E-Books keine Seiten im eigentlichen Sinne haben, sondern ein ePub ein ganzer Textfluss ist, der je nach Reader anders umbricht, kann man auch keine Zeilenschaltung erzwingen. Alle harten Zeilenschaltungen (Shift + Enter) müssen also entfernt werden, wenn Sie im ePub keine Überraschungen erleben wollen. Ausnahmen bilden natürlich gewollte Trennungen z.B. bei Zwischentiteln.

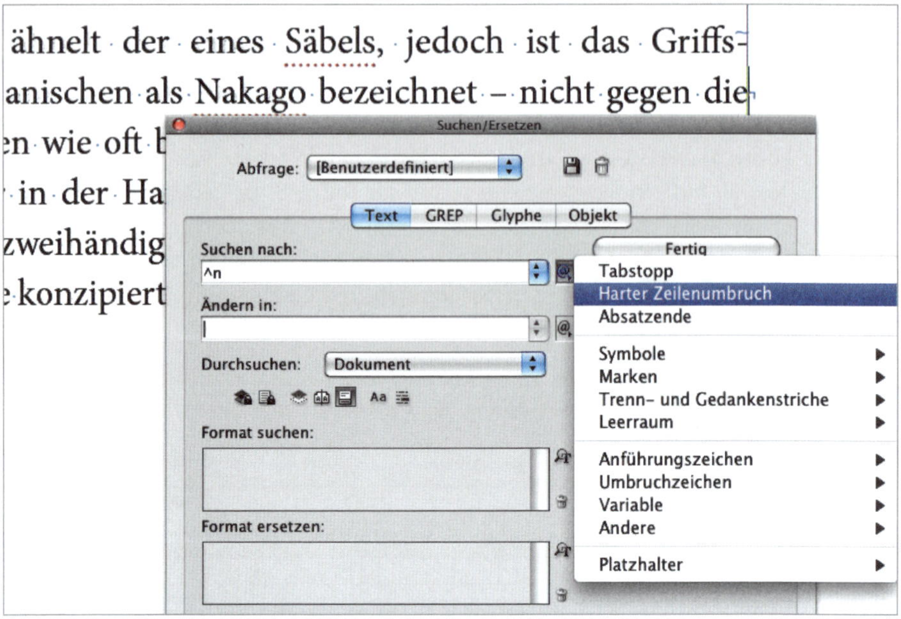

Suchen/Ersetzen von harten Zeilenumbrüchen.

Es kann sonst vorkommen, dass man im ePub auf einmal eine sehr kurze Zeile wiederfindet wie hier bei »nicht gegen die ...«.

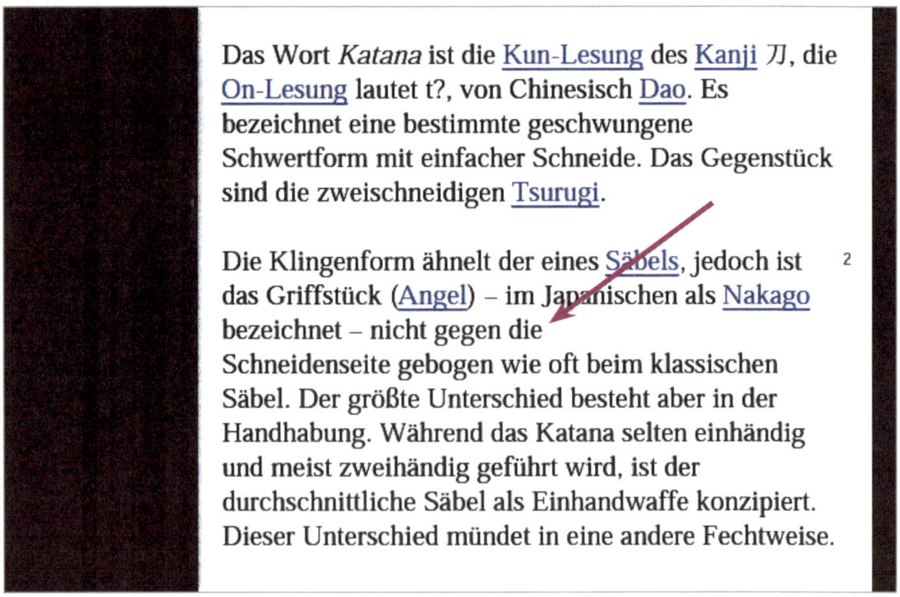

Auswirkung von harten Zeilenumbrüchen im ePub.

CS5.5: Bei CS5.5 gibt es jetzt im EPUB-Exportdialog unter *Inhalt* eine Option, um die harten Zeilenschaltungen beim Export automatisch zu entfernen.

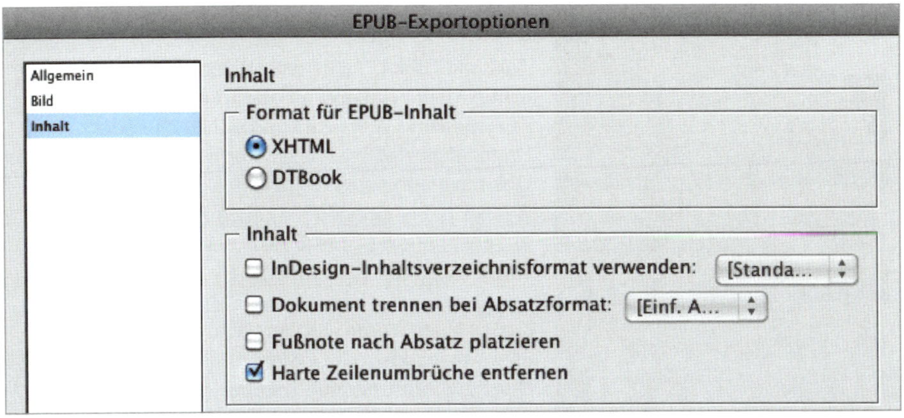

Abstände durch mehrmaliges Drücken der Enter-Taste zu erzielen, bringt für ePub nichts. Mehrere Absatzschaltungen werden im ePub meistens einfach mit einem festen Abstand versehen (je nach Reader), egal ob wir fünfmal Enter betätigt haben oder nur ein- oder zweimal. Möchten Sie im ePub Abstände kontrollieren, so muss dies mit »Abstand vor / Abstand nach« gelöst werden. Mehr Infos dazu gibt es im Kapitel 4.4, S. 56.

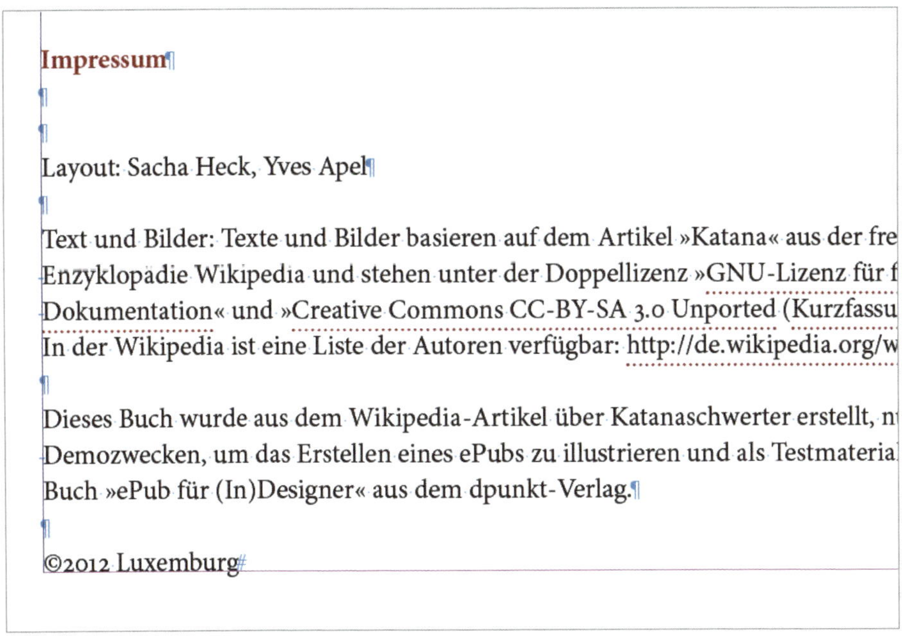

Abstände sollte man nicht durch Zeilenschaltungen erzwingen.

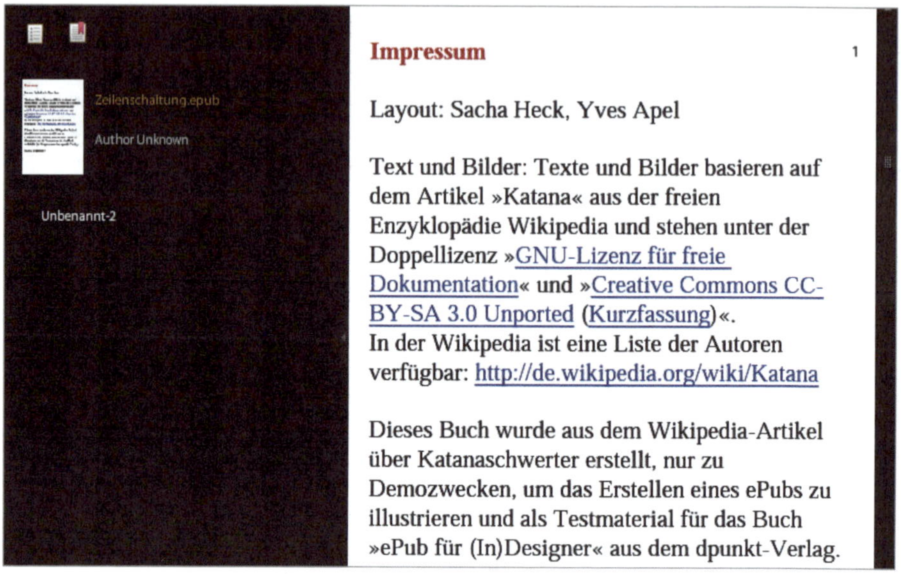

Digital Editions zeigt immer den gleichen Abstand, egal wie viele Zeilenschaltungen getätigt wurden.

Tabulatoren

Tabulatoren werden in ePubs ignoriert. Verwenden Sie also nirgendwo im Text Tabstops, um Informationen tabellarisch darzustellen. Ansonsten werden diese Anweisungen nicht ins ePub mitübertragen. Um Tabellen darzustellen, sollten Sie auf richtige InDesign-Tabellen zurückgreifen. Dazu später mehr im Kapitel 4.6, S. 65. Einfache Tabulatoren sollten also ersetzt werden, z.B. durch ein einfaches Leerzeichen. Hier muss man je nach Situation abwägen.

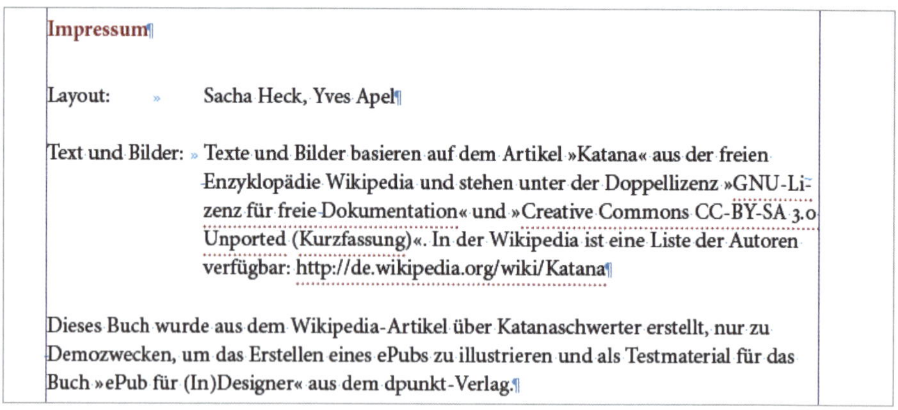

Tabulatoren in InDesign ...

Impressum

Layout: Sacha Heck, Yves Apel

Text und Bilder: Texte und Bilder basieren auf dem Artikel »Katana« aus der freien Enzyklopädie Wikipedia und stehen unter der Doppellizenz »GNU-Lizenz für freie Dokumentation« und »Creative Commons CC-BY-SA 3.0 Unported (Kurzfassung)«. In der Wikipedia ist eine Liste der Autoren verfügbar: http://de.wikipedia.org/wiki/Katana

Dieses Buch wurde aus dem Wikipedia-Artikel über Katanaschwerter erstellt, nur zu Demozwecken, um das Erstellen eines ePubs zu illustrieren und als Testmaterial für das Buch »ePub für (In)Designer« aus dem dpunkt-Verlag.

©2012 Luxemburg

... werden im ePub ignoriert. Sie werden zu einfachen Leerzeichen.

Suchen/Ersetzen automatisieren

Die in diesem Punkt erläuterten Suchen/Ersetzen-Routinen können natürlich auch durch ein Skript automatisiert werden. Ein passendes wird sogar mit InDesign mitgeliefert und installiert. Es heißt »FindChangeByList.jsx«. Sie finden das Skripte-Bedienfeld unter *Fenster → Hilfsprogramme → Skripte«.*

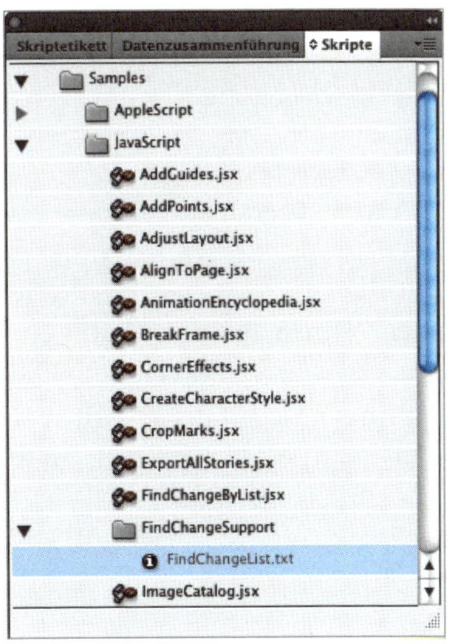

Mit InDesign wird eine ganze Reihe hilfreicher Beispiel-Skripte mitinstalliert.

Um das Skript für die Suchen / Ersetzen-Routine verwenden zu können, muss die dazugehörige Textdatei »FindChangeList.txt« angepasst werden. In dieser Datei sind schon einige Suchaufgaben vordefiniert und es gibt auch Erklärungen dazu, wonach man suchen lassen kann. Im Großen und Ganzen handelt es sich dabei eigentlich nur um eine Liste, die das Wort beim Eintrag: `{findWhat: "Suche"}`, das sich zwischen den Anführungszeichen befindet, sucht und bei `{changeTo: "Ersetzen"}` das zwischen Anführungszeichen stehende Wort ersetzt.

```
//{findWhat:"\\s+"}
//
grep  {findWhat:"  +"}  {changeTo:" "}     {includeFootnotes:true, i
grep  {findWhat:"\r "}  {changeTo:"\r"}    {includeFootnotes:true, i
grep  {findWhat:" \r"}  {changeTo:"\r"}    {includeFootnotes:true, i
grep  {findWhat:"\t\t+"}       {changeTo:"\t"}    {includeFootnotes:t
grep  {findWhat:"\r\t"} {changeTo:"\r"}    {includeFootnotes:true, i
grep  {findWhat:"\t\r"} {changeTo:"\r"}    {includeFootnotes:true, i
grep  {findWhat:"\r\r+"}       {changeTo:"\r"}    {includeFootnotes:t
text  {findWhat:" - "}  {changeTo:"^="}    {includeFootnotes:true, i
text  {findWhat:"--"}   {changeTo:"^_"}    {includeFootnotes:true, i
```

Auszug aus der FindChangeList.txt-Datei. »findWhat«: Was wird gesucht? und »changeTo«: Zu was wird abgeändert?

Sie können das Skript auch kopieren und umbenennen, um so ein Skript nur für die spezielle Suchen / Ersetzen-Arbeit am ePub zu haben. Dazu muss dann aber auch im Skript selbst die Zeile abgeändert werden, in der die dazugehörige txt-Datei aufgerufen wird.

```
112 function myFindChangeByList(myObject){
113     var myScriptFileName, myFindChangeFile, myFindChangeFileName, myScriptFile, myResult;
114     var myFindChangeArray, myFindPreferences, myChangePreferences, myFindLimit, myStory;
115     var myStartCharacter, myEndCharacter;
116     var myFindChangeFile = myFindFile("/FindChangeSupport/FindChangeList.txt")
117     if(myFindChangeFile != null){
118         myFindChangeFile = File(myFindChangeFile);
119         var myResult = myFindChangeFile.open("r", undefined, undefined);
120         if(myResult == true){
```

Im Skript wird die Suchen/Ersetzen-Liste aufgerufen (hier in Zeile 116). Wenn Sie eine eigene Liste anlegen, müssen Sie hier den neuen Namen Ihrer txt-Datei eingeben.

Eine sehr ausführliche Erklärung zu diesem Skript finden Sie auf der Website von Gregor Fellenz, der dort den Ausschnitt aus seinem Buch »InDesign automatisieren« als PDF zur Verfügung stellt [☝33].

4.3 Absatz- und Zeichenformate

Formate oder auch Stilvorlagen sind aus Layoutprogrammen und vor allem aus InDesign nicht mehr wegzudenken. Gut organisierte Formate bilden das A und O einer effizienten Produktion. Die wichtigsten sind die Absatz- und Zeichenformate, aber wir kennen aus InDesign ebenfalls Objektformate und Tabellenformate bzw. Zellenformate. Formate sind auch wichtig, um gut strukturierte Dokumente zu erstellen. Durch das Zuweisen eines Formates gibt man Hierarchieinformationen mit auf den Weg: Was ist Grundtext? Wo findet sich ein Zitat, wo eine Bildunterschrift und was ist ein Titel oder ein Zwischentitel? Durch Formate werden Texte strukturiert. Die zugewiesenen Formate werden nachher für das ePub zu CSS-Stilen umkonvertiert (Cascading Stylesheets). Das heißt, alles, was in unserem Format definiert ist und auch in CSS umgesetzt werden kann, wird mitkonvertiert. Im ePub-Exportdialog gibt es zwar auch eine Option, um lokale Abweichungen (also Auszeichnungen, die nicht mit Absatz- und Zeichenformaten vorgenommen wurden) zu berücksichtigen, aber man sollte am besten nichts dem Zufall überlassen. Sie erhalten sonst im ePub in der CSS-Datei nichtssagende Tags und Klassen und haben Schwierigkeiten bei der Nachbearbeitung.

Absatzformate

Die wichtigsten Formate sind die Absatzformate (Paragraph Styles). Wie der Name es schon sagt, wirken sich diese immer auf einen ganzen Absatz aus, bis eine Zeilenschaltung erfolgt.

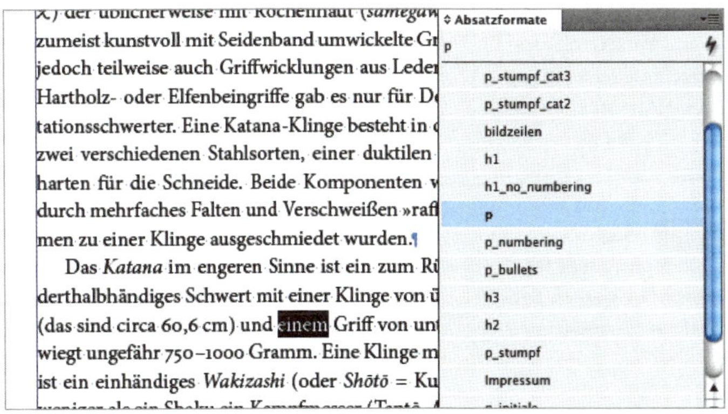

Es ist hilfreich, sich ein System für die Benennung der Formate zu überlegen. In HTML gibt es z.B. die Standard-Tags <p> für Absatz (Paragraph) oder <h1>, <h2> etc. für Titelhierarchien. Sie können diese auch schon in InDesign so benennen – und gerade in InDesign CS5.5 spielt das eine Rolle, wie wir gleich noch sehen werden. Sie definieren also für jede Form von auftauchenden Absätzen jeweils ein eigenes Absatzformat: eines für den Grundtext, ein anderes für den ersten Absatz mit der Initiale, vielleicht ein weiteres für einen stumpfen Absatz (also ohne Einzug), jeweils ein Absatzformat für den Titel und die verschiedenen Zwischenüberschriften, für die Bildzeilen etc.

Um ein Absatzformat zu definieren, formatieren Sie am besten zuerst einen Absatz so, wie Sie ihn haben möchten, und klicken anschließend bei ausgewähltem Absatz im Absatzformate-Bedienfeld unten auf das Blattsymbol (dabei die Alt-Taste gedrückt halten, um sofort ins Menü zu gelangen und einen Namen zu vergeben), oder Sie gehen per Flyout-Menü auf *Neues Absatzformat*.

Zeichenformate

Zeichenformate werden traditionell dazu benutzt, Abweichendes innerhalb eines Absatzes auszuzeichnen. Wenn Sie also nur ein einzelnes Wort kursiv oder einen Satz sowie einzelne Wörter fett, in einer anderen Schrift und/oder einer anderen Farbe setzen wollen, dann kommen Zeichenformate zum Einsatz. Und zwar werden in den Zeichenformaten in InDesign immer nur die Eigenschaften vermerkt, die vom gerade verwendeten Absatzformat abweichen. Zeichenformate werden in HTML mit dem <span>-Element beschrieben. Um ein Zeichenformat zu erstellen, gehen Sie vor wie bei den Absatzformaten: zuerst im Text alles wie gewünscht einstellen und dann in dem Zeichenformate-Bedienfeld das Blattsymbol klicken (Alt-Taste gedrückt halten) oder über das Flyout-Menü: *Neues Zeichenformat* gehen. Alle definierten Eigenschaften werden so automatisch ins Format übernommen.

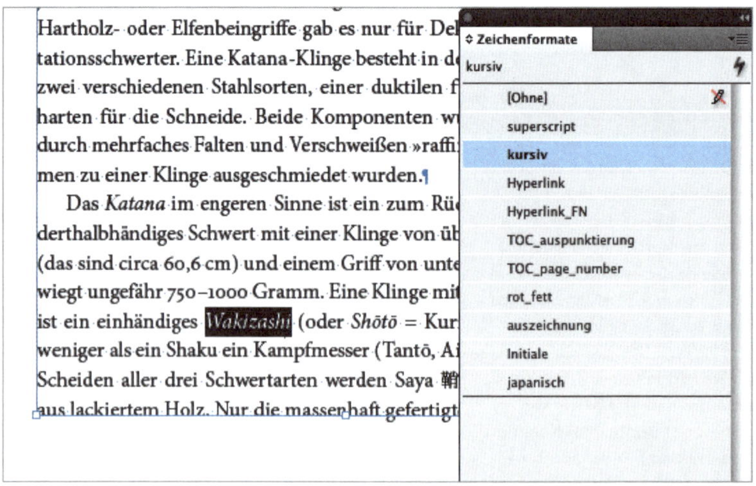

Verschachtelte Formate, GREP-Stile und Zeilenformate

In InDesign CS5 und CS5.5 gibt es noch einige weitere praktische Möglichkeiten, Texte auszuzeichnen. Die verschachtelten Formate gibt es schon etwas länger und sie können sehr hilfreich sein, da sie sich dynamisch anpassen. Hiermit können Sie Automatisierungen erreichen wie »Setze das Folgende fett bis zu einem Doppelpunkt und verwende danach die Definition aus dem Absatzformat«.

GREP bezeichnet in InDesign die Suche nach regulären Ausdrücken, mit der man verschiedene intelligente Suchen / Ersetzen-Routinen programmieren kann. So könnte man hier z.B. nach einem bestimmten Wort im Absatz suchen lassen, das immer grün eingefärbt werden soll, und sobald wir dieses Wort in den Absatz tippen, wird es dynamisch grün gefärbt.

Mit den in CS5/CS5.5 neuen Zeilenformaten können Sie z.B. bestimmen, dass jeweils die erste Zeile eines Absatzes anders formatiert wird.

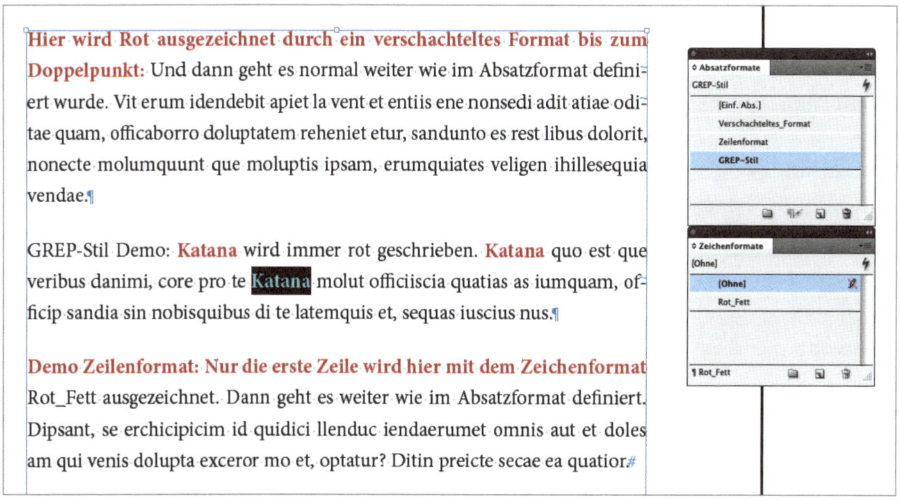

Die drei Auszeichnungsmöglichkeiten: verschachteltes Format, GREP-Stil und Zeilenformat.

CS5.5 / CS5: Bei diesen Formatierungsmöglichkeiten unterscheiden sich CS5 und CS5.5. Das Zeilenformat können Sie in ePub sowieso vergessen, weil hier die Länge der Zeile vom jeweiligen Gerät sowie den Einstellungen abhängt. Da müssten die E-Book-Reader die gleiche Intelligenz wie InDesign eingebaut haben, um die Zeile immer dynamisch auszuzeichnen. Verschachtelte Formate und GREP-Stile exportiert InDesign CS5.5 ohne weiteres Zutun richtig. In InDesign CS5 werden verschachtelte Formate und GREP-Stile einfach ignoriert und nicht mit ins ePub exportiert. Der Grund dafür ist, dass InDesign die Zeichenformate zwar anwendet, Sie in dem Zeichenformate-Bedienfeld jedoch nichts davon sehen. Im Screenshot erkennen Sie, dass das Wort »Katana« zwar ausgezeichnet wurde, im Zeichenformate-Bedienfeld jedoch auf [Ohne] steht. Ganz unten links in dem Zeichenformate-Bedienfeld sehen Sie jedoch, dass InDesign intern weiß, dass das richtige Format zugewiesen wurde.

Um das InDesign-Dokument für einen ePub-Export vorzubereiten, ist es bei CS5 notwendig, alle Stellen im Text,wo ein verschachteltes Format oder ein GREP-Stil vorkommt, zu suchen und manuell das Zeichenformat noch einmal explizit zuzuweisen (das gilt übrigens auch für Initialen). Damit es schneller geht, kann das auch über Suchen/Ersetzen erledigt werden. Denn auch InDesigns Suchen/Ersetzen-Dialog weiß, dass bei verschachtelten Formaten Zeichenformate indirekt zugewiesen werden. Dazu wählen Sie in der unteren Hälfte bei *Format suchen* das Zeichenformat und ersetzen es durch das gleiche Zeichenformat.

Die Firma In-Tools stellt für diesen Zweck auch das kostenlose Skript »Apply Nested Styles« zur Verfügung: [34]

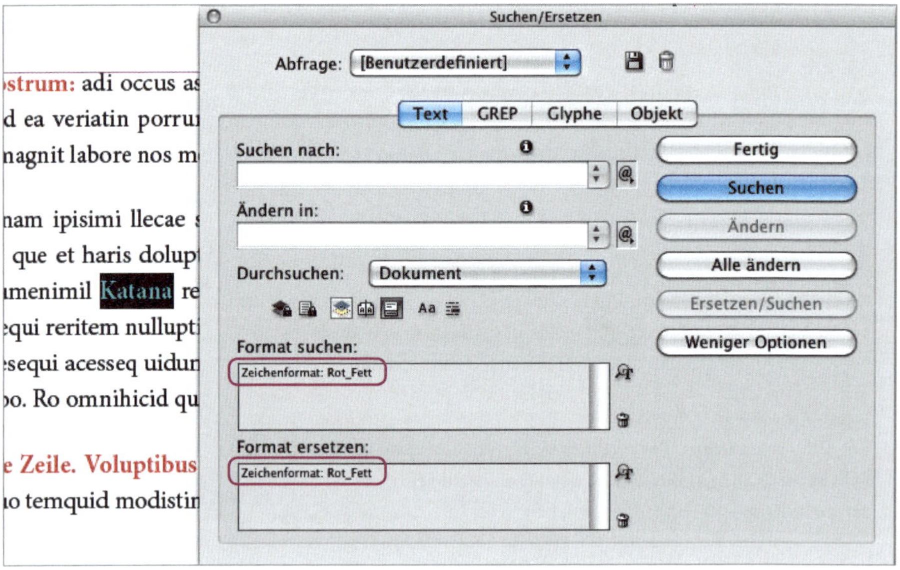

Explizites Zuweisen von Zeichenformaten durch Suchen/Ersetzen.

CS5.5: Tags zu Formaten zuordnen

Mit InDesign CS5.5 ist eine neue spannende Funktion dazugekommen. In den Absatzformatoptionen finden Sie den Punkt *Tagsexport* in der linken Spalte des Bedienfelds. Sie können damit schon in einer Vorschau bei Exportdetails sehen, wie InDesign die erstellten Formate in CSS umsetzt.

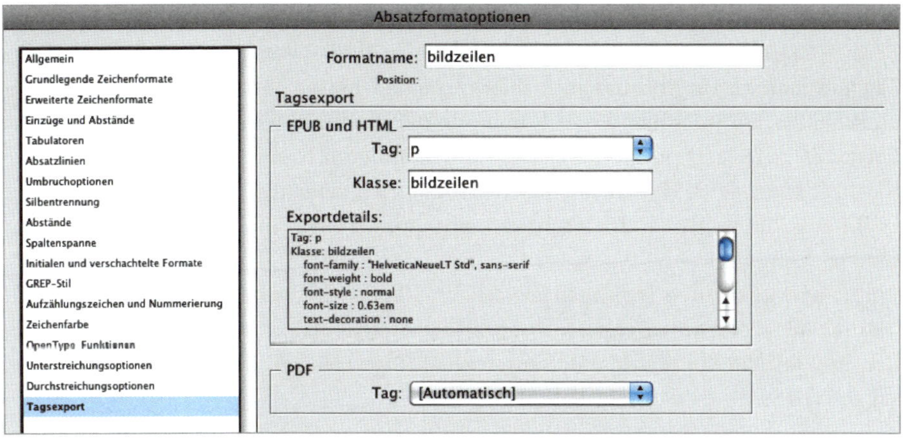

Vergeben Sie ein Tag und definieren Sie selbst einen Namen für die Klasse.

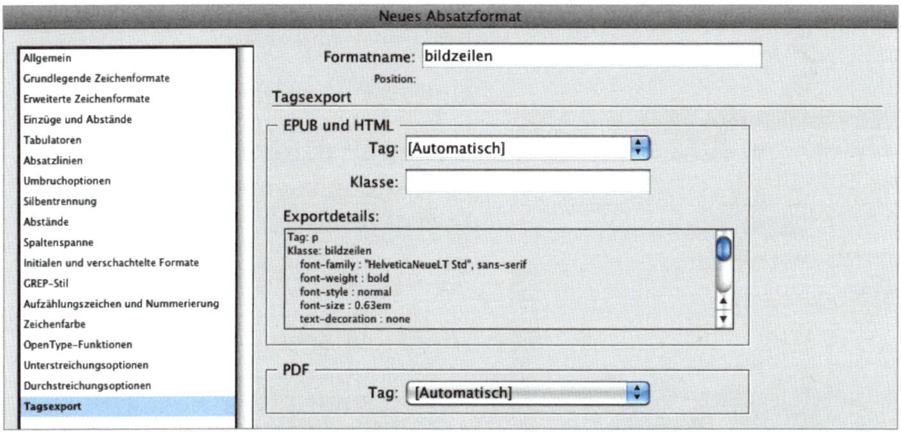

Bei »Automatisch« vergibt InDesign selbst einen Namen für die Klasse.

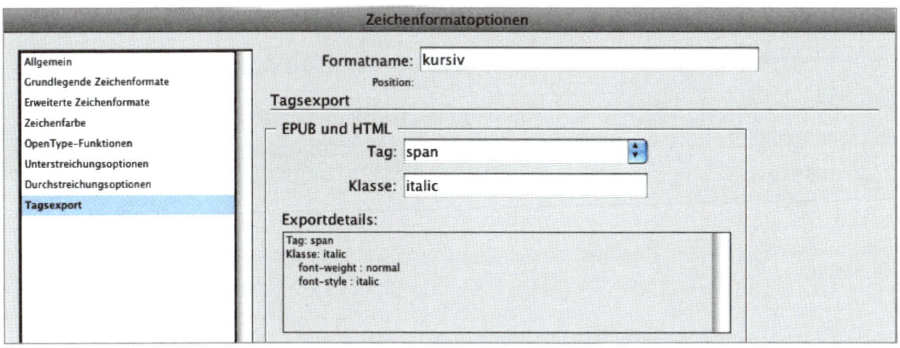

Auch bei den Zeichenformaten befindet sich das Tagsexport-Menü, in dem die span-Klasse definiert werden kann.

Wie sollten Sie vorgehen? Steht das Tag bei den Absatz- oder Zeichenformaten im Bereich *Tagsexport* auf [Automatisch], sieht man in der Vorschau, wie InDesign das Tag automatisch vergibt und auch selbst eine CSS-Klasse bestimmt. Sie können nun entscheiden, ob InDesign einen Namen definiert (dieser wird aus dem Namen des Formates generiert) oder ob Sie selbst einen anderen Namen vergeben wollen. Die Eigenschaften der CSS-Klasse bleiben dabei gleich, aber die Benennung erleichtert es Ihnen später, sich bei der Nachbearbeitung im HTML- und CSS-Code zurechtzufinden.

Es ist wichtig, den Tags auch jeweils eine Klasse zuzuweisen, wenn Sie nicht wollen, dass die E-Reader eigenmächtig entscheiden, wie ein bestimmtes Tag auszusehen hat, und auf die Standarddarstellung für das Tag zurückgreifen (siehe auch Kapitel 1.3, S. 11).

Alle Exporttags bearbeiten

Ein interessantes CS5.5-Feature ist auch die Möglichkeit, alle Tags auf einmal zu bearbeiten. Dazu wählen Sie im Flyout-Menü des Absatzformate-Bedienfelds den Punkt *Alle Exporttags bearbeiten*.

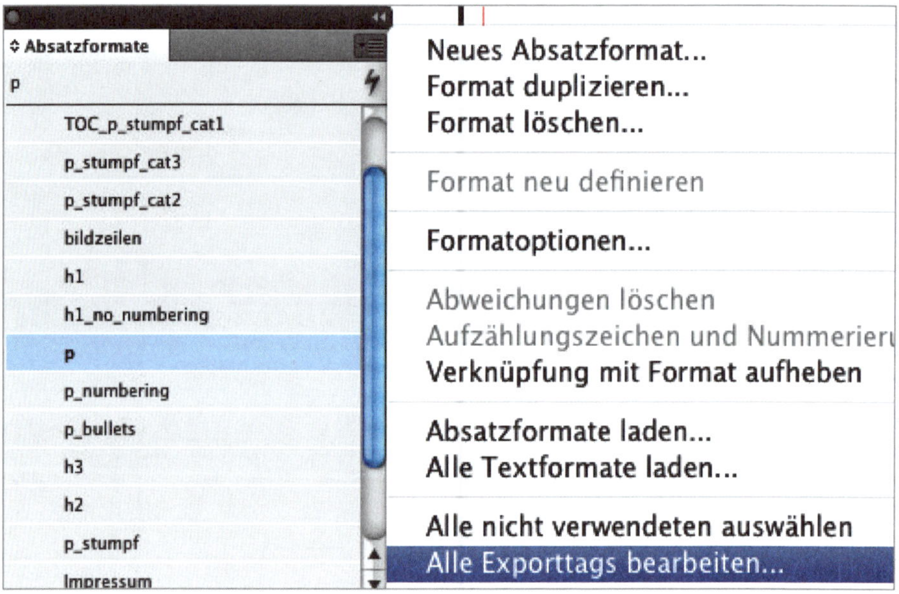

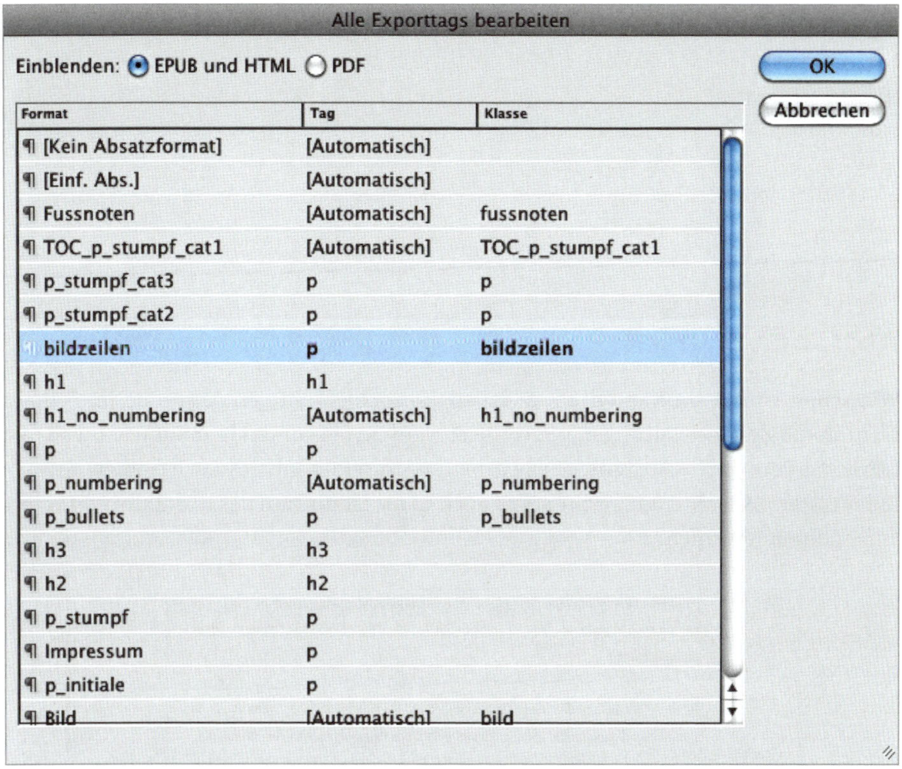

Die neue Funktion in CS5.5 ist sehr praktisch, um im Voraus zu bestimmen, wie InDesign die Tags exportiert. Das neue Bedienfeld eignet sich auch gut, wenn bereits eine fertige CSS-Datei vorliegt, die Sie mit Ihrer ePub-Datei verknüpfen wollen. Es ist so direkt möglich, die Formate entsprechend anzupassen.

Jedoch gibt es auch Mankos: Was ist z.B. mit Objektformaten, Tabellen- und Zellenformaten? Hier lässt sich leider nichts editieren und es gibt auch keine Vorschau, wie diese in CSS umgesetzt werden. Wir werden jedoch versuchen, trotzdem so viel wie möglich aus dem ePub herauszuholen, wie Sie im Teil 2, ab S. 147 sehen werden.

4.4 Abstände einfügen

Abstand vor/nach

Wie schon vorher im Kapitel 4.2, S. 42 angesprochen, können Abstände im E-Book nicht durch Zeilenschaltungen kontrolliert werden. Sie sollten hier auf jeden Fall mit »Abstand vor« bzw. »Abstand nach« arbeiten. Im ePub gibt es auch keinen Grundlinienraster. »Abstand vor/nach« sollte auch in die Definition des Absatzformates mit aufgenommen werden.

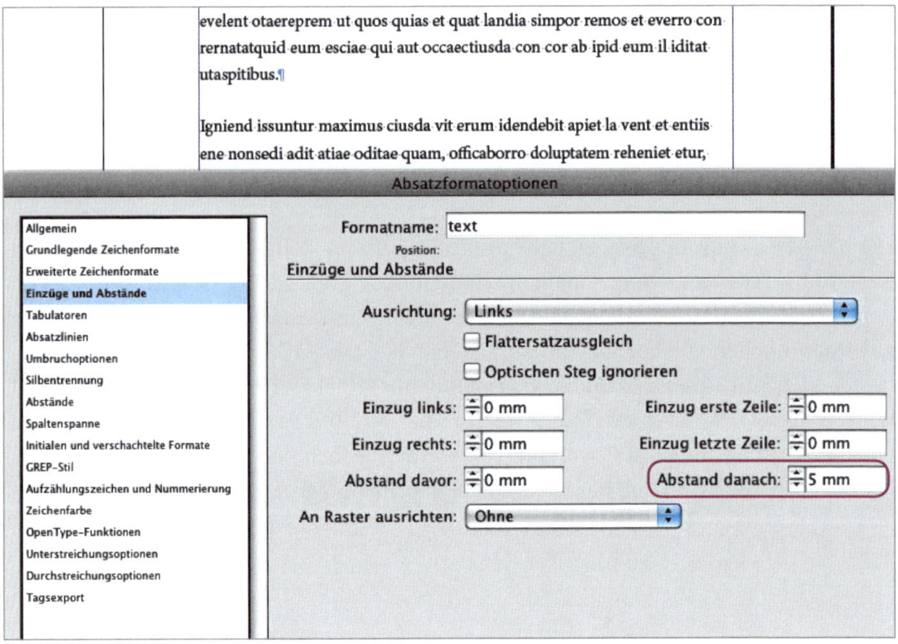

Abstände sollten mit »Abstand vor/nach« definiert werden.

In InDesign ist man gewohnt, das Seitenlayout durch millimetergenaues Positionieren zu bestimmen. Sie klicken auf ein Objekt und schieben es an eine andere Stelle, so wie es für rahmenorientierte Layoutprogramme üblich ist. Bei E-Books müssen Sie jedoch anders vorgehen.

Abstände durch Rahmen zu bestimmen, funktioniert im ePub nicht.

InDesign exportiert zwar alle Rahmen, die sich im Dokument auf den Seiten befinden, jedoch geht InDesign dabei nach einem speziellen Schema vor: von links nach rechts und von oben nach unten.

Um also eine typische Titelseite zu gestalten, ist es am Besten, Sie kopieren alles in einen Textrahmen, damit es sich im gleichen Textfluss befindet. Durch die Verwendung von »Abstand nach« erhalten Sie die gewünschten Abstände im ePub.

Hier wurden die Abstände korrekt mit »Abstand nach« erzeugt.

Das funktioniert in CS5.5 sogar auch ohne Formatedefinition. Bei CS5 hingegen nicht. Hier müssen die Abstände zwingend im Absatzformat definiert werden, sonst wird nur ein Standardabstand eingefügt.

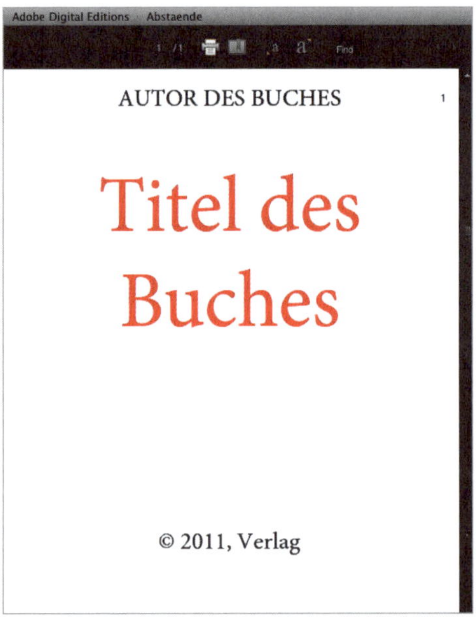

Resultat in Adobe Digital Editions

4.5 Aufzählungen und Listen

Bei Aufzählungen gibt es zwei Möglichkeiten: nummerierte oder nicht nummerierte Aufzählungen. Erstere werden in HTML »Ordered Lists« (sortierte Listen) genannt und letztere »Unordered Lists« (nicht sortierte Listen). In InDesign kann man Listen praktischerweise mit dem Tool »Nummerierte Liste« erstellen. Sie können also auch für die Aufzählungen wieder ein Absatzformat erstellen. Dabei sollten Sie nicht vergessen, auch ein Zeichenformat für die Aufzählungszeichen selbst zu definieren.

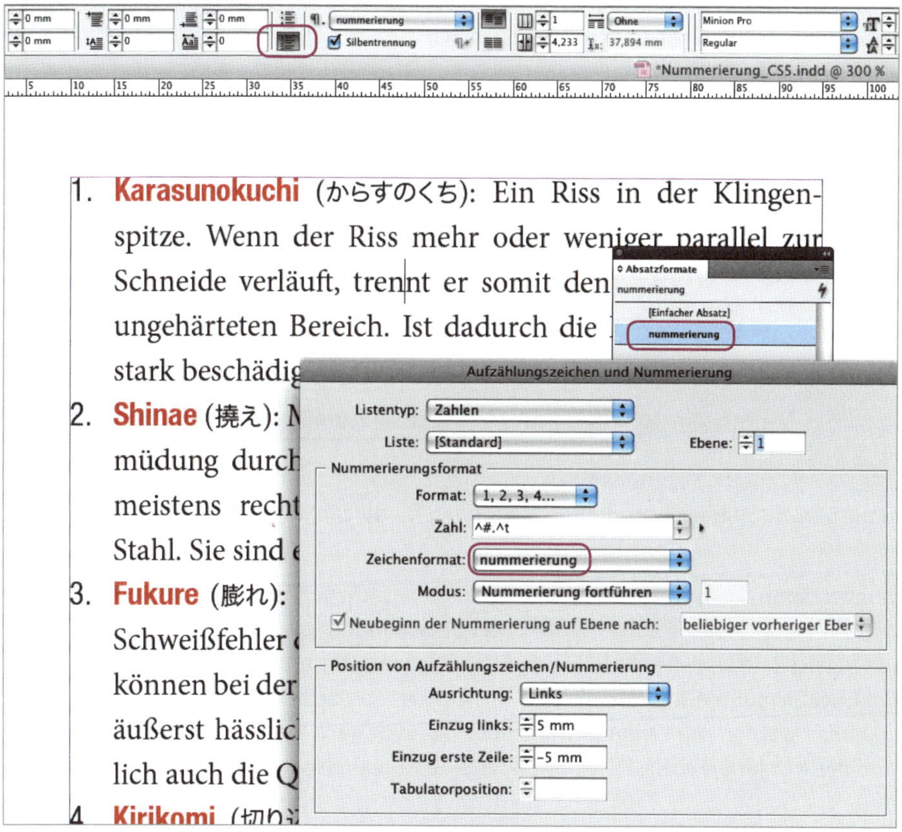

In InDesign werden Aufzählungen durch die Funktion *Aufzählungszeichen und Nummerierung* erstellt, am besten im Absatzformat. Sie gelangen ebenfalls durch Alt + Klick auf das Symbol oben im Steuerung-Bedienfeld zu dieser Funktion.

In HTML wird die nummerierte Liste mit dem Tag <ol> für »Ordered List« angegeben. Danach folgen die verschiedenen Einträge mit dem Tag <li> (List Item).

```
    <ol>
      <li class="p_numbering"><strong
class="auszeichnung">Kirikomi</strong> (<span class="japanisch
sgc-1" xml:lang="de-DE">切り込み</span>): Scharte im
Klingenrücken, die bei einer Parade mit dem Schwert entsteht.
Diese Fehler sind nicht fatal für die Klinge. Im Rahmen einer
kompetenten Politur werden sie nach Möglichkeit entfernt. Bei
alten, bereits dünn gewordenen Klingen belässt man sie als
Zeugnis eines Kampfeinsatzes.</li>

      <li class="p_numbering"><strong
class="auszeichnung">Umegane</strong> (<span class="japanisch
sgc-1" xml:lang="de-DE">埋め金</span>): Eine Korrekturstelle
von einem Schmied, um einen Fehler auszugleichen oder zu
überdecken. Umegane sind auch Stahleinlagen, um den durch
häufige Polituren hervortretenden Kernstahl zu
kaschieren.</li>
```

In den ePub-Exportoptionen gibt es bei den Formatierungsoptionen die Möglichkeit, einzustellen, ob die Aufzählungszeichen zu entsprechenden HTML-Tags oder einfach zu normalem Text konvertiert werden sollen.

ePub-Exportoptionen: Formatierungsoptionen für Aufzählungen und Nummerierungen.

Konvertieren Sie hier zu normalem Text, so verschwinden jedoch auch die hängenden Einzüge – und in unserem Beispiel übernehmen die Aufzählungszeichen sogar die Eigenschaften des nachfolgenden Zeichenformates und werden ebenfalls rot eingefärbt. Sie sollten hier also besser die Option *Sortierten* bzw. *Nicht sortierten Listen zuordnen* wählen. Außerdem erhält man dadurch auch wieder eine HTML-Struktur und der Reader erkennt: Hier folgt jetzt eine Aufzählung.

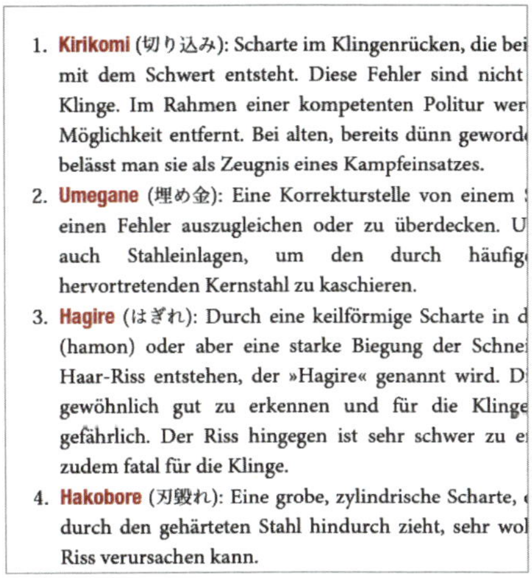

1. **Kirikomi** (切り込み): Scharte im Klingenrücken, die bei
mit dem Schwert entsteht. Diese Fehler sind nicht
Klinge. Im Rahmen einer kompetenten Politur wer
Möglichkeit entfernt. Bei alten, bereits dünn geword
belässt man sie als Zeugnis eines Kampfeinsatzes.
2. **Umegane** (埋め金): Eine Korrekturstelle von einem
einen Fehler auszugleichen oder zu überdecken. U
auch Stahleinlagen, um den durch häufig
hervortretenden Kernstahl zu kaschieren.
3. **Hagire** (はぎれ): Durch eine keilförmige Scharte in d
(hamon) oder aber eine starke Biegung der Schne
Haar-Riss entstehen, der »Hagire« genannt wird. D
gewöhnlich gut zu erkennen und für die Klinge
gefährlich. Der Riss hingegen ist sehr schwer zu e
zudem fatal für die Klinge.
4. **Hakobore** (刃毀れ): Eine grobe, zylindrische Scharte,
durch den gehärteten Stahl hindurch zieht, sehr wo
Riss verursachen kann.

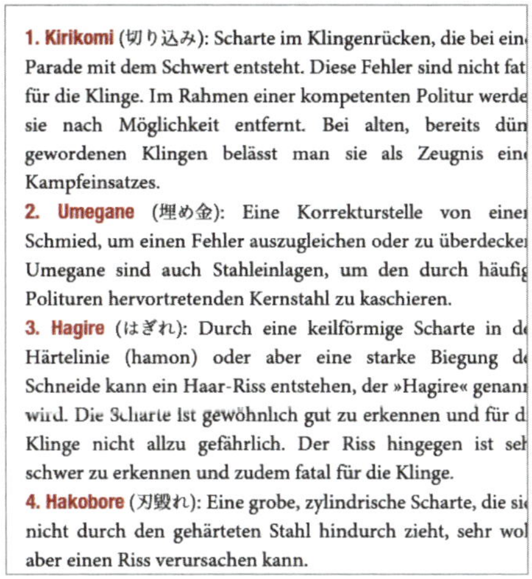

1\. **Kirikomi** (切り込み): Scharte im Klingenrücken, die bei ein
Parade mit dem Schwert entsteht. Diese Fehler sind nicht fat
für die Klinge. Im Rahmen einer kompetenten Politur werde
sie nach Möglichkeit entfernt. Bei alten, bereits dün
gewordenen Klingen belässt man sie als Zeugnis ein
Kampfeinsatzes.
2\. **Umegane** (埋め金): Eine Korrekturstelle von eine
Schmied, um einen Fehler auszugleichen oder zu überdecke
Umegane sind auch Stahleinlagen, um den durch häufig
Polituren hervortretenden Kernstahl zu kaschieren.
3\. **Hagire** (はぎれ): Durch eine keilförmige Scharte in d
Härtelinie (hamon) oder aber eine starke Biegung d
Schneide kann ein Haar-Riss entstehen, der »Hagire« genan
wird. Die Scharte ist gewöhnlich gut zu erkennen und für d
Klinge nicht allzu gefährlich. Der Riss hingegen ist se
schwer zu erkennen und zudem fatal für die Klinge.
4\. **Hakobore** (刃毀れ): Eine grobe, zylindrische Scharte, die si
nicht durch den gehärteten Stahl hindurch zieht, sehr wo
aber einen Riss verursachen kann.

Aufzählungen, einmal zu Listen exportiert (links) und einmal mit der Option »In Text umwandeln« (rechts).

Aufzählungszeichen zu Text konvertieren?

Es gibt aber eine Ausnahme, wann man bei den Formatierungsoptionen zu Text konvertieren sollte: wenn Sie als Aufzählungszeichen ein besonderes Zeichen verwenden, z.B. aus einer anderen Schrift wie Zapf Dingbats. Konvertieren Sie nämlich beim ePub-Export zu nicht sortierten Listen, wird immer das Standard-Aufzählungszeichen des E-Readers verwendet. Jedoch ist die Verwendung eines eigenen Aufzählungszeichens auch heikel, da nicht alle E-Reader eine Schrift wie Zapf Dingbats interpretieren können. Apples iBooks kann das und auch das ePub-Firefox-Plug-in, aber Adobe Digital Editions nicht. Dort erscheinen dann nur Fragezeichen.

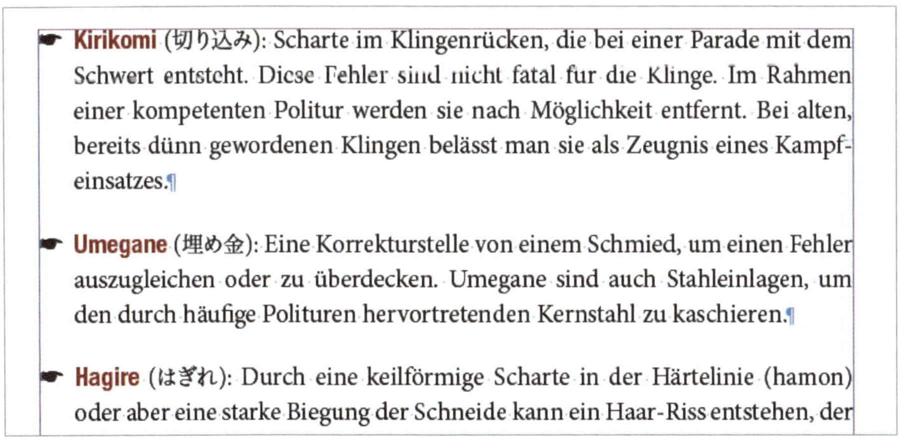

☛ **Kirikomi** (切り込み): Scharte im Klingenrücken, die bei einer Parade mit dem Schwert entsteht. Diese Fehler sind nicht fatal für die Klinge. Im Rahmen einer kompetenten Politur werden sie nach Möglichkeit entfernt. Bei alten, bereits dünn gewordenen Klingen belässt man sie als Zeugnis eines Kampf-einsatzes.¶

☛ **Umegane** (埋め金): Eine Korrekturstelle von einem Schmied, um einen Fehler auszugleichen oder zu überdecken. Umegane sind auch Stahleinlagen, um den durch häufige Polituren hervortretenden Kernstahl zu kaschieren.¶

☛ **Hagire** (はぎれ): Durch eine keilförmige Scharte in der Härtelinie (hamon) oder aber eine starke Biegung der Schneide kann ein Haar-Riss entstehen, der

Hier wird ein Symbol aus der Schrift Zapf Dingbats für die Aufzählungszeichen benutzt.

? **Kirikomi** (切り込み): Scharte im Klingenrücken, die bei einer[1] Parade mit dem Schwert entsteht. Diese Fehler sind nicht fatal für die Klinge. Im Rahmen einer kompetenten Politur werden sie nach Möglichkeit entfernt. Bei alten, bereits dünn gewordenen Klingen belässt man sie als Zeugnis eines Kampfeinsatzes.

? **Umegane** (埋め金): Eine Korrekturstelle von einem Schmied, um einen Fehler auszugleichen oder zu überdecken. Umegane sind auch Stahleinlagen, um den durch häufige Polituren hervortretenden Kernstahl zu kaschieren.

? **Hagire** (はぎれ): Durch eine keilförmige Scharte in der Härtelinie (hamon) oder aber eine starke Biegung der Schneide

Adobe Digital Editions kann das Aufzählungszeichen nicht umsetzen und Sie sehen stattdessen nur ein Fragezeichen – gar nicht gut.

☛ **Kirikomi** (切り込み): Scharte im Klingenrücken, die bei einer Parade mit dem Schwert entsteht. Diese Fehler sind nicht fatal für die Klinge. Im Rahmen einer kompetenten Politur werden sie nach Möglichkeit entfernt. Bei alten, bereits dünn gewordenen Klingen belässt man sie als Zeugnis eines Kampfeinsatzes.

☛ **Umegane** (埋め金): Eine Korrekturstelle von einem Schmied, um einen Fehler auszugleichen oder zu überdecken. Umegane sind auch Stahleinlagen, um den durch häufige Polituren hervortretenden Kernstahl zu kaschieren.

☛ **Hagire** (はぎれ): Durch eine keilförmige Scharte in der Härtelinie (hamon) oder aber eine starke Biegung der Schneide kann ein Haar-Riss entstehen, der »Hagire« genannt wird. Die Scharte ist gewöhnlich gut zu erkennen und für die Klinge nicht allzu gefährlich. Der Riss hingegen ist sehr schwer zu erkennen und zudem fatal für die Klinge.

☛ **Nioi Gire** (匂切れ): Entweder eine Härtelinie, die an ihrer Grenze zu

Das ePub-Firefox-Plug-in kann das Dingbats-Zeichen korrekt umsetzen, ebenso Apple iBooks. Der hängende Einzug geht jedoch verloren, das Aufzählungszeichen übernimmt die Eigenschaften des ersten Wortes und wird rot dargestellt.

Aufzählungszeichen als Grafik?

Um sicherzugehen, dass das richtige Zeichen vom Reader verwendet wird, können Sie das von Ihnen verwendete Aufzählungszeichen auch einfach zu einer Grafik umwandeln und diese dann als Bild in den Absatz einfügen. Dazu kopieren Sie das Zeichen in einen eigenen Textrahmen und wählen dann aus dem Menü *Schrift → In Pfade umwandeln*. Das Zeichen ist nun eine Grafik. Kopieren Sie die Grafik in die Zwischenablage und gehen Sie mit dem Cursor zu der Textstelle, wo Sie das Zeichen einfügen wollen. Fügen Sie nun die Grafik einfach an der Einfügemarke ein. Allerdings wächst die Dateigröße durch mehrmaliges Platzieren der Grafik etwas an.

Das Problem der hängenden Einzüge lässt sich mittels CSS lösen. Dabei erstellen Sie in InDesign eine normale Liste mit Bullets und ersetzen später per CSS die Bullets durch Ihre Grafik. Dann wird auch der Einzug beibehalten. Wie das im Detail funktioniert, lesen Sie im Kapitel 15, S. 209.

Kombinierte Listentypen

Es gibt auch Fälle, in denen die beiden Listentypen miteinander kombiniert werden müssen. Allerdings muss hier gewarnt werden: In InDesign CS5 sowie CS5.5 gibt es dabei einen Bug, den man derzeit nur durch Nachbearbeitung des Codes umschiffen kann.

Im Ausgangsbeispiel haben wir eine nummerierte Liste, wobei unter dem ersten Punkt zusätzlich zwei Aufzählungen mit »Bullets« dazwischen eingefügt werden. Dazu müssen Sie hier also zwei verschiedene Absatzformate erstellen: eines für die nummerierte Liste und eines für die Aufzählung mit den Bullets.

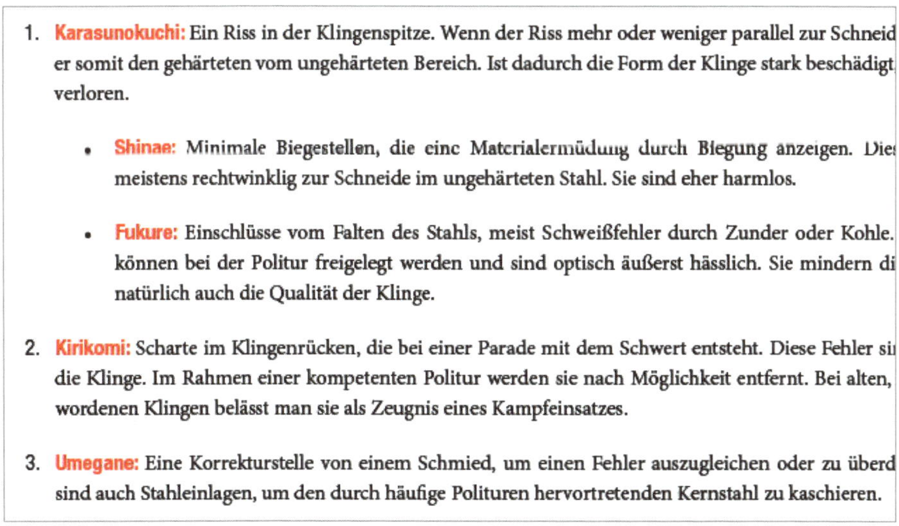

1. **Karasunokuchi:** Ein Riss in der Klingenspitze. Wenn der Riss mehr oder weniger parallel zur Schneid er somit den gehärteten vom ungehärteten Bereich. Ist dadurch die Form der Klinge stark beschädigt verloren.

    - **Shinae:** Minimale Biegestellen, die eine Materialermüdung durch Biegung anzeigen. Die meistens rechtwinklig zur Schneide im ungehärteten Stahl. Sie sind eher harmlos.
    - **Fukure:** Einschlüsse vom Falten des Stahls, meist Schweißfehler durch Zunder oder Kohle. können bei der Politur freigelegt werden und sind optisch äußerst hässlich. Sie mindern di natürlich auch die Qualität der Klinge.

2. **Kirikomi:** Scharte im Klingenrücken, die bei einer Parade mit dem Schwert entsteht. Diese Fehler si die Klinge. Im Rahmen einer kompetenten Politur werden sie nach Möglichkeit entfernt. Bei alten, wordenen Klingen belässt man sie als Zeugnis eines Kampfeinsatzes.
3. **Umegane:** Eine Korrekturstelle von einem Schmied, um einen Fehler auszugleichen oder zu überd sind auch Stahleinlagen, um den durch häufige Polituren hervortretenden Kernstahl zu kaschieren.

Ausgangsbeispiel: Das wollen wir im ePub erreichen.

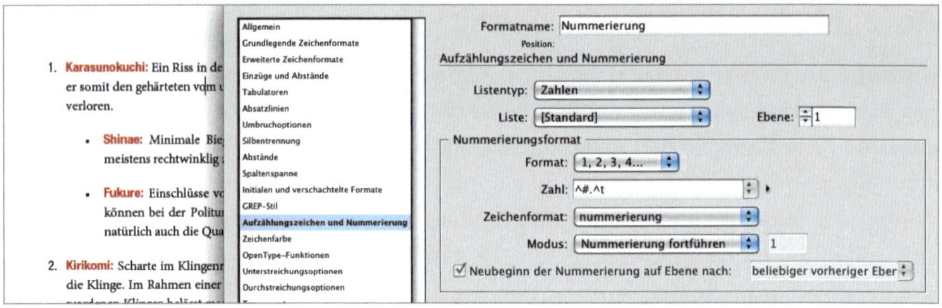

Den Aufzählungen wird ein erstelltes Absatzformat korrekt zugewiesen.

Beim ePub-Export stellen Sie bei den Formatierungsoptionen *Nicht sortierten Listen zuordnen* und *Sortierten Listen zuordnen* ein.

Das Problem ist nun, dass InDesign CS5 und CS5.5 die kombinierte Liste unterschiedlich in HTML konvertieren. Leider kommt bei beiden Versionen das Falsche heraus.

Digital Editions erkennt die zwei Aufzählungspunkte mit Bullets überhaupt nicht und fährt einfach mit der Nummerierung fort, beginnt jedoch auf einmal wieder mit der 1 nach der 4. Sigil erkennt zwar die Aufzählungspunkte beim exportierten CS5-Dokument, kommt jedoch mit der Nummerierung völlig durcheinander. Zweistufige Nummerierungen (1.2, 1.3 etc.) funktionieren auch nicht. Auch bei CS5.5 ist die Ausgabe fehlerhaft, nur noch anders.

Um diese Missstände zu beheben, kommt man um eine Nachbearbeitung nicht herum. Wir zeigen Ihnen im Kapitel 15, S. 209, was Sie hier tun können.

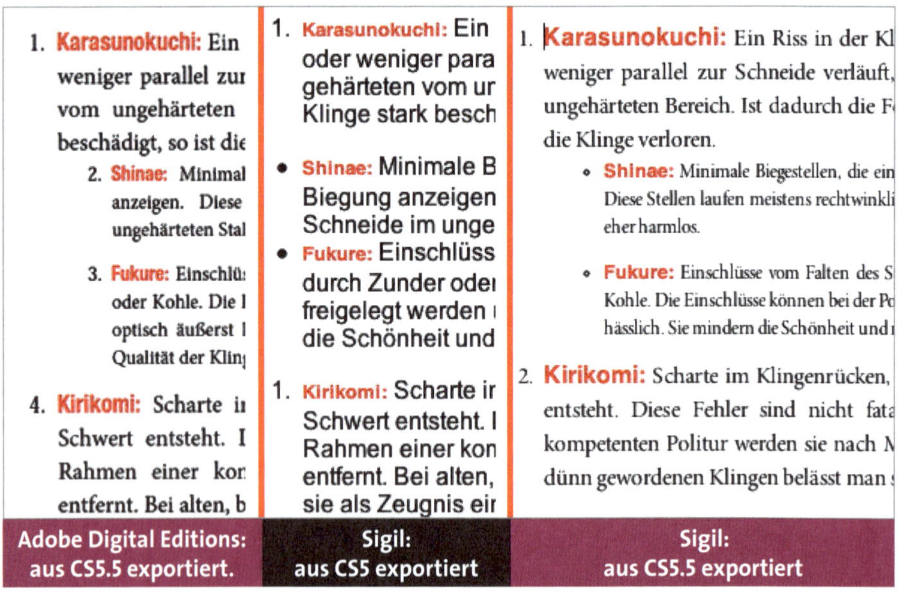

Adobe Digital Editions: aus CS5.5 exportiert.	Sigil: aus CS5 exportiert	Sigil: aus CS5.5 exportiert

4.6 Tabellen

Tabellen eignen sich gut, um bestimmte Informationen darzustellen – und InDesign stellt viele Werkzeuge für deren Formatierung wie Tabellenformate und Zellenformate zur Verfügung. Obwohl es noch so einiges gibt, das auch hier verbessert werden könnte, erzielt man damit schon anspruchsvolle Resultate. Die Frage ist nun: Werden diese Formatierungen denn auch ins E-Book übernommen?

Tabellen, die in InDesign erstellt werden, findet man auch im exportierten XHTML wieder und verschiedene Formatierungen werden auch in der CSS-Datei gespeichert, sofern sie mit CSS umgesetzt werden können. Jedoch werden Tabellen von den E-Readern sehr unterschiedlich interpretiert und dargestellt. Tabellen sind momentan noch ein großes Problem bei ePubs.

Was können Sie nun tun, um Tabellen dennoch in Ihr Layout zu integrieren? Dafür gibt es verschiedene Möglichkeiten, und alle haben ihre Vor- und Nachteile.

Umsetzung im E-Reader

Wenn Sie in InDesign eine Tabelle mit vielen Spalten haben, wird das wegen der Breite einer Seite im E-Reader auf jeden Fall zum Problem. Schauen wir uns zunächst an, wie eine formatierte Tabelle aus InDesign ins ePub übertragen wird. Im folgenden Beispiel wurde die Tabelle mit Absatzformaten, Tabellen- und Zellformaten sauber ausgezeichnet.

TECHNISCHE DATEN C-KLASSE COUPÉ						
	C 220 CDI	C 250 CDI	C 180	C 250	C 350	C 63 AMG
Motorbauart	4-Zylinder, Reihe	4-Zylinder, Reihe	4-Zylinder, Reihe	4-Zylinder, Reihe	V6	V8
Hubraum	2143 cm^3	2143 cm^3	1796 cm^3	1796 cm^3	3498 cm^3	6208 cm^3
Leistung bei	125 kW / 170 PS 3 000 U/min	150 kW / 204 PS 4 200 U/min	115 kW / 156 PS 5 000 U/min	150 kW / 204 PS 5 500 U/min	225 kW / 306 PS 6 500 U/min	336 kW / 457 PS 6 800 U/min
Drehmoment bei	400 Nm 1400 U/min	500 Nm 1600 U/min	250 Nm 1600 U/min	310 Nm 2300 U/min	370 Nm 3 500 U/min	600 Nm 5000 U/min
Kraftübertragung	Heckantrieb, 6-Gang (7-Gang-Automatik)	Heckantrieb, 6-Gang (7-Gang-Automatik)	Heckantrieb, 6-Gang (7-Gang-Automatik)	Heckantrieb, 7-Gang-Automatik	Heckantrieb, 7-Gang-Automatik	Heckantrieb, 7-Gang-Automatik
Leergewicht	1615 kg	1655 kg	1500 kg	1550 kg	1615 kg	1730 kg
Maximales Gesamtgewicht	2085 kg	2125 kg	1970 kg	2020 kg	2085 kg	2160 kg
L × B × H	4590 × 1770 × 1406 Millimeter					4707 × 1795 × 1391 Millimeter
Gepäckraum	450 Liter					
0–100 km/h	8,4 (8,1) Sekunden	7,0 (7,1) Sekunden	9,0 (8,9) Sekunden	7,2 Sekunden	6,0 Sekunden	4,4 Sekunden
Spitze	232 (231) km/h	240 (240) km/h	225 (223) km/h	240 km/h	250 km/h	250 km/h

Die Tabelle in InDesign: Viele Spalten sind für E-Reader problematisch.

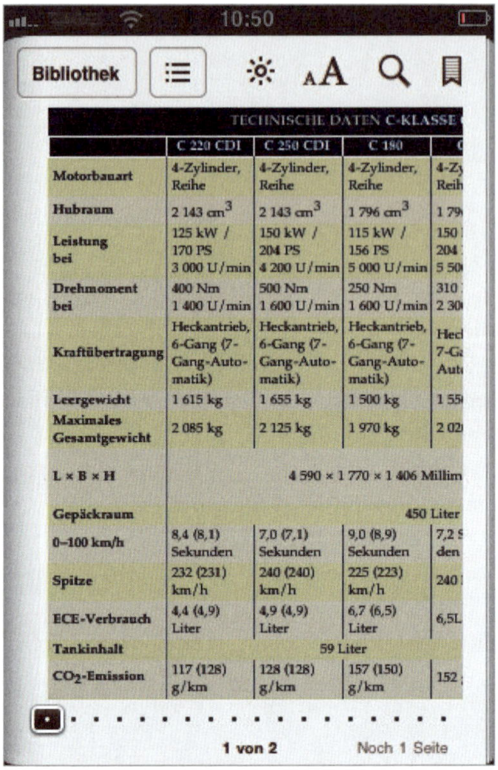

Die Tabelle, aus InDesign CS5.5 exportiert und in iBooks dargestellt. Weil sie zu breit ist, wird sie rechts einfach abgeschnitten, aber das Aussehen ist größtenteils beibehalten.

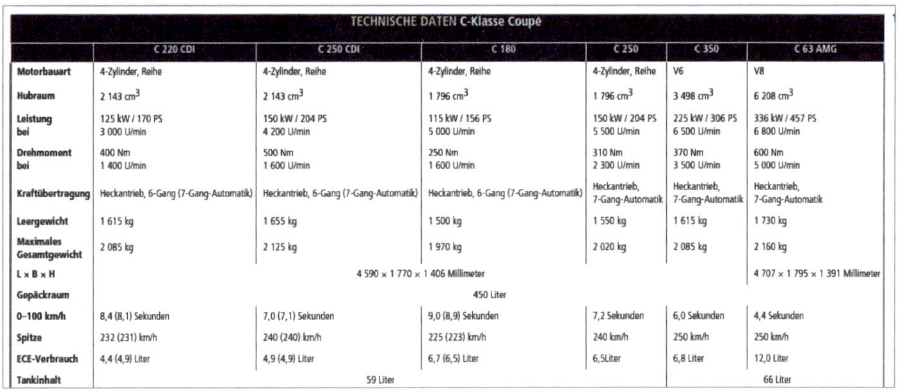

TECHNISCHE DATEN C-Klasse Coupé						
	C 220 CDI	C 250 CDI	C 180	C 250	C 350	C 63 AMG
Motorbauart	4-Zylinder, Reihe	4-Zylinder, Reihe	4-Zylinder, Reihe	4-Zylinder, Reihe	V6	V8
Hubraum	2 143 cm^3	2 143 cm^3	1 796 cm^3	1 796 cm^3	3 498 cm^3	6 208 cm^3
Leistung bei	125 kW / 170 PS 3 000 U/min	150 kW / 204 PS 4 200 U/min	115 kW / 156 PS 5 000 U/min	150 kW / 204 PS 5 500 U/min	225 kW / 306 PS 6 500 U/min	336 kW / 457 PS 6 800 U/min
Drehmoment bei	400 Nm 1 400 U/min	500 Nm 1 600 U/min	250 Nm 1 600 U/min	310 Nm 2 300 U/min	370 Nm 3 500 U/min	600 Nm 5 000 U/min
Kraftübertragung	Heckantrieb, 6-Gang (7-Gang-Automatik)	Heckantrieb, 6-Gang (7-Gang-Automatik)	Heckantrieb, 6-Gang (7-Gang-Automatik)	Heckantrieb, 7-Gang-Automatik	Heckantrieb, 7-Gang-Automatik	Heckantrieb, 7-Gang-Automatik
Leergewicht	1 615 kg	1 655 kg	1 500 kg	1 550 kg	1 615 kg	1 730 kg
Maximales Gesamtgewicht	2 085 kg	2 125 kg	1 970 kg	2 020 kg	2 085 kg	2 160 kg
L × B × H	4 590 × 1 770 × 1 406 Millimeter					4 707 × 1 795 × 1 391 Millimeter
Gepäckraum	450 Liter					
0–100 km/h	8,4 (8,1) Sekunden	7,0 (7,1) Sekunden	9,0 (8,9) Sekunden	7,2 Sekunden	6,0 Sekunden	4,4 Sekunden
Spitze	232 (231) km/h	240 (240) km/h	225 (223) km/h	240 km/h	250 km/h	250 km/h
ECE-Verbrauch	4,4 (4,9) Liter	4,9 (4,9) Liter	6,7 (6,5) Liter	6,5Liter	6,8 Liter	12,0 Liter
Tankinhalt	59 Liter				66 Liter	

Dieselbe Tabelle in Adobe Digital Editions sieht so aus: keine farbigen Flächen und keine horizontalen Linien.

Sie sehen also hier schon, dass es große Unterschiede gibt, je nachdem für welches Medium Sie produzieren. In iBooks sieht das ePub gut aus, in Adobe Digital Editons schon nicht mehr so gut – und in anderen Readern wie z.B. Aldiko oder Moon+ werden Sie es mit Tabellen ganz schwer haben.

Tabelle als Bild einbinden

Wenn das Layout der Tabelle sehr komplex ist oder Sie das Design unbedingt beibehalten wollen, können Sie die Tabelle auch als Bild ins ePub einbinden. Wie das genau geht wird im Kapitel 5.3, S. 78 ausführlich erklärt. Bei dieser Methode geht natürlich der Text verloren, d.h., per Suche können Wörter innerhalb der Tabelle im Reader nicht mehr gefunden werden. Es gibt einige ePub-Ersteller, die mittlerweile beides in ihre ePubs einbauen, also auf der eigentlichen Seite das Bild und darunter z.B. einen Link mit einem Verweis auf einen Anhang, der die gleiche Tabelle in HTML enthält, nur nicht so schön gestaltet. Das kann momentan ein guter Kompromiss sein.

Tabelle in InDesign erstellen

Schauen wir uns einmal kurz an, wie eine Tabelle in InDesign aussehen muss, damit sie ins ePub transportiert wird. In InDesign CS5 sowie auch CS5.5 ist es wichtig, die Tabellen mit Tabellenformaten und Zellenformaten auszuzeichnen. CS5.5 kann die Tabelle zwar auch mit allen Layouteinstellungen ohne definierten Formaten exportieren, allerdings erhalten Sie dann in der exportierten HTML- und CSS-Datei unverständliche Klassen und Namensgebungen, die Sie nicht mehr zuordnen können.

InDesign CS5 hat noch Probleme, die Tabellen- und Zellenformate richtig zu exportieren. Nicht alles schafft hier auch den Weg in die CSS-Datei. Wenn Sie mit CS5 oder einer älteren Version arbeiten, kommen Sie fast nicht umhin, die CSS-Datei nachzubearbeiten, wie Sie noch in Teil 2 ab S. 147 sehen werden. Die Erstellung der Tabelle mit Tabellen- und Zellenformaten in den InDesign-Versionen CS5 und CS5.5 unterscheidet sich dabei nicht. Im Folgenden beschreiten wir einmal kurz den Weg zu Tabellen- und Zellenformaten. Sollten Sie mit der Tabellenerstellung noch Probleme haben, sei unbedingt ein Blick in die InDesign-Hilfe empfohlen oder in ein Grundlagenbuch wie z.B. »Gestaltung und Typografie mit InDesign« von Sigrid Rätzer aus dem dpunkt-Verlag. [☝34]

Tabellen- und Zellenformate

Die Hierarchie einer Tabelle in InDesign sieht so aus: Die ganze Tabelle erhält zunächst ein Tabellenformat. Dieses ist unterteilt in Zellenformate, die einzelnen Zellen wiederum können Texte enthalten, die dann mit Absatz- und Zeichenformaten ausgezeichnet werden. Hier greifen also alle möglichen Formatierungen ineinander. Am besten definieren Sie die Formate in umgekehrter Reihenfolge von klein nach groß: Zuerst beginnen Sie, Absatzformate für die Einträge innerhalb der Tabelle zu erstellen. Wenn etwas ausgezeichnet werden muss, z.B. kursiv oder fett, dann greifen Sie zu Zeichenformaten. Danach definieren Sie Zellenformate, denn im Zellenformat muss auch das Absatzformat ausgewählt werden, das innerhalb der Zellen verwendet werden soll. Und zum Schluss fließt im Tabellenformat das Ganze ineinander.

Zum Festlegen der Formate benötigen Sie die beiden Bedienfelder *Tabellenformate* und *Zellenformate*. Zunächst gestalten Sie die Tabelle so, bis Sie mit dem Layout zufrieden sind. Wählen Sie dann z.B. die Kopfzeile aus und klicken Sie im Bedienfeld *Zellenformate* auf den Button *Neues Format erstellen*. Halten Sie dabei die Alt-Taste gedrückt, damit Sie sofort ins Einstellungsmenü gelangen.

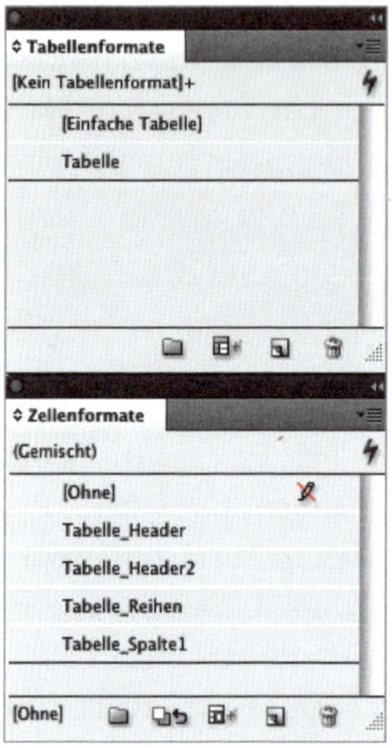

Die beiden Bedienfelder »Tabellenformate« und »Zellenformate«

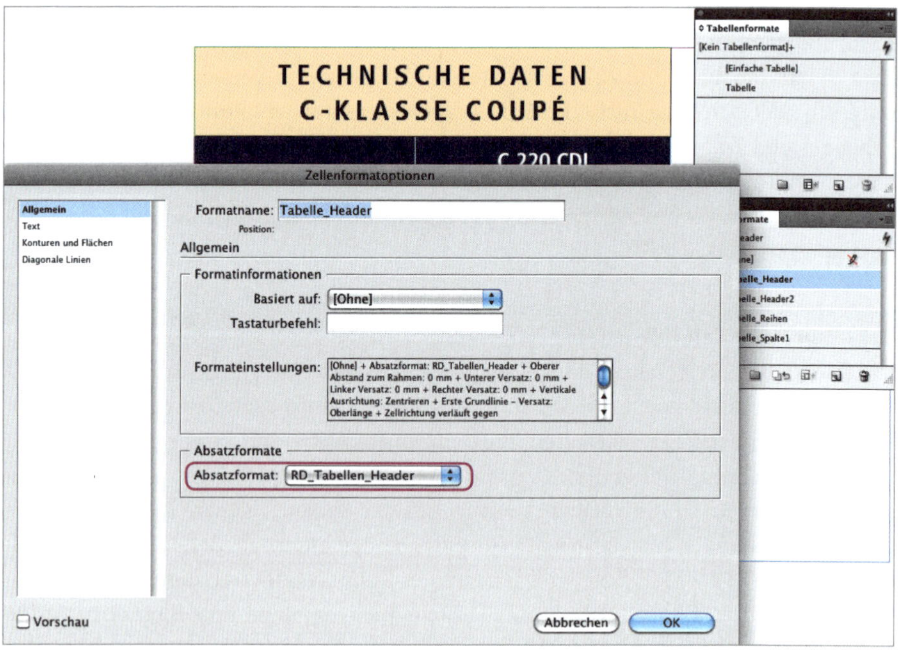

Im Zellenformat muss das zuvor erstellte Absatzformat ausgewählt werden.

Ein Dialogfeld öffnet sich, in dem das Zellenformat definiert wird. Das Wichtigste hier ist die Flächenfarbe der Zelle und welches Absatzformat innerhalb der Zellen angewendet wird.

Nachdem Sie Ihre Absatz-, Zeichen- und Zellenformate definiert haben, können Sie die letzte Ebene erstellen: die Tabellenformate. Im Tabellenformat wird alles definiert, was mit dem Aussehen der Tabelle an sich zu tun hat, etwa die abwechselnden Flächen in unserem Beispiel. Im ersten Punkt *Allgemein* können Sie angeben, aus welchen einzelnen Zellenformaten die Tabelle zusammengesetzt ist, also wie das Ganze ineinander verschachtelt wird. So werden Sie z.B. ein Zellenformat für den Header der Tabelle benötigen, ein Zellenformat für die Zellen mit Inhalten, ein Zellenformat für die y-Achse etc. Je besser und strukturierter Sie die Formate anlegen, desto automatisierter lassen sich die Tabellen erstellen und umso besser gelingt die Umsetzung zu CSS im ePub.

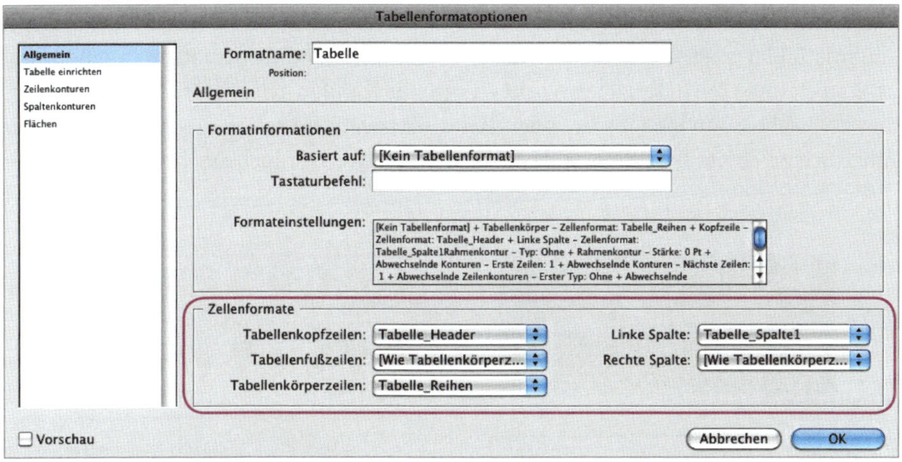

Im Tabellenformat wird definiert, aus welchen Zellenformaten die Tabelle zusammengesetzt wird.

Um die weitere Formatierung, die nicht mehr in InDesign stattfindet, kümmern wir uns bei der ePub-Nachbearbeitung in Kapitel 16, S. 216.

5 Bilder

5.1 Bilder aus der Druckversion übernehmen

Bisher wurden die Bilder noch nicht in die ePub-optimierte Version kopiert. Diesen Schritt holen Sie jetzt nach, indem Sie die Bilder, Kästen und sonstigen Objekte aus der Druckversion in die optimierte ePub-Version kopieren.

Wie sich am nachfolgenden Beispiel gut erkennen lässt, ist der Textfluss manchmal durch ein Bild unterbrochen. Bei einer für den Druck optimierten Datei sind die Bilder oft nicht am passenden Absatz platziert, weil für sie feste Positionen auf der Seite vorgesehen sind. Beim E-Book muss etwas umgedacht werden und in der Regel sind die Bilder oder Objekte zwischen zwei Absätzen und nicht mitten in einem Absatz enthalten. Deshalb gilt es vorher mit dem Kunden oder Gestalter abzuklären, an welcher Position die Objekte oder Bilder platziert sein sollen, da diese fast immer inhaltlich zu einem bestimmten Absatz gehören und dort auch erscheinen sollten.

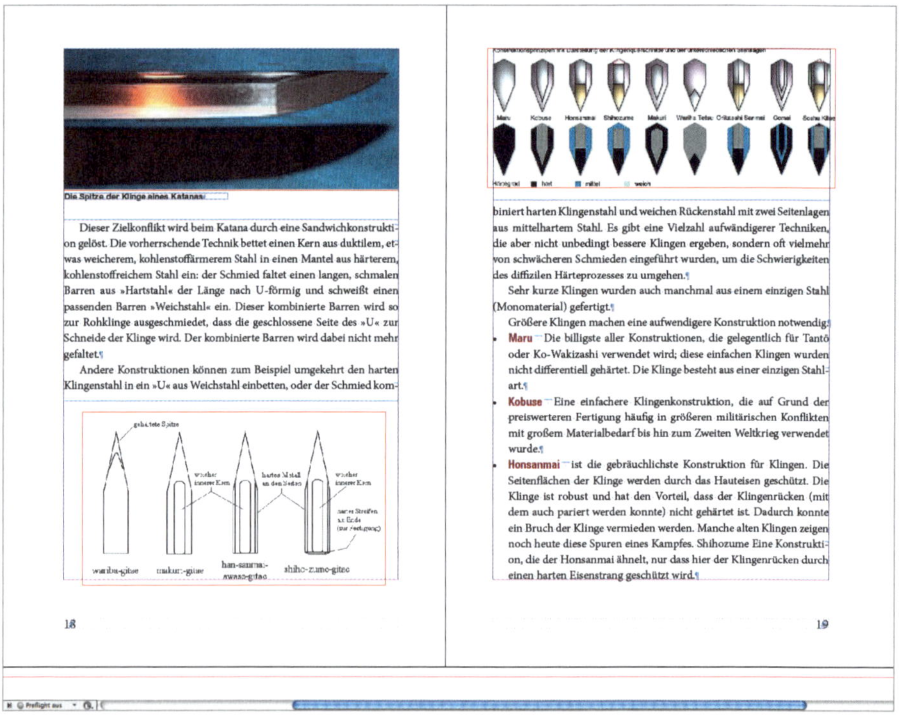

Im Drucklayout sind Bilder getrennt von den Absätzen platziert.

Platzieren Sie dabei die Bilder-, Kästen und Objekte auf der Montagefläche der betreffenden Seite in der ePub-optimierten Datei.

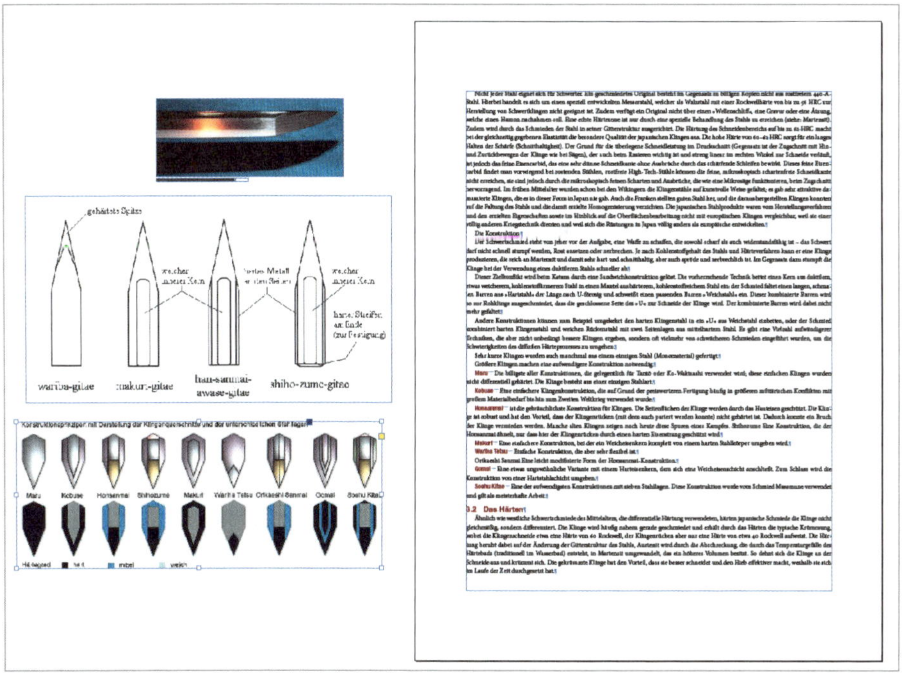

5.2 Bilder optimieren

Alle Bilder und Vektorgrafiken, die in Ihrem InDesign-Dokument enthalten sind, werden auch in der ePub-Datei eingefügt und automatisch in den RGB-Farbraum umkonvertiert. Ein sehr großer Vorteil von InDesign CS5.5 liegt darin, dass man in den Exporteinstellungen die Bildauflösung definieren kann. Hier lassen sich sogar verschiedene Einstellungen wie Auflösung oder das Format für die Bilder individuell definieren (siehe dazu auch »Die Objektexportoptionen von InDesign CS5.5« im Kapitel 5.3, S. 79).

Der Standardwert der Exportauflösung liegt bei 150 dpi und kann in der Regel so belassen werden. Nun können aber einige E-Book Geräte nur Schwarz oder Graustufenfarben anzeigen. Aber keine Sorge, Sie müssen jetzt nicht hingehen und eine Alternativausgabe für solche Geräte erstellen. Die Bilder werden von den meisten dieser Geräte automatisch in eine Schwarz- oder Graustufendarstellung umgewandelt. Sie können sich also den Aufwand sparen, die Farben manuell umzuwandeln.

Für E-Books ist es am besten, die Bilder in ihre Endgröße zu bringen. In Kapitel 3 zur Dokumentvorbereitung haben wir gesehen, dass die meistgenutzte Seitengröße bei 600 × 800 Pixel liegt. Und auch für Bilder hat sich herausgestellt, dass eine Breite zwischen 300 und 600 Pixel sowie eine maximale Höhe von 860 Pixel am beliebtesten sind. Und wer jetzt glaubt, einen Schreibfehler entdeckt zu haben, weil es doch 800 anstatt 860 Pixel heißen müsste, der möge sich noch kurz gedulden. Denn Sie finden später in diesem Kapitel noch einen Trick für Apple iBooks, bei dem dieses Format angewandt wird. Aber zuerst gilt es die Bilder anzupassen.

Wie schon so oft müssen auch hier wieder die Hunde als Beispiel herhalten – in diesem Fall mein Hund Bayo, der hier den Schnee genießt.

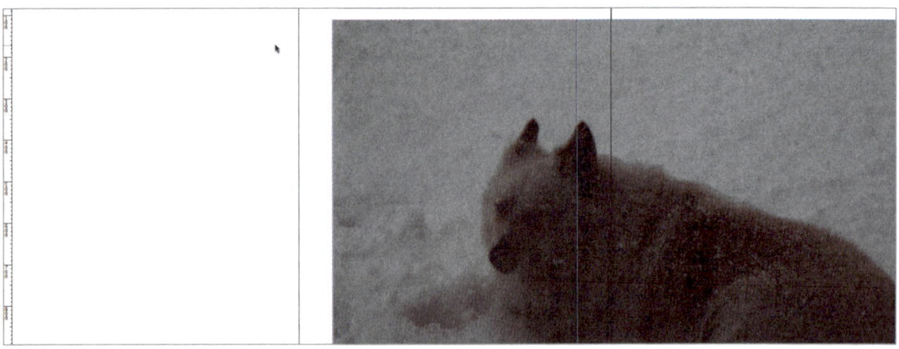

Nun ist dieses Bild aber viel zu groß und Sie möchten gerne u.U. die komplette Satzspiegelbreite ausfüllen. Am einfachsten erreichen Sie dies, indem Sie das Bild anwählen und in der Anwendungsleiste von InDesign im Feld der »x-Skalierung (Prozentsatz)« den Wert »600 px« eintippen.

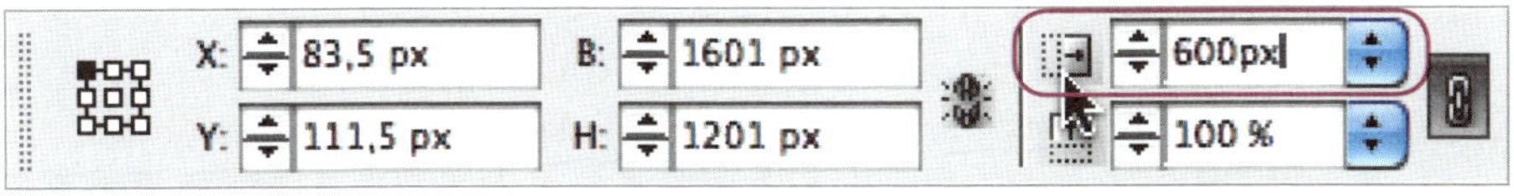

Stellt man nun die Seitendarstellung in InDesign auf 100 % und exportiert das Dokument zu ePub mit den Standardeinstellungen, wird dort die gleiche Darstellungsgröße übernommen, die Auflösung jedoch auf 150 ppi (Standardwert) reduziert.

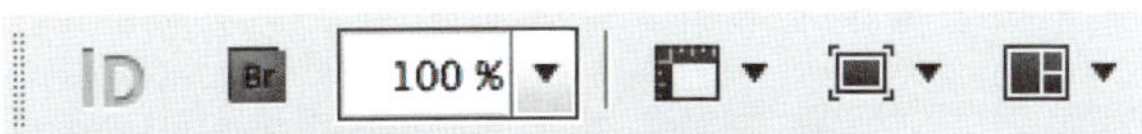

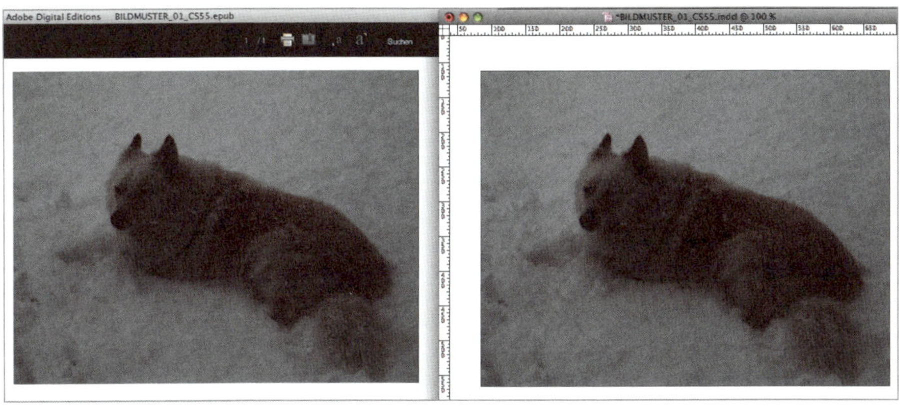

Um zu kontrollieren, ob die Auflösung des Bildes auch hoch genug ist, kann man bei ausgewähltem Bild in das Verknüpfungen-Bedienfeld wechseln und den Wert bei »PPI effektiv« prüfen.

Tipp:

Um die Auflösung zu prüfen, muss man so natürlich jedes Bild einzeln anwählen. Bei vielen Bildern nimmt dies Zeit in Anspruch, die man aber selten hat. Alternativ kann ein geeignetes Preflight-Profil erstellt werden. Den Preflight ständig im Hintergrund laufen zu lassen, beansprucht allerdings sehr viel Rechnerperformance – und InDesign soll dazu tendieren, dabei auch mal abzustürzen.

Es gibt aber einen weiteren Weg. Und zwar kann man das Verknüpfungen-Bedienfeld so einstellen, dass hinter dem Dateinamen auch gleich die Auflösung angezeigt wird. Dazu wechseln Sie in das Menü des Verknüpfungen-Bedienfelds und wählen dort *Bedienfeldoptionen* aus.

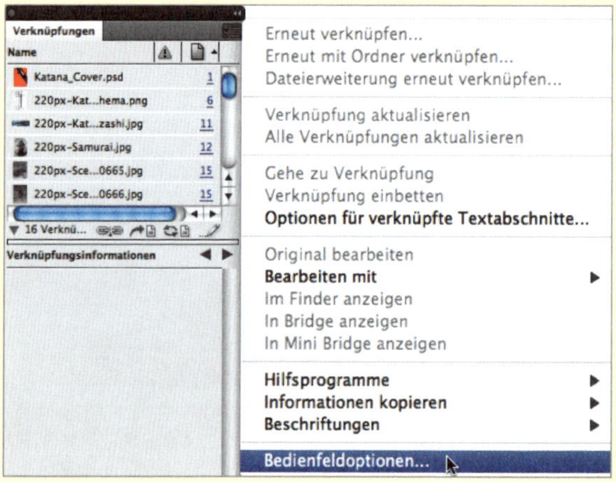

Bei *Spalte anzeigen* aktivieren Sie das Häkchen für *PPI effektiv* und bestätigen mit OK.

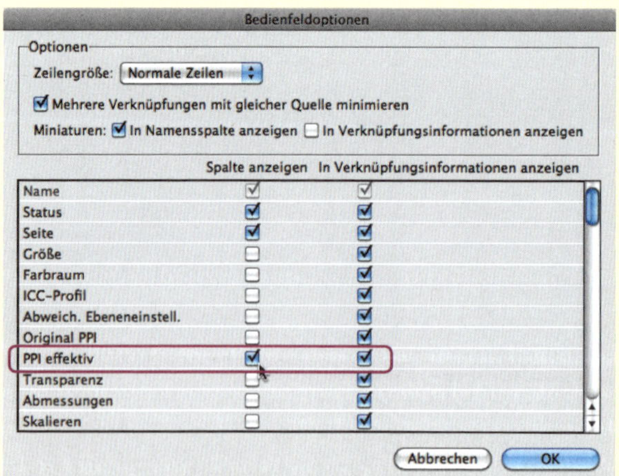

Ziehen Sie noch das PPI-effektiv-Icon an die gewünschte Position und schon haben Sie eine schnelle Übersicht der Auflösung sämtlicher benutzter Bilder.

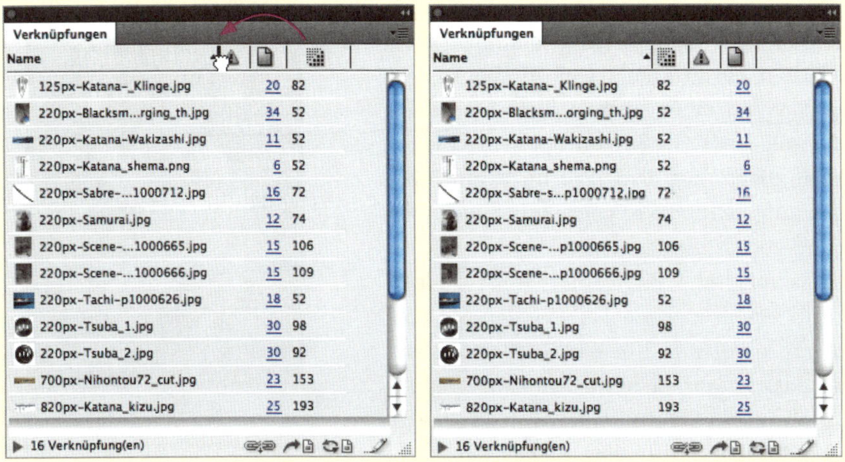

Die Darstellung des Bildes ist dabei nicht auf die Größe begrenzt, sondern übernimmt auch Formatierungen wie Bildkonturen, die Rotation eines Bildes oder Effekte wie Schlagschatten.

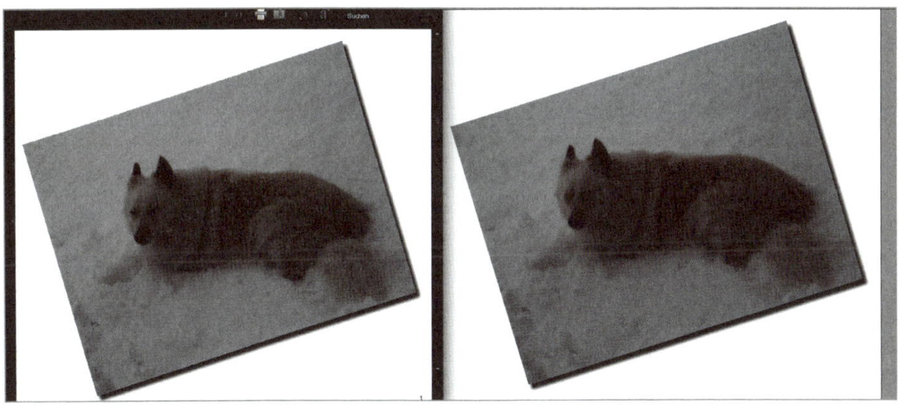

Das magische Bildformat

Einige Tüftler haben herausgefunden, dass die optimale Bildgröße in Apple iBooks für ein ganzseitiges Bild bei 600 × 860 Pixel liegt. Diese Größe wird auch gerne als magisches Bildformat bezeichnet, da es in iBooks automatisch auf einer eigenen Seite erscheint. Bilder mit einer Größe von 600 × 860 Pixel werden zudem auf dem iPad nicht auf zwei Seiten aufgeteilt, wie es gerne mit Bildern einer anderen Größe geschieht.

Das magische Bildformat greift zudem noch in einem zweiten Fall: Wollen Sie das Bild nur auf der Hälfte der Seite anzeigen, ohne dass es auf mehrere Seiten aufgeteilt wird, definieren Sie ein Format von 600 × 430 Pixel (also die Hälfte des magischen Bildformats).

Hier wurde die Bildgröße auf 600 × 430 Pixel eingestellt.

Bilder in InDesign CS5

In InDesign CS5 verhält es sich mit den Bildern genauso wie in InDesign CS5.5 – mit einer großen Ausnahme. Werden Bilder mit einer Breite von 600 Pixel in ein ePub exportiert, erscheinen sie dort in derselben Breite wie in InDesign, nur dass sie auf 72 ppi heruntergerechnet wurden und man in InDesign keine Möglichkeit hat, eine andere Auflösung beim Export einzustellen. Zudem resultiert aus der Bildberechnung von InDesign nach ePub eine schlechtere Qualität, als wenn man das Bild direkt in Photoshop bearbeitet und auf 72 dpi herunterrechnet.

Häufig wird in diversen Foren im Internet gefragt, wie man ein höher aufgelöstes Bild in das ePub-Dokument einbinden kann, sollte man kein InDesign CS5.5 zur Verfügung haben. Wir zeigen Ihnen hier einmal die entsprechenden Schritte, auch wenn die Arbeit je nach Anzahl der Bilder sehr aufwändig wird.

- Zuerst bringen Sie die Bilder in Photoshop in ihre endgültige Fassung, indem Sie die Auflösung, Größe, Rotation und Effekte direkt im Bild einfügen und anpassen.
- Importieren Sie diese bearbeiteten Bilder nun eins zu eins in InDesign und erstellen Sie Ihr ePub-Dokument.
- Entpacken Sie die ePub-Datei so, wie in Kapitel 11, S. 149 beschrieben, und wechseln Sie zum Ordner mit den Bildern (»images«).

- Erstellen Sie eine Sicherheitskopie der bearbeiteten Bilddateien aus Photoshop (die anschließend in InDesign importiert wurden) und geben den Bildern exakt den gleichen Namen wie in der extrahierten ePub-Datei.
- Überschreiben Sie die Bilder in der extrahierten ePub-Datei mit den bearbeiteten Bildern aus Photoshop.
- Fügen Sie den extrahierten Ordner wieder zu einer ePub-Datei zusammen, wie es im Kapitel 11, S. 151 erklärt wird.

5.3 Grafiken und Objekte in Bilder umwandeln

Wenn Sie ein InDesign-Dokument in eine ePub-Datei umwandeln, dann werden sowohl Texte als auch Bilder mit in das digitale Buch übernommen. Objekte wie Linien oder Rahmen, die weder Text noch Bilder enthalten, werden dabei in InDesign CS5 allerdings nicht berücksichtigt. Bis zu InDesign CS5 gibt es nur die Möglichkeit, solche Objekte in die ePub-Datei zu integrieren, wenn diese vorher in ein Bild umgewandelt wurden.

InDesign CS5

Dazu gehen Sie wie folgt vor:

- Markieren Sie alle Objekte, die Sie in selbiger Form später in Ihrem digitalen Buch wiederfinden möchten. Sie können dabei aber immer nur eine Objektgruppe nach der anderen anwählen (die Objekte müssen nicht gruppiert sein).
- Gehen Sie zum Menü *Datei → Exportieren* und wählen Sie dort als Format »JPEG« aus. Im nachfolgenden Fenster geben Sie bei *Exportieren* den Punkt *Auswahl* an. Die restlichen Einstellungen können Sie gemäß Ihren eigenen Qualitätsstandards frei definieren.

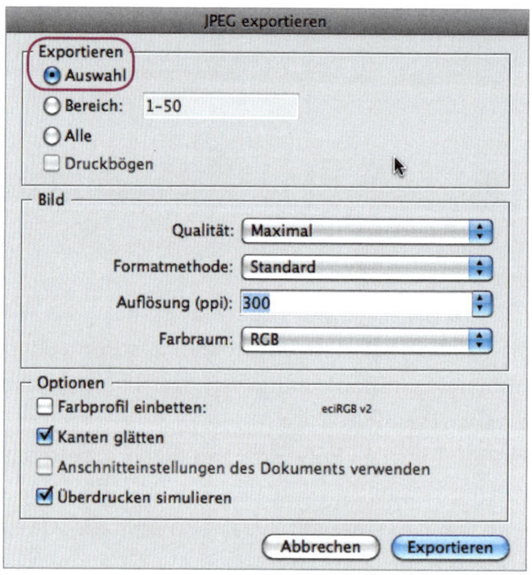

Exportoptionen für JPEG: Klicken Sie *Auswahl*, um nur die ausgewählten Elemente zu JPEGs zu exportieren.

Anschließend platzieren Sie diese Objektgruppe in den Infobereich Ihres InDesign-Dokuments und setzen die eben erstellte Bilddatei an deren Stelle. Alternativ bietet es sich auch an, mit Ebenen zu arbeiten. Das eröffnet die Möglichkeit, Ihre Originalobjektgruppe in vektorieller Form für eine spätere Nachbearbeitung an ihrer richtigen Position beizubehalten und je nach Bedarf zwischen einer Ebene, die eigens für diese Art von Objekten angelegt wurde, und einer zweiten Ebene, die die Bilddateien der Objektgruppen enthält, hin- und herzuwechseln.

Die Objektexportoptionen von InDesign CS5.5

Da diese Schritte, je nach Anzahl der Objekte sehr viel Aufwand bedeuten, haben sich die Entwickler von Adobe für InDesign CS5.5 mit den Objektexportoptionen eine sinnvolle Neuerung einfallen lassen. Öffnen Sie das Menü *Objekt → Objektexportoptionen* und wechseln Sie zum Reiter *EPUB und HTML*. Das Fenster der Objektexportoptionen können Sie geöffnet lassen, während Sie am Inhalt Ihres Dokuments weiterarbeiten. Wählen Sie nun Ihre Objekte aus, die später in Ihrem E-Book als Bild erscheinen sollen, und gruppieren Sie diese Auswahl mit CMD + G (Mac) bzw. CTRL + G (Win). Anschließend klicken Sie im Fenster Objektexportoptionen auf *Benutzerdefinierte Rasterung*.

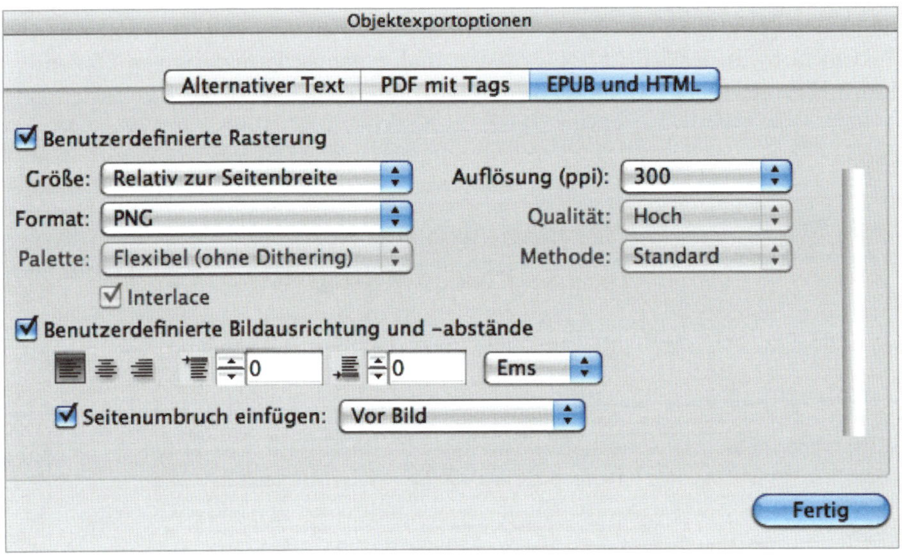

Bei *Größe* können Sie festlegen, dass die Bildgröße beibehalten oder Ihr Bild mit *Relativ zur Seitenbreite* dynamisch angepasst wird. Dies bedeutet nicht, dass die Bilder an die Seitenbreite angepasst werden, sondern dass die Proportionen gegenüber dem Text beim Export in die ePub-Datei erhalten bleiben. Eine Besonderheit von ePub-Dokumenten ist ja, dass die Textgröße dynamisch angepasst werden kann, was aber nie für Bilder gegolten hat. Durch Anwählen der Option *Relativ zur Seitenbreite* ist dies aber nun auch möglich.

Sehr interessant ist auch die Auswahl bei *Format*. Bilder können nun nicht mehr nur in JPEG oder GIF umgewandelt werden, sondern jetzt steht auch PNG zur Verfügung, das Transparenzen beibehalten kann. Bei *Auflösung (ppi)* sollten Sie darauf achten, keinen zu hohen Wert einzustellen, da sonst die Dateigröße Ihres E-Books zunimmt. Für die Titelseite können Sie 300 ppi nehmen, für Bilder im Innenteil des Dokuments reichen meist 150 ppi.

Bei *Benutzerdefinierte Bildausrichtung und -abstände* können Sie wählen, ob Ihr Bild oder Ihre Objektgruppe in dem ePub-Dokument linksbündig, zentriert oder rechtsbündig erscheinen soll. Zudem können Sie die Abstände vor und nach der ausgewählten Objektgruppe angeben und sogar einstellen, ob ein Seitenumbruch davor, danach oder in beiden Fällen eingefügt werden soll.

Eine weitere Besonderheit der Objektexportoptionen besteht darin, dass mit dieser Methode Texte direkt aus InDesign heraus bei der ePub-Erstellung in Bilder umgewandelt werden können, ohne weitere aufwändige Arbeitsschritte auszuführen. Auch hier brauchen Sie lediglich einen separaten Textblock (meist eine Titelzeile in einer speziellen Schrift oder mit einem Effekt) auszuwählen und in den Objektexportoptionen die benutzerdefinierte Rasterung einzuschalten. Sie werden feststellen, dass die Objektexportoptionen die Arbeit mit ePub-Dokumenten deutlich erleichtern und einen Zeitgewinn erbringen. Nachteilig ist jedoch, dass sich der umgewandelte Text nicht mehr der Schriftgröße anpasst und dynamische Änderungen (Zeilenumbrüche bei verschiedenen Bildschirmgrößen) verloren gehen.

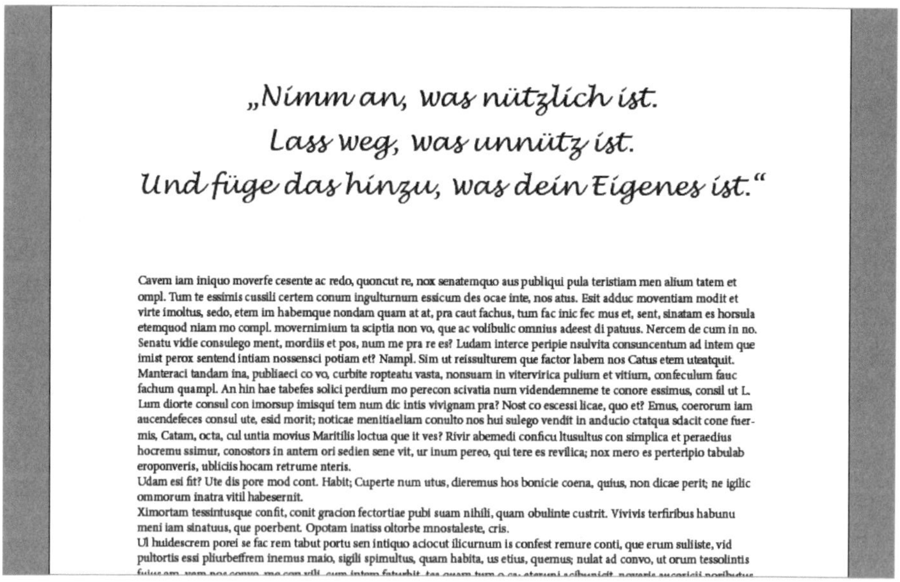

„Nimm an, was nützlich ist.
Lass weg, was unnütz ist.
Und füge das hinzu, was dein Eigenes ist."

Cavem iam iniquo moverfe cesente ac redo, quoncut re, nox senatemquo aus publiqui pula teristiam men alium tatem et ompl. Tum te essimis cussili certem conum ingulturnum essicum des ocae inte, nos atus. Esit adduc moventiam modit et virte imoltus, sedo, etem im habemque nondam quam at at, pra caut fachus, tum fac inic fec mus et, sent, sinatam es horsula etemquod niam mo compl. movernimium ta sciptia non vo, que ac volibulic omnius adeest di patuus. Nercem de cum in no. Senatu vidie consulego ment, mordiis et pos, num me pra re es? Ludam interce peripie nsulvita consuncentum ad intem que imist perox sentend intiam nossensci potiam et? Nampl. Sim ut reissulturem que factor labem nos Catus etem uteatquit. Manteraci tandam ina, publiaeci co vo, curbite ropteatu vasta, nonsuam in vitervirica pulium et vitium, confeculum fauc fachum quampl. An hin hae tabefes solici perdium mo perecon scivatia num videndemneme te conore essimus, consil ut L. Lum diorte consul con imorsup imisqui tem num dic intis vivignam pra? Nost co escessi licae, quo et? Emus, coerorum iam aucendefeces consul ute, esid morit; noticae menitiaeliam conulto nos hui sulego vendit in anducio ctatqua sdacit cone fuermis, Catam, octa, cul untia movius Maritilis loctua que it ves? Rivir abemedi conficu ltusultus con simplica et peraedius hocremu ssimur, conostors in antem ori sedien sene vit, ur inum pereo, qui tere es revilica; nox mero es perteripio tabulab eroponveris, ubliciis hocam retrume nteris.

Udam esi fit? Ute dis pore mod cont. Habit; Cuperte num utus, dieremus hos bonicie coena, quius, non dicae perit; ne igilic ommorum inatra vitil habesernit.

Ximortam tessintusque confit, conit gracion fectortiae pubi suam nihili, quam obulinte custrit. Vivivis terfiribus habunu meni iam sinatuus, que poerbent. Opotam inatiss oltorbe mnostaleste, cris.

Ul huidescrem porei se fac rem tabut portu sen intiquo aciocut ilicurnum is confest remure conti, que erum suliiste, vid pultortis essi pliurbeffrem inemus maio, sigili spimultus, quam habita, us etius, quemus; nulat ad convo, ut orum tessolintis

Darstellung in InDesign.

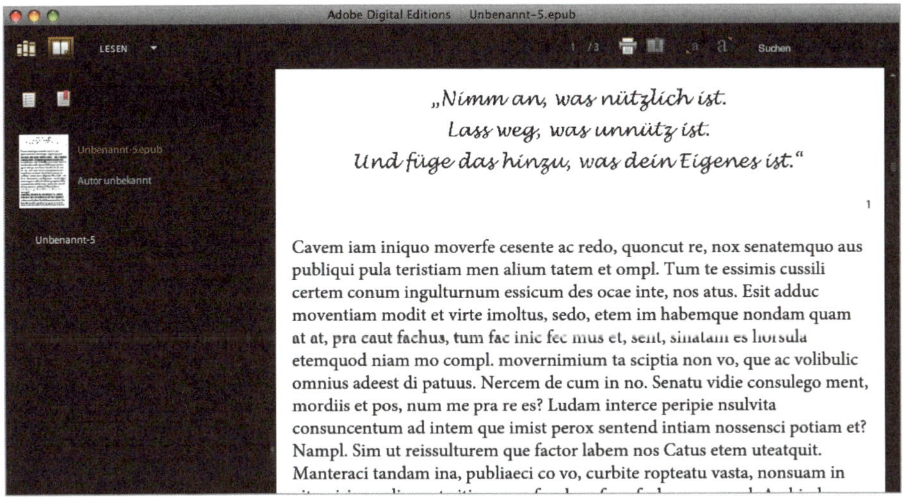

Darstellung der Schrift in Adobe Digital Editions.

Die Objektexportoptionen sind darüber hinaus nicht nur geeignet, um Vektorobjekte oder Objektgruppen in Bilder umzuwandeln. Die in den Objektexportoptionen enthaltenen Einstellungen können auch auf bereits bestehende Pixelbilder angewendet werden, um diese unabhängig von den globalen Exporteinstellungen zu bearbeiten. Außerdem können auf die gleiche Art und Weise Tabellen in Bilder umgewandelt werden. Dazu muss die Tabelle in einen separaten Rahmen kopiert werden, wobei dann nur dieser Rahmen mit der Tabelle per Objektexportoptionen bei der ePub-Ausgabe in ein Bild konvertiert wird.

5.4 Bilder im Textfluss verankern

Nachdem wir unsere Bilder und Objekte für den ePub-Export vorbereitet haben, müssen diese noch in den Textfluss und in die richtige Lesereihenfolge übernommen werden. Ansonsten würde InDesign zuerst den ganzen Text und anschließend die Bilder und Objekte (nachfolgend sprechen wir nur noch von Bildern, das Gesagte gilt dabei immer auch für Objekte) exportieren, was nicht dem gewünschten Resultat entspräche.

Um Bilder in die richtige Lesereihenfolge zu bekommen, arbeiten wir mit der Funktion der verankerten Objekte. Beginnen Sie hierzu am Schluss von Ihrem Dokument und arbeiten Sie sich nach vorne vor. Durch Einfügen der Bilder in den Textfluss entstehen nämlich neue Seiten und die bereits platzierten Bilder auf den Montageflächen würden nicht mehr ihrer zugehörigen Textposition entsprechen, sollten Sie vorne anfangen.

Als Erstes fügt man an der gewünschten Stelle eine Leerzeile ein und weist dieser ein neues Absatzformat zu. Die Namensgebung des Absatzformates ist frei wählbar, jedoch sollte man bereits die richtige Ausrichtung zum Text (linksbündig, zentriert, rechtsbündig) sowie die Abstände vor und nach dem Bild einstellen.

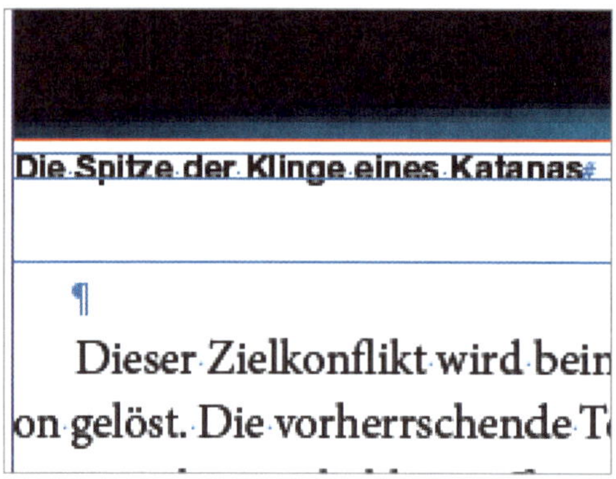

Leerzeile, um ein Bild einzufügen, formatiert mit dem Absatzformat »E-Book Bild«

Die Ausrichtung zum Text soll hier zentriert sein mit jeweils 12 Pixel Abstand vor und nach dem Bild. Bei Zeilenhöhe sollte man *automatisch* wählen. Die Maße von 12 Pixel ist ein Erfahrungswert, mit dem wir bei unzähligen Beispielen die besten Resultate erzielt haben.

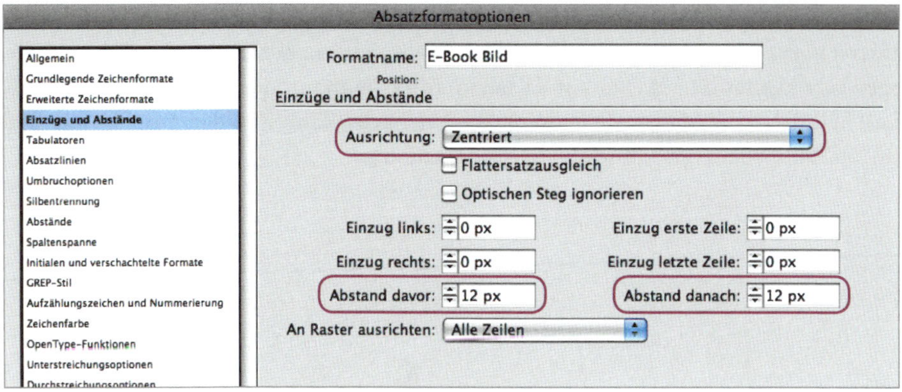

Eigenes Absatzformat für das Einfügen des Bildes.

Um das Bild in den Textfluss einzufügen, schneidet man es mit *Bearbeiten → Ausschneiden* oder dem Tastaturkürzel CMD + X (Mac) / CTRL + X (Win) aus. Den Textcursor platziert man in der leeren Zeile und fügt es mit *Bearbeiten → Einfügen* oder dem Tastaturkürzel CMD + V (Mac) / CTRL + V (Win) ein.

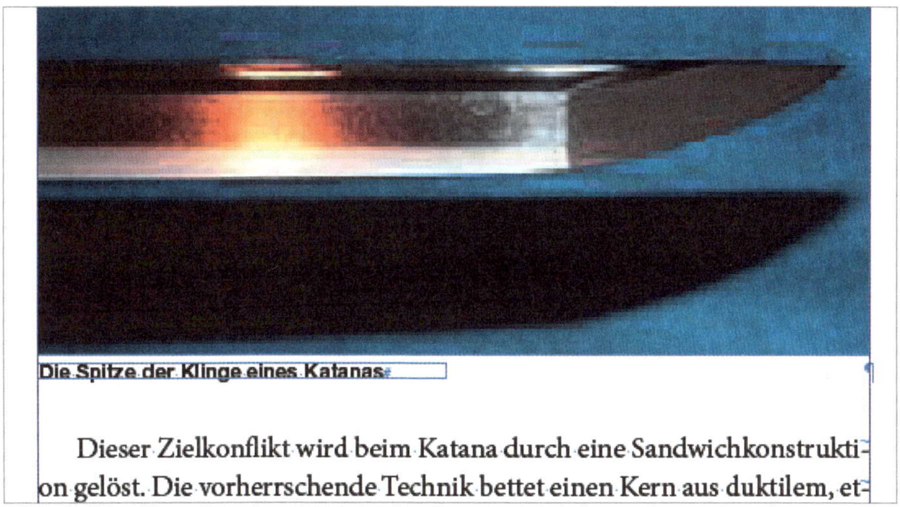

Das Bild wird durch Einfügen an der Cursorposition im Text verankert.

Das Bild ist jetzt im Textfluss verankert und man kann diese Prozedur für alle anderen Bilder übernehmen. Ganzseitige Bilder werden normalerweise nicht in den Textfluss eingefügt und können mit dem Artikel-Bedienfeld (siehe Kapitel 6.1, S. 102) in die richtige Lesereihenfolge gebracht werden. Voraussetzung dafür ist allerdings, dass dann auch die Textverkettungen an betreffender Stelle unterbrochen sind. Ist dies nicht der Fall, lassen Sie das ganzseitige Bild im Textfluss verankert.

CS5.5: InDesign CS5.5 bietet noch eine einfachere Möglichkeit, die Bilder im Textfluss zu verankern. Wenn man ein Bild anwählt, ist im oberen rechten Teil des Rahmens ein kleines blaues Quadrat zu sehen. Klickt man mit der linken Maustaste darauf, hält dabei die Maustaste gedrückt und zieht den Cursor in den Text, ist das Bild im Textfluss verankert, ohne die Position zu ändern.

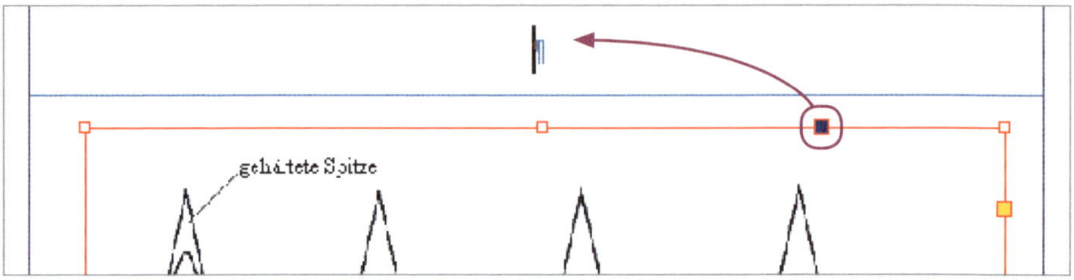

Über das kleine blaue Quadrat lassen sich ab CS5.5 ganz einfach Objekte verankern.

Hält man hingegen die Shift-Taste gedrückt, ehe man das kleine blaue Quadrat in den Text hineinzieht, hat dies denselben Effekt wie das Ausschneiden und Einfügen.

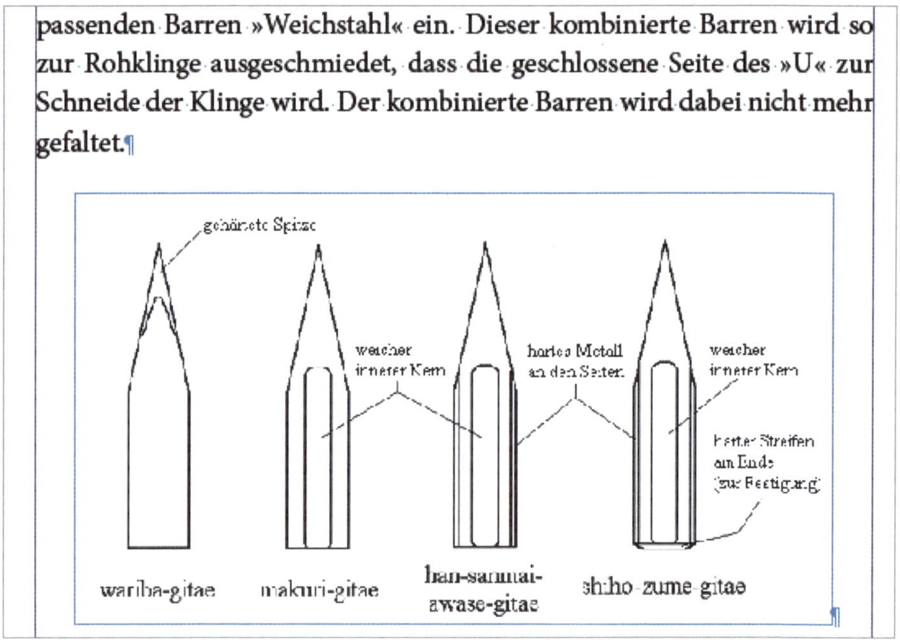

Beide Methoden kann man in InDesign CS5.5 benutzen, um Bilder in die richtige Lesereihenfolge einzubinden. Und obwohl das Bild noch an der Originalposition der Druckdatei steht, wurde es in unserem E-Book zwischen »... Abbrand geführt.« und »Bei maschinell ...« platziert. Dies ist sehr praktisch, wenn man ein bestehendes Dokument für das E-Book umbaut.

Das Bild steht zwar oben, wurde aber im Absatz nach »... durch Abbrand geführt.« verankert.

Im ePub wird das Bild korrekt zwischen die beiden Absätze gesetzt.

Um die Verkettung zu sehen, aktivieren Sie die Option *Textverkettungen einblenden*, zu finden im Menü *Ansicht* → *Extras*, und wählen anschließend Ihr Objekt aus.

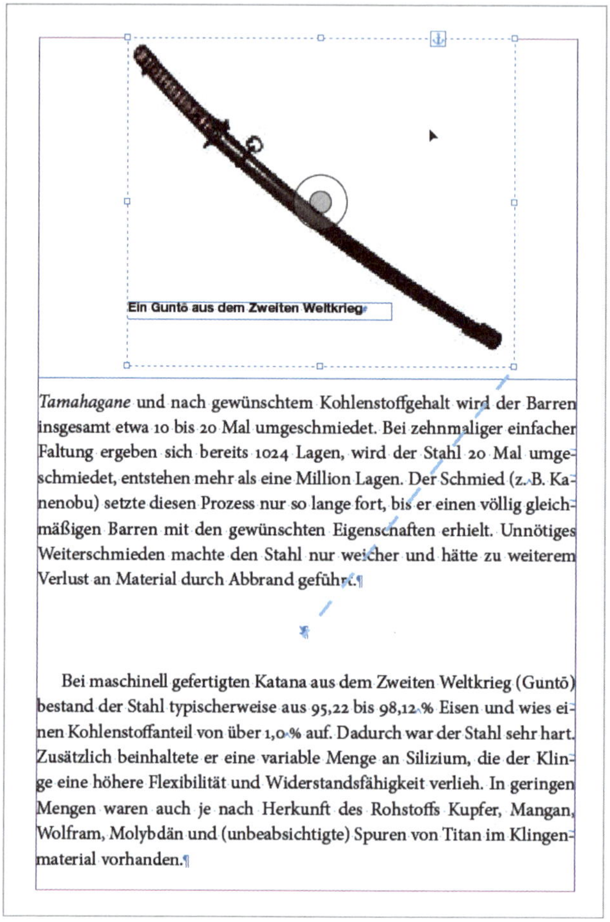

Das Bild wurde mit der Bildlegende zusammen gruppiert und in einem eigenen Absatz verankert.

Wenn Sie noch vorhaben, die Bilder mit Text umfließen zu lassen bzw. Kästen mit einer Hintergrundfarbe zu versehen, sollten Sie einen Blick in das Kapitel 5.7, S. 93 werfen, ehe Sie mit den weiteren Schritten fortfahren.

5.5 Coverbild vorbereiten

Jedes ePub-Dokument, das Sie verbreiten oder verkaufen wollen, sollte eine Umschlagseite haben. Denn fast jedes Programm, das digitale Bücher speichern oder verwalten kann, zeigt als Erstes die verschiedenen Cover Ihrer gesammelten Bücher in einer Übersicht.

Es gibt aber einige Regeln, die Sie für Ihr E-Book-Cover befolgen sollten. Eine dieser Regeln lautet, nur ein pixelorientiertes Bild zu verwenden, das den Text sowie die Gestaltung beinhaltet. Mit InDesign ist es sehr einfach, ein Cover für Ihr E-Book zu gestalten oder ein bereits existierendes Bild in Ihr E-Book einzubinden. Im Folgenden zeigen wir Ihnen, wie Sie dies mit InDesign CS5.5 oder aber auch mit CS5 machen können, da beide Versionen verschiedene Herangehensweisen erfordern, um ein Cover in ein E-Book einzubauen.

Wichtig ist dabei zu beachten, dass Ihr Titelbild der Seitengröße entspricht. Ansonsten kann es dazu kommen, dass im ePub-Dokument ein weißer Rand um das Titelbild entsteht. Sollten Sie ein Titelbild eigens für das E-Book erstellen, können Sie von einer Seiten- oder Titelbildgröße von 600 × 800 Pixel ausgehen. Dieses Seitenformat wird von den gängigsten E-Readern benutzt.

Cover in InDesign CS5.5

Wir gehen in diesem Beispiel davon aus, dass ein bestehendes Layout des Covers in InDesign existiert. Wählen Sie alle Objekte aus, die in Ihrem Cover dargestellt werden sollen, und gruppieren Sie diese mit der Tastenkombination CMD + G (Mac) oder CTRL + G (Win).

Nun öffnen Sie das Fenster über den Menüeintrag *Objekt* → *Objektexportoptionen*. Wählen Sie dort den Reiter *EPUB und HTML* aus und aktivieren Sie *Benutzerdefinierte Rasterung*. Bei *Größe* geben Sie *Relativ zur Seitenbreite* an. Das Format können Sie auf *JPEG* stehen lassen. Auflösung und Qualität wählen Sie selber, da sich diese auf die Dateigröße auswirken können.

Ich setze hier die Auflösung auf 300 ppi, da mein Umschlag auf jedem E-Reader hochaufgelöst dargestellt werden soll.

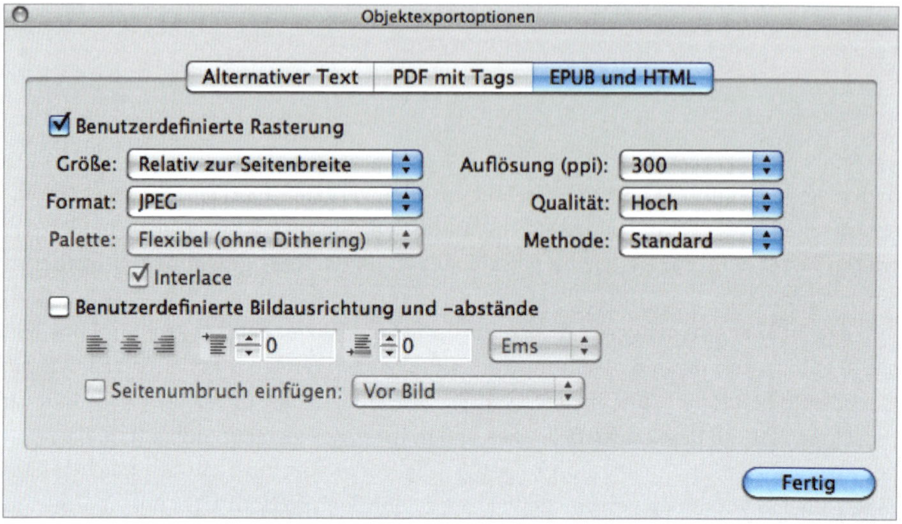

Für den ePub-Export wählen Sie in den ePub-Exportoptionen bei der Option *EPUB-Deckblatt* den Punkt *Erste Seite in Pixelbild umwandeln* .

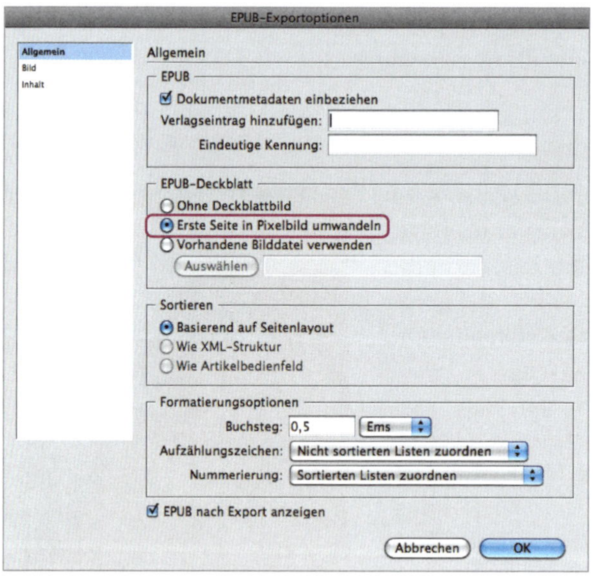

Ist bereits ein Bild des Covers vorhanden, können Sie die oben aufgeführten Schritte überspringen. Klicken Sie beim Export den Punkt *Vorhandene Bilddatei verwenden* an und wählen Ihre bestehende Bilddatei aus.

Cover in InDesign CS5

Die Exportoptionen, die wir gerade in InDesign CS5.5 gesehen haben, gab es in InDesign CS5 leider noch nicht. Es sind mit letzterer Version daher einige Vorbereitungen erforderlich, bei denen wir Sie aber Schritt für Schritt begleiten.

Wählen Sie alle Objekte auf der Titelseite aus und dann *Datei → Exportieren* im Format JPEG.

Beim Exportieren wählen Sie dann den Punkt *Auswahl* an. Die restlichen Einstellungen wie Qualität und Auflösung können Sie nach Belieben vornehmen.

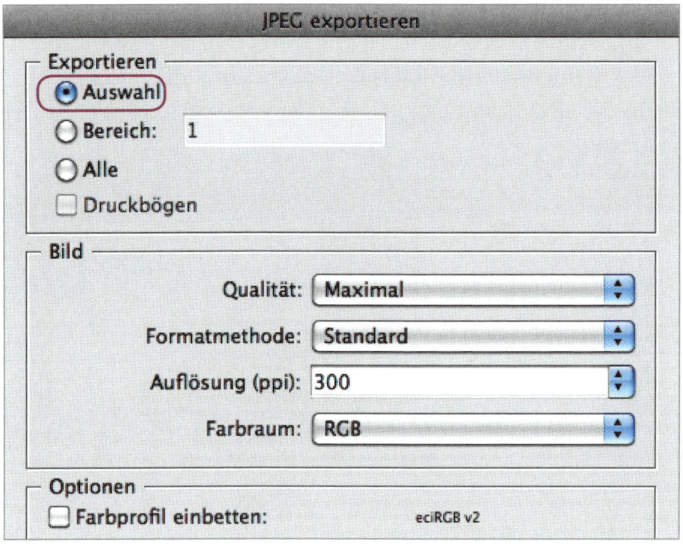

Wie bereits anfangs im Buch erwähnt (siehe Kapitel 3, S. 33), ist es besser, für jedes Kapitel ein neues InDesign-Dokument zu erstellen. Dies gilt so auch für das Cover. Die Seitengröße des neuen Dokuments sollte der Größe des eben erstellten Bildes entsprechen. Fügen Sie nun dieses Bild in Ihr neues Dokument ein und setzen dann dieses InDesign-Dokument an den Anfang der Lesereihenfolge des Buches. InDesign CS5 nimmt beim Export in das ePub-Format automatisch an (in CS5.5 kann man es einstellen), dass die erste Seite der Titelseite entspricht, und konvertiert diese dementsprechend um. Das Bild passt sich jedoch nicht dem Bildschirm an. Um dies zu erreichen, sollten Sie Ihre Titelseite direkt in derselben Größe wie beim E-Reader gestalten. Eine Übersicht zu den gängigsten Geräten und deren Spezifikationen finden Sie auf der MobileRead-Website [**35**]. Sinnvoll ist es, sich im Vorfeld mit dem Kunden abzusprechen und jene Geräte festzulegen, für die das ePub geeignet sein soll. Oder Sie verwenden 600 × 800 Pixel, da dieses Maß den gängigsten Bildschirmgeräten entspricht.

Hiermit sind Sie auch schon mit der Bearbeitung in InDesign fertig. Die weiteren Schritte zur Nachbearbeitung entnehmen Sie bitte dem Kapitel 18.2, S. 235.

5.6 Kästen und farbige Auszeichnungen erstellen

Durch Unterstreichungen kann man relativ simpel in InDesign farbige Auszeichnungen erstellen. Auch Kästen können durch das InDesign-eigene Rahmen- und Flächenprinzip einfach angelegt werden. Gleiches gilt in HTML- und CSS-Dateien. Zum großen Ärgernis aller werden aber die InDesign-Kästen und die farbigen Auszeichnungen nicht mit in die ePub-Datei exportiert. Hier herrscht noch deutlicher Nachholbedarf seitens Adobe.

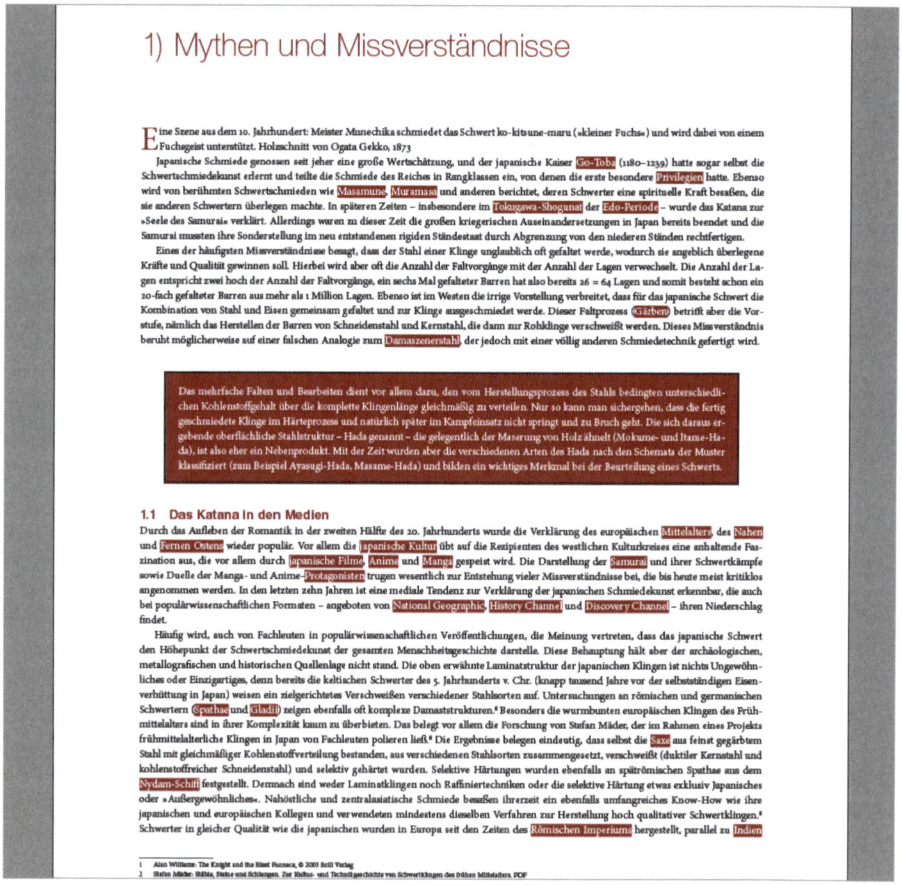

1) Mythen und Missverständnisse

Eine Szene aus dem 10. Jahrhundert: Meister Munechika schmiedet das Schwert ko-kitsune-maru (»kleiner Fuchs«) und wird dabei von einem Fuchsgeist unterstützt. Holzschnitt von Ogata Gekko, 1873

Japanische Schmiede genossen seit jeher eine große Wertschätzung, und der japanische Kaiser Go-Toba (1180–1239) hatte sogar selbst die Schwertschmiedekunst erlernt und teilte die Schmiede des Reiches in Rangklassen ein, von denen die erste besondere Privilegien hatte. Ebenso wird von berühmten Schwertschmieden wie Masamune, Muramasa und anderen berichtet, deren Schwerter eine spirituelle Kraft besaßen, die sie anderen Schwertern überlegen machte. In späteren Zeiten – insbesondere im Tokugawa-Shogunat der Edo-Periode – wurde das Katana zur »Seele des Samurai« verklärt. Allerdings waren zu dieser Zeit die großen kriegerischen Auseinandersetzungen in Japan bereits beendet und die Samurai mussten ihre Sonderstellung im neu entstandenen rigiden Ständestaat durch Abgrenzung von den niederen Ständen rechtfertigen.

Eines der häufigsten Missverständnisse besagt, dass der Stahl einer Klinge unglaublich oft gefaltet werde, wodurch sie angeblich überlegene Kräfte und Qualität gewinnen soll. Hierbei wird aber oft die Anzahl der Faltvorgänge mit der Anzahl der Lagen verwechselt. Die Anzahl der Lagen entspricht zwei hoch der Anzahl der Faltvorgänge, ein sechs Mal gefalteter Barren hat also bereits 26 = 64 Lagen und somit besteht schon ein 20-fach gefalteter Barren aus mehr als 1 Million Lagen. Ebenso ist im Westen die irrige Vorstellung verbreitet, dass für das japanische Schwert die Kombination von Stahl und Eisen gemeinsam gefaltet und zur Klinge ausgeschmiedet werde. Dieser Faltprozess (Gärben) betrifft aber die Vorstufe, nämlich das Herstellen der Barren von Schneidenstahl und Kernstahl, die dann zur Rohklinge verschweißt werden. Dieses Missverständnis beruht möglicherweise auf einer falschen Analogie zum Damaszenerstahl, der jedoch mit einer völlig anderen Schmiedetechnik gefertigt wird.

Das mehrfache Falten und Bearbeiten dient vor allem dazu, den vom Herstellungsprozess des Stahls bedingten unterschiedlichen Kohlenstoffgehalt über die komplette Klingenlänge gleichmäßig zu verteilen. Nur so kann man sichergehen, dass die fertig geschmiedete Klinge im Härteprozess und natürlich später im Kampfeinsatz nicht springt und zu Bruch geht. Die sich daraus ergebende oberflächliche Stahlstruktur – Hada genannt – die gelegentlich der Maserung von Holz ähnelt (Mokume- und Itame-Hada), ist also eher ein Nebenprodukt. Mit der Zeit wurden aber die verschiedenen Arten des Hada nach den Schemata der Muster klassifiziert (zum Beispiel Ayasugi-Hada, Masame-Hada) und bilden ein wichtiges Merkmal bei der Beurteilung eines Schwerts.

1.1 Das Katana in den Medien

Durch das Aufleben der Romantik in der zweiten Hälfte des 20. Jahrhunderts wurde die Verklärung des europäischen Mittelalters, des Nahen und Fernen Ostens wieder populär. Vor allem die japanische Kultur übt auf die Rezipienten des westlichen Kulturkreises eine anhaltende Faszination aus, die vor allem durch japanische Filme, Anime und Manga gespeist wird. Die Darstellung der Samurai und ihrer Schwertkämpfe sowie Duelle der Manga- und Anime-Protagonisten trugen wesentlich zur Entstehung vieler Missverständnisse bei, die bis heute meist kritiklos angenommen werden. In den letzten zehn Jahren ist eine mediale Tendenz zur Verklärung der japanischen Schmiedekunst erkennbar, die auch bei populärwissenschaftlichen Formaten – angeboten von National Geographic, History Channel und Discovery Channel – ihren Niederschlag findet.

Häufig wird, auch von Fachleuten in populärwissenschaftlichen Veröffentlichungen, die Meinung vertreten, dass das japanische Schwert den Höhepunkt der Schwertschmiedekunst der gesamten Menschheitsgeschichte darstelle. Diese Behauptung hält aber der archäologischen, metallografischen und historischen Quellenlage nicht stand. Die oben erwähnte Laminatstruktur der japanischen Klingen ist nichts Ungewöhnliches oder Einzigartiges, denn bereits die keltischen Schwerter des 5. Jahrhunderts v. Chr. (knapp tausend Jahre vor der selbstständigen Eisenverhüttung in Japan) weisen ein zielgerichtetes Verschweißen verschiedener Stahlsorten auf. Untersuchungen an römischen und germanischen Schwertern (Spathae und Gladii) zeigen ebenfalls oft komplexe Damaststrukturen. Besonders die wurmbunten europäischen Klingen des Frühmittelalters sind in ihrer Komplexität kaum zu überbieten. Das belegt vor allem die Forschung von Stefan Mäder, der im Rahmen eines Projekts frühmittelalterliche Klingen in Japan von Fachleuten polieren ließ. Die Ergebnisse belegen eindeutig, dass selbst die Saxe aus feinst gegärbtem Stahl mit gleichmäßiger Kohlenstoffverteilung bestanden, aus verschiedenen Stahlsorten zusammengesetzt, verschweißt (duktiler Kernstahl und kohlenstoffreicher Schneidenstahl) und selektiv gehärtet wurden. Selektive Härtungen wurden ebenfalls an spätrömischen Spathae aus dem Nydam-Schiff festgestellt. Demnach sind weder Laminatklingen noch Raffiniertechniken oder die selektive Härtung etwas exklusiv Japanisches oder »Außergewöhnliches«. Nahöstliche und zentralasiatische Schmiede besaßen ihrerzeit ein ebenfalls umfangreiches Know-How wie ihre japanischen und europäischen Kollegen und verwendeten mindestens dieselben Verfahren zur Herstellung hoch qualitativer Schwertklingen. Schwerter in gleicher Qualität wie die japanischen wurden in Europa seit den Zeiten des Römischen Imperiums hergestellt, parallel zu Indien

1 Alan Williams: The Knight and the Blast Furnace, © 2003 Brill Verlag

2 Stefan Mäder: Stähle, Steine und Schlangen. Zur Kultur- und Technikgeschichte von Schwertklingen des frühen Mittelalters. PDF

Auszeichnungen und Kästen in InDesign.

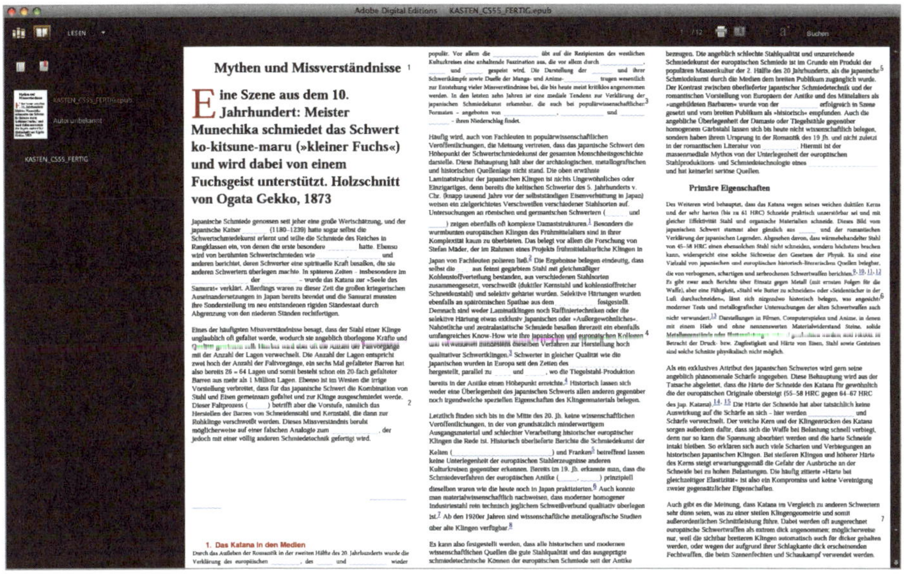

ePub-Datei ohne Vorbereitung in InDesign.

Verarbeitung und Vorbereitung der InDesign-Datei

Für farbige Auszeichnungen in Ihrem E-Book ist eigentlich nur die kontinuierliche und konsequente Anwendung von Zeichenformaten in InDesign erforderlich. Hinterlegen Sie jedes Wort, das später ausgezeichnet sein soll, mit einem Zeichenformat. Der Name ist frei wählbar. Die Eigenschaften des Formats sollten am besten schon in InDesign der fertigen Auszeichnung entsprechen. Wenn Sie zum Beispiel eine dunkle Hinterlegung nutzen, sollten Sie eine helle Schriftfarbe für den Text wählen.

Für Kästen sind etwas mehr Vorbereitungen notwendig. Jeder Kasten sollte seinen eigenen Textrahmen besitzen. Ähnlich wie bei den Bildern wird dann dieser Textrahmen in einer Leerzeile verankert (siehe Kapitel 5.7, S. 93). Anders als bei den Bildern benötigt diese Leerzeile keine speziellen Formatangaben.

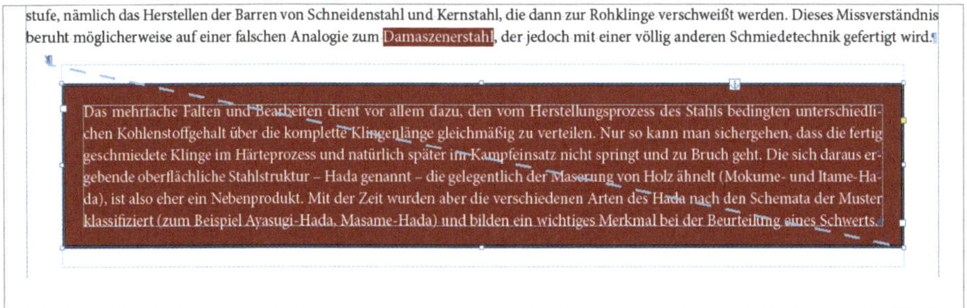

Der Kasten ist mit einer leeren Zeile verankert.

Jedem Kasten muss ein Objektformat zugewiesen werden. Es bedarf aber nur eines Objekformates für alle Kästen, sofern diese gleiche Rahmen und gleiche Hintergrundfarben bekommen sollen. Pro Abweichung muss ein neues Objektformat zugewiesen werden. In dem hier gezeigten Beispiel begnügen wir uns mit dem Objektformat »Kasten«.

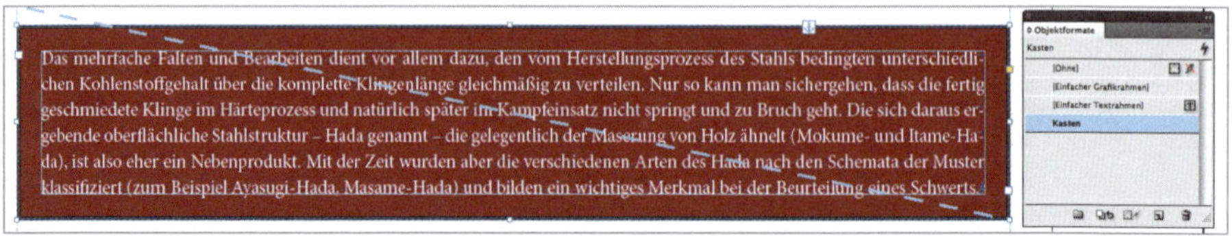

Die Nachbearbeitung nach dem Export erfolgt bei der ePub-Nachbearbeitung in Kapitel 14.1, S. 177.

5.7 Bilder und Kästen mit Text umfließen

Bilder und Objekte sind oft zwischen zwei Absätzen positioniert. Meistens ist diese Gestaltung auch sinnvoll, es sei denn, die Bilder und Objekte gehören zu einer speziellen Textpassage und sollen entweder links oder rechts daneben erscheinen. Durch die exakte Positionierung und mit Hilfe der Konturenführung kann man in InDesign die Gestaltung genau steuern. Leider lässt sich ein solches Verhalten noch nicht so genau in ein E-Book übertragen.

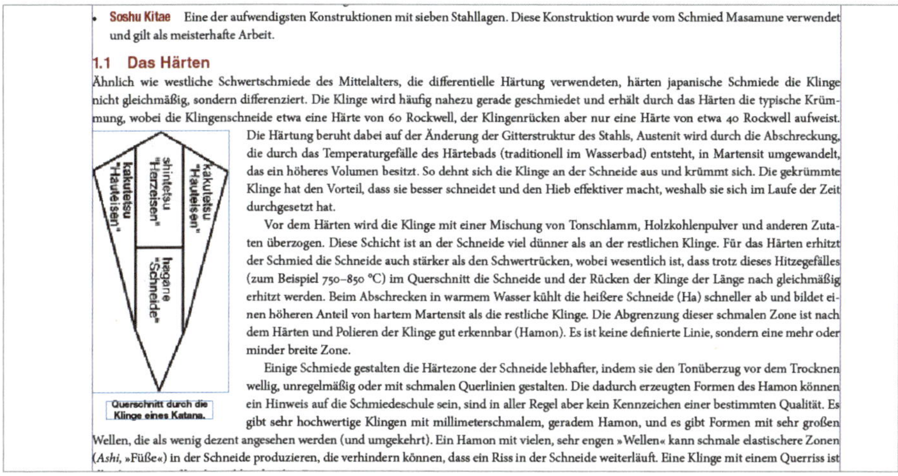

- **Soshu Kitae** Eine der aufwendigsten Konstruktionen mit sieben Stahllagen. Diese Konstruktion wurde vom Schmied Masamune verwendet und gilt als meisterhafte Arbeit.

1.1 Das Härten

Ähnlich wie westliche Schwertschmiede des Mittelalters, die differentielle Härtung verwendeten, härten japanische Schmiede die Klinge nicht gleichmäßig, sondern differenziert. Die Klinge wird häufig nahezu gerade geschmiedet und erhält durch das Härten die typische Krümmung, wobei die Klingenschneide etwa eine Härte von 60 Rockwell, der Klingenrücken aber nur eine Härte von etwa 40 Rockwell aufweist. Die Härtung beruht dabei auf der Änderung der Gitterstruktur des Stahls, Austenit wird durch die Abschreckung, die durch das Temperaturgefälle des Härtebads (traditionell im Wasserbad) entsteht, in Martensit umgewandelt, das ein höheres Volumen besitzt. So dehnt sich die Klinge an der Schneide aus und krümmt sich. Die gekrümmte Klinge hat den Vorteil, dass sie besser schneidet und den Hieb effektiver macht, weshalb sie sich im Laufe der Zeit durchgesetzt hat.

Vor dem Härten wird die Klinge mit einer Mischung von Tonschlamm, Holzkohlenpulver und anderen Zutaten überzogen. Diese Schicht ist an der Schneide viel dünner als an der restlichen Klinge. Für das Härten erhitzt der Schmied die Schneide auch stärker als den Schwertrücken, wobei wesentlich ist, dass trotz dieses Hitzegefälles (zum Beispiel 750–850 °C) im Querschnitt die Schneide und der Rücken der Klinge der Länge nach gleichmäßig erhitzt werden. Beim Abschrecken in warmem Wasser kühlt die heißere Schneide (Ha) schneller ab und bildet einen höheren Anteil von hartem Martensit als die restliche Klinge. Die Abgrenzung dieser schmalen Zone ist nach dem Härten und Polieren der Klinge gut erkennbar (Hamon). Es ist keine definierte Linie, sondern eine mehr oder minder breite Zone.

Einige Schmiede gestalten die Härtezone der Schneide lebhafter, indem sie den Tonüberzug vor dem Trocknen wellig, unregelmäßig oder mit schmalen Querlinien gestalten. Die dadurch erzeugten Formen des Hamon können ein Hinweis auf die Schmiedeschule sein, sind in aller Regel aber kein Kennzeichen einer bestimmten Qualität. Es gibt sehr hochwertige Klingen mit millimeterschmalem, geradem Hamon, und es gibt Formen mit sehr großen Wellen, die als wenig dezent angesehen werden (und umgekehrt). Ein Hamon mit vielen, sehr engen »Wellen« kann schmale elastischere Zonen (*Ashi*, »Füße«) in der Schneide produzieren, die verhindern können, dass ein Riss in der Schneide weiterläuft. Eine Klinge mit einem Querriss ist

Ein Bild mit Legende, das mit Text umschlossen wird.

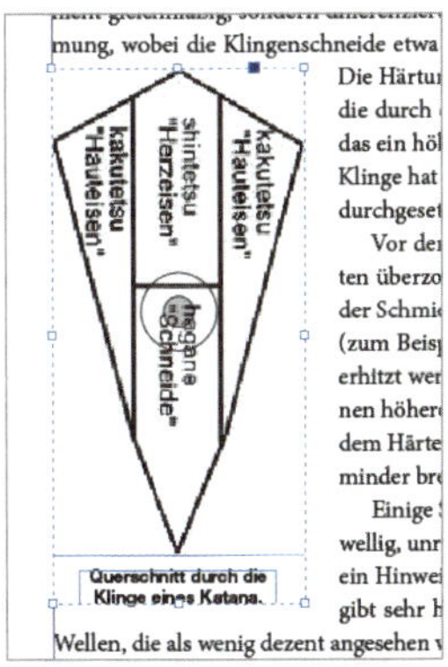

Um diesen Effekt auch in Ihrem E-Book zu erreichen, wählen Sie die betreffenden Objekte aus (in unserem Beispiel das Bild inklusive der Legende) und erstellen daraus eine Gruppe.

Wie bereits im Kapitel 5.4, S. 82 erklärt, verankern Sie diese Objektgruppe in der gewünschten Textpassage, in unserem Beispiel neben dem Satz »Die Härtung beruht dabei ...«. Wenn Sie einen fixen Wert für die Zeilenhöhe gewählt haben, erscheint die Darstellung in InDesign etwas ungewohnt. Lassen Sie sich dadurch aber nicht stören.

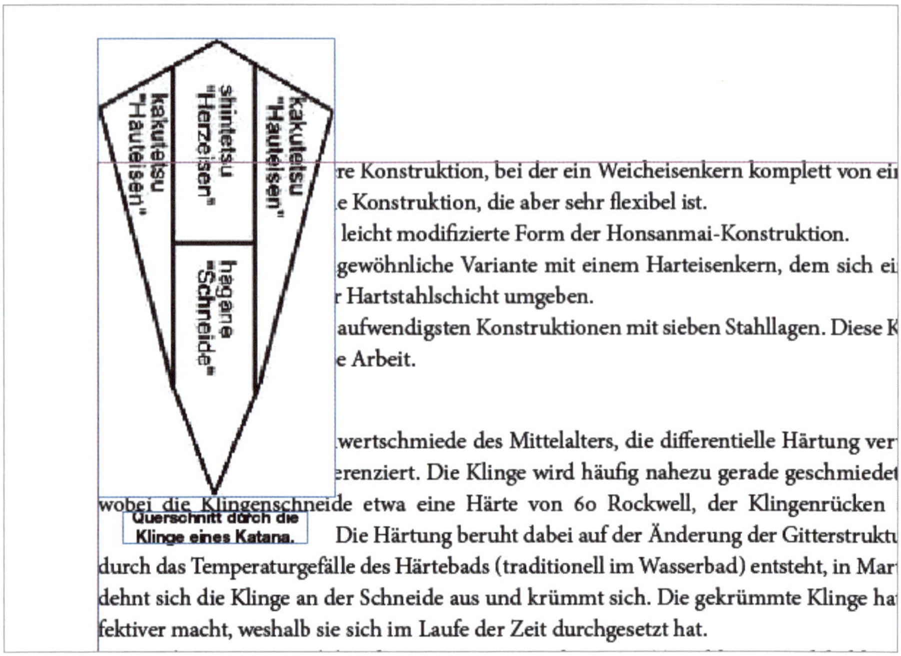

Wählen Sie die verankerte Objektgruppe aus und wechseln Sie zum Bedienfeld der Konturenführung. Dort klicken Sie auf das Icon *Konturenführung um Begrenzungsrahmen*. Indem Sie diese Option anwählen, erstellt InDesign automatisch später beim ePub-Export die Befehle für das Umschließen.

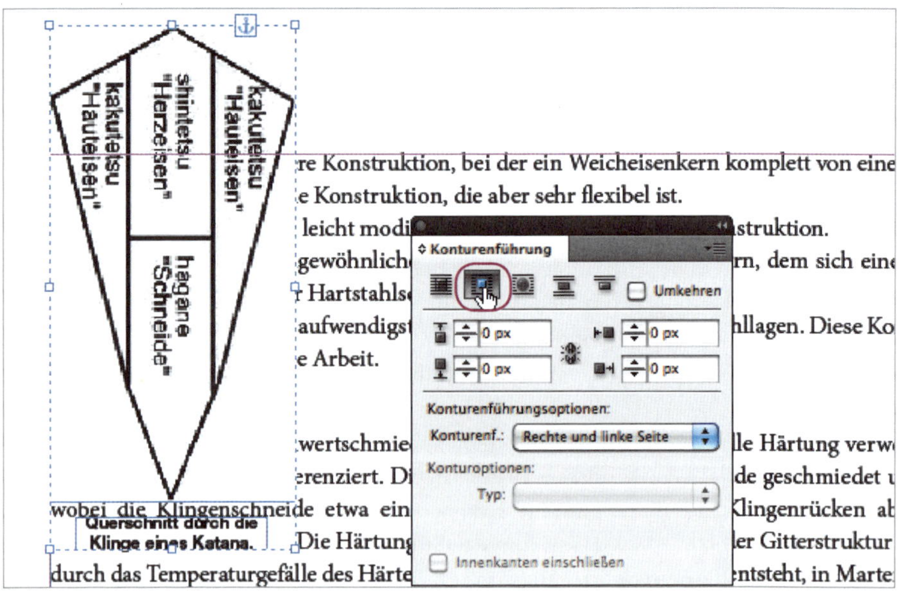

Noch immer mit der ausgewählten Objektgruppe erstellen Sie nun ein neues Objektformat und weisen es der Objektgruppe zu. Dieser Schritt ist notwendig, um die Objektgruppe in der ePub-Datei eindeutig zu identifizieren.

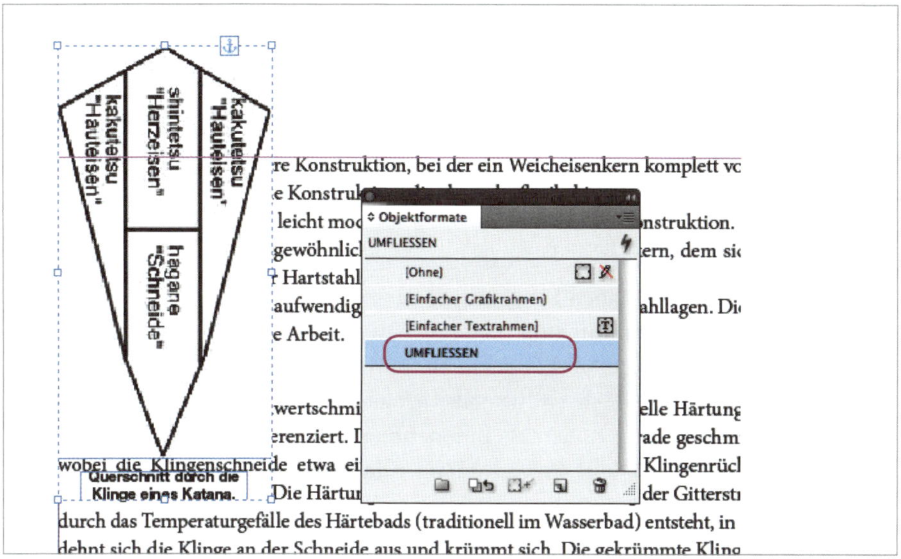

Hiermit ist die Arbeit in InDesign bereits getan und die weitere Nachbearbeitung erfolgt in der finalen ePub-Datei.

5.8 Mit PDF- und InDesign-Importen arbeiten

PDF- und InDesign-Dateien automatisch als Bilder umwandeln lassen

In den vorigen Kapiteln haben Sie gesehen, dass sich mit InDesign CS5.5 und der neuen Funktion *Objektexportoptionen* nahezu jedes Objekt beim ePub-Export in ein Bild umwandeln lässt. Dazu muss man jedoch vorher jedes Objekt anwählen und in den Objektexportoptionen als Bild definieren. Je nach Auftrag oder Inhalt kann diese Prozedur länger dauern. Nachfolgendes Bild zeigt ein solches Projekt, bei dem ein paar Dutzend Tabellen benutzt wurden. Jede einzelne Tabelle in ein Bild umzuwandeln, wäre viel zu aufwändig.

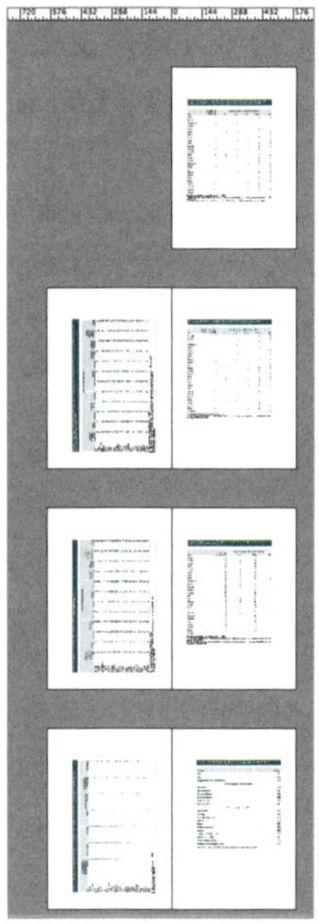

Sie können sich aber die Arbeit erleichtern, indem Sie einen kleinen Trick anwenden. Dazu exportieren Sie Ihr komplettes Dokument mit den Tabellen zunächst in eine hochaufgelöste PDF-Datei.

Erstellen Sie am besten ein neues InDesign-Dokument. Die Maße können Sie frei wählen. Wir empfehlen aber einen Satzspiegel von 600 × 800 Pixel, um in den gewohnten Dimensionen von E-Book-Dateien zu arbeiten. Die Seitenanzahl können Sie entsprechend Ihrer PDF-Datei anlegen.

Gehen Sie nun auf *Datei → Platzieren* oder CMD + D (Mac) / CTRL + D (Win) und wählen Sie Ihre vorher erzeugte PDF-Datei aus. Achten Sie darauf, dass *Importoptionen anzeigen* angewählt ist (*Ausgewähltes Objekt ersetzen* muss nicht angewählt sein, da kein Objekt ersetzt wird).

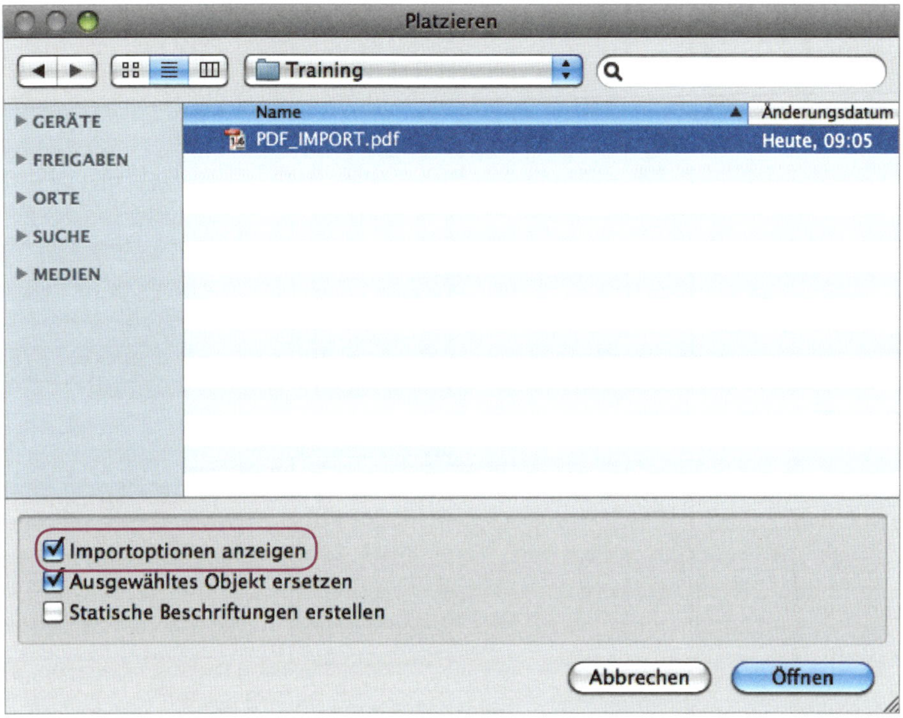

Anschließend können Sie die Seitenbereiche sowie die Beschneidungsrahmen wählen.

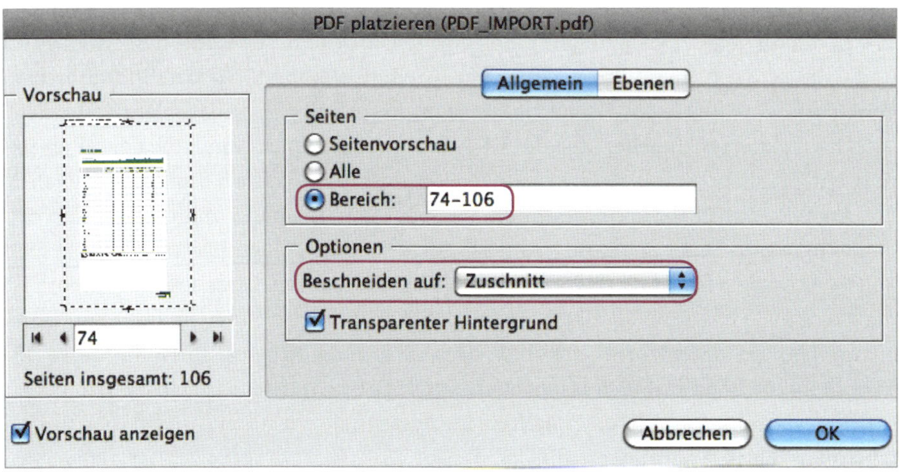

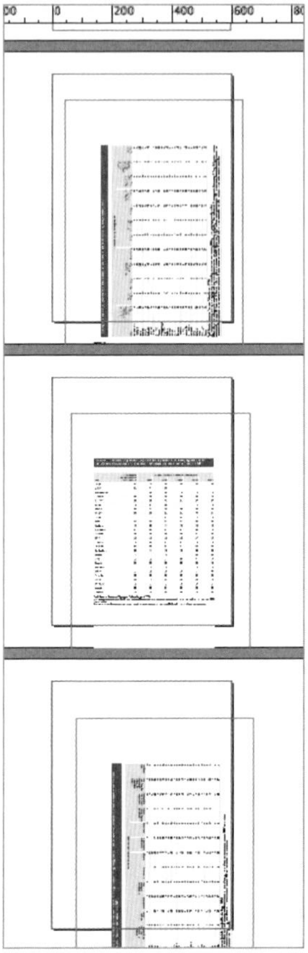

Die PDF-Datei wurde in InDesign als Bild importiert.

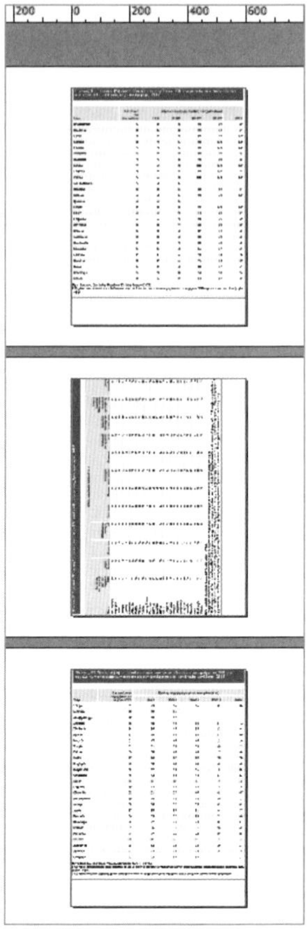

Die Tabellen wurden in Größe und Form für das E-Book angepasst.

Platzieren Sie jede PDF-Seite auf einer eigenen InDesign-Seite und passen Position und Größe entsprechend Ihren Wünschen an. Zudem können Sie den Bildrahmen so verändern, dass ungewollte Bereiche wie Kopf- oder Fußzeilen ausgeblendet werden.

Die platzierten Tabellen aus der PDF-Datei werden nun beim globalen ePub-Export entsprechend den Bild-Einstellungen exportiert (siehe auch Kapitel 8, S. 132).

Anstelle des PDF-Exports können Sie aber auch hingehen und einfach Ihre originale InDesign-Datei nehmen. Ebenfalls ist es möglich, eine InDesign-Datei in eine andere InDesign-Datei als Bild zu importieren. Die Vorgehensweise beim Import ist die gleiche wie bei der PDF-Datei, nur dass Sie anstelle des PDFs die InDesign-Datei auswählen. Ein klarer Vorteil dabei ist, dass Sie sich die Arbeitsschritte für den PDF-Export sparen können. Sie müssen allerdings darauf achten, dass die in der originalen InDesign-Datei verwendeten Schriften im System aktiviert sind und dass es keine fehlenden Bildverknüpfungen gibt.

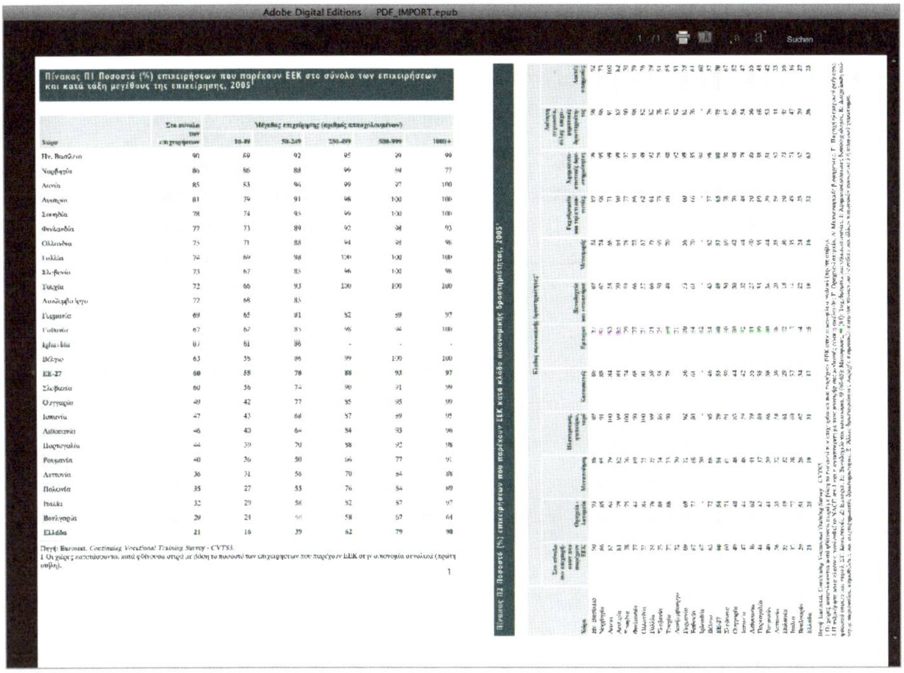

Ergebnis in Adobe Digital Editions.

Automatication LayoutZone

An dieser Stelle möchten wir Ihnen noch ein frei erhältliches Skript vorstellen. Mit *LayoutZone* von Automatication ist es möglich, eine Auswahl von Objekten in eine externe InDesign-Datei zu exportieren, wobei die ausgewählten Objekte automatisch durch die exportierte InDesign-Datei ersetzt werden. Position, Form und Größe werden beibehalten.

Das Skript finden Sie hier: [👆36]. Wählen Sie im linken Menü *LayoutZone (CS4/5) – Free* aus. Dort können Sie sich auch noch das Handbuch herunterladen oder das auf der Internetseite angegebene Video zur Funktionsweise ansehen, zumal das Skript noch einige andere Funktionen enthält, auf die wir in diesem Buch nicht eingehen.

Bitte beachten Sie auch die Installationshinweise auf der Homepage des Herstellers, da bei diesem Skript die Installation von dem üblichen Vorgehen abweicht, wie Sie es u.U. bereits bei anderen Skripten gesehen haben.

Das Skript anwenden

Wählen Sie nun Ihre Objekte aus, die aus dieser Datei exportiert werden sollen. Rufen Sie das Menü: *Bearbeiten → LayoutZone → Assign Zone* auf und geben Sie im nachfolgenden Fenster Name und Speicherort ein.

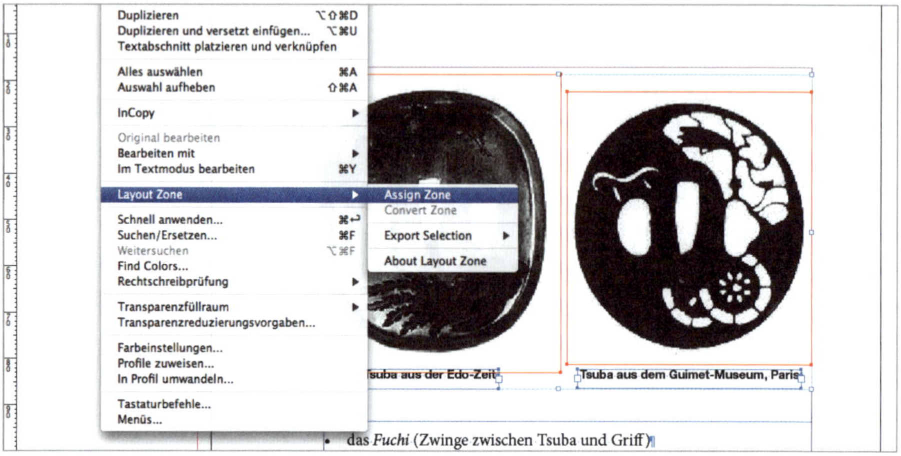

Es wird noch ein weiteres Fenster angezeigt, das einige Optionen anbietet. Die Standardeinstellungen können aber so belassen werden. Bestätigen Sie mit OK.

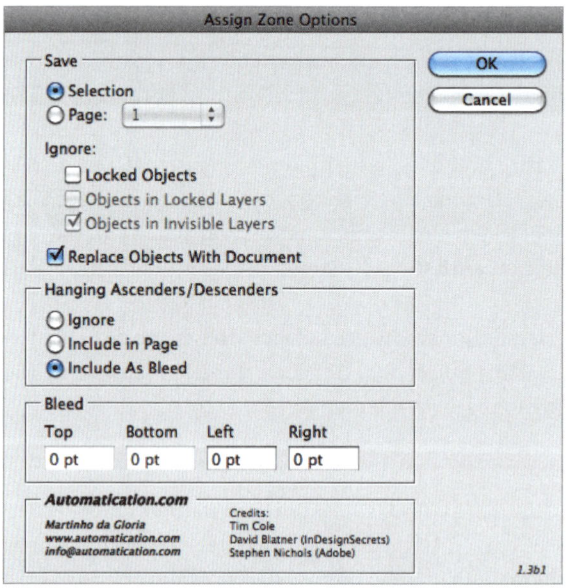

Das Skript ersetzt automatisch Ihre ausgewählten Objekte und platziert dafür die InDesign-Datei. Die importierte InDesign-Datei wird als Bild behandelt, was vor allem bei der Konvertierung von Objektgruppen zu Bildern in InDesign CS5 praktisch ist.

Vorher: einzelne Objekte.

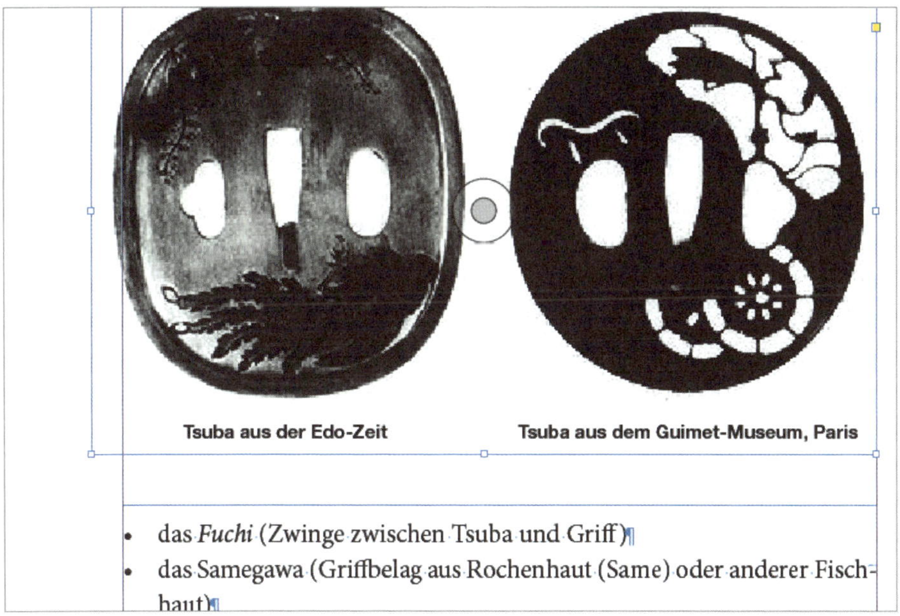

Nachher: eine importierte InDesign-Datei.

6 Buchfunktionen

6.1 Arbeiten mit dem Artikel-Bedienfeld

Bei InDesign CS 5.5 ist eine neue Funktion, genannt »Artikel«, hinzugekommen. Mit Artikeln legen Sie die Inhalte fest, die in das ePub- oder HTML-Format bzw. in eine barrierefreie PDF-Datei exportiert werden sollen, und definieren, wie die Inhalte anzuordnen sind. Artikel können sich aus Text, Bildern, Objekten oder Gruppierungen zusammensetzen. Nachdem ein Artikel erstellt wurde, können weitere Objekte hinzugefügt, entfernt oder neu angeordnet werden.

Es ist allerdings nicht möglich, mit dem Artikel-Bedienfeld Unterteilungen in Kapitel oder eine Navigation in der ePub-Datei zu erstellen (siehe dazu Kapitel 6.4, S. 113). Das Artikel-Bedienfeld ist nur dazu gedacht, Texte und Objekte innerhalb einer InDesign-Datei in die richtige Reihenfolge für die ePub-Datei zu bringen bzw. zu definieren, welche Texte und Objekte beim Export mit in die ePub-Datei übernommen werden. Dies ist besonders sinnvoll, wenn bereits ein Kapitel in einer separaten InDesign-Datei vorliegt, jedoch die Kundenvorgabe bei der ePub-Datei eine andere Lesereihenfolge als bei der druckoptimierten Datei verlangt. So müssen Sie die Reihenfolge der Texte nicht aufwändig per Hand umstrukturieren.

Erstellen von Artikeln und Hinzufügen von Inhalten

1. Wählen Sie *Fenster → Artikel*, um das Artikel-Bedienfeld zu öffnen.

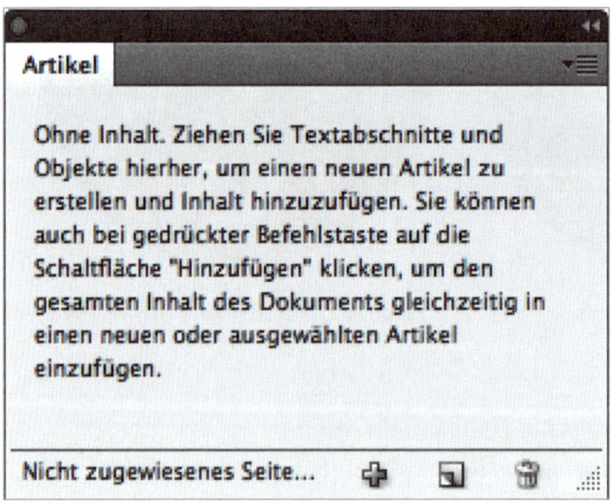

2. Wählen Sie die Seitenelemente aus, die dem Artikel hinzugefügt werden sollen.

3. Führen Sie einen der folgenden Schritte durch:
   - Wählen Sie im Menü des Artikel-Bedienfelds die Option *Neuer Artikel*.
   - Klicken Sie unten im Artikel-Bedienfeld auf das Icon *Neuen Artikel erstellen*.
   - Ziehen Sie Ihr Element per Drag & Drop auf das Artikel-Bedienfeld.
4. Geben Sie im Dialogfeld *Neuer Artikel* einen Namen für den Artikel ein.
5. Aktivieren Sie die Option *Beim Exportieren berücksichtigen*, um den Artikel beim Export in das ePub- oder HTML-Format hinzuzufügen.

Hinweis: Objekte können auch mehrmals in verschiedenen Artikeln vorkommen.

Hinzufügen aller Seitenelemente eines Dokuments zu einem Artikel

1. Wählen Sie *Fenster → Artikel*, um das Artikel-Bedienfeld zu öffnen.
2. Wählen Sie einen Artikel aus, dem die Elemente hinzugefügt werden sollen. Wenn Sie keinen Artikel auswählen, wird automatisch ein neuer Artikel erstellt.
3. Drücken und halten Sie die Taste CMD (Mac) / CTRL (Win) und klicken Sie dann im Artikel-Bedienfeld auf das Plus-Icon (+). Alle Seitenelemente werden dann in der Reihenfolge, angefangen links oben bis nach links unten und dann spaltenweise von oben nach unten, aufgenommen.
4. Wenn das Dialogfeld *Neuer Artikel* geöffnet wird, geben Sie für den Artikel einen Namen ein. Haben Sie bereits einen Artikel selektiert, dann wählen Sie im Menü des Artikel-Bedienfelds *Dokumentinhalt in ausgewählte Artikel einfügen*.
5. Aktivieren Sie die Option »Beim Exportieren berücksichtigen«, um den Artikel beim Export in das ePub- oder HTML-Format hinzuzufügen.

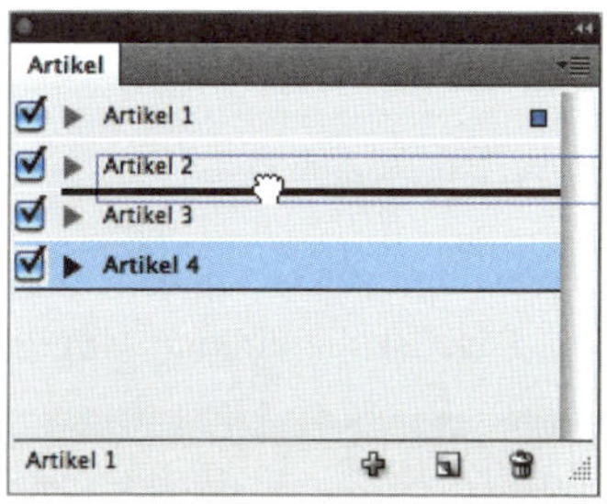

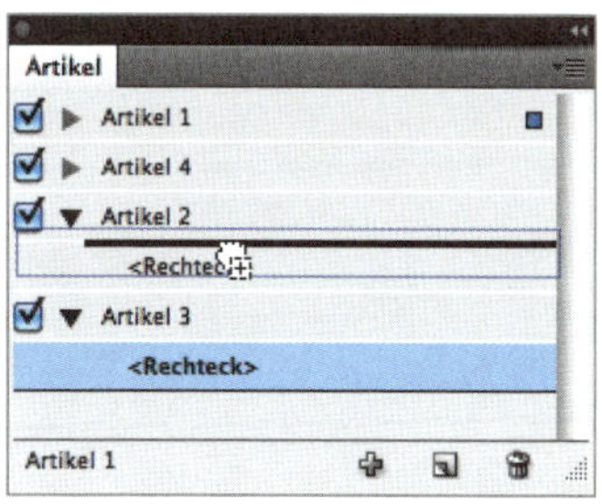

Anordnen von Artikeln

Sie können Artikelanordnungen mit dem Artikel-Bedienfeld verwalten. Ziehen Sie dazu die Artikel in das Artikel-Bedienfeld über oder unter einen anderen Artikel, um die Reihenfolge zu ändern, oder ziehen Sie einzelne Elemente aus einem Artikel in einen anderen Artikel hinein. Ist beim ePub-Export in den Einstellungen *Wie Artikel-Bedienfeld* ausgewählt, werden Artikel, bei denen kein Häkchen im Bedienfeld gesetzt ist, ausgelassen und erscheinen nicht in der ePub-Datei. Selbiges gilt für Texte, Objekte oder Bilder, die nicht dem Artikel-Bedienfeld zugewiesen wurden.

6.2 E-Book-Navigation einrichten

Navigation vs. Inhaltsverzeichnis

Wir unterscheiden beim ePub zwei Arten von Inhaltsverzeichnissen:

1. Für die sog. *Navigation Map* besitzt jeder E-Reader eine Funktion, um sie ein- oder auszublenden. In den meisten Readern wird die Navigation auch Inhaltsverzeichnis genannt. Um die beiden Arten zu unterscheiden, sprechen wir in diesem Fall von Navigation.
2. Im nächsten Kapitel beschreiben wir die zweite Möglichkeit eines Inhaltsverzeichnisses: das Einfügen einer neuen Seite im ePub mit einem eigenen Inhaltsverzeichnis und Verlinkungen. Das entspricht dem Inhaltsverzeichnis in einem klassischen Buch.

Navigation

Wie navigieren wir in einem klassischen Buch aus Papier? Wir folgen den Seitenzahlen. Dies ist die einzige Möglichkeit, in einem Buch eine bestimmte Stelle zu finden oder diese jemand anderem mitzuteilen. Deshalb findet man in den meisten Büchern zuerst ein Inhaltsverzeichnis.

In einem E-Book gibt es die klassischen Seitenzahlen nicht mehr. Die meisten E-Reader stellen zwar eine Seitenzahl dar, jedoch ist die nicht bindend, sondern kann sich je nach Einstellungen verändern. Über eine Navigationsleiste, die bei Bedarf ausgeklappt werden kann, gelangen Sie durch einen Klick auf ein Kapitel via Hyperlink dahin. Der Vorteil liegt ganz klar darin, dass, egal wo Sie sich im Buch befinden, Sie die Navigation jederzeit aufrufen können.

Navigation in iBooks.

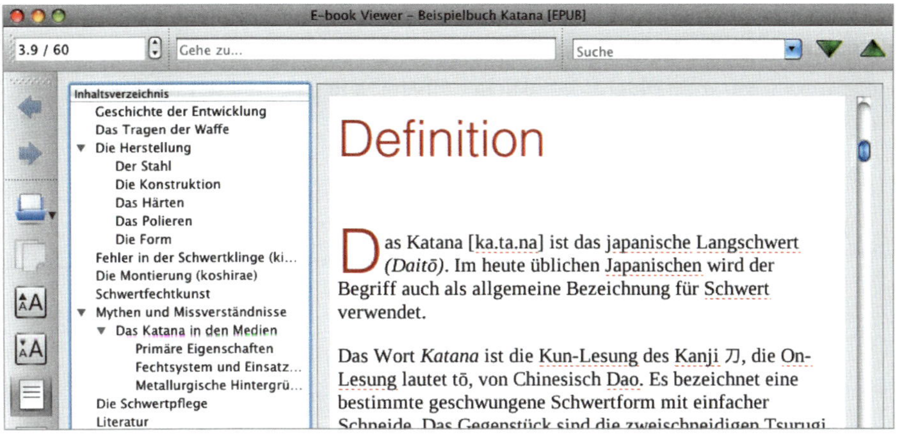

Navigation in Calibre

Sie werden im Folgenden sehen, dass es gar nicht kompliziert ist, eine E-Book-Navigation zu erstellen, ganz im Gegenteil. Hier ist es auch wieder wichtig, dass Sie vorher alles mit Absatzformaten gestaltet haben, denn diese kommen jetzt wieder zum Einsatz.

Wählen Sie zuerst im Menü *Layout → Inhaltsverzeichnisformate*. Klicken Sie auf die Schaltfläche *Neu* und ein Fenster öffnet sich, in dem Sie allerhand Einstellungen vornehmen können. Geben Sie Ihrem Inhaltsverzeichnisformat einen Namen – welchen, ist völlig egal. Anschließend wählen Sie aus dem rechten Scroll-down-Menü *Andere Formate* die Absatzformate, die in der E-Book-Navigation erscheinen sollen, und klicken auf den Button *Hinzufügen*.

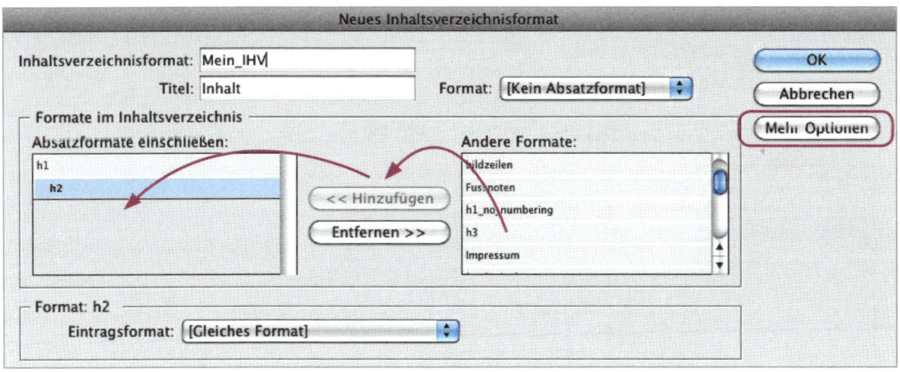

Inhaltsverzeichnisformate mit Hilfe von Absatzformaten definieren

Sie können auch mehrstufige Einträge erstellen, je nachdem, was Sie ins Inhaltsverzeichnis mit aufnehmen wollen. Diese werden dann in der E-Book-Navigation durch einen ausklappbaren Pfeil dargestellt oder etwas eingerückt je nach Reader.

Um die Hierarchien der Einträge zu bearbeiten, müssen Sie einmal auf die Schaltfläche *Mehr Optionen* klicken. Wenn Sie möchten, dass das Absatzformat h2 nicht eingerückt wird und sich auf der gleichen Ebene befindet, müssen Sie hier auf 1 zurückstellen.

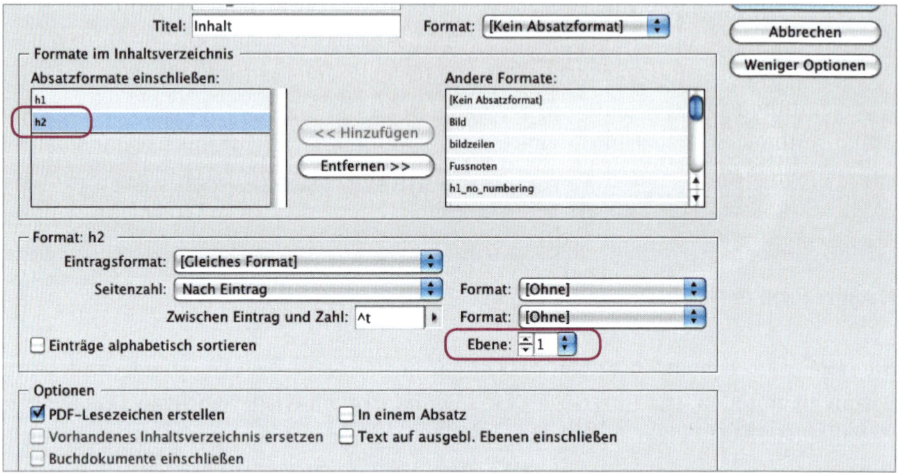

Hierarchie der Inhaltsverzeichniseinträge bearbeiten

Das war's dann auch schon. Mehr müssen Sie hier nicht einstellen. Wenn Sie das Buch-Bedienfeld nutzen, um die Kapitel aufzuteilen (siehe auch Kapitel 6.4, S. 113), müssen Sie ganz unten noch die Option *Buchdokumente einschließen* anhaken! Danach ist nur noch darauf zu achten, dass nachher beim finalen ePub-Export das Inhaltsverzeichnisformat auch mitexportiert wird (**CS5**: *Inhalt → Inhaltsverzeichnis → Einträge aus InDesign und Inhaltsverzeichnis einschließen;* **CS5.5**: *Inhalt → InDesign-Inhaltsverzeichnisformat verwenden*).

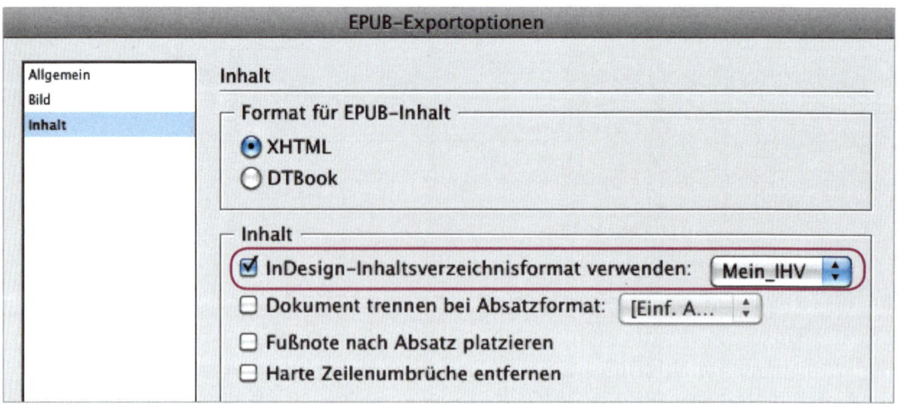

CS5.5 ePub-Export: Einschließen des Inhaltsverzeichnisformats

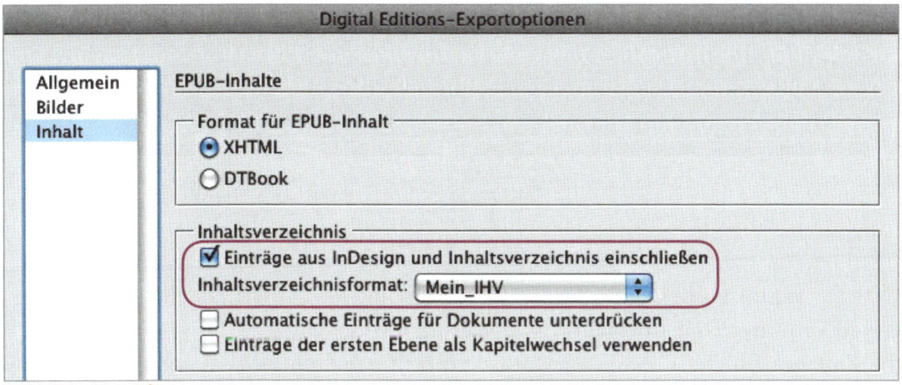

CS5 ePub-Export: Einschließen des Inhaltsverzeichnisformats

Öffnen Sie das exportierte ePub-Dokument z. B. in Adobe Digital Editions, wird sofort die Navigation angezeigt.

E-Book-Navigation in Adobe Digital Editons

6.3 Inhaltsverzeichnis hinzufügen

Obwohl wir im vorherigen Abschnitt eine E-Book-Navigation erstellt haben, ist es trotzdem sinnvoll, ein normales Inhaltsverzeichnis ins Buch zu integrieren. Während die Einträge für die E-Book-Navigation einfach gehalten werden sollten, kann das Inhaltsverzeichnis detailreicher sein oder noch andere Informationen enthalten.

Der Bug bei Inhaltsverzeichnisformaten

Wer die Buchfunktionen von InDesign kennt und nutzen möchte, der würde das Inhaltsverzeichnis jetzt automatisch über das Menü *Layout → Inhaltsverzeichnis* erstellen lassen. Das ist an sich für das klassische Buch eine sehr gute Idee, vor allem, weil die Seitenzahlen automatisch gesetzt werden und man das Inhaltsverzeichnis später auch aktualisieren kann, falls sich Titel ändern usw. Allerdings gibt es für die E-Book-Produktion hier ein kleines Problem: Man kann in InDesign leider immer nur ein Inhaltsverzeichnisformat verwenden, das dann auch für das E-Book verwendet wird. Wenn wir in der E-Book-Navigation aber z. B. nur die Hauptkapitel mit dem Absatzformat h1 verwenden wollen, für unser Inhaltsverzeichnis im Buch jedoch h1, h2 und h3, so wird das nicht funktionieren. InDesign nimmt immer das Inhaltsverzeich-

Auch wenn zwei Inhaltsverzeichnisformate angelegt wurden, so verwendet InDesign immer nur eines davon, für die Navigation und das Inhaltsverzeichnis gleichermaßen. Die Unterkapitel tauchen hier nicht auf und die Einträge sind auch nicht gestaltet, sondern erscheinen viel zu groß sowie ohne Nummerierung oder Einrückungen.

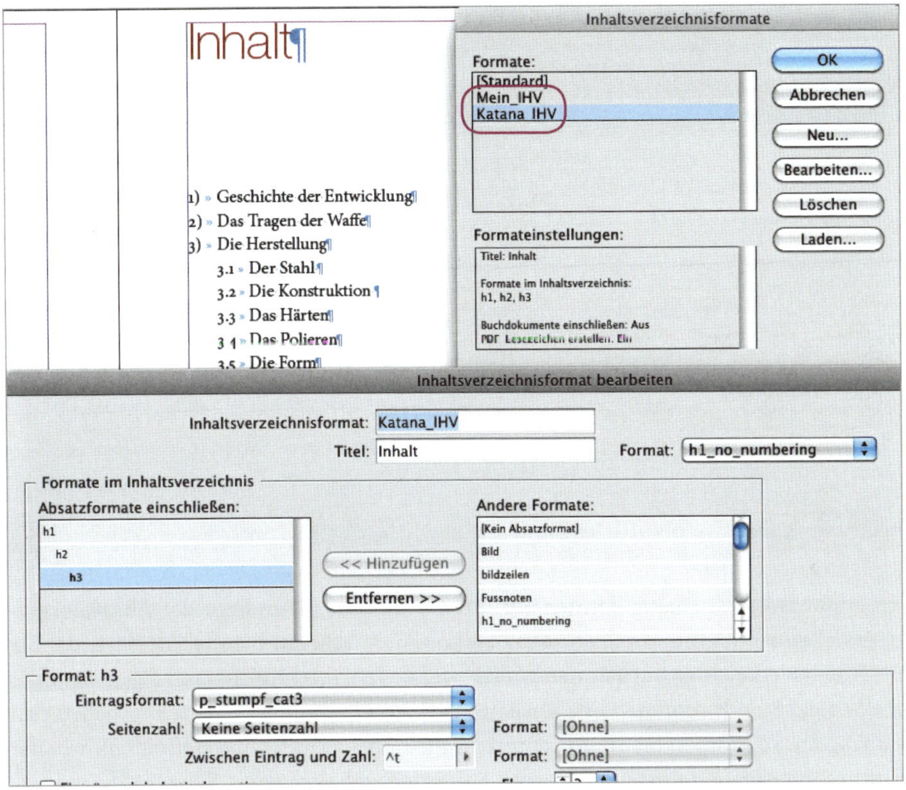

Neben »Mein_IHV« für die E-Book-Navigation wurde hier ein zweites Format »Katana_IHV« für die Erstellung eines Inhaltsverzeichnisses innerhalb des Buches erstellt. Was logisch erscheint, funktioniert jedoch leider nicht für den ePub-Export.

nisformat, das auch in den Exportoptionen ausgewählt wird. Hoffen wir, dass sich dies in einer nächsten Version ändert. Schlimmer noch: Wenn Sie das gleiche Inhaltsverzeichnisformat für die E-Book-Navigation verwenden wie für das Inhaltsverzeichnis, ignoriert InDesign die Seite komplett im ePub und erstellt nur die Navigation.

Inhaltsverzeichnis erstellen

Um ein richtiges Inhaltsverzeichnis zu erhalten, müssen wir dieses also noch manuell bearbeiten und mit Hyperlinks versehen. Sie können jedoch durchaus die InDesign-Funktion benutzen, um das Inhaltsverzeichnis zu erstellen. Danach muss dieses jedoch vom Automatismus gelöst werden. Die Vorgehensweise ist die gleiche wie bei der Aufbereitung eines Inhaltsverzeichnisses bei einem klassischen Buch für den Druck.

Klicken Sie im Menü *Layout* auf *Inhaltsverzeichnis*. Im darauf erscheinenden Menü können Sie alle Einstellungen tätigen, damit das Inhaltsverzeichnis automatisch erstellt werden kann.

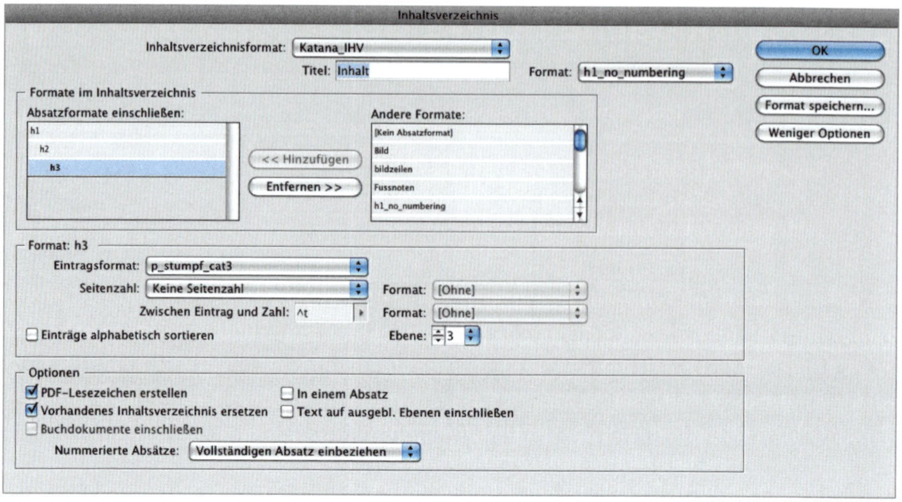

Inhaltsverzeichnis automatisch generieren

Im umfangreichen Dialog können Sie Ihren Inhalt auf Grundlage der Absatzformate erstellen lassen, die im Dokument vorkommen. Wählen Sie die Formate, die Sie ins Inhaltsverzeichnis aufnehmen wollen, bei *Andere Formate* aus und fügen sie über die Schaltfläche *Hinzufügen* an. Klicken Sie links bei *Absatzformate einschließen* den Eintrag an, so können Sie im Abschnitt *Format* ein Absatzformat definieren, wie der Eintrag auf der Seite erscheinen soll. Bei *Seitenzahl* aktivieren Sie *Keine Seitenzahl*, da wir das Inhaltsverzeichnis nicht mit Seitenzahlen erstellen, sondern mit Hyperlinks im E-Book navigieren werden. Via *Ebene* geben Sie an, wie der Eintrag in der Hierarchie erscheinen soll. Arbeiten Sie mit dem Buch-Bedienfeld, müssen Sie bei *Buchdokumente einschließen* noch einen Haken setzen. Nach dem Bestätigen der OK-Schaltfläche erhalten Sie einen geladenen Cursor und mit einem Klick in den Satzspiegel ist das Inhaltsverzeichnis erstellt.

Der Textrahmen hat bis jetzt eine Verknüpfung zum automatischen Inhaltsverzeichnis. Da Sie diese Verknüpfung ja – wie oben beschrieben – wegen des Bugs lösen müssen, wählen Sie den ganzen Text im Textrahmen aus und kopieren ihn in die Zwischenablage. Löschen Sie den vorhandenen Textrahmen und platzieren Sie den Text neu durch Apfel(Strg) + V (Einfügen). Die Formatierungen bleiben erhalten, nur wird die Verknüpfung zum automatischen Inhaltsverzeichnis gekappt, wodurch ab jetzt jede Änderung manuell vorgenommen werden muss.

Verlinken des Inhaltsverzeichnisses

Durch das Lösen vom automatischen Inhaltsverzeichnis sind natürlich auch die Hyperlinks verschwunden, die jetzt noch manuell gesetzt werden müssen. Sie definieren zuerst einen Textanker, auf den Sie nachher verlinken können. Gehen Sie also zum ersten Kapitel, klicken den Kapiteltitel an und wählen im Hyperlinks-Bedienfeld *Neues Hyperlinkziel*. Vergeben Sie einen Namen und wählen Sie als Art *Textanker*.

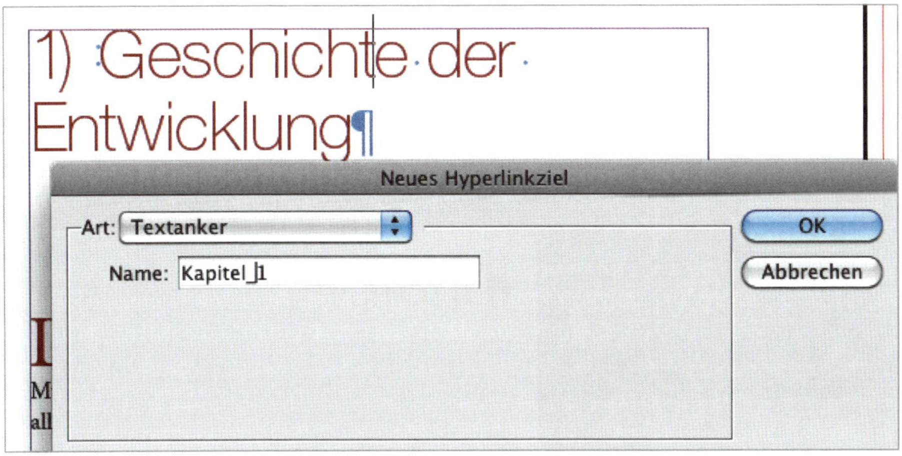

Dann gehen Sie zum Inhaltsverzeichnis und wählen die Zeile aus, die den Hyperlink erhalten soll. Wieder im Hyperlinks-Bedienfeld, wählen Sie nun *Neuer Hyperlink* und verlinken hier auf den eben gesetzten Textanker. (Achtung: Es gibt einen Bug, der im Kapitel 7.1, S. 124 beschrieben wird.)

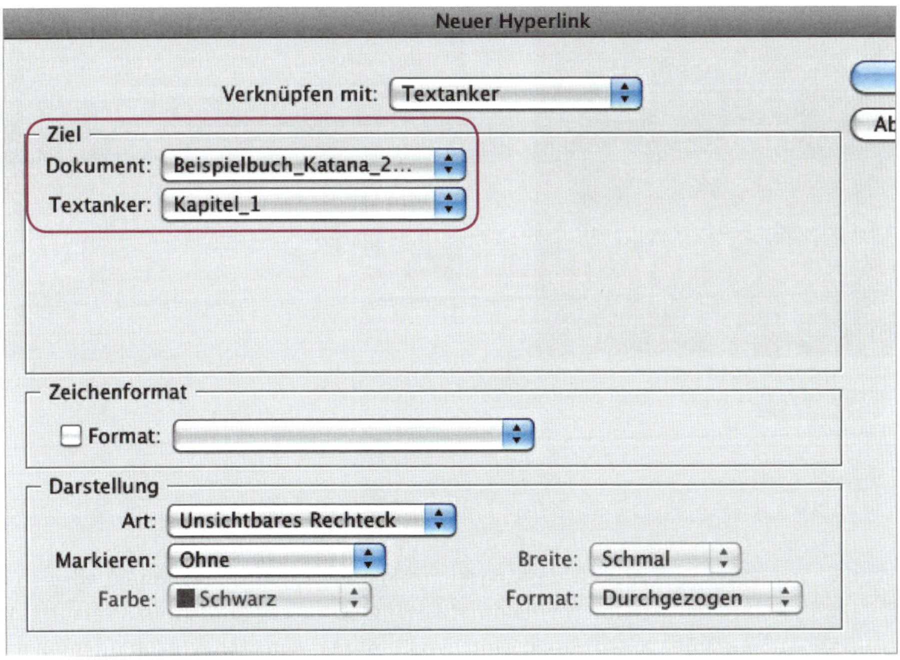

So gehen Sie vor, um alle weiteren Hyperlinks im Inhaltsverzeichnis zu setzen. Nachdem das Inhaltsverzeichnis so fertig erstellt worden ist, sollten die Links noch im fertigen ePub weiterbearbeitet werden, wie im Kapitel 17.2 auf S. 226 beschrieben. Ansonsten werden die Links im E-Book in hässlichem Standard-Blau und unterstrichen dargestellt.

Weiterführende Informationen, wie Hyperlinks und Querverweise funktionieren, finden Sie auch im Kapitel 7 ab S. 122.

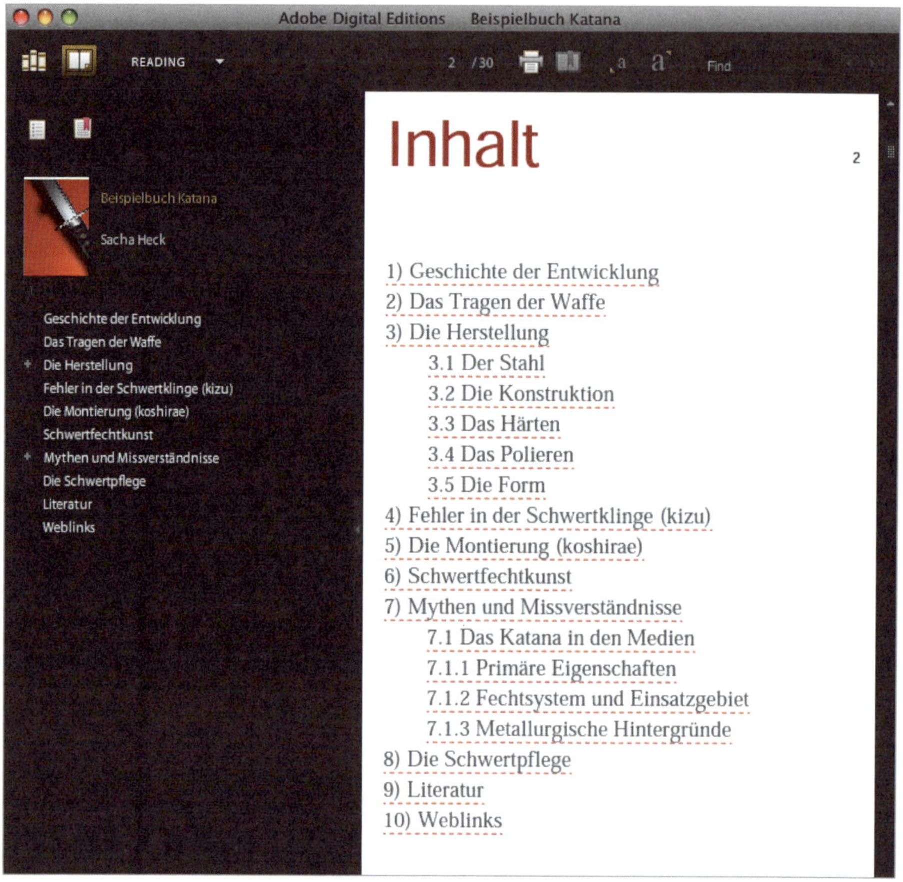

So kann das fertig gestaltete Inhaltsverzeichnis aussehen.

6.4 Buchdatei und Kapitel erstellen

Wenn Sie ein InDesign-Dokument als ePub exportieren, so erhalten Sie als Resultat eine einzige durchgehende XHTML-Datei, die den gesamten Inhalt des Buches aufnimmt. Wie wir in der Einführung schon gesehen haben, ist eine ePub-Datei mit einer Mini-Website zu vergleichen – und eine Website besteht auch nicht aus nur einer HTML-Datei, sondern aus mehreren: Für jeden Menüpunkt, für jede Seite gibt es eine eigene. Beim ePub ist das ganz ähnlich. Wir müssen erreichen, dass unsere ePub-Datei in mehrere logische HTML-Dateien aufgeteilt wird. Jede HTML-Datei im ePub fängt auch auf einer neuen Seite an. Wenn Sie sich nicht darum kümmern, so steht unter dem Titel z. B. sofort das Impressum und anschließend der Inhalt, nur einen kleinen Abstand entfernt.

Katana Schwerter

Impressum

Layout: Sacha Heck, Yves Apel

Text und Bilder: Texte und Bilder basieren auf dem Artikel »Katana« aus der freien Enzyklopädie Wikipedia und stehen unter der Doppellizenz »GNU-Lizenz für freie Dokumentation« und »Creative Commons CC-BY-SA 3.0 Unported (Kurzfassung)«.
In der Wikipedia ist eine Liste der Autoren verfügbar:

Nach dem Buchtitel steht im ePub sofort das Impressum. Besser ist es, für das Impressum eine eigene Seite zu definieren.

Um im ePub Kapitel bzw. Seitenumbrüche zu erstellen, gibt es mehrere Möglichkeiten, die jeweils Vor- oder Nachteile haben. In diesem Kapitel lesen Sie, welche Schritte schon in InDesign vorweggenommen werden können, um im exportierten ePub die richtige Kapitelaufteilung und Seitenumbrüche zu erhalten. Es ist auch möglich, die Kapitel komplett nach dem Erstellen des ePub aufzuteilen. Wie das geht, lesen Sie später im Kapitel 12.1, S. 156.

Kapitel erstellen durch Absatzformate

In InDesign CS5 und CS5.5 findet sich beim ePub-Export eine Option, um mittels Absatzformaten bzw. Inhaltsverzeichnisformaten Seitenumbrüche zu erstellen. Das Problem bei dieser Option liegt darin, dass man nur ein Absatzformat auswählen kann. Für unser Buchbeispiel käme das Absatzformat »h1« in Frage, denn mit »h1« beginnt immer ein neues Kapitel.

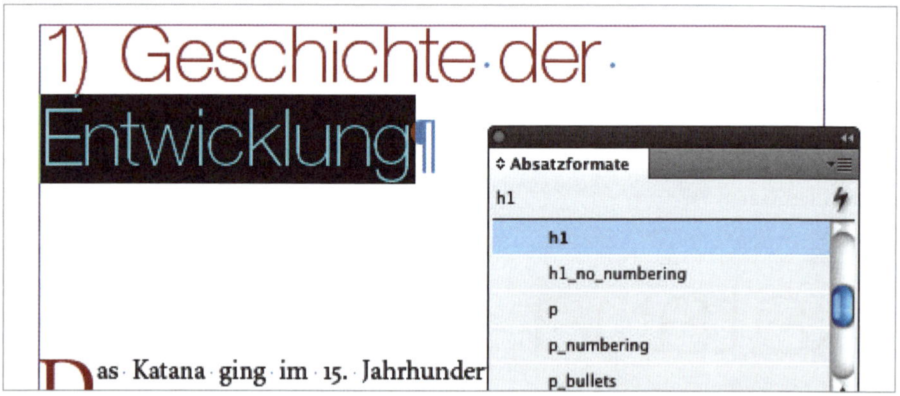

Mit dem Absatzformat »h1« beginnt in unserem Beispiel immer ein neues Kapitel.

Sie können im ePub-Exportdialog im Bereich *Inhalt* ein Häkchen bei *Dokument trennen bei Absatzformat* (CS5.5) setzen und hier Ihr Absatzformat auswählen, vor dem getrennt werden soll. InDesign erstellt dann automatisch für das ePub einzelne HTML-Dateien.

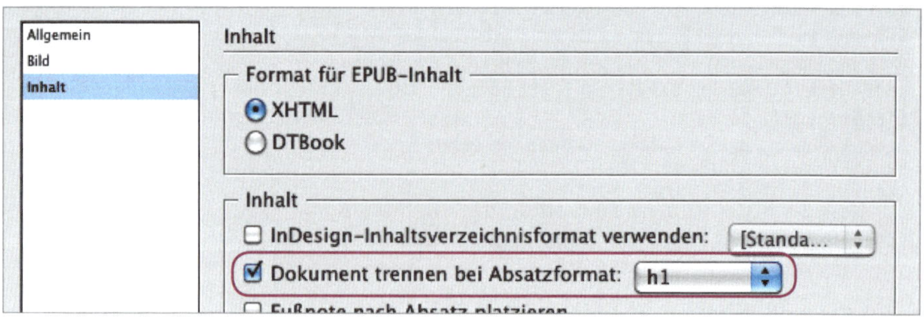

CS5.5: Bei *Dokument trennen bei Absatzformat* geben Sie Ihr Absatzformat an, vor dem InDesign die Datei trennen soll.

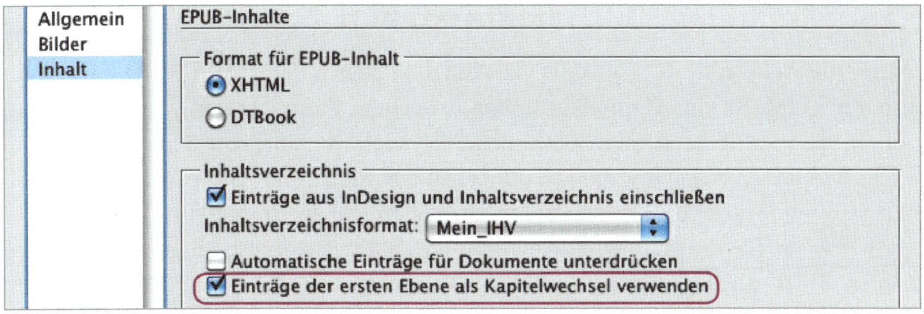

CS5: Hier ist das Vorgehen etwas anders. Durch *Einträge der ersten Ebene als Kapitelwechsel verwenden* teilt InDesign das Dokument in einzelne HTML-Dateien auf Basis des Inhaltsverzeichnisformates auf, das Sie erstellt haben (siehe auch Kapitel 6.2, S. 104).

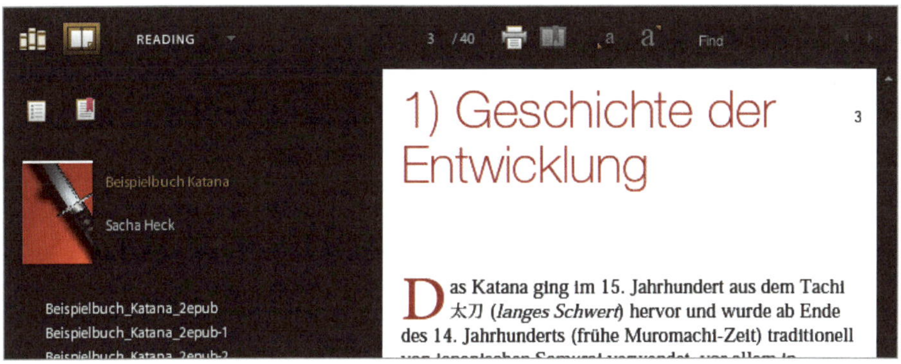

Jedes Kapitel erhält jetzt einen Seitenumbruch und fängt ganz oben auf der Seite an.

Nachdem das ePub exportiert wurde, sehen Sie in Digital Editions, dass jetzt jedes Kapitel oben auf der Seite anfängt und einen Seitenumbruch erhalten hat. Im linken Navigationsbereich ist erkennbar, dass InDesign einzelne Dokumente erstellt hat. Natürlich sieht das noch nicht sehr schon aus. Wie man dies ausbessern kann und eine korrekte Navigation Map erstellt, lesen Sie im Kapitel 6.2., S. 104.

Profitipp: Mit einem kleinen Kniff können Sie InDesign dazu veranlassen, an jeder beliebigen Stelle einen Umbruch einzufügen. Erstellen Sie dazu einfach ein Absatzformat mit z. B. dem Namen »Seitenumbruch«. Sie müssen in dem Format gar nichts extra definieren. Jedes Mal, wenn ein Seitenumbruch vorgenommen werden soll, fügen Sie im Dokument eine (Leer-)Zeile mit Ihrem neuen Absatzformat »Seitenumbruch« hinzu. Beim Exportieren ist dann einfach, wie gerade beschrieben, das Seitenumbruch-Absatzformat bei *Dokument trennen bei Absatzformat* anzuwählen. Prüfen Sie danach, ob nicht evtl. ungewollte Leerzeilen entstanden sind.

Kapitel mit einer Buchdatei erstellen

Durch Absatzformate (CS5.5) oder das Inhaltsverzeichnisformate (CS5) kann man also ganz einfach eine Kapitelaufteilung erreichen, dafür allerdings, wie erwähnt, nur ein einziges Absatzformat auswählen. Was aber, wenn Sie eine Seite nur mit dem Buchcover haben möchten, danach eine eigene Seite für das Impressum, danach einen Seitenumbruch für das Inhaltsverzeichnis etc.? Beim Impressum kommt unser Absatzformat für die Haupttitel gar nicht vor. Sie müssen also einen anderen Weg wählen. Einer wurde bereits im Profitipp vorgestellt, ein anderer führt über die Arbeit mit einer Buchdatei. Auch für InDesign-Versionen vor CS5 ist das ein guter Weg. Der Nachteil bei dieser Methode: Es ist eine aufwändige und manuelle Arbeit.

Buchdatei erstellen

Zuerst müssen Sie eine Buchdatei erstellen. Eine Buchdatei ist eine Sammlung von (InDesign-)Dokumenten mit gemeinsamen Formaten, Farbfeldern, Musterseiten und anderen Elementen. Sie können die Seiten von Buchdokumenten fortlaufend nummerieren sowie ausgewählte Dokumente drucken oder als PDF-Datei bzw. in unserem Fall als ePub-Datei exportieren. Wenn Ihr Werk in einem einzelnen InDesign-Dokument vorliegt, ist es vorteilhaft, zuerst alle Arbeiten, die die Vorbereitung für den ePub-Export betreffen, in dieser Datei vorzunehmen und erst zum Schluss, vor dem Export, die Buchdatei zu erstellen und das Dokument zu zerlegen. Ist die Buchdatei mit den einzelnen Dokumenten schon erstellt, müssen Sie nachher darauf achten, vorgenommene Änderungen in allen Dokumenten zu synchronisieren.

Zum Erstellen der Buchdatei wählen Sie *Datei → Neu → Buch*. Geben Sie Ihrer Buchdatei (.indb) einen Namen und speichern Sie diese im gleichen Verzeichnis wie Ihr InDesign Dokument. Es erscheint ein schwebendes Bedienfeld. Sie können nun diesem Bedienfeld ein InDesign-Dokument hinzufügen, ganz einfach durch einen Klick auf das Plus-Symbol unten rechts im Bedienfeld.

Neue leere Buchdatei: Fügen Sie ein Dokument durch Klick auf das Plus-Symbol hinzu.

Dokument für die Buchdatei aufteilen

Der manuelle Weg

Um zum Buch Dokumente hinzufügen zu können, müssen Sie zuerst die einzelnen Dokumente erstellen, die Sie brauchen. Eine Möglichkeit, aus einem Dokument mehrere zu machen, besteht darin, z. B. so viele Kopien des InDesign-Dokuments zu machen, wie Sie Seitenumbrüche erstellen wollen (bzw. auch Kapitel), und dann jedes Dokument zu öffnen und die Seiten löschen, die nicht dazugehören. Im Dokument mit dem ersten Kapitel soll also auch nur jenes Kapitel enthalten sein, im Kapitel 2 nur die Seiten von Kapitel 2 etc. Bewährt hat sich beim Speichern eine Durchnummerierung der InDesign-Dokumente.

Kopieren Sie Ihr InDesign-Dokument so oft, wie Sie Seiten-/Kapitelumbrüche erhalten wollen, und nummerieren Sie sie durch.

Die fertige Buchdatei mit den importierten InDesign-Dokumenten

Nachdem Sie alle Dokumente erstellt haben, können sie dem Buchdokument hinzugefügt werden. Die Seitenzahlen, die Sie sehen, spielen keine Rolle. Ob linke oder rechte Seite, ist für den ePub-Export ebenfalls egal. Für die ePub-Erstellung bietet es sich sogar an, mit Einzelseiten zu arbeiten (siehe dazu auch das Kapitel 3, S. 33).

Das war's dann auch schon an Vorbereitung. Sie müssen nichts weiter machen. Beim ePub-Export wird jetzt automatisch für jede Datei eine XHTML-Datei erzeugt. Sie müssen den ePub-Export dazu aber aus dem Buch-Bedienfeld heraus vornehmen und nicht über *Datei → Exportieren*!

Der automatisierte Weg

Die Aufteilung des Gesamtdokumentes in einzelne Dokumente ist ein etwas langwieriger Arbeitsschritt. Dank Skripten können in InDesign solche ermüdenden Aufgaben auch automatisiert werden. Mittlerweile gibt es in der InDesign-Community sehr gute Ressourcen für Skripte, die häufig kostenlos benutzt werden können und einen sehr großen Bereich an automatisierten Aufgaben abdecken. Eine besonders gute Quelle für hochwertige Skripte ist das HilfDirSelbst-Forum [☝**37**] mit seinen fleißigen Helfern und Geeks.

Einer dieser eifrigen Skripter, Hans Haesler, stellt auf der Website www.fachhefte.ch [☝**38**] eine großartige Sammlung von teils sehr fortgeschrittenen Skripten zur Verfügung. Für unser Vorhaben – die Aufteilung des Gesamtdokumentes in einzelne Dokumente für das Buchdokument – existiert ein geniales Skript namens »DokumentAufsplitten«. Gehen Sie dazu auf die besagte Website, klicken links im Bereich »Downloads« auf »JavaScripts« und wählen Ihre Plattform aus. Danach wählen Sie Ihre InDesign-Version und gelangen so zu den verfügbaren Skripten. Suchen Sie nach »DokumentAufsplitten«, laden Sie das Skript mit der Erklärungsdatei herunter und entzippen die Datei. Wie Sie Skripte installieren, können Sie im Kapitel 11.3, S. 152 nachlesen.

Die für uns interessante Skriptfunktion ist die Aufteilung nach Seitenzahlen. Starten Sie das Skript durch einen Doppelklick. Im erscheinenden Dialogfeld wählen Sie »Startseiten« aus und geben im Feld darunter alle Seitenzahlen an, bei denen das Dokument gesplittet werden soll. Nach dem Bestätigen mit OK wird InDesign etwas arbeiten, Sie können sich einen Kaffee holen und entdecken anschließend einen neuen Ordner, in dem Sie alle Dokumente wiederfinden. Danach können Sie weiter vorgehen wie oben beschrieben, um die Buchdatei zu erstellen.

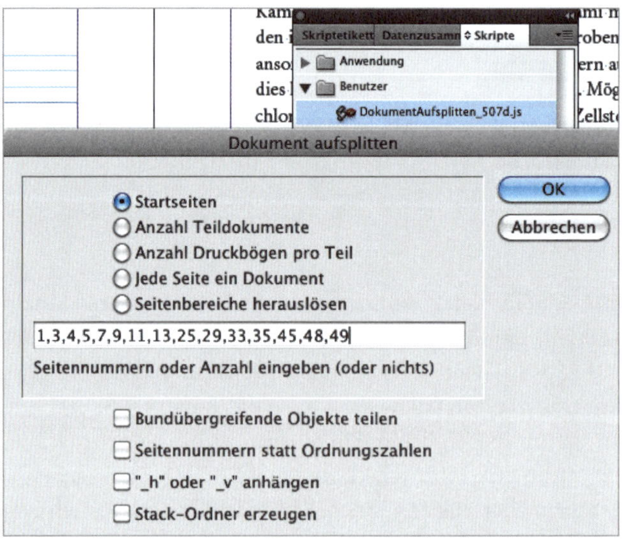

Das geniale »DokumentAufsplitten«-Skript von Hans Haesler in Aktion

Achtung:
Vorsicht, wenn Ihr Buch viele Hyperlinks und/oder Querverweise enthält und Sie die eben beschriebene Technik mit der Buchdatei nutzen. Die Hyperlinks und Querverweise müssen in der fertigen Datei auf die richtigen Ziele verweisen. Durch die Buchdatei befinden sich die Hyperlink-Ziele eventuell in einem anderen Dokument. In der Regel sorgt InDesign dafür, dass die Links nicht tot sind. Aber es gibt bei CS5 z.B. einen Bug, der im Kapitel 7, S. 124 besprochen wird.

Buchsynchronisierung

Wenn Sie nach dem Erstellen der Buchdatei noch Änderungen an den Absatzformaten oder beispielsweise den Exporttags etc. vornehmen, sollten Sie sicherstellen, dass dies auch in allen Dokumenten geschieht. Es ist möglich, eine Reihe von Optionen über die ganze Buchdatei hinweg zu synchronisieren. Es gibt dabei immer eine Referenzdatei, von der die Synchronisierung ausgeht. Es ist die mit dem Symbol links neben dem Dateinamen. Wählen Sie dann aus dem Flyout-Menü des Buch-Bedienfelds die Option *Synchronisierungsoptionen*. Hier können Sie Häkchen setzen, was alles synchronisiert werden soll. Die Synchronisierung selbst starten Sie ebenfalls aus dem Flyout-Menü über den Menüpunkt *Ausgewählte Dokumente synchronisieren*. Dazu müssen mindestens zwei Dokumente ausgewählt sein.

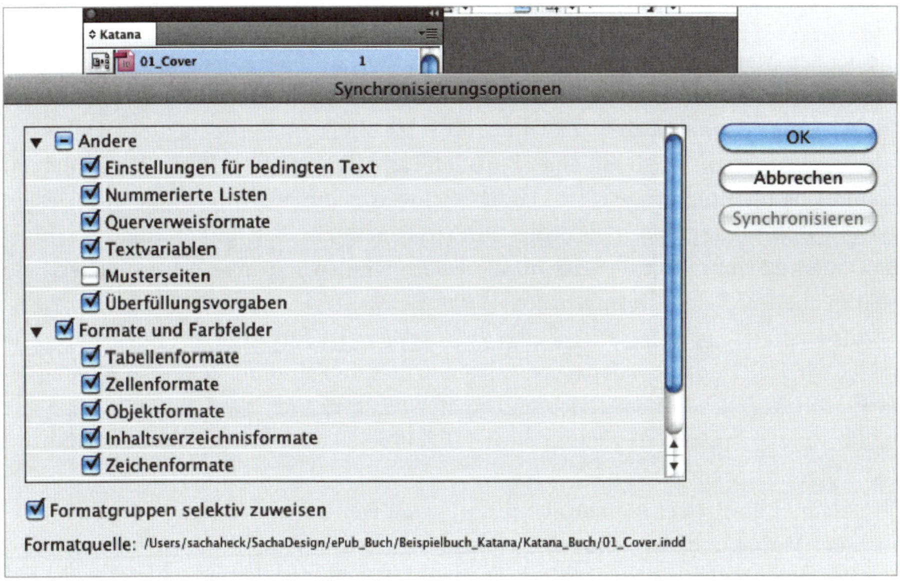

Die Buchsynchronisierungsoptionen

6.5 Metadaten hinzufügen

Was sind Metadaten? Dabei handelt es sich um Informationen, die Angaben über andere Daten enthalten. Bei digitalen Fotos können dies z. B. Informationen über die benutzte Kamera sein, die Blendeneinstellung, Objektiv, Zeitpunkt, wann das Foto geschossen wurde etc. Ein ePub als elektronisches Buch soll von Käufern nachher auch gefunden werden, deshalb ist es wichtig, dem E-Book solche Informationen mit auf den Weg zu geben. Das wäre z. B. eine Beschreibung des Werks, eine kleine Zusammenfassung des Inhalts, die Autoren, Schlüsselwörter und Stichwörter, die mit dem Inhalt des Buches zu tun haben usw.

Wie findet man ein elektronisches Buch? In einer Buchhandlung wird man wohl zuerst die betreffende Abteilung aufsuchen, z. B. die Sachbuchabteilung, und sich dort dann genauer umschauen. Als Nächstes wird man vom Titel und dann vom Cover angezogen. Beim E-Book werden die Leute zuerst eine Suchmaschine betätigen und nach Stichwörtern suchen. Es ist also wichtig, sich Gedanken darüber zu machen, was Sie bei den Metadaten angeben wollen, denn wenn Ihr Buch nachher nicht gefunden wird, kann es auch niemand kaufen. Metadaten ermöglichen Suchmaschinen auch die Indexierung der ePub-Datei.

Wenn Sie in InDesign mit einer Buchdatei arbeiten, müssen Sie die Metadaten im ersten Dokument eintragen, also i.d.R. im Coverdokument. Wählen Sie in InDesign *Datei → Dateiinformationen*. Es öffnet sich ein Fenster, in dem Sie verschiedene Informationen eintragen können. Nicht alle Felder werden mit ins ePub exportiert. Sie sollten aber die Felder *Dokumenttitel*, *Autor*, *Beschreibung*, *Stichwörter* und *Copyright-Status* ausfüllen. Nur der erste Reiter *Beschreibung* ist für unser ePub relevant. Alle anderen wie *IPTC*, *Kameradaten* etc. spielen in diesem Fall keine Rolle. Der Eintrag bei *Dokumenttitel* ist besonders wichtig: Die meisten E-Reader lesen diesen Eintrag aus und benutzen ihn z. B. als Kolumnentitel (bei iBooks) oder neben dem Coverbild, um das E-Book zu identifzieren.

Beim ePub-Export können dann noch zwei weitere Metadaten angegeben werden: der Verlag und eine »eindeutige Kennung«, was z. B. die ISBN sein kann. Wird *Eindeutige Kennung* unausgefüllt gelassen, generiert InDesign auomatisch eine Nummer. In CS5.5 generiert InDesign automatisch noch ein Publizierungsdatum (Publication date), zu dem das ePub exportiert wurde. Bei CS5 geschieht das nicht automatisch. Jedoch sollte man diesen Eintrag unbedingt vornehmen, damit später keine Probleme z. B. in Hinblick auf die Validität des ePub auftreten und es dadurch dann nicht zum Apple Store zugelassen wird (siehe auch Kapitel 9, S. 138).

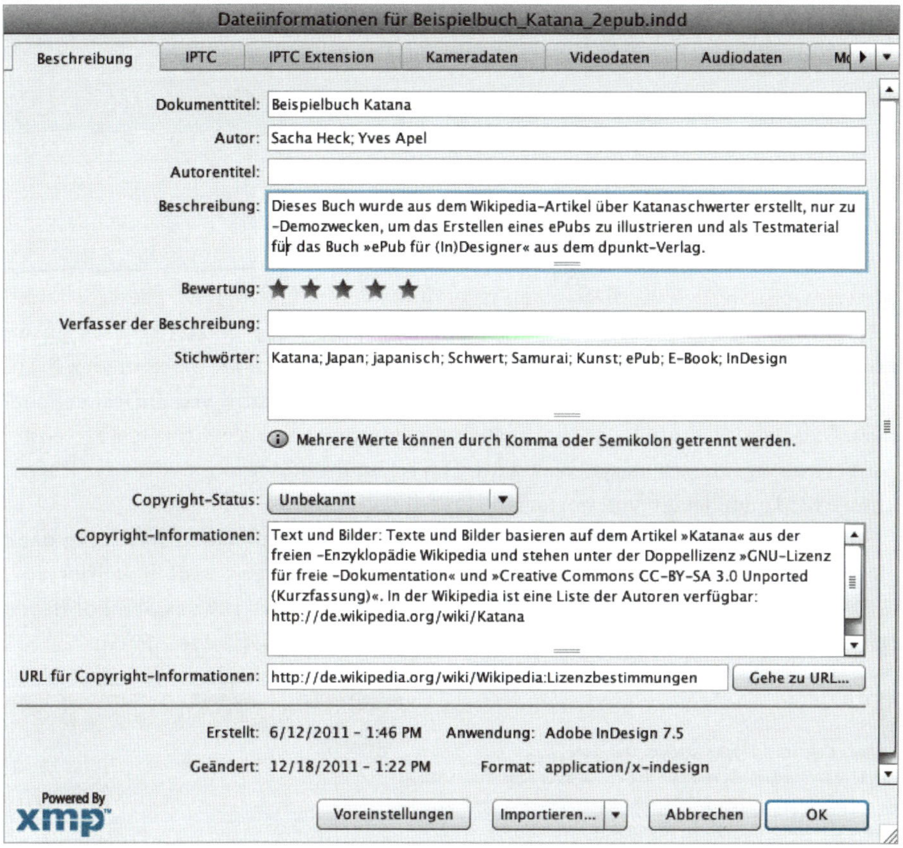

Wählen Sie in InDesign im Menü *Datei* → *Dateiinformationen*.

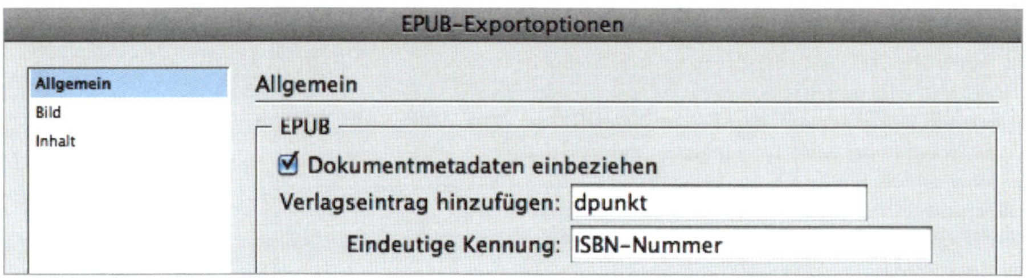

Sie müssen beim ePub-Export *Dokumentmetadaten einbeziehen* aktivieren und können außerdem noch zwei weitere Informationen eingeben: den Verlagsnamen und eine Kennung, z.B. die ISBN.

In InDesign können Sie nur einen kleinen Teil der möglichen Metadaten einpflegen. Nachdem das ePub exportiert wurde, haben Sie die Möglichkeit, nachträglich Metadaten hinzuzufügen oder nachzubearbeiten. Das sehen wir uns im Kapitel 18.1, S. 231 genauer an.

7 Querverweise und Links

7.1 Querverweise

Querverweise werden in InDesign im Hyperlinks-Bedienfeld erstellt. Dieses ist zweigeteilt: oben der Hyperlinks-Teil und unten die Querverweise. Letztere verweisen auf andere Textstellen im Dokument und passen sich automatisch an. Sie können z.B. auf ein anderes Kapitel verweisen und der Name des Kapitels wird von InDesign generiert. Dies hat den Vorteil, dass nach einer vorgenommenen Korrektur im Kapiteltitel der Verweis dynamisch aktualisiert wird. Das ist im E-Book-Kontext auch der Hauptunterschied zum Setzen von normalen Hyperlinks.

Einen Querverweis zu erstellen, ist gar nicht so kompliziert. Gehen Sie dazu einfach mit dem Cursor an die Textstelle, wo ein Querverweis erstellt werden soll, und klicken Sie in dem Hyperlinks-Bedienfeld unten rechts auf das Symbol *Neuen Querverweis erstellen* oder wählen aus dem Flyout-Menü *Querverweis einfügen*.

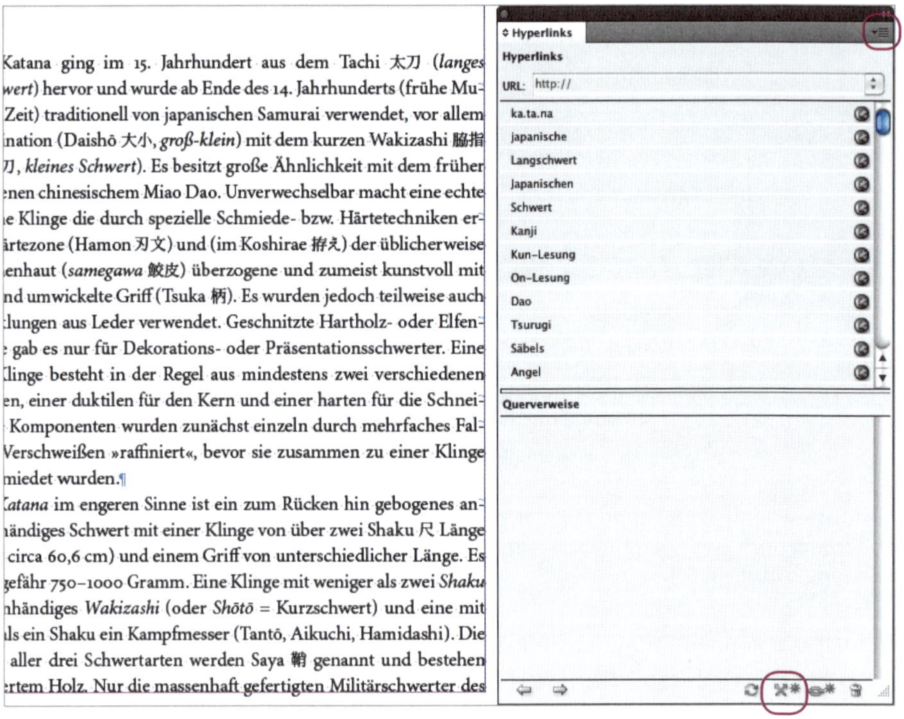

Das Hyperlinks-Bedienfeld ist in *Hyperlinks* und *Querverweise* unterteilt

Daraufhin öffnet sich ein Fenster, in dem Sie die weiteren Optionen einstellen können. Zuerst wird das Ziel-Dokument ausgewählt. Wenn Sie die Methode über das Buch-Bedienfeld wählen, um die Kapitel aufzuteilen (wie im Kapitel 6.4, S. 113 besprochen), dann müssen Sie hier eventuell zuerst das richtige Dokument auswählen. Im folgenden Screenshot wollen wir auf einen bestimmten Absatz verweisen, und zwar alle h1, wobei es sich im Beispielbuch um die Kapitelüberschrift handelt. Alle Absätze, die mit h1 ausgezeichnet wurden, werden im rechten Teil aufgelistet. Wir verweisen hier zum Kapitel 6 »Schwertfechtkunst«.

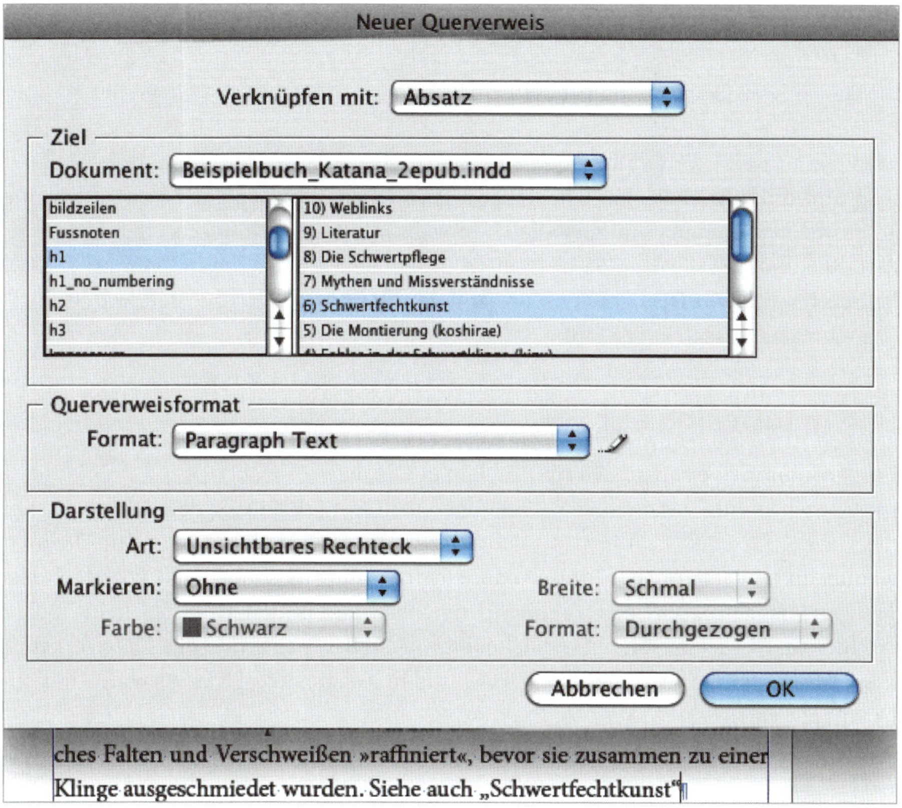

Die Querverweisoptionen

Beim Querverweisformat lässt sich der Text des Querverweises auswählen. Ist keines der Presets geeignet, können Sie durch einen Klick auf das Bleistiftsymbol den Text auch selbst erstellen. Unter *Darstellung* in den Optionen können Sie auswählen, wie der Querverweis aussehen soll. Hier ist es jedoch besser, ein Zeichenformat für die Querverweise zu benutzen; so verfügen Sie über feinere typografische Darstellungsmöglichkeiten. Dieses Zeichenformat müssen Sie dann bei *Zeichenformat für Querverweis* auswählen.

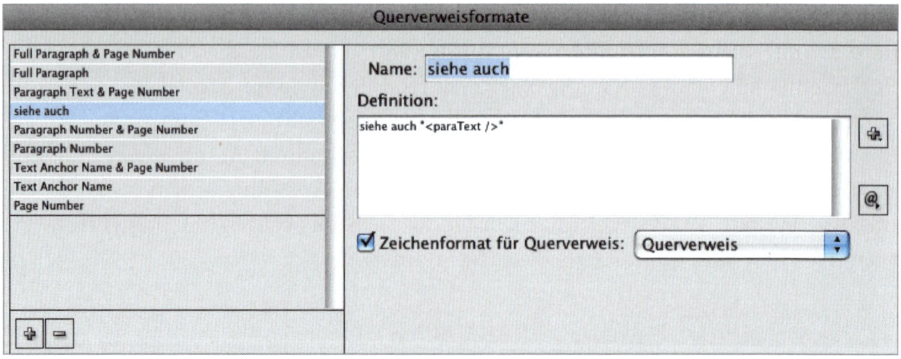

Die Querverweisformate: Anpassen der Querverweisformate und ihrer Darstellung

Die Querverweise werden im ePub zu einem Hyperlink mit der Standarddarstellung blau und unterstrichen. Sie können zwar per Zeichenformat die Schrift oder eine Textfarbe bestimmen. Um aber die Unterstreichung zu verhindern oder anders zu gestalten, müssen Sie das CSS bearbeiten (lesen Sie dazu das Kapitel 17.2 auf S. 226). Beim interaktiven PDF-Export ist das anders: Hier bestimmen Sie mit den Zeichenformaten das Aussehen der Links.

Bug in InDesign CS5

Bei den Querverweisen gibt es ein Problem in CS5, wenn Sie entweder das Dokument per Buch-Bedienfeld aufgeteilt haben oder Inhaltsverzeichnisformate benutzen, um die Kapitel im ePub zu trennen (siehe dazu auch das Kapitel 6, S. 114). Dadurch werden im ePub einzelne HTML-Dokumente für jedes Kapitel erstellt und die Links funktionieren im exportierten ePub nicht mehr. Leider ist seitens Adobe kein Update erschienen, das diesen Missstand beheben würde. Bei Inspektion des Codes erkennt man, dass die Links falsch gesetzt werden und InDesign so reagiert, als würde nur ein Dokument vorliegen.

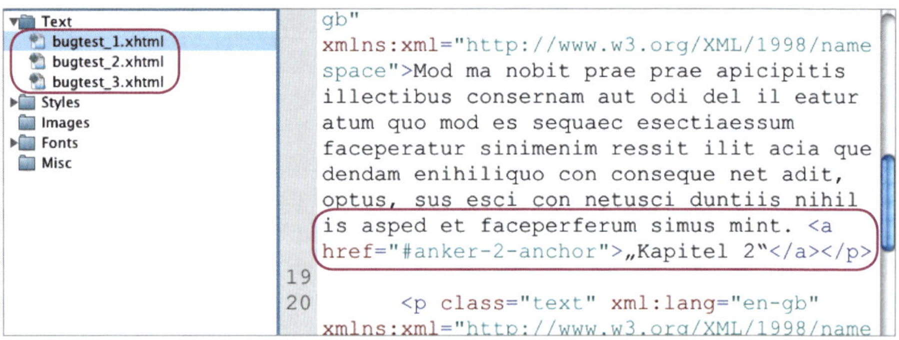

Der ärgerliche Link-Bug in InDesign CS5

Im ePub setzt InDesign den Hyperlink so:

```
<a href="#anker-2-anchor">„Kapitel 2"</a>
```

Da dieser aber zum zweiten Kapitel verlinkt, das sich in der nächsten HTML-Datei befindet, müsste der Pfad demnach so aussehen:

```
<a href="../Text/bugtest_2.xhtml#anker-2-anchor">„Kapitel 2"</a>
```

Dieser ärgerliche Bug in CS5 wurde in vielen Foren und Blogs besprochen. Leider ist der Fehler erst mit CS5.5 behoben worden. Wenn Sie noch CS5 benutzen, müssen Sie also nachher die gesetzten Links in den HTML-Dateien komplett kontrollieren und ggf. korrigieren. Oder aber Sie verzichten auf das Buch-Bedienfeld oder die Inhaltsverzeichnisformate, um die Kapitel aufzuteilen. Sie können auch das Tool des niederländischen Entwicklers Teus de Jong verwenden [☝39] (InDesign utilities), mit dessen Skript der Fehler zu beheben ist.

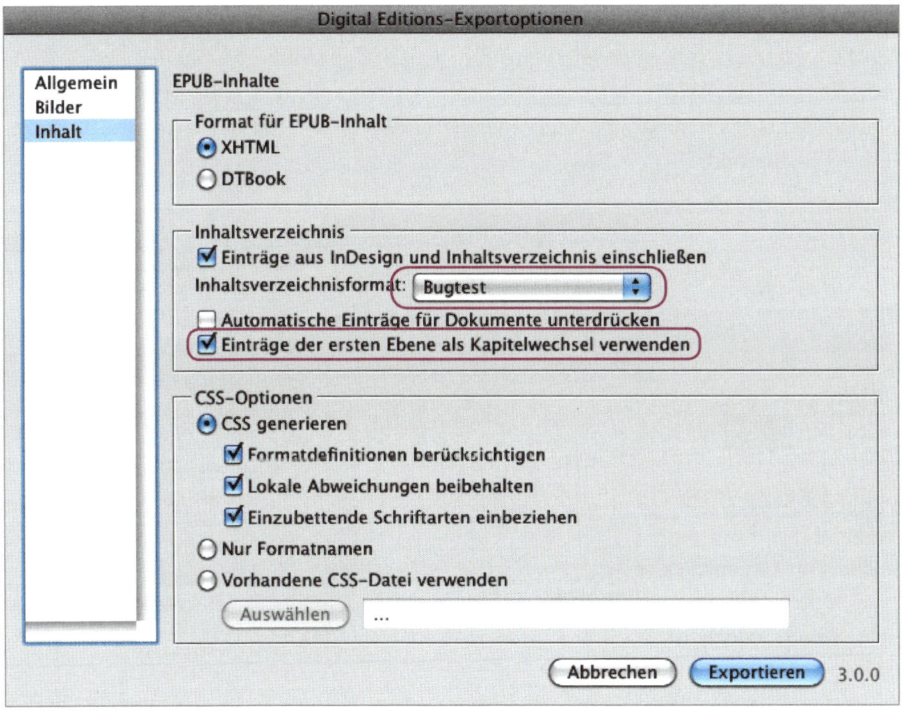

Die Funktion *Einträge der ersten Ebene als Kapitelwechsel verwenden* mit Angabe eines eigenen Inhaltsverzeichnisformats zerstört bei InDesign CS5 im exportierten ePub die Querverweise.

7.2 Hyperlinks

Bei digitalen Medien sind Hyperlinks einer der größten Vorteile gegenüber Printmedien. Man kann Hyperlinks für alles Mögliche benutzen: zum Verweis auf eine Internetseite, um den Benutzer zu einer anderen Stelle im Dokument zu führen, für das Inhaltsverzeichnis etc. Kurz gesagt: Hyperlinks dienen der bequemen Navigation in digitalen Dokumenten und sind konzeptionell eigentlich das Gleiche wie Querverweise.

Hyperlinks erstellen

In InDesign gibt es ein spezielles Bedienfeld für Hyperlinks. Sie finden es im Menü *Fenster → Interaktiv → Hyperlinks*. Um also einen Hyperlink zu erstellen, klicken Sie zunächst auf das Wort, welches den Link erhalten soll, und wählen dann aus dem Flyout-Menü des Bedienfelds *Neuer Hyperlink* oder klicken auf das untere rechte Symbol des Bedienfelds.

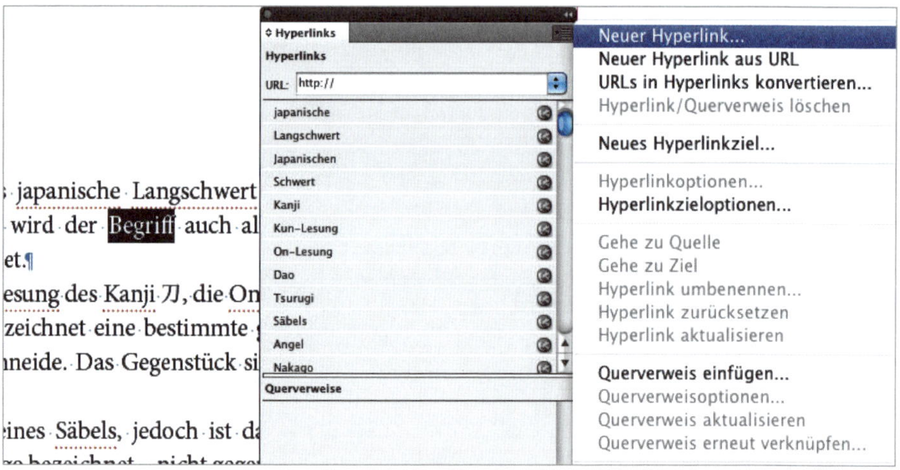

Hyperlinks erstellen über das Hyperlinks-Bedienfeld

Es öffnet sich ein Fenster, in dem Sie definieren können, wohin der Link führen und was für eine Art von Link er überhaupt sein soll. Hier im Beispiel führt der Link zu einer Website. Deshalb wählen Sie im Menü die Option *URL*. Die URL muss immer komplett mit Protokoll angegeben werden, also http://. Wichtig sind die Optionen für Zeichenformat und Darstellung. Den Abschnitt *Darstellung* können Sie ignorieren, denn das Aussehen der Hyperlinks ist erst bei der Nachbearbeitung des ePub steuerbar (siehe Kapitel 17.2, S. 226).

Wenn Sie *Freigegebenes Hyperlink-Ziel* aktivieren, können Sie dieses Ziel mehrfach im Dokument benutzen. Das Interessante daran: Wenn man das Ziel einmal abändern möchte, wird es sofort für alle Instanzen geändert, die auf dieses Ziel verweisen.

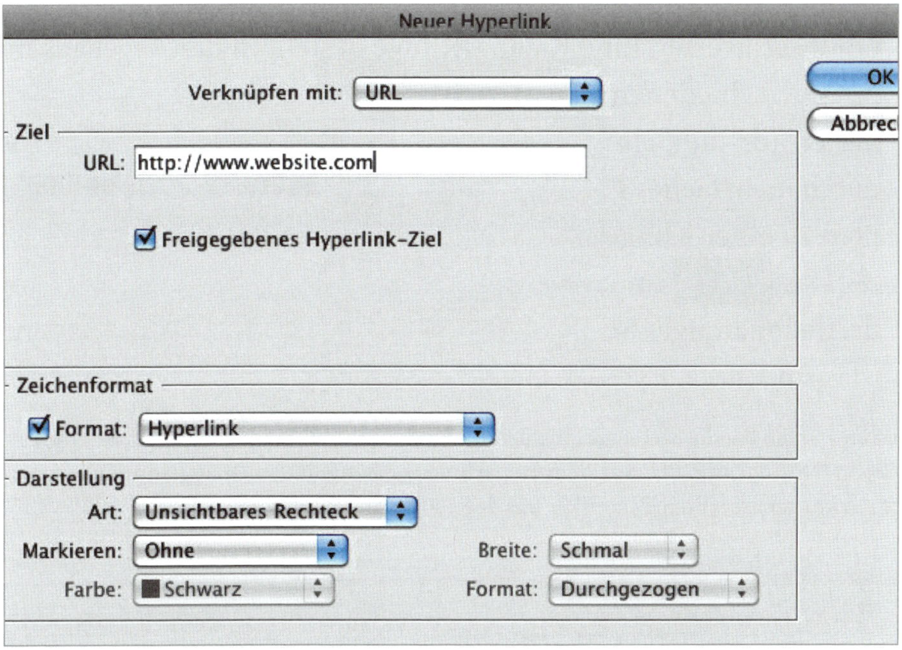

Ein freigegebenes Hyperlink-Ziel kann mehrmals im Dokument verwendet werden.

Bei Hyperlinks besteht ebenfalls die Möglichkeit, die verschiedenen Zustände unterschiedlich zu gestalten. So. kann z. B. der Link anders aussehen, wenn er inaktiv ist, als wenn man gerade mit der Maus darüberfährt (was bei einem Tablet freilich nicht der Fall ist), oder er kann die Farbe ändern, wenn er angeklickt wird etc. All das bereiten Sie jedoch nicht in InDesign vor, sondern dies geschieht später bei der Nachbearbeitung in der CSS-Datei. Dazu mehr im Kapitel 17.2, S. 226.

Achtung:
Bei URLs kann das Zeichen »&« Probleme verursachen. Ist ein solches Zeichen in einer URL enthalten, kann man diese mit Hilfe eines Verkürzungsdienstes wie www.tinyurl.com oder www.goo.gl oder www.bit.ly kürzen. Allerdings ist bei diesen Diensten nicht gewährleistet, dass die generierten Links ewig gültig sein werden.

Hyperlink-Ziele

Bei E-Book-Hyperlinks ist noch eine Besonderheit zu erwähnen, die sie von Links z.B. in einem PDF unterscheiden: Im E-Book gibt es keine Seitenzahl. Hier müssen Sie stattdessen mit Hyperlink-Zielen arbeiten. Dazu begeben Sie sich an die Textstelle, zu der der Link nachher hinführen soll, und markieren diese. Dann wählen Sie aus dem Flyout-Menü des Hyperlinks-Bedienfelds *Neues Hyperlink-Ziel*. Im nachfolgenden Dialog wählen Sie unbedingt die Option *Textanker* (nicht Seite) und geben diesem einen Namen.

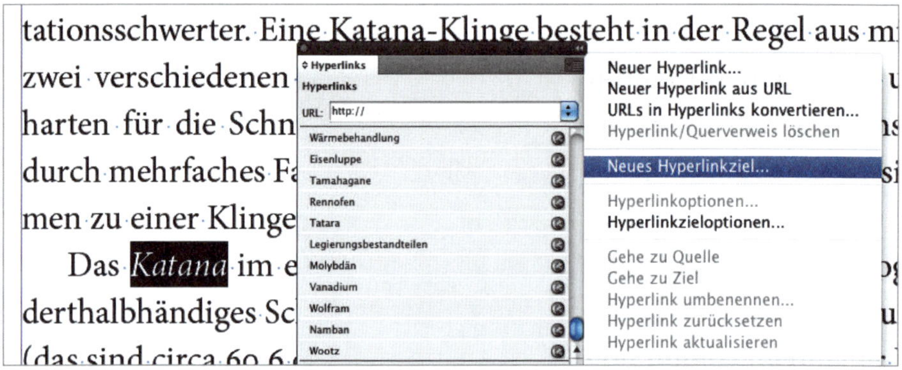

Dann wählen Sie die Stelle aus, die den Link erhalten soll, und klicken auf den Button *Neuen Hyperlink erstellen* aus dem Hyperlinks-Bedienfeld. Im Dialog können Sie nun Ihren vorher erstellten Textanker aus der Liste wählen.

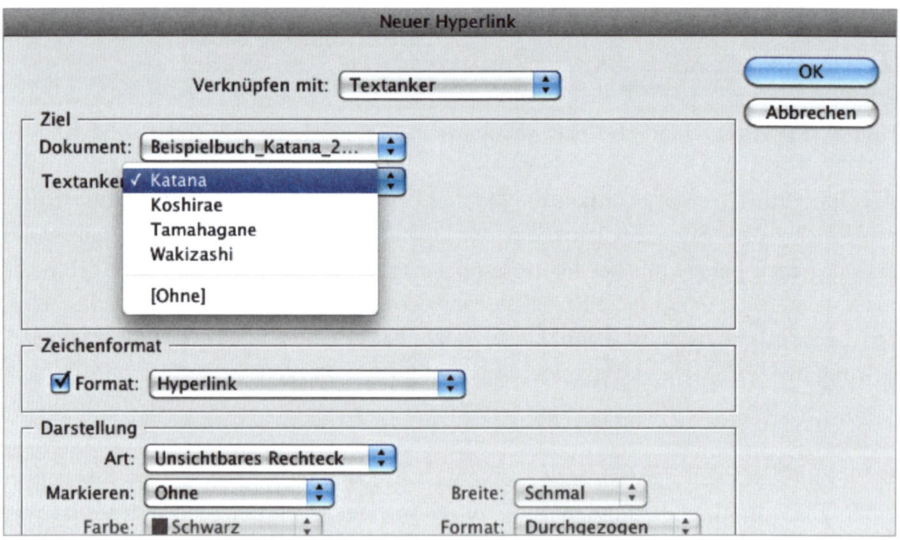

Wählen Sie den vorher definierten Textanker aus.

7.3 Fußnoten / Endnoten

InDesign bietet eine automatische Fußnotenfunktion, aber bisher keine eingebaute Funktion für dynamische Endnoten. Fußnoten und Endnoten sind in einem ePub eigentlich das Gleiche, da das ePub-Format keine Seitenstruktur beinhaltet. Es gibt also keinen Fußsteg, an dem die Fußnoten stehen könnten, weil es sich beim Text um einen fortlaufenden Textfluss handelt. Daher werden beim ePub-Export Fußnoten automatisch zu Endnoten umgewandelt und befinden sich dann ganz am Ende des Textflusses. Die Fußnotenziffern werden automatisch mit einem Hyperlink versehen, wodurch die Leser sofort zur entsprechenden Endnote gelangen. Bei der Endnote ist die Zahl ebenfalls klickbar und führt wieder zur entsprechenden Textstelle zurück.

Fußnoten setzen Sie im Text ganz einfach über das Menü *Schrift* → *Fußnote einfügen*. InDesign fügt dann automatisch die Zahl ein und springt sofort zum Fuß des Textrahmens, wo dann die Fußnote einkopiert werden kann. Importieren Sie Texte aus Word, werden die Fußnoten automatisch zu InDesign-Fußnoten umgewandelt.

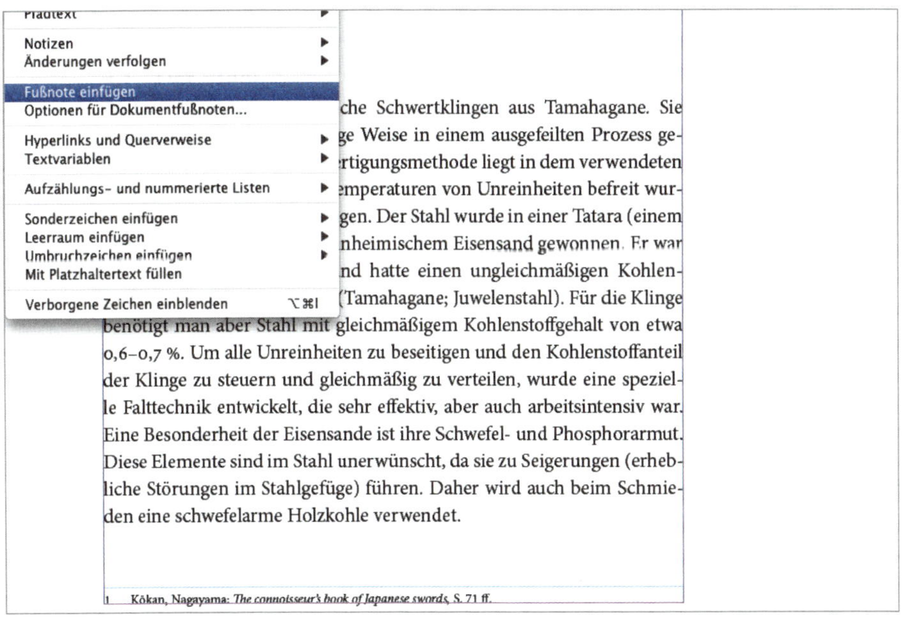

Fußnoten werden via Menü *Schrift* eingefügt oder mitimportiert.

Um im ePub die richtigen Tags sowie CSS-Klassen zu erhalten, um die Fußnote zu formatieren, müssen auch hier Formate definiert werden. Dazu gehen Sie zum Menü *Schrift → Optionen für Dokumentfußnoten* und legen dort ein Zeichenformat für die Fußnotenverweis-Nummer im Text sowie ein Absatzformat für die Fußnote selbst fest.

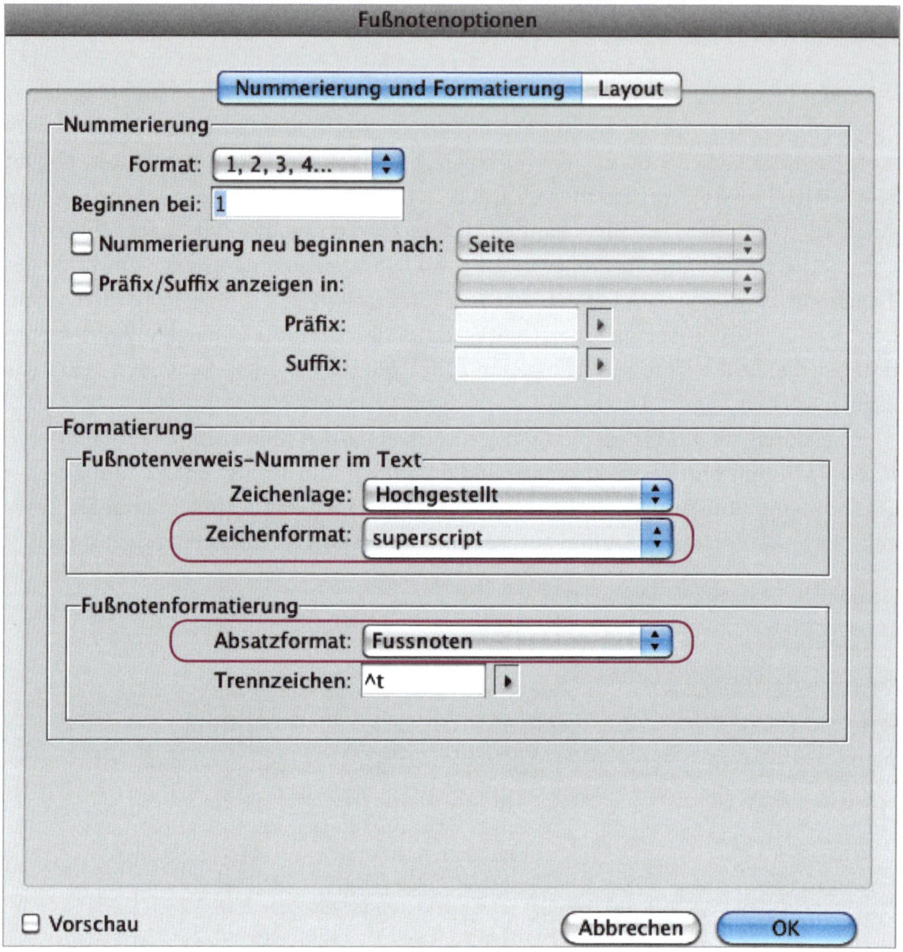

In den Fußnotenoptionen können Sie auch entsprechende Absatz- und Zeichenformate hinterlegen.

Wird das Dokument so nach ePub exportiert, kümmert sich InDesign automatisch um die Konvertierung von Fußnoten zu Endnoten und setzt die Hyperlinks.

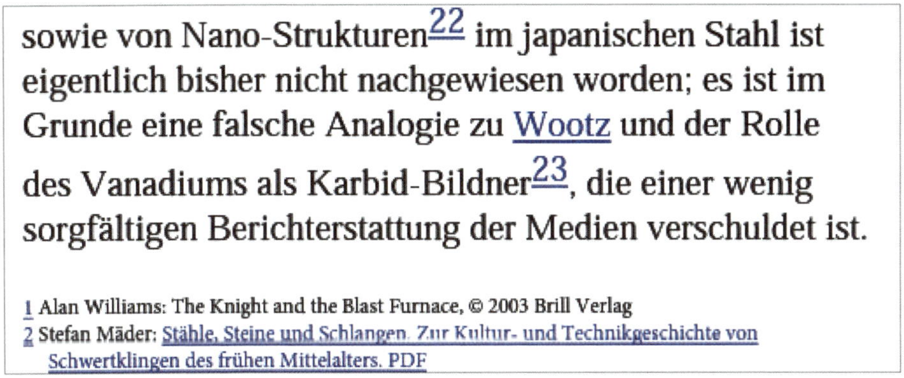
sowie von Nano-Strukturen[22] im japanischen Stahl ist eigentlich bisher nicht nachgewiesen worden; es ist im Grunde eine falsche Analogie zu Wootz und der Rolle des Vanadiums als Karbid-Bildner[23], die einer wenig sorgfältigen Berichterstattung der Medien verschuldet ist.

1 Alan Williams: The Knight and the Blast Furnace, © 2003 Brill Verlag
2 Stefan Mäder: Stähle, Steine und Schlangen. Zur Kultur- und Technikgeschichte von Schwertklingen des frühen Mittelalters. PDF

Fußnoten in Adobe Digital Editions

Ein kleiner Blick in die exportierte HTML-Datei zeigt, dass die Fußnoten in einem div-Element untergebracht werden. Und Sie erkennen auch die vorher definierten Formate wieder, hier z. B. unser Absatzformat »fussnoten«.

```
      <div class="footnotes footnote">
        <p class="fussnoten" xml:lang="en-GB"><a
class="footnote-anchor" href="#footnote-677-1-backlink"
id="footnote-677-1">1</a> Kōkan, Nagayama: <span
class="italic">The connoisseur's book of Japanese
swords,</span> S. 71 ff.</p>
      </div>
```

Nun erstellt InDesign ja automatisch einen Hyperlink für die Endnoten, standardmäßig unterstrichen und blau, wie man im Screenshot von Adobe Digital Editions sieht. Das mag nicht sehr schön aussehen. Man hat jedoch die Möglichkeit, diese Standarddarstellung zu verändern, allerdings muss dazu der CSS-Code etwas bearbeitet werden. Mehr dazu aber später in Kapitel 17.2 auf S. 226.

Ausblick

Es gibt zurzeit Bemühungen und Experimente, um Fußnoten/Endnoten in E-Books kreativer umzusetzen. Beispielsweise wäre vorstellbar, dass sich durch Klick auf eine Endnotenziffer ein Pop-up mit dem Erklärungstext öffnet oder dass ein Feld mit dem Erklärungstext ausgeklappt wird. Dies alles ist aber nur durch ausgiebiges Nachbearbeiten des Code zu erreichen. Außerdem sind dafür die neuen Technologien HTML5 und CSS3 sowie auch JavaScript vonnöten. Und da spielen leider die meisten E-Reader noch nicht mit. Weil diese Standards im Bereich ePub erst seit Kurzem in aller Munde sind und noch vieles in den Kinderschuhen steckt, darf man auf weitere Entwicklungen in dieser Richtung gespannt sein.

8 ePub-Export aus InDesign CS5 und CS5.5

Nachdem alle Vorbereitungen in InDesign abgeschlossen sind, steht der ePub-Export an. In den einzelnen Kapiteln wurden bereits an verschiedenen Stellen die Einstellungen für unser Beispiel angegeben. Hier finden Sie nun eine Übersicht über die möglichen Einstellungen, so dass Sie für Ihre Projekte die passenden Wahl treffen können.

In InDesign **CS5.5** befindet sich der ePub-Export im Menü *Datei → Exportieren*. Er funktioniert genauso, wie Sie auch ein PDF exportieren würden. Im erscheinenden Dialogfeld wählen Sie als Format *EPUB* sowie den Speicherort und erhalten dann die Optionen angezeigt.

In **CS5** finden Sie den Export unter *Datei → Exportieren in → EPUB*.

CS5.5	CS5	Beschreibung
ALLGEMEIN		
■	■	**Dokumentmetadaten einbeziehen** Die Metadaten aus dem Dokument werden mit in die ePub-Datei exportiert.
■	■	**Verlagseintrag hinzufügen** Legen Sie die Verlegerinformationen fest. Sie können auch eine URL für den Verlag angeben.
■	■	**Eindeutige Kennung** Für jedes ePub-Dokument ist eine eindeutige Kennung erforderlich. Sie können zum Beispiel die ISBN als eindeutige Kennung festlegen. Wenn Sie das Feld unausgefüllt lassen, wird automatisch eine eindeutige Kennungsnummer zugewiesen.

CS5.5	CS5	Beschreibung
■		**EPUB-Deckblatt** Hier können Sie festlegen, welches Bild als Titelseite angezeigt werden soll. Wählen Sie einen der folgenden Befehle: 1. Ohne Deckblattbild: Bei Auswahl dieser Option wird keine Titelseite hinzugefügt. 2. Erste Seite in Pixelbild umwandeln: Bei Auswahl dieser Option wird die erste Seite der InDesign-Datei in eine Bilddatei umgewandelt und als Deckblatt verwendet. 3. Vorhandene Bilddatei verwenden: Bei Auswahl dieser Option können Sie auf Ihrem Computer ein Bild auswählen, das als Titelseite verwendet werden soll.
■	■	**Sortieren** Hier können Sie angeben, in welcher Reihenfolge die Seitenelemente exportiert werden. Auf Seitenlayout basieren: Die Leserichtung ergibt sich aus der Anordnung der Elemente von Seite zu Seite. Wenn »Auf Seitenlayout basieren« ausgewählt ist, bestimmt InDesign die Reihenfolge der Seitenobjekte, standardmäßig von links nach rechts und von oben nach unten. Dadurch kommt es bei komplexen Dokumenten zu einer Reihenfolge, die nicht der des Layouts entspricht. Wie XML-Struktur: Die Leserichtung ergibt sich aus der Reihenfolge der Tags in der Strukturansicht. In CS5.5 lässt sich die Leserichtung am besten mit dem Artikel-Bedienfeld steuern. Nur CS5.5: Wie Artikel-Bedienfeld: Die Leserichtung ergibt sich aus der Reihenfolge der Elemente, definiert im Artikel-Bedienfeld. Nur die angegebenen Artikel werden exportiert.
■		**Buchsteg** Geben Sie einen einfachen Steg in der Maßeinheit Ems oder Pixel an. Mit Angabe von Pixel können Sie den Buchsteg genauer steuern, da Ems unterschiedliche Maße haben kann.
■	■	**Aufzählungszeichen** Wählen Sie »Nicht sortierten Listen zuordnen«, wenn Sie Absätze mit Aufzählungszeichen in Listenelemente (automatische Aufzählungszeichen) konvertieren möchten. Wählen Sie »In Text umwandeln«, wenn Sie Aufzählungszeichen als richtigen Text formatieren möchten.

CS5.5	CS5	Beschreibung
■	■	**Nummerierung** Die Nummerierung bestimmt, wie die Absatznummerierung in der ePub-Datei angegeben wird. Sortierten Listen zuordnen: Konvertiert nummerierte Listen in Listenelemente, die in HTML mit dem Tag <ol> formatiert sind. Statisch sortierten Listen zuordnen: Konvertiert nummerierte Listen in Listenelemente, weist jedoch basierend auf der aktuellen Nummer des Absatzes in InDesign ein Attribut »value« zu. In Text umwandeln: Konvertiert nummerierte Listen in Absätze, die mit der aktuellen Absatznummer als Text beginnen.
■	■	**EPUB nach Export anzeigen** Startet das standardmäßig installierte ePub-Reader-Programm (meist Adobe Digital Editions).
BILD(ER)		
■		**Aussehen aus Layout beibehalten** Aktivieren Sie diese Option, um Bildausschnitte, Rahmenoptionen und weitere Formatierungen der Bilder zu übernehmen.
■		**Auflösung (ppi)** Geben Sie die Auflösung der Bilder in Pixel pro Zoll (ppi – Pixels per Inch) an. Bei normalen Bildschirmen liegt die Auflösung in der Regel bei 72 ppi oder für neuere Geräte bei 96 ppi. Für Mobilgeräte hingegen startet die Auflösung bei 132 ppi (iPad) über 172 ppi (Sony Reader) bis hin zu über 320 ppi (iPhone 4). Zur Auswahl stehen deshalb die Werte 72, 96, 150 und 300.
■		**Bildgröße** Geben Sie an, ob die Bildgröße einen festen Wert hat oder im Verhältnis zur Seite angepasst werden soll. Bei »Relativ zur Seite« wird ein Prozentwert festgelegt, der auf der Größe des Bildes im Verhältnis zur Breite der InDesign-Seite basiert. Bei Auswahl dieser Option werden die Bilder proportional und relativ zur Breite des Lesebereichs neu skaliert.
■		**Bildausrichtung und -abstände** Geben Sie die Bildausrichtung auf der Seite (links, zentriert, rechts) sowie die unteren und oberen Abstände zum Bild an.

CS5.5	CS5	Beschreibung
■		**Seitenumbruch einfügen** Aktivieren Sie diese Option, um bei Bildern Seitenumbrüche einzufügen. Zur Auswahl stehen die Optionen »Vor Bild«, »Nach Bild« sowie »Vor und nach Bild«.
■		**Einstellungen gelten für verankerte Objekte** Aktivieren Sie diese Option, um die Einstellungen auf alle verankerten Objekte anzuwenden. Achtung: Die Eigenschaften der Absatzformate, in denen das Bild verankert ist, werden dadurch überschrieben.
	■	**Formatiert** Behält InDesign-Formatierungen wie Drehungen oder Skalierungen bei Webbildern so weit wie möglich bei.
■	■	**Bildumwandlung** Hier können Sie wählen, ob die Bilder für die ePub-Datei in das GIF-, JPEG- oder PNG-Format (PNG nur in CS5.5) umgewandelt werden. Wählen Sie »Automatisch«, wenn InDesign entscheiden soll, welches Format jeweils verwendet wird. Bei Auswahl des PNG-Formats werden die Einstellungen für die Bildkomprimierung deaktiviert. Verwenden Sie das PNG-Format für verlustfreie Bilder oder Bilder mit Transparenzen. Die manuellen Objektexportoptionen überschreiben die Objektexportoptionen in diesem ePub-Exportfenster, sofern nicht »Objektkonvertierungseinstellungen ignorieren« ausgewählt ist.
■	■	**GIF-Optionen (Palette)** Hier können Sie steuern, wie Farben beim Optimieren von GIF-Dateien in InDesign gehandhabt werden. Das GIF-Format hat eine reduzierte Farbpalette mit maximal 256 Farben und wird nur noch in äußerst seltenen Fällen gewählt. Für die ePub-Erstellung ist diese Option nicht relevant und wird daher hier nicht detaillierter beschrieben.
■	■	**JPEG-Optionen (Bildqualität)** Diese Option bestimmt, wie bei jedem erstellten JPEG-Bild zwischen Komprimierung (für kleinere Dateien) und Bildqualität abgewogen wird.
■	■	**JPEG-Optionen (Formatmethode)** Diese Option bestimmt, wie schnell JPEG-Grafiken angezeigt werden, wenn die das Bild enthaltende Datei im Web geöffnet wird. Mit »Progressiv« werden JPEG-Bilder bereits beim Laden in einem Webbrowser allmählich angezeigt. Bei Auswahl von »Standard« wird jede JPEG-Datei erst nach dem vollständigen Laden angezeigt.

CS5.5	CS5	Beschreibung
■		**Objektkonvertierungseinstellungen ignorieren** Ignoriert Objektexportoptionen, die auf einzelne Bilder angewendet wurden.
INHALT		
■	■	**Format für ePub-Inhalt** Hier legen Sie fest, ob das Format XHTML oder DTBook verwendet werden soll. DTBook ist ein spezielles Format für sehbehinderte Leser.
■	■	**InDesign-Inhaltsverzeichnisformat verwenden (CS5: Einträge aus InDesign und Inhaltsverzeichnis einschließen)** Wählen Sie diese Option aus, wenn Sie ein Inhaltsverzeichnis erstellen möchten, das auf dem ausgewählten Inhaltsverzeichnisformat basiert.
	■	**Automatische Einträge für Dokumente unterdrücken** Bei Auswahl dieser Option wird verhindert, dass die Dokumentnamen im Inhaltsverzeichnis des E-Book aufgelistet werden. Dies ist vor allem dann nützlich, wenn Sie ein E-Book aus einem Buch erstellen.
	■	**Einträge der ersten Ebene als Kapitelwechsel verwenden** Wählen Sie diese Option, um das E-Book in mehrere Dateien zu teilen, wobei jede Datei mit dem Inhaltsverzeichniseintrag der ersten Ebene beginnt. Wenn die Inhaltsdatei größer als 260 KB ist, beginnt ein neues Kapitel am Anfang eines Absatzes zwischen Einträgen der ersten Ebene, um zu verhindern, dass eine Größe von 300 KB überschritten wird.
■		**Dokument trennen bei Absatzformat** Sie können die Texte am angegebenen Absatzformat in Kapitel aufteilen.
■		**Fußnote nach Absatz platzieren** Aktivieren Sie diese Option, um Fußnoten nach dem Absatz zu platzieren. Andernfalls werden Fußnoten in Endnoten konvertiert.
■		**Harte Zeilenumbrüche entfernen** Aktivieren Sie diese Option, um im exportierten E-Book alle harten Zeilenumbrüche (soft break oder auch soft return) zu entfernen.

CS5.5	CS5	Beschreibung
■	■	**CSS generieren** Formatdefinitionen berücksichtigen: Mit dieser Option werden die Einstellungen in den Absatzformaten beim ePub-Export berücksichtigt und in die CSS-Datei ausgegeben. Lokale Abweichungen beibehalten: Wenn diese Option ausgewählt ist, werden lokale Formatierungen berücksichtigt. Wie bereits bei Absatz- und Zeichenformaten erklärt, sollte es vermieden werden, lokale Abweichungen zu verwenden. Einbettbare Schriftarten einbeziehen: Im E-Book einbettbare Schriftarten werden mit exportiert.
■	■	**Nur Formatnamen** Wenn Sie diese Option auswählen, werden nur Formatnamen ohne Eigenschaften in die ePub-Datei ausgegeben und Sie müssen die Eigenschaften manuell definieren.
■	■	**Vorhandene CSS-Datei verwenden** Diese Option ist ratsam, wenn Sie bereits Änderungen in einer CSS-Datei vorgenommen haben, jedoch eine neue ePub-Datei erstellen müssen.

9 Die ePub-Datei validieren

Eine ePub-Datei mit einer attraktiven Gestaltung herzustellen, die sich zugleich gut lesen lässt, genügt leider noch nicht. Die ePub-Datei muss zusätzlich auf Konformität zu den vom International Digital Publishing Forum (IDPF) vorgegebenen ePub-Standards geprüft werden. Diese Standards legen fest, wie E-Reader und E-Book-Programme den Code in der ePub-Datei interpretieren sollen, damit sie auf den verschiedenen Geräten auch dargestellt werden kann – und dies möglichst in der Form, die von Ihnen angelegt wurde.

Derzeit gibt es zwei Standards für ePub-Dateien. ePub3 ist seit Oktober 2011 der aktuelle Standard, ePub2 aber noch immer maßgeblich für die Erstellung von elektronischen Büchern. Wenn Sie eine ePub-Datei über den Apple, Amazon oder Barnes & Noble Store vertreiben möchten, wird Konformität zum ePub2-Standard verlangt.

Um die ePub-Datei zu prüfen, gibt es das Open-Source-Projekt »ePub Check« von Google (zu finden auf der Website [☝**40**]). Dort können Sie sich das Programm zur Prüfung herunterladen. Leider ist es ein rein kommandozeilenorientiertes Programm ohne Benutzeroberfläche. Aber keine Sorge, wir zeigen Ihnen gleich, wie Sie damit umgehen.

InDesign CS5.5 gibt in der Regel valide ePub-Dateien aus (InDesign CS5 nicht). Doch ist »ePub Check« nicht nur ein Tool, um die Konformität zu prüfen, sondern auch um die ePub-Datei auf Fehler zu untersuchen. So kann es vorkommen, dass eine fehlende Verknüpfung in InDesign besteht, die übersehen wurde. In dem Fall reklamiert EpubCheck das fehlende Bild, ist also zugleich ein Preflight-System. Am besten prüft man die Datei direkt nach dem Export aus InDesign. Werden noch Fehler wie der vorher genannte entdeckt, können diese frühzeitig in InDesign verbessert werden, ehe es an die Weiterverarbeitung mit dem Editor im Quellcode geht. Eine zweite Prüfung ist durchzuführen, sobald die Korrekturen am Quellcode der ePub-Datei erfolgt sind.

Die Online-Validierung

Wenn es sich nur um wenige ePub-Dateien handelt, die nicht größer als 10 MB, sind, brauchen Sie »ePub Check« nicht lokal auszuführen, sondern können auf der Website [☝**41**] Ihre Datei online überprüfen lassen. Die Vorgehensweise ist einfach: Wählen Sie mit dem Button *Durchsuchen* Ihre Datei aus. Klicken Sie dann auf *Validate* und Ihre ePub-Datei wird geprüft.

Der ePub-Validator von Threepress auf threepress.org

Allerdings sollten sensible Daten oder Dateien, die nicht für die Öffentlichkeit gedacht sind, nicht mit dieser Methode geprüft werden, da es seitens Threepress Consulting Inc. keine Garantie zur Absicherung der übermittelten Daten gibt. Generell ist es keine gute Idee, sensible oder durch Copyright geschützte Daten an unbekannte Webdienste zu übertragen, da man nie wissen kann, wer alles Einsicht in die Daten nehmen kann.

Sigil

In Sigil ist ePub Check bereits integriert und kann sehr leicht verwendet werden. Betätigen Sie den Button in der Menüleiste. Die gefunden Fehler werden in Sigil am unteren Bildschirmrand angezeigt.

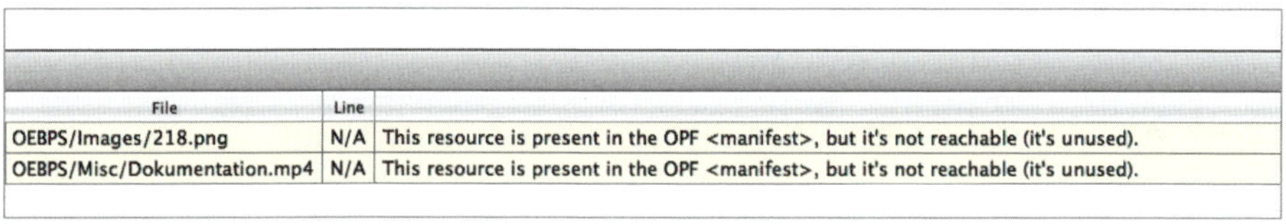

File	Line	
OEBPS/Images/218.png	N/A	This resource is present in the OPF <manifest>, but it's not reachable (it's unused).
OEBPS/Misc/Dokumentation.mp4	N/A	This resource is present in the OPF <manifest>, but it's not reachable (it's unused).

Validierung in Sigil

Hinweis:
Haben Sie die Bearbeitung der ePub-Datei nicht mit Sigil durchgeführt, sollten Sie auch die ePub-Datei nicht mit Sigil prüfen, da Sigil die Ordnerstruktur verändert. Dabei kann es vorkommen, dass bei der Weiterverarbeitung manuell hinzugefügte Dateien (z.B. Videobearbeitung) nicht korrekt in die neue Struktur umsetzt und die Referenzen in der content.opf-Datei bzw. in den jeweiligen HTML-Dateien nicht richtig aktualisiert werden. Auch wenn Sie die geprüfte und neu strukturierte ePub-Datei nicht abspeichern, könnten Strukturfehler angezeigt werden, die nicht stimmen müssen.

oXygen XML

Wenn Sie mit oXygen XML in der Version 12 oder höher arbeiten, können Sie die ePub-Datei direkt in oXygen XML prüfen. Der Hersteller hat ePub Check dort integriert. Ein einfacher Mausklick auf das Icon *Validate and Check for Completeness* reicht, um die Datei zu prüfen.

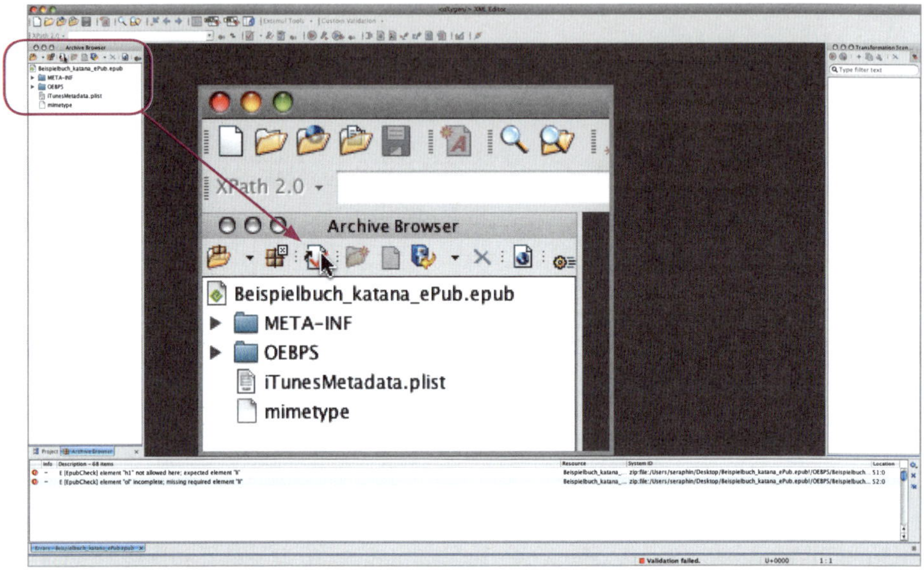

Eine Validierung ist auch in oXygen XML eingebaut.

ePub Check lokal ausführen

Sie können ePub Check auch unabhängig von den genannten Werkzeugen lokal auf Ihrem Computer verwenden. Nachdem Sie ePub Check von [42] heruntergeladen und entpackt haben, finden Sie einen Ordner mit mehreren Dateien vor. Wichtig ist die Datei »epubcheck-x.x.jar« (x.x steht für die Versionsnummer). Zusätzlich muss noch Java auf Ihrem Computer installiert sein.

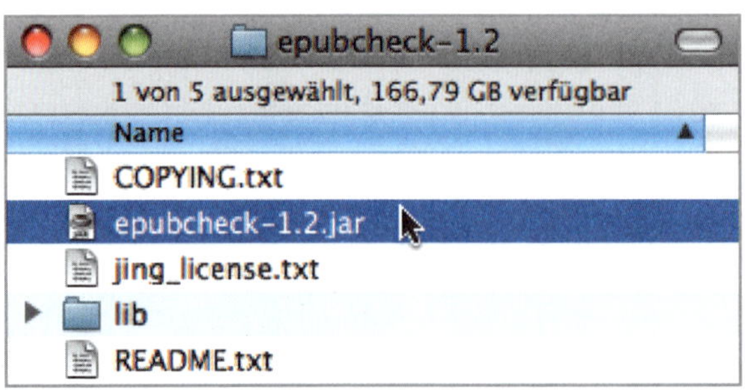

Mit Macintosh prüfen

1. Öffnen Sie das Programm Terminal, standardmäßig zu finden unter »Macintosh HD / Applications / Utilities / Terminal.app«.
2. Geben Sie »java -jar « ein (Leerzeichen vor und hinter »-jar« beachten).
3. Ziehen Sie die Datei »epubcheck-x.x.jar« (x.x steht hierbei für die Versionsnummer) in das Terminal-Fenster. Der Dateipfad wird in das Terminal-Fenster kopiert.
4. Stellen Sie sicher, dass hinter »epubcheck-x.x.jar« im Terminal-Fenster noch ein Leerzeichen steht.
5. Ziehen Sie Ihre ePub-Datei in das Terminal-Fenster.

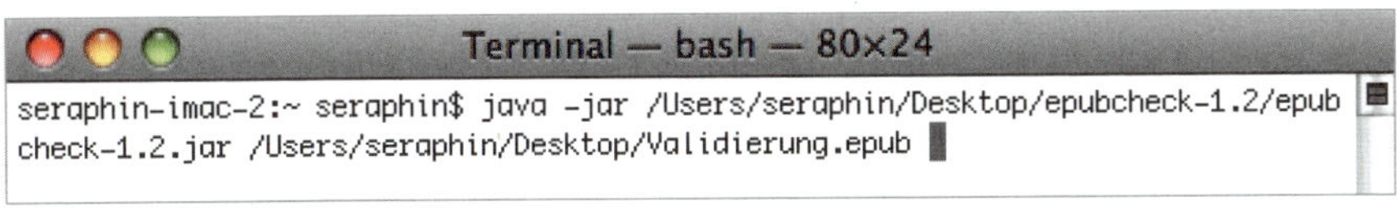

6. Drücken Sie die Enter-Taste.
7. Die Fehler werden nun im Terminal-Fenster aufgelistet. Keine Fehlermeldung bedeutet, dass die ePub-Datei den Test bestanden hat.

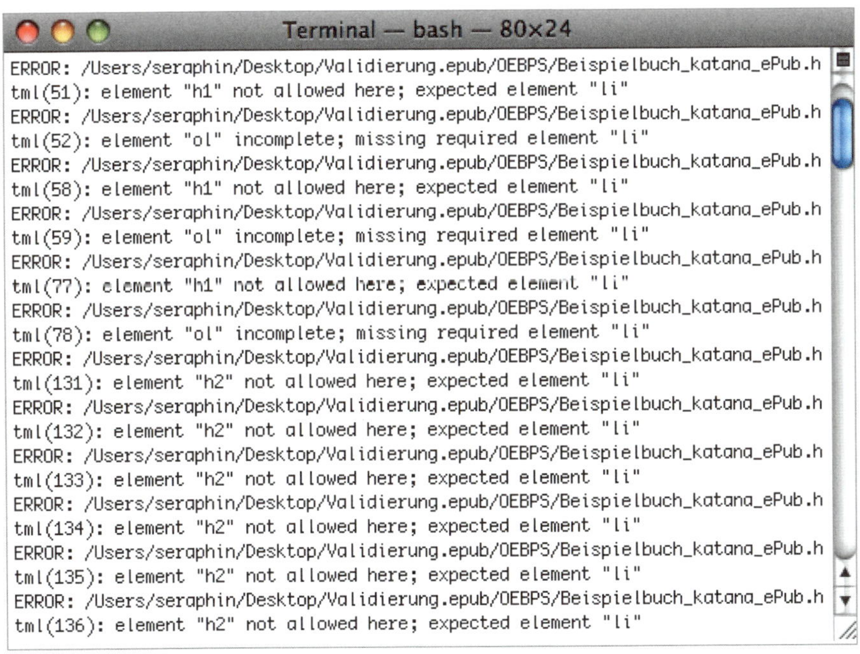

Resultat der Validierung im Terminal

Mit Windows prüfen

1. Öffnen Sie *Run ...* mit der Tastenkombination Windows + R oder im Startmenü Fenster *Start → Programme/Dateien durchsuchen*.
2. Bei »Programme / Dateien durchsuchen« geben Sie »cmd.exe« ein und bestätigen mit Enter.
3. Jetzt folgt jener Teil, der unter Windows etwas trickreich ist. Sie müssen nämlich im Aufgabefenster den Pfad zur Java-Installation angeben. Unter Windows 7 (64 Bit) und Java 6 ist das der Pfad »C:\Program Files (x86)\Java\jre6\bin«. Um in das richtige Verzeichnis zu wechseln, müssen Sie aber noch »cd « voranstellen, so dass die vollständige Angabe »cd C:\Program Files (x86)\Java\jre6\bin« lauten muss, und mit Enter bestätigen.

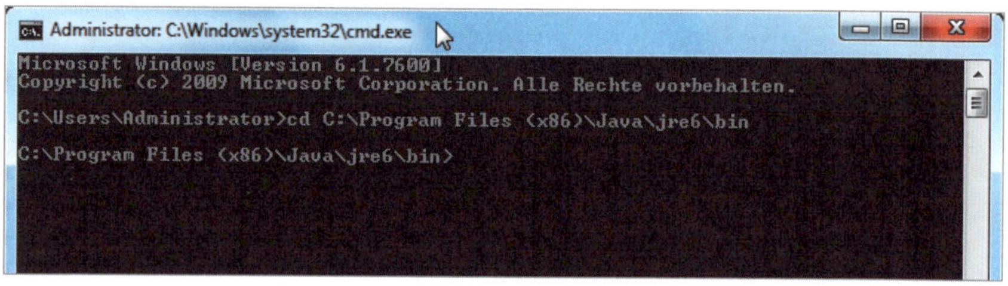

4. Im neuen Fenster tippen Sie »java -jar « ein (Leerzeichen vor und hinter »-jar« beachten).
5. Ziehen Sie die Datei »epubcheck-x.x.jar« in das Fenster. Der Dateipfad wurde in das Fenster kopiert.
6. Stellen Sie sicher, dass hinter »epubcheck-x.x.jar« noch ein Leerzeichen steht.
7. Ziehen Sie Ihre ePub-Datei in das Fenster.

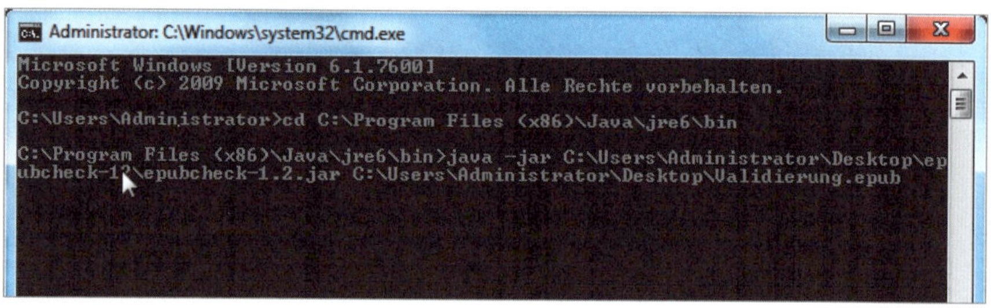

8. Drücken Sie die Enter-Taste.
9. Die Fehler werden nun im Fenster aufgelistet. Keine Fehlermeldung bedeutet, dass die ePub-Datei den Test bestanden hat.

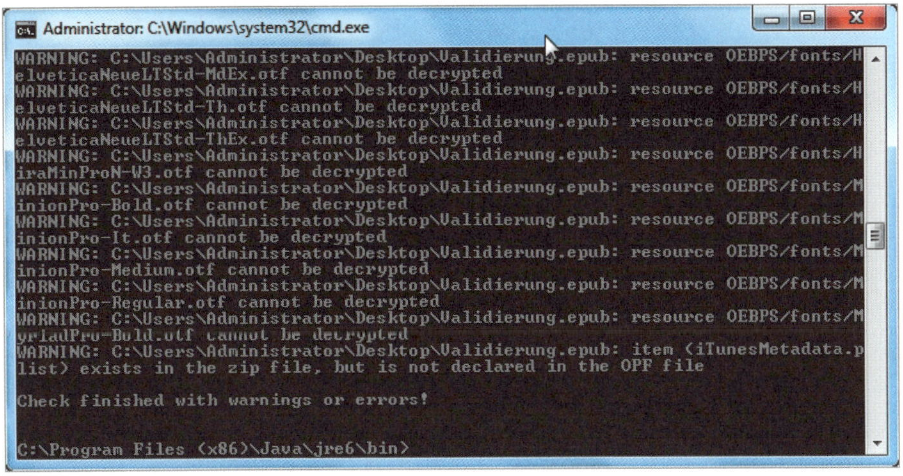

Resultat der Validierung unter Windows

Fehlerliste

Bis zur ePub Check-Version 1.1 wurde eine Liste der am häufigsten gemeldeten Fehler auf der Internetseite [43] geführt und erklärt. Ab Version 1.2 sind viele dieser Fehlerdialoge in ePub Check überarbeitet und benutzerfreundlicher erklärt, die Fehlerprüfung wurde zudem erweitert. Eine aktuelle Liste der am häufigsten auftretenden Fehler gibt es leider nicht. Sollten wir nähere Infos oder eine Aktualisierung dieser Liste finden, erfahren Sie dies auf der Internetseite zum Buch unter: www.epub-fuer-indesigner.de [44].

TEIL 2

Erweiterte Bearbeitung der ePub-Datei

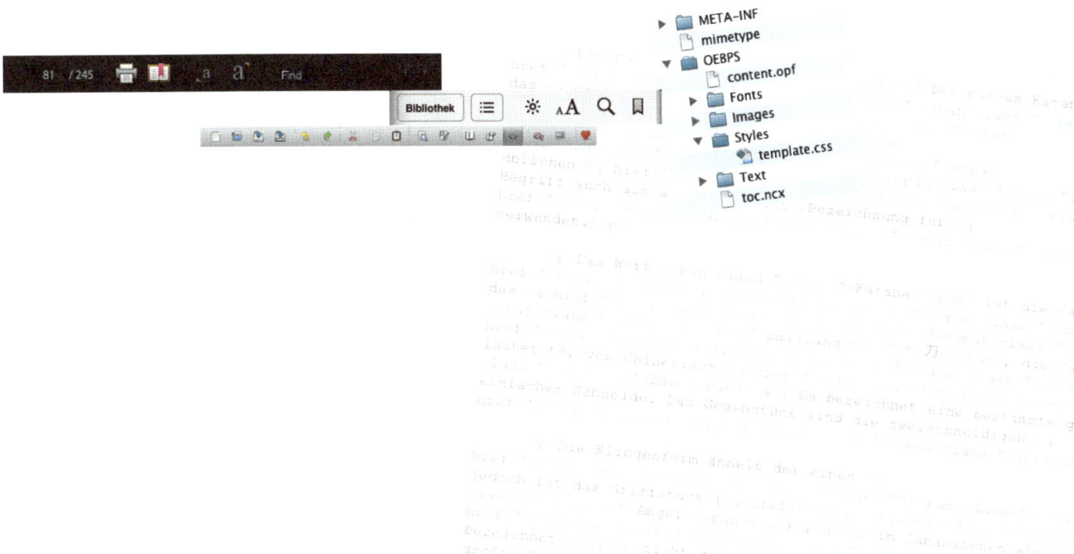

10 Die ePub-Struktur

Ein ePub ist eine komprimierte Ansammlung verschiedenster Dateien, die zusammen ein elektronisches Buch ergeben. Wenn Sie die Dateierweiterung »epub« in »zip« umbenennen und entpacken, erhalten Sie die Einzeldateien, aus denen ein ePub besteht (Näheres dazu im Kapitel 11, S. 149).

Sofern die ePub-Datei mit InDesign erstellt wurde, erhalten Sie die Einzeldaten in folgender Struktur:

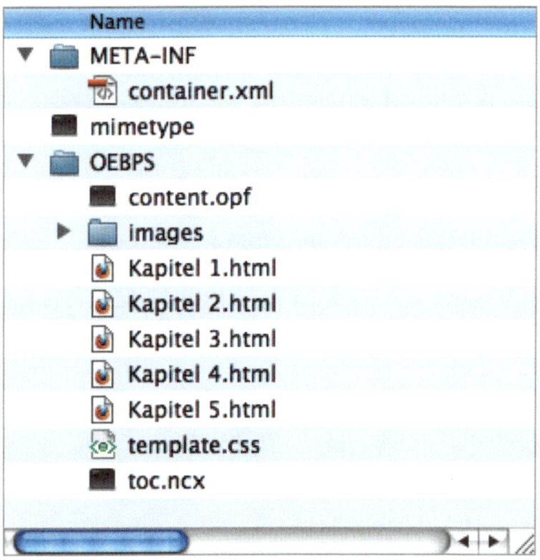

Die erste Ebene der Struktur enthält:

- Eine Datei mit Namen »mimetype«. Diese Datei ist für einige Betriebssysteme von Computern und Lesegeräten wichtig, um zu erkennen, worum es sich bei dieser Ansammlung von einzelnen Dateien überhaupt handelt. Diese Datei brauchen Sie nicht zu bearbeiten und Sie dürfen sie auch nicht löschen.

- Einen Ordner »META-INF«, der hier in diesem Beispiel nur eine XML-Datei enthält. META-INF ist vor allem für die verschiedenen ePub-Reader (sei es nun ein Programm oder ein Gerät) wichtig, da darin programm- oder gerätespezifische Informationen hinterlegt werden, wie die ePub-Datei dargestellt werden soll. Im Kapitel 13, in dem es darum geht, Schriften einzubetten (S. 163), werden Sie noch gebeten, diesen Ordner mit anderen XML-Dateien zu ergänzen.

- **Der Ordner »OEBPS«** (**O**pen **e**Book **P**ublication **S**tructure) ist das Herzstück jeder ePub-Datei. Darin sind die eigentlichen Informationen, Inhalte, Bilder etc. enthalten. Es kommt häufig vor, dass wir Sie im Buch bitten, diese und jene Datei in OEBPS mit einem Editor zu öffnen. Nachfolgend finden Sie eine kurze Erklärung zu den verschiedenen Dateien.

Die Dateien im Ordner »OEBPS«:

- **[Dateiname].html:** Diese Dateien sind meist mehrfach vorhanden und enthalten die Texte der verschiedenen Kapitel Ihres Buches. Je nach ePub können hier HTML-, XHTML oder XML-Dateien enthalten sein, was aber mehr oder weniger auf dasselbe hinausläuft.
- **template.css:** Enthält die Stildefinitionen der einzelnen Texte und gibt Textgröße, -farbe und die Schriftkategorie an, um nur ein paar Beispiele zu nennen.
- **content.opf:** Enthält die Metainformationen wie Name des Autors, das Herstellungsdatum, die Erklärung usw., die auf den Geräten oder in den Leseprogrammen zum Buch dargestellt werden, sowie auch eine Auflistung (genannt »manifest«) der in der ePub-Datei enthaltenen Einzeldateien, was für eine erfolgreiche Validierung vom ePub-Standard benötigt wird.
- **toc.ncx:** Last but not least definiert die toc.ncx-Datei die Navigation durch die einzelnen Kapitel und Texte auf den Geräten und in den Programmen.
- **images-Ordner:** Enthält die Bilder, Videos u.Ä., die in der ePub-Datei verwendet werden.

Alle Dateien zusammen ergeben die ePub-Datei. Die hier genannte Struktur muss nicht immer zwingend dieselbe sein. Sie kann je nach Exportoption oder Programm, mit dem die ePub-Datei erstellt wird, variieren.

Weiterverarbeitung mit Sigil

Sofern Sie bei der Weiterverarbeitung Sigil verwenden, wundern Sie sich nicht, dass die Ordnerstruktur anders aussieht als beim Export aus InDesign. Dies kommt daher, dass Sigil beim Öffnen der ePub-Datei die Dateien im Ordner »OEBPS« zusätzlich in nachfolgende Struktur unterteilt:

Text: Enthält alle HTML-Dateien mit den Texten.

Styles: Enthält die CSS-Datei(en) (template.css).

Images: Enthält PNG, JPG, GIF oder andere im Dokument eingebaute Bilddaten.

Font: Enthält die Schriften.

Misc: Enthält andere Dateien, z.B. die Videodateien.

11 Sich wiederholende Arbeitsschritte

Vor allem bei der Nachbearbeitung gibt es einige Arbeitsschritte, die sich wiederholen bzw. die man mehrfach ausführen muss, um Tests durchzuführen und verschiedene Verhaltensweisen der Codeinterpretation zu prüfen. So werden wir Sie manchmal auffordern, einfach einen ePub-Export durchzuführen oder Ihre ePub-Datei zu entzippen oder das Ganze in Ihrem bevorzugten Editor zu öffnen. Deshalb erklären wir hier kurz, wie Sie dabei vorgehen.

11.1 ePub-Datei entpacken

Nachdem Sie eine ePub-Datei aus InDesign exportiert haben, können Sie die Datei erst einmal nicht mehr weiterbearbeiten, da das ePub-Format an sich ein Leseformat ist. Wir zeigen Ihnen in den folgenden Abschnitten, wie Sie die ePub-Datei ganz einfach auseinandernehmen können, um somit jedes kleine Detail nachzubearbeiten. Die ePub-Datei ist ein komprimiertes Format – im Grunde eine ZIP-Datei, die sich aus vielen einzelnen Dateien zusammensetzt. Durch Entpacken der Datei erlangen Sie Zugriff auf diese Dateien. Dazu bieten sich folgende Programme an.

Springy

Ein besonderes Mac-Tool ist Springy. [45] Hiermit können Sie die einzelnen Dateien aus dem ePub ansehen und auch editieren, ohne das Ganze zu entpacken. Es wird aber empfohlen, bei größeren Arbeiten an den Dateien – z. B. Suchen / Ersetzen-Routinen über mehrere HTML-Dateien hinweg – die Dateien richtig zu entpacken. Aber um kurz etwas zu ändern und zu testen, ist das Tool praktisch.

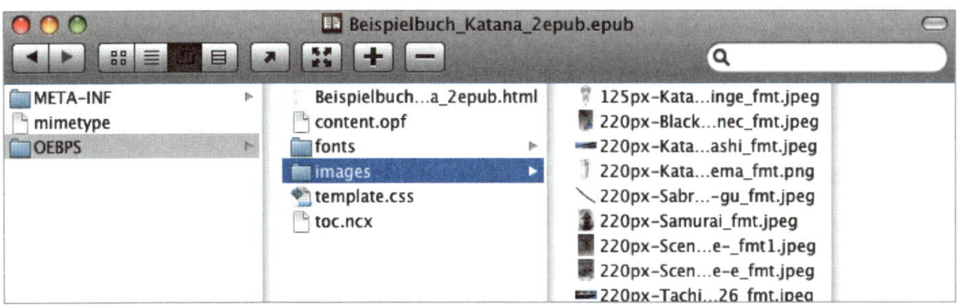

Springy kann in die ePub-Datei reinschauen, ohne sie zu entpacken.

Eine wichtige Option in den Programmvorgaben von Springy ist *Preserve Macintosh Content*. Damit Ihre ePub-Datei nicht auf einmal unlesbar wird, sollte diese Funktion ausgeschaltet sein.

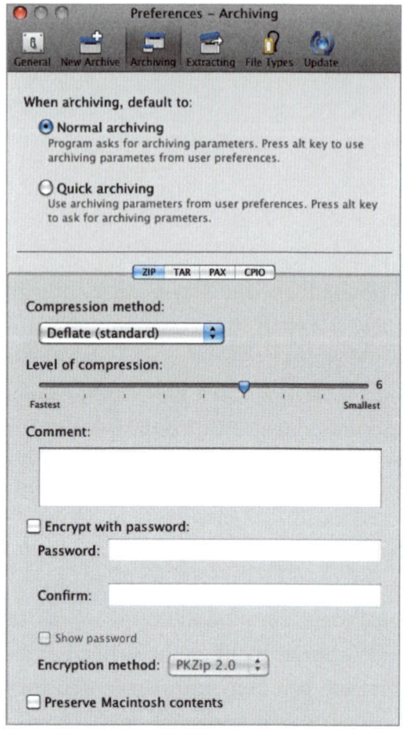

Die Option »Preserve Macintosh Contents« dekativieren.

Entpacken unter OS X via Zip-Tools

Da es sich bei einer ePub-Datei im Grunde um eine ZIP-Datei handelt, können Sie einfach an den Dateinamen statt .epub die Endung .zip anhängen (den Dialog, ob Sie das wirklich möchten, bestätigen) und entzippen das Ganze dann mit Hilfe eines Programmes wie StuffIt Expander [46] oder BetterZip [47]. Das Mac-interne Unzip-Tool (Archive Utility.app unter *Applications → Utilities*) funktioniert hierfür leider in der Regel nicht.

Nach dem Entzippen erhalten Sie einen Ordner mit allen Dateien, die ein ePub ausmachen. Es gibt für jedes Kapitel eine eigene XHTML-Datei. Das »template.css« beinhaltet die Regeln für das Aussehen des E-Books. Im Ordner »Images« finden wir natürlich die Bilder. In der Datei »toc.ncx« werden die Infos zum Inhaltsverzeichnis gespeichert, die »Navigation Map«. Die Datei »content.opf« werden wir später nachbearbeiten.

Unter OS X via Terminal

Ohne Zip-Tool geht es auch. Starten Sie dazu das Terminal. Die Terminal-App finden Sie auf Ihrem Mac unter *Applications → Utilities → Terminal.app*. Das Terminal ist Teil des Betriebssystems und erlaubt dem Benutzer, mit dem Computer über eine sog. Bash-Shell durch die Kommandozeile zu interagieren. Verschieben Sie Ihre ePub-Datei zuerst in einen eigenen Ordner, ansonsten werden die Einzeldateien nachher überall verstreut sein.

1. In dem simplen Fenster müssen Sie zuerst zum richtigen Ordner navigieren, in dem sich die ePub-Datei befindet. Tippen Sie also »cd« (change directory) und dann müssten Sie theoretisch den ganzen Pfad der ePub-Datei schreiben. Es geht aber auch einfacher: Klicken Sie im Finder auf Ihren Ordner und ziehen Sie ihn per Drag & Drop einfach ins Terminal-Fenster und Terminal ergänzt den Pfad.

```
cd /Users/sachaheck/Desktop/unzip_beispiel
```

2. Danach tippen Sie »unzip« und geben den Namen Ihrer ePub-Datei ein.

```
unzip unzip_beispiel.epub
```

Sie finden nun die extrahierten Dateien in Ihrem Ordner wieder.

Unter Windows

Für Windows gibt es ebenfalls etliche Werkzeuge, aber die gute Nachricht ist: Sie brauchen kein eigenes Tool, weil Windows schon ein Komprimierungstool im Betriebssystem eingebaut hat. Im Gegensatz zu OS X kann man das Systemtool sehr gut verwenden, um ePubs zu entpacken. Sie müssen nur bei Ihrer ePub-Datei die Endung zu .zip ändern, führen dann einen Rechtsklick darauf durch und wählen den Menüpunkt »Extrahieren«. Es erscheint ein Fenster, in dem Sie zuerst den Inhalt der ePub-Datei sehen können. Nach Betätigen des Buttons »Alle extrahieren« öffnet sich ein anderes Fenster, in dem Sie den Zielort bestimmen können. Danach wird alles entpackt.

Eine weitere Möglichkeit ist es, ein zusätzliches kleines Tool wie 7-Zip [48] zu benutzen. Hier können Sie die ePub-Datei entpacken, ohne die Datei umbenennen zu müssen.

11.2 ePub-Datei packen

Nach dem Entpacken können Sie die (X)HTML-Dateien einfach mit einem Editor bearbeiten. Aber um danach aus dem Ordner wieder ein richiges ePub – ein lesbares E-Book – zu machen, müssen Sie den Ordner erst zurückzippen und die Endung zu »epub« ändern. Leider funktioniert das aber nicht so einfach – zumindest nicht unter OS X. Denn es ist nicht egal, wie die Dateien zurückkomprimiert werden. Der springende Punkt ist die mimetype-Datei. Diese muss im ZIP-Archiv als Erste komprimiert werden. Und um vollständig konform zu sein, muss sie des Weiteren an einem bestimmten Punkt innerhalb der ZIP-Datei beginnen: bei 30 Byte. Andernfalls ist das Buch nicht mehr lesbar oder schafft die Validierung nicht mehr.

Unter OS X via Skript

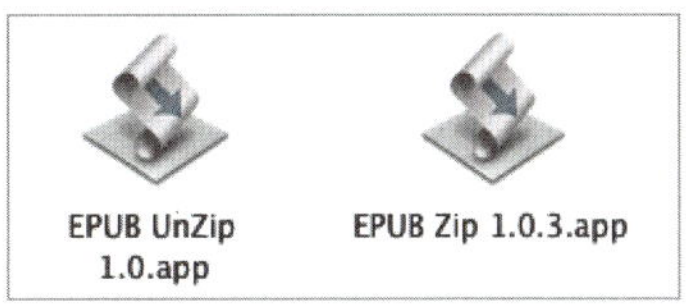

Der schnellste Weg: AppleScripts. Einfach per Drag & Drop zippen und entzippen.

Auf dem Mac ist es am bequemsten, ein AppleScript zu nutzen, das diese Aufgabe übernimmt. Bekannt ist hier das Skript von Paul Durrant. Dan Rodney hat es noch erweitert und auch ein Unzip-AppleScript entwickelt. Zu finden sind die Skripte im sehr empfehlenswerten MobileRead-Forum [49], Direktlink zum AppleScript-Download: [50]. Wie funktioniert es? Denkbar einfach: Ziehen Sie Ihren Ordner mit den Dateien per Drag & Drop auf das Skript-Icon und schon startet die Konvertierung.

Unter OS X via Terminal

Was das AppleScript automatisch erledigt, kann man auch zu Fuß per Terminal erreichen. Wechseln Sie dazu zunächst im Terminal in den richtigen Ordner:

`cd` [dann hier den Ordner mit den enzippten Dateien per Drag & Drop hineinziehen (oder Pfad richtig eingeben), Enter]

Dann geben Sie folgende zwei Zeilen ein. Nach jeder Zeile einmal Enter drücken:

```
zip -0Xq MeineDatei.epub mimetype [Enter]
zip -Xr9Dq MeineDatei.epub * [Enter]
```

Jetzt befindet sich wieder eine ePub-Datei mit dem Namen MeineDatei.epub in Ihrem Ordner. »MeineDatei« nun einfach umbenennen oder sofort in der Kommandozeile richtig benennen.

Unter Windows

An dieser Stelle haben Windows-User einen Vorteil: ePubs können ohne Probleme mit den Systemtools entzippt und gezippt werden, ohne die ePub-Datei zu beschädigen. Wählen Sie alle zugehörigen Dateien im Ordner aus und machen Sie einen Rechtsklick. Wählen Sie aus dem Kontextmenü *Senden an → ZIP-komprimierter Ordner*. Danach müssen Sie nur noch das Suffix wieder von .zip zurück nach .epub ändern.

ePub-Datei mit einem Editor bearbeiten

Es gibt auch Tools, die ePub-Dateien nativ öffnen können. Das kann viel Arbeit ersparen, vor allem in der Testphase. Das sind z. B. Sigil als E-Book-Editor oder auch TextWrangler, BBEdit und oXygen Author. Werfen Sie hierzu einen Blick in das Kapitel 2, S. 25. Dort werden diese Editoren kurz vorgestellt.

11.3 Skripte installieren

Es gibt mittlerweile sehr viele gute Skripte, die findige Programmierer für InDesign geschrieben haben und der Community kostenlos zur Verfügung stellen. Wir geben an ein paar Stellen im Buch Hinweise auf solche Skripte, die die Arbeit oft erleichtern können. Keine Angst, wenn Sie noch nie damit gearbeitet haben. InDesign-Skripte werden meistens in JavaScript geschrieben. Diese kann man unter Windows und Mac OS gleichermaßen verwenden, während Skripte in AppleScript nur auf Apple laufen und Skripte in VB (Visual Basic) nur unter Windows. Ein InDesign-JavaScript ist eine kleine Textdatei mit der Endung ».jsx«, ».jsxbin« (binär kodiert) oder nur ».js«.

Um in InDesign Skripte zu installieren, öffnen Sie dort das Skripte-Bedienfeld im Menü *Fenster → Hilfsprogramme → Skripte*. Im Ordner »Anwendung« finden Sie die von InDesign vorinstallierten Skripte. Klicken Sie jetzt auf den Ordner »Benutzer«

und wählen Sie im Kontextmenü des Bedienfelds ganz rechts oben *Im Finder (Explorer) anzeigen*. Daraufhin wird dieser Ordner geöffnet, hinter dem sich ein langer Pfad versteckt (am Mac z.B.: *User → Library → Preferences → Adobe InDesign → Version 7.5 → de_DE → Scripts → Script Panel*).

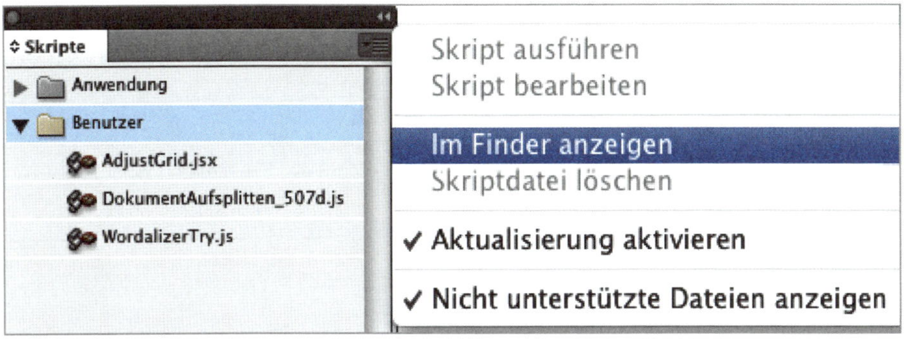

Das Skripte-Bedienfeld in InDesign

Wechseln Sie nun in den Ordner »Script Panel«. Sie müssen nur noch das heruntergeladene Skript hier hineinkopieren und es steht ab sofort in InDesign zur Verfügung und kann da durch einen Doppelklick gestartet werden.

Skript als Code
Manchmal kommt es auch vor, dass Sie nur den Code eines Skripts haben und nicht die Skriptdatei selbst. Kopieren Sie dann einfach den ganzen Code in die Zwischenablage und wechseln in einen Text-Editor (nicht Word). Noch besser ist das »Extended Script Toolkit«, die Entwicklungsumgebung für Skripte. Es wird mit der Creative Suite mitinstalliert. Sie können es notfalls aber auch unter [☝51] herunterladen. Fügen Sie dann den kopierten Code in ein neues Dokument ein und speichern Sie die Datei als ASCII-Text (nur Text, text only) unter einem aussagekräftigen Namen mit der Dateiendung ».js« ab. Danach verfahren Sie mit der Datei zum Installieren in InDesign wie oben beschrieben.

11.4 Hexadezimalfarben definieren

Im Laufe des Buches kommen wir manchmal auf Farben zu sprechen, und diese werden in HTML und CSS meist in Hexadezimalwerten beschrieben. Hier einmal generell die Vorgehensweise, wie Sie einen bestimmten Hexadezimalwert herausfinden können.

Wenn Sie die Farbe in InDesign bereits nutzen, doppelklicken Sie auf die Farbe im Farbfelder-Bedienfeld (oder Rechtsklick und *Farbfeldoptionen*, damit Sie die Farbe nicht aus Versehen zuweisen). Merken Sie sich den Farbwert oder notieren Sie ihn kurz.

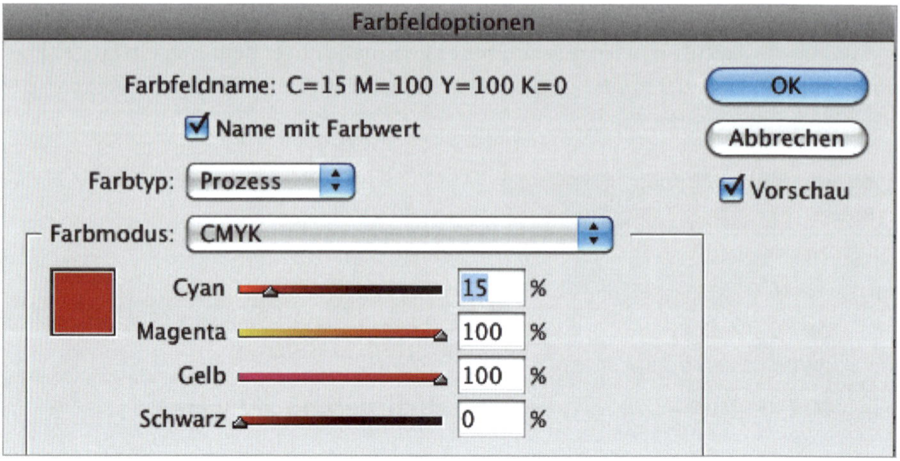

Merken Sie sich den Farbwert aus InDesign.

Wechseln Sie jetzt zu Photoshop und klicken Sie auf die Vordergrundfarbe ganz unten im Werkzeug-Bedienfeld.

Wenn Sie die Farbe aus InDesign übernehmen, geben Sie jetzt die Werte hier ein, egal ob es sich um einen RGB- oder CMYK-Wert handelt. Oder – wenn Sie keine Farbe speziell aus InDesign übernehmen wollen – Sie definieren mit Hilfe des Farbwählers eine Farbe, die Ihnen zusagt. Den Hexadezimalwert, den wir brauchen, können Sie unten links hinter der Raute ablesen und kopieren.

Wenn Sie kein Photoshop besitzen oder ein anderes Tool ausprobieren möchten, finden Sie einen interaktiven abgespeckten Farbwähler auf dieser Website: [☝**52**]. Es gibt des Weiteren noch ein sehr interessantes und kostenloses Plug-in von In-Tools für InDesign, mit dem Sie Hexadezimalfarben sofort in InDesign erstellen können [☝**53**].

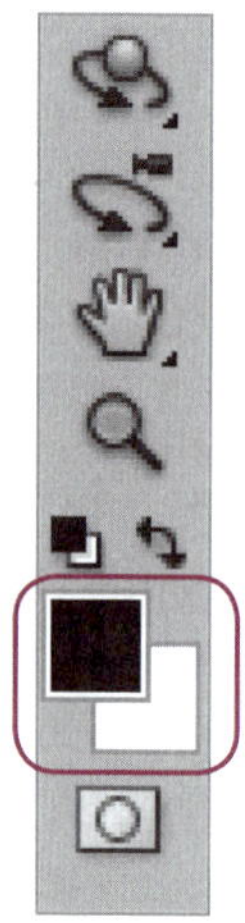

Ein Klick auf die Farbe in der Werkzeugpalette öffnet die Farbwähleroptionen.

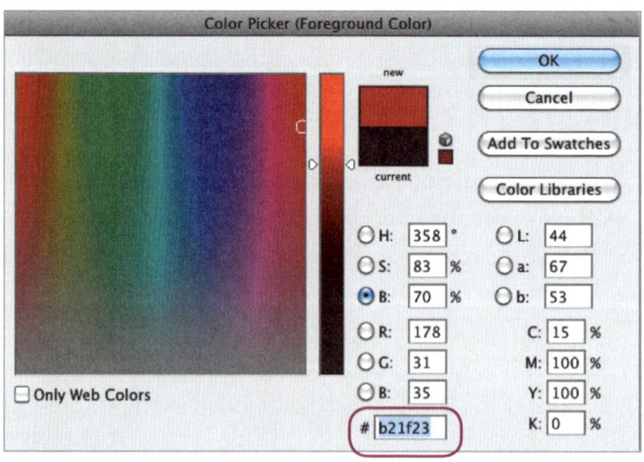

In Photoshops Farbwähler können Sie den Hexadezimalwert ablesen.

11.5 Die Schriftgröße einstellen

In HTML müssen Sie immer wieder Werte angeben, z.B. Schriftgrößen, Abstände, Dimensionen etc. Dabei gibt es mehrere Möglichkeiten, in welcher Einheit Sie den Wert jeweils eingeben können, z.B. in Pixel (px) oder als Prozentangabe (%). Aber es gibt eine Einheit, die besonders wichtig ist und bei ePub standardmäßig verwendet wird: `em`. Die Maßeinheit `em` hat als Definition keine feste Größe und ist relativ zur Standardschriftgröße des Endgeräts/Browsers definiert. Das hat den Vorteil, dass sie sich proportional anpasst, wenn der Text vergrößert oder verkleinert wird, und dies ist in dynamischen Gestaltungen sehr sinnvoll. Wenn Sie einen Einzug für Ihren Text mit 10 Pixel definiert haben, wird dieser immer 10 Pixel groß bleiben. Bei einer Angabe in `em` wird der Einzug mitwachsen und jeweils ein stimmigeres Gesamtbild ergeben.

Die Ausmaße von 1 em können also von Gerät zu Gerät oder von Programm zu Programm unterschiedlich sein, sofern Sie keine Vorgabe dafür in Ihrem Dokument definieren. Um dies zu bewerkstelligen, öffnen Sie die template.css-Datei von Ihrem ePub und fügen folgende Zeile an beliebiger Stelle ein:

```
body {
    font-size: 12px;
}
```

Dabei steht »12px« für den Startwert: 1 em stellt also 12 Pixel dar. 2 em sind dann 24 px etc. Dieser Startwert erweist sich aus eigenen Erfahrungen für iBooks als sehr gut. In Adobe Digital Editions kann die Darstellung mit diesem Startwert jedoch etwas klein wirken. Sollten Sie also überwiegend ePubs zur Betrachtung in Adobe Digital Editions herstellen, ist ein Startwert von 14 px oder 16 px eher geeignet.

12 Kapitelaufteilung und Navigation bearbeiten

12.1 Kapitelaufteilung nach dem Export

Sie haben im Kapitel 6.4, S. 113 gesehen, wie Sie in Ihrem E-Book Kapitel- und Seitenumbrüche erhalten können. Die einfachste Regel ist die, dass immer dann ein Seitenumbruch erfolgt, wenn eine neue HTML-Datei beginnt. Und diese Unterteilung erhalten Sie am einfachsten über die Verwaltung der einzelnen Kapitel in eigenen InDesign-Dokumenten im Buch-Bedienfeld. Jedes einzelne InDesign-Dokument wird beim Export zu einer separaten XHTML-Datei im ePub. Es gibt aber auch Möglichkeiten, nach dem Export Seitenumbrüche manuell vorzunehmen.

Seitenumbrüche mit Sigil

Im ePub-Editor Sigil ist es sehr einfach, einen Seitenumbruch zu erzeugen. Setzen Sie den Cursor einfach an die Stelle, an der das Dokument getrennt werden soll, und wählen dann aus dem Menü *Insert → Chapter Break*.

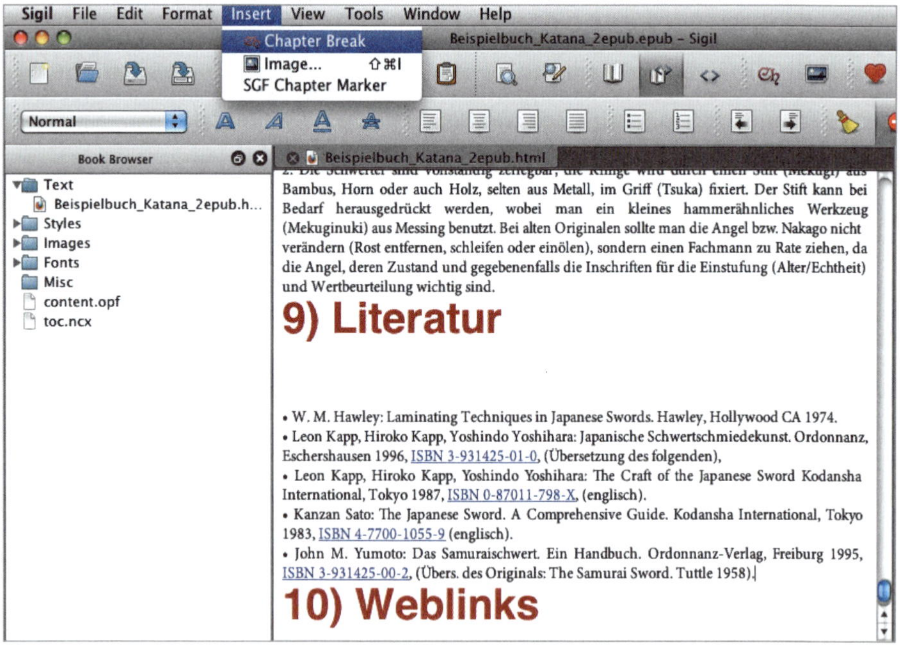

Via *Insert → Chapter Break* kann Sigil sehr schnell Dokumente aufteilen.

Sigil benennt die neue HTML-Datei einfach z.B. »Section0001.xhtml« o.Ä. Sie können die Datei auch gerne umbenennen. Testen Sie danach einmal die Links durch. Sigil sollte jetzt überall den neuen Pfad bei den Hyperlink ersetzt haben.

Seitenumbrüche per CSS

Mit CSS kann man ebenfalls Seitenumbrüche erzeugen, sowohl vor als nach einem bestimmten Element. Wenn Sie in die CSS-Datei folgenden Code einfügen, wird ein Seitenumbruch vor jeder Überschrift erzeugt, die mit dem Tag <h1> ausgezeichnet ist.

```
h1 {
    page-break-before: always;
  }
```

```
    text-align : left;
    color : #000000;
    text-indent : 0px;
    margin : 0px;
}

h1.haupttitel {
    font-family : sans-serif;
    font-weight : bold;
    font-style : normal;
    font-size : 2.5em;
    text-decoration : none;
    font-variant : normal;
    line-height : 1.07;
    text-align : left;
    color : #b30000;
    margin-right : 0px;
    margin-top : 0px;
    margin-bottom : 60px;
    page-break-before: always;
}

p.aufzaehlung {
    font-family : "Minion Pro", serif;
    font-weight : normal;
    font-style : normal;
```

Hier wird vor dem Haupttitel h1 jeweils umbrochen.

Sie können auch nach einem Element umbrechen, dann heißt es: `page-break-after`. Möglicherweise wollen Sie aber, dass nach einem bestimmten Absatz auf die nächste Seite umbrochen wird – und dies einmalig und nicht jedes Mal bei diesem Typ von Absatz. An diesen Stellen ist es ebenfalls möglich, in der HTML-Datei einfach beim entsprechenden Absatz (nicht zentral in der CSS-Datei) folgenden Code einzufügen:

```
<p style="page-break-after: always">Nach diesem Absatz wird
umbrochen</p>
```

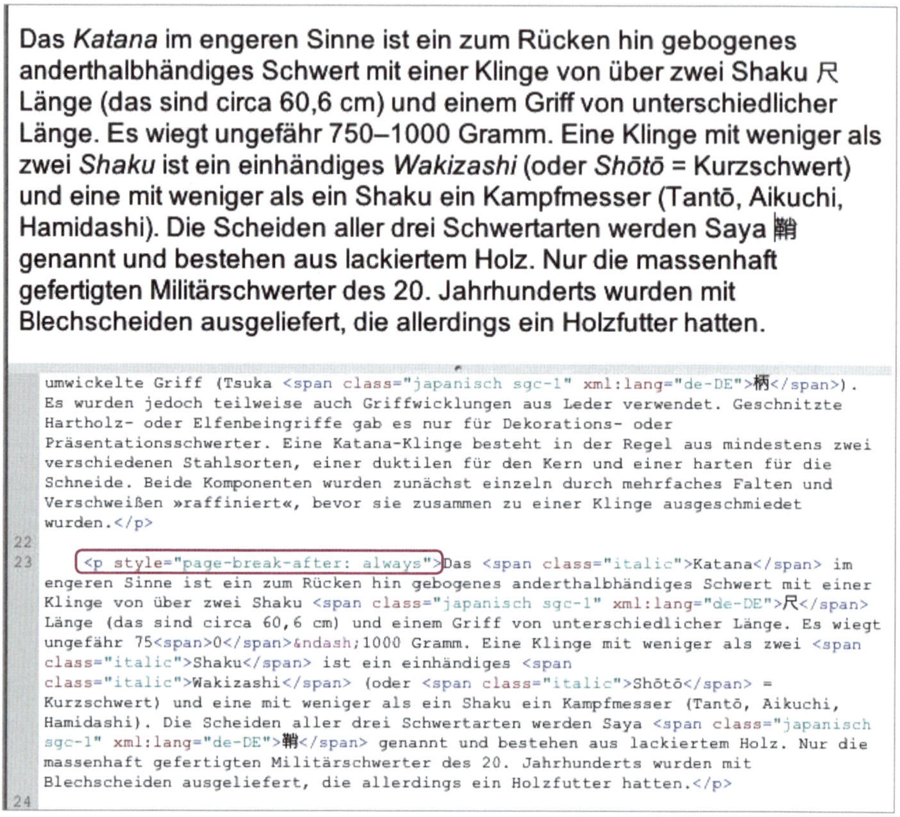

CSS-Anweisung zum Seitenumbruch im HTML-Dokument. Nach »Holzfutter hatten.« wird dann im Reader umbrochen.

Allerdings kann nicht jeder E-Reader oder Editor damit umgehen. Sigil reagiert z. B. nicht darauf, mit Adobe Digital Editions und iBooks klappt es. Testen Sie deshalb vorher auf Ihrem Zielmedium.

Übrigens: Als CSS-Wert der Eigenschaft `page-break-after` und `page-break-before` wird hier `always` verwendet. Es gibt aber – wie man vielleicht intuitiv schreiben möchte – kein `Yes`.

12.2 Navigation Map manuell bearbeiten

Im Kapitel 6.2, S. 104, haben wir gesehen, was man machen kann, um die typische E-Book-Navigation zu erstellen. Wir haben dazu InDesigns »Inhaltsverzeichnisformate« genutzt. Es kann aber gelegentlich notwendig sein, diese »Navigation Map« nach dem Export noch manuell nachzubearbeiten. Denn wenn Sie die ePub-Datei aus InDesign neu exportieren, dann gehen ja auch alle anderen Änderungen verloren, die Sie eventuell schon vorgenommen haben.

Man kann sich auch noch folgendes Szenario vorstellen: Sie möchten, dass eine bestimmte Seite in die Navigation aufgenommen wird, diese kann aber nicht durch die Inhaltsverzeichnisformate definiert werden. Denn diese basieren ja nur auf den Absatzformaten, die Sie z.B. irgendeinem Titel zugewiesen haben. Nicht jede Seite hat aber einen solchen Titel. Paradebeispiel dafür ist z.B. das Impressum, die Titelseite, eine Widmung oder etwa die Coverseite. Hier müssen wir also selbst Hand anlegen.

Um von der Navigation Map auf die richtige Seite verweisen zu können, muss diese Seite als HTML-Datei vorhanden sein, denn wir verweisen auf Dateien, nicht auf Seitenzahlen. Wie man das macht, können Sie im Kapitel 6.4, S. 113 nachlesen. Oder falls die ePub-Datei schon erstellt ist, können Sie sie auch nachträglich erstellen (siehe Kapitel 12.1, S. 156).

toc.ncx

Für die Navigation Map ist die toc.ncx-Datei (**T**able **o**f **C**ontent, **N**avigation **C**ontrol file for **X**ML) verantwortlich. Sie können diese mit den neuen Versionen von Sigil, BBEdit oder oXygen XML direkt öffnen. Ansonsten müssen Sie die ePub-Datei erst entpacken (siehe dazu Kapitel 11, S. 149).

Wenn Sie die toc.ncx-Datei öffnen, sehen Sie, dass die Datei aus navPoint-Elementen aufgebaut ist.

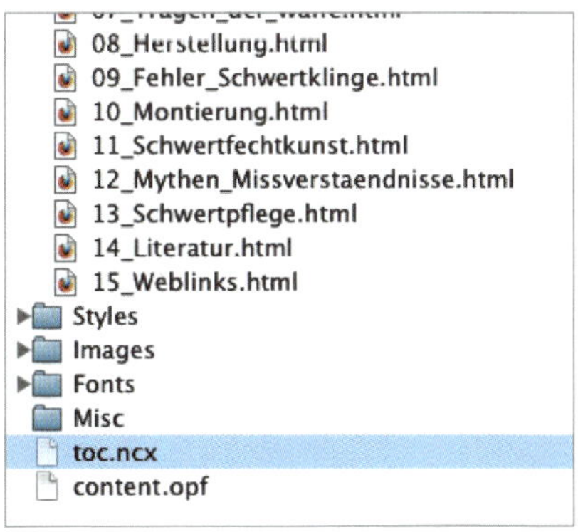

Die toc.ncx-Datei kann direkt aus Sigil heraus bearbeitet werden.

```
<navPoint id="navpoint1" playOrder="1">
   <navLabel>
   <text>1) Geschichte der Entwicklung</text>
   </navLabel>
   <content src="Text/06_Geschichte_Entwicklung.html#toc_
   marker-1"/>
</navPoint>
```

Alles, was zwischen einem beginnenden `<navPoint>`-Tag und einem schließenden `</navPoint>`-Tag steht, wird nachher ein Navigationseintrag. Sie können z. B. einen ganzen solchen Block kopieren, um einen neuen Navigationspunkt einzufügen. Das, was zwischen dem Tag `<Text>` steht, ist das, was Sie nachher auch in der Navigation Map sehen werden. `<content src="Ziel"/>` gibt an, was geschehen soll, wenn man auf den Navigationseintrag klickt. Hier geben Sie den Pfad der HTML-Datei an, die dann angezeigt werden soll. Weil die HTML-Dateien im Ordner »Text« liegen, muss »Text/« vorangestellt werden.

Sie sehen im Code auch noch ein Doppelkreuz (#) hinter der Angabe der HTML-Datei. Das ist ein Textanker und Sie können damit gezielt auf eine Stelle in Ihrem Buch verweisen. Wie man solch einen Textanker in InDesign erstellt, wird im Kapitel 7, S. 122 besprochen, und wie man ihn manuell erstellen kann, im Kapitel 17.1, S. 224.

Verschachtelung von Einträgen

Es ist auch möglich, Hierarchien zu erzeugen und verschiedene Navigationsebenen zu erstellen. Je nach Reader werden diese dann mit einem Ausklapppfeil dargestellt und/oder durch einen Einzug eingerückt.

Diese Hierarchie-Ebenen können schon in InDesign durch Einbeziehung der entsprechenden Absatzformate für das Inhaltsverzeichnisformat erstellt werden. Wie aber erstellen Sie sie manuell? Sie können einfach mal einen Blick in die toc.ncx-Datei werfen, um den Mechanismus zu erkennen.

Die Verschachtelung geschieht durch das Element `<navPoint>`. Das erste Tag wird ge-

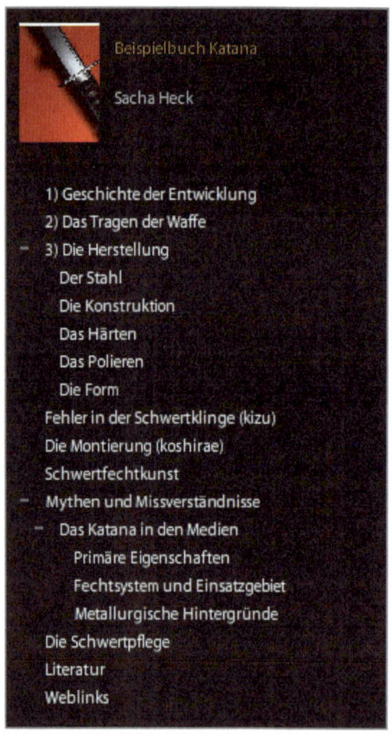

Verschiedene Navigationsebenen werden in Adobe Digital Editions mit einem Ausklapppfeil (Plus und Minus) dargestellt.

öffnet und anschließend ein neues Tag geöffnet, ohne das vorherige zu schließen. Erst wenn Sie zur ersten Ebene zurück wollen, müssen Sie das schließende `</navPoint>`-Tag setzen.

```
<navPoint id="navpoint3" playOrder="3">
   <navLabel>
      <text>3) Die Herstellung</text>
   </navLabel>
   <content src="Text/08_Herstellung.html#herstellung"/>
      <navPoint id="navpoint4" playOrder="4">
         <navLabel>
            <text>Der Stahl </text>
         </navLabel>
         <content src="Text/08_Herstellung.html#stahl"/>
      </navPoint>
</navPoint>
```

Sie können so mit der Verschachtelung fortfahren und mit derselben Technik eine dritte Ebene erzeugen.

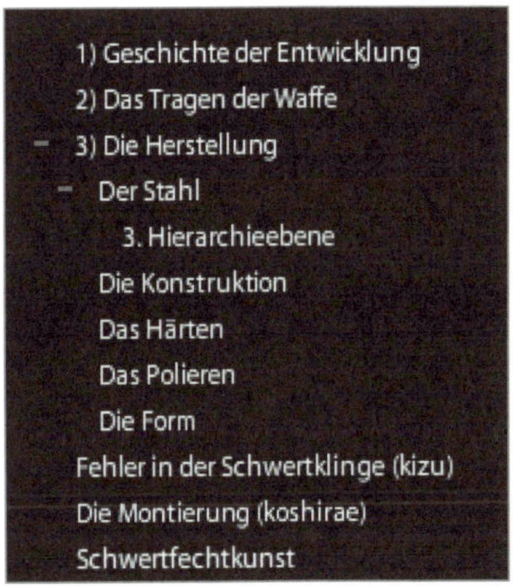

Dritte Hierarchiebene durch weitere Verschachtelung der <navPoint>-Elemente.

```
<navPoint id="navpoint3" playOrder="3">
   <navLabel>
     <text>3) Die Herstellung</text>
   </navLabel>
   <content src="Text/08_Herstellung.html#herstellung"/>
```

```
      <navPoint id="navpoint4" playOrder="4">
         <navLabel>
            <text>Der Stahl </text>
         </navLabel>
         <content src="Text/08_Herstellung.html#stahl"/>
            <navPoint id="navpoint4" playOrder="4">
            <navLabel>
               <text>3. Hierarchieebene</text>
            </navLabel>
            <content src="Text/08_Herstellung.html#hierarchie3"/>
      </navPoint>
</navPoint>
```

13 Eingebettete Schriften und Sonderzeichen

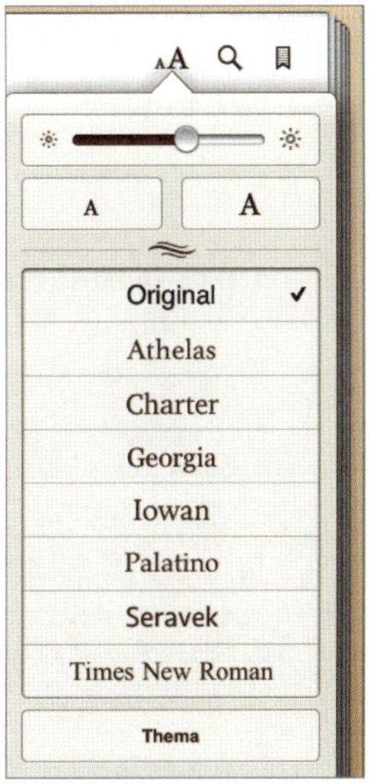

Jedes E-Book-Gerät hat einige Sets vorinstallierter Schriften, die es zum Anzeigen Ihrer elektronischen Bücher benutzen kann. Der Umfang der vorinstallierten Schriften wird durch die Hersteller vorgegeben und kann sehr stark variieren. So hat das Nook von Barnes & Noble gerade mal drei vorinstallierte Schriften. Beim iPad sind es immerhin schon über 50 Schriften mit mehreren Schriftschnitten. In iBooks können Sie allerdings nur sieben dieser Schriften auswählen (Athelas, Charter, Georgia, Iowan, Palatino, Seravek und Times New Roman) oder aber andere Schriften in der ePub-Datei definieren. Die ePub-Spezifikationen erlauben es Ihnen, eine Schrift Ihrer Wahl auszusuchen und einzubetten. Leider beherrschen derzeit noch wenige E-Book-Geräte das Anzeigen eingebetteter Schriften und die Funktionsweise ist so unterschiedlich, dass wir uns in den nachfolgenden Beispielen auf die Umsetzbarkeit für Apple iBooks beschränkt haben. Sofern Schriften von Ihnen eingebettet wurden, enthält iBooks noch zusätzlich den Eintrag »Original« in der Schriftenliste, über den man nach einem Wechsel auf eine andere Schrift zu den eingebetteten Schriften zurückgelangen kann.

Es gibt Diskussionen, ob die Auswahl der Schrift den Lesern überlassen sein soll oder ob der Gestalter die Schrift auf Basis seiner Kenntnisse und der optimierten Lesbarkeit für elektronische Bücher vordefiniert. Da Sie im Endeffekt die Wahl haben, zeigen wir Ihnen in diesem Buch verschiedene Varianten von nur geringen Vorgaben bis hin zum Einbetten von Schriften, wodurch Sie die Gestaltung nach Ihren Wünschen steuern.

Schriftvorgaben nach Kategorien

In CSS können Sie eine Vorgabe für eine Schriftkategorie angeben. Welche Schriftart dann letztendlich verwendet wird, hängt von dem E-Reader ab. Wenn Sie in einem CSS-Stil eine serifenlose Schrift definieren, kann es sein, dass auf dem einen Gerät

»Arial« dargestellt und auf einem anderen Gerät »Helvetica« für die Texterstellung benutzt wird. Auf dem iPad sind die Schriften in fünf Kategorien unterteilt: Serif, Sans-Serif, Monospace, Cursive und Fantasy.

Wenn Sie nur mit Schriftkategorien arbeiten möchten, ändern Sie Ihre CSS-Datei dementsprechend um. Der CSS-Code für die allgemeine Schriftartenbezeichnung lautet `font-family : [Kategorie];`.

```
p.Mein-Absatzformat-Serif {
      font-family: serif;
   }

   p.Mein-Absatzformat-Sans-Serif {
      font-family: sans-serif;
   }

   p.Mein-Absatzformat-Monospace {
      font-family: monospace;
   }

   p.Mein-Absatzformat-Cursive {
      font-family: cursive;
   }

   p.Mein-Absatzformat-Fantasy {
      font-family: fantasy;
   }
```

Schriftnamen auswählen

In der nächsten Stufe definieren Sie nicht nur die Schriftkategorie, sondern geben auch einen oder mehrere Namen von Schriften an, die verwendet werden sollen, wenn sie verfügbar sind. Die Schriftarten werden aber noch nicht mit eingebettet. Auch hier gilt derselbe Code wie vorher bei den Schriftkategorien mit dem Zusatz des Schriftnamens in Anführungszeichen: `font-family: "Times New Roman", serif;`. Hier wird dem Gerät angegeben, dass es die Schrift Times New Roman verwenden soll. Ist sie nicht vorhanden, wird stattdessen eine andere Serifenschrift gewählt.

Es können auch mehrere Schriftnamen angegeben werden. Der Code lautet dann: `font-family: "Optima", "Verdana", sans-serif;`. Das Gerät prüft dann, ob die Schrift »Optima« vorhanden ist. Ist sie es nicht, wird nach der Schrift »Verdana« gesucht. Ist auch diese Schrift nicht vorhanden, wird eine andere serifenlose Schrift benutzt.

```
p.Times-New-Roman {
        font-family: "Times New Roman", serif;
    }

    p.Baskerville {
        font-family: "Baskerville", serif;
    }

    p.Cochin {
        font-family: "Cochin", serif;
    }

    p.Georgia {
        font-family: "Georgia", serif;
    }

    p.Palatino {
        font-family: "Palatino", serif;
    }

    p.Verdana {
        font-family: "Verdana", sans-serif;
    }

    p.Multi {
        font-family: "Optima", "Verdana", sans-serif;
    }
```

Durch Angeben der Schriftnamen können Sie in iBooks auch auf eine der über 50 anderen installierten Schriften zugreifen. Jedoch ist iBooks aus unerklärlichen Gründen mit einer nicht ganz ausgereiften Schriftverwaltung ausgestattet und stellt selbst installierte Schriften nicht immer richtig dar. Eine Liste der in iOS 5 mitgelieferten Schriften finden Sie unter [☝**54**].

Schriftstile und Schriftstärken

Bisher haben wir nur Schriftnamen angegeben und somit zeigt sich die Schrift nur in Regular oder Normal. Um die Schrift als kursiv oder fett zu definieren, müssen zwei weitere Codezeilen hinzugefügt werden.

Kursive Auszeichnung wird mit dem Code `font-style: italic;` angegeben. Sie dürfen für font-style `normal` | `italic` | `oblique` | `inherit` (gibt an, dass der Schriftstil vom übergeordneten Element vererbt wird) verwenden.

Fette Auszeichnung wird mit dem Code `font-weight: bold;` angegeben. Sie dürfen für font-weight `normal | bold | bolder | lighter | 100 | 200 | 300 | 400 | 500 | 600 | 700 | 800 | 900 | inherit` verwenden.

Durch Kombinationen von beiden Codes können Sie auch fett-kursive Schriften angeben.

```
p.Regular {
    font-family: "Times New Roman", serif;
    font-weight: normal;
    font-style: normal;
}

p.Bold {
    font-family: "Times New Roman", serif;
    font-weight: bold;
    font-style: normal;
}

p.Italic {
    font-family: "Times New Roman", serif;
    font-weight: normal;
    font-style: italic;
}

p.Bold-Italic {
    font-family: "Times New Roman", serif;
    font-weight: bold;
    font-style: italic;
}
```

Schriften einbetten

Eine Schrift aus InDesign heraus in eine ePub-Datei einzubetten, ist leicht. Eine passende Schrift zum Einbetten zu finden, ist es nicht.

Punkt 1: Die Formate

Die meisten E-Book-Geräte unterstützen die Schriften in den Formaten OpenType (otf), TrueType (ttf) und Scalable Vector Graphics (svg). InDesign unterstützt zwar mehr Formate, jedoch »Scalable Vector Graphics« (svg) nicht. Somit sind Sie in Ihrer Wahl auf OpenType und TrueType begrenzt.

Punkt 2: Die Lizenzen

Schriften in eine ePub-Datei einzubetten, ist nicht das Gleiche wie Schriften in eine PDF-Datei einzubetten. Letztere können nicht ohne spezielle Kenntnisse entnommen werden. Bei einer ePub-Datei liegt der Fall anders. Hier wird eine Kopie der Schrift meist unverschlüsselt in der ePub-Datei hinterlegt. (InDesign verschlüsselt die Schriften mit einem Adobe-eigenen Algorithmus. Von InDesign eingebettete Schriften können nicht weiterverwendet werden.) Lizenzrechtler streiten sich nun, ob in diesem Fall nicht eher von Schriftweitergabe als von Schrifteinbettung die Rede ist. Fakt ist, dass Sie in der Pflicht sind, Ihre Schriftlizenz daraufhin zu prüfen, ob die verwendete Schrift in einer ePub-Datei verwendet und weitergegeben werden darf. Sollten Sie sich nicht sicher sein oder Ihre Lizenz den Fall nicht eindeutig beschreiben, wenden Sie sich am besten direkt an den Schrifthersteller.

Punkt 3: Woher nehmen, wenn nicht stehlen?

Kommerzielle Schriften, die lizenzrechtlich weitergegeben werden dürfen, sind noch sehr selten. Frei verfügbare Schriften gibt es wie Sand am Meer. Ob solche Schriften aber für kommerzielle Projekte verwendet werden dürfen, ist meist unklar. Zudem ist die Qualität dieser Schriften oft fraglich.

Eine große Auswahl an Schriften für kommerzielle Zwecke und zum Einbetten in ePub-Dateien bietet die Seite von Font Squirrel [55].

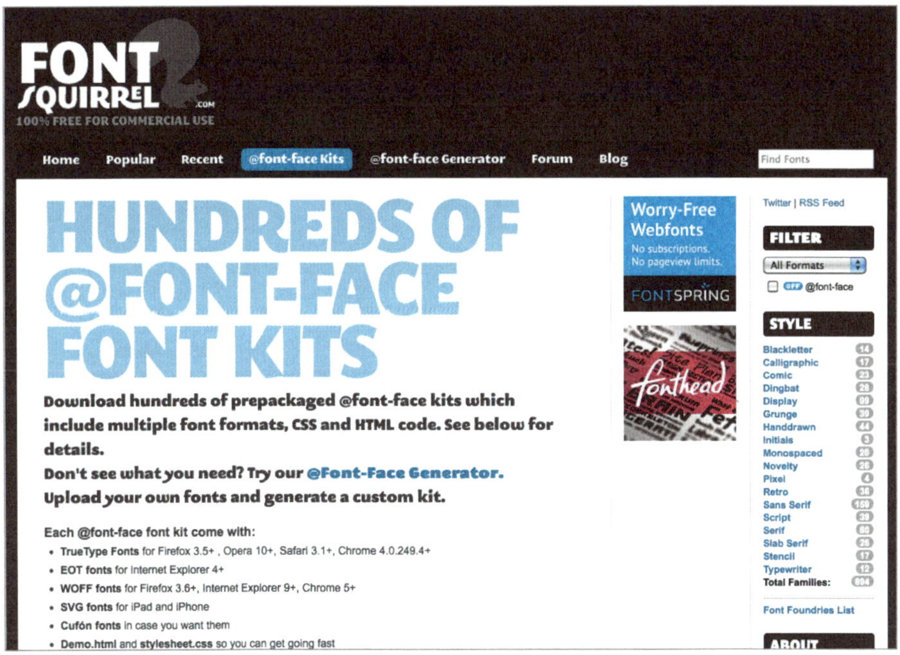

Font Squirrel bietet viele interessante Schriften, die sich fürs Einbetten in Webseiten, oder in diesem Fall ePubs, gut eignen.

Schriften einbetten beim ePub-Export aus InDesign

Sofern Sie eine geeignete Schrift gefunden und in InDesign verwendet haben, setzen Sie beim ePub-Export im Reiter *Inhalt* das Häkchen bei *Einbettbare Schriftarten einbeziehen*. Den teils sehr komplexen und aufwändigen Code zum Einbetten der Schriften erstellt InDesign von allein.

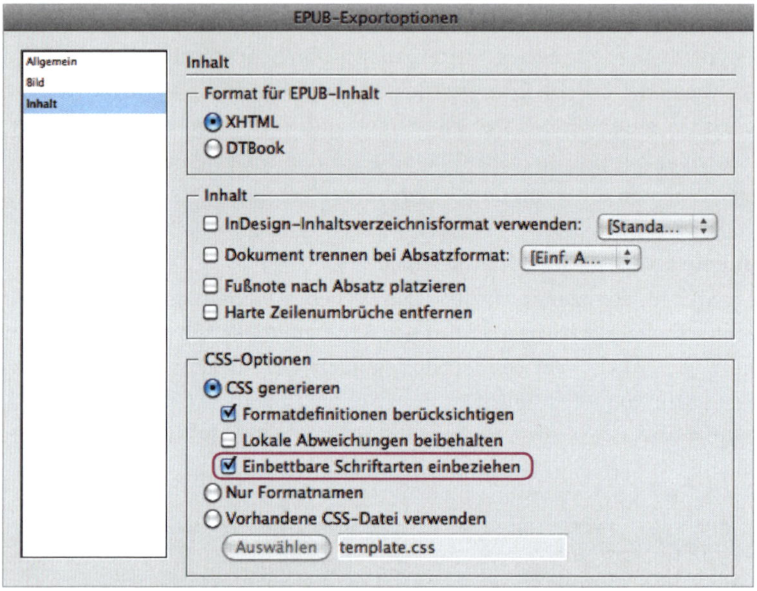

Was machen, wenn eine Schrift manuell hinzugefügt werden muss?

Entpacken Sie die ePub-Datei. Im Ordner »OEBPS« gibt es einen Unterordner »fonts«, in den Sie Ihre Schrift manuell hineinkopieren können.

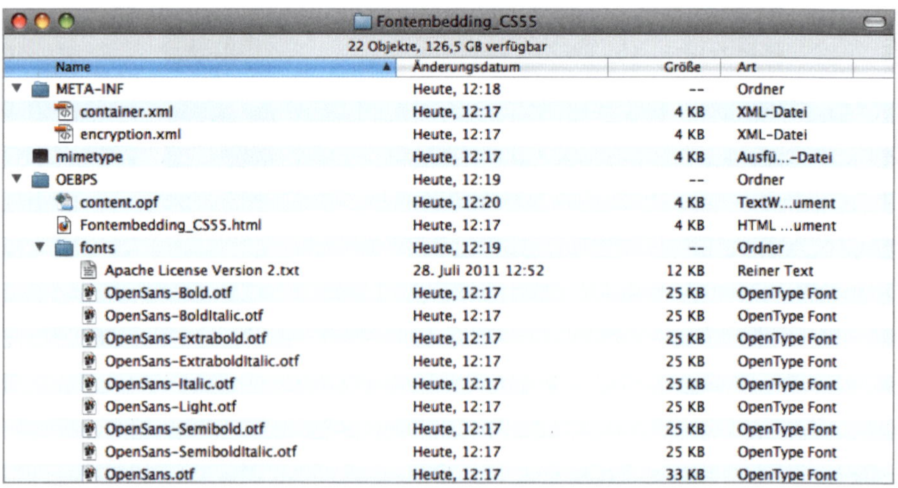

Öffnen Sie die Datei »content.opf« mit einem Editor und fügen Sie bei `<manifest>` die Codezeile(n) `<item id="Dateiname.otf" href="fonts/Dateiname.otf" media-type="application/x-font-otf"/>` hinzu. Beispiel:

```
<manifest>
   <item id="ncx" href="toc.ncx" media-type="application/x-
   dtbncx+xml"/>
   <item id="css" href="template.css" media-type="text/css"/>
   <item id="Fontembedding_CS55" href="Fontembedding_CS55.html"
   media-type="application/xhtml+xml"/>
   <item id="x218.png" href="images/218.png" media-type="image/
   png"/>
   <item id="OpenSans.otf" href="fonts/OpenSans.otf" media-
   type="application/x-font-otf"/>
   <item id="OpenSans-Bold.otf" href="fonts/OpenSans-Bold.otf"
   media-type="application/x-font-otf"/>
   <item id="OpenSans-BoldItalic.otf" href="fonts/OpenSans-
   BoldItalic.otf" media-type="application/x-font-otf"/>
   <item id="OpenSans-Extrabold.otf" href="fonts/OpenSans-
   Extrabold.otf" media-type="application/x-font-otf"/>
   <item id="OpenSans-ExtraboldItalic.otf" href="fonts/OpenSans-
   ExtraboldItalic.otf" media-type="application/x-font-otf"/>
   <item id="OpenSans-Italic.otf" href="fonts/OpenSans-Italic.
   otf" media-type="application/x-font-otf"/>
   <item id="OpenSans-Light.otf" href="fonts/OpenSans-Light.otf"
   media-type="application/x-font-otf"/>
   <item id="OpenSans-Semibold.otf" href="fonts/OpenSans-
   Semibold.otf" media-type="application/x-font-otf"/>
   <item id="OpenSans-SemiboldItalic.otf" href="fonts/OpenSans-
   SemiboldItalic.otf" media-type="application/x-font-otf"/>
   <item id="OpenSansLight-Italic.otf" href="fonts/
   OpenSansLight-Italic.otf" media-type="application/x-font-
   otf"/>
  </manifest>
```

Wechseln Sie mit dem Editor zur Datei »template.css«. Ganz am Anfang fügen Sie nachfolgende Zeilen hinzu. Für jede Schrift wird ein separater Eintrag benötigt:

```
@font-face {
   font-family : "Schriftname";
   font-style : normal;
   font-weight : normal;
```

```
        src : url("fonts/Dateiname.otf");
    }
```

Und in den CSS-Formaten geben Sie dann die manuell eingebaute Schrift an:

```
    p.Absatzformat {
        font-family: "Schriftname", sans-serif;
        font-weight: normal;
        font-style: normal;
    }
```

Störquellen beseitigen

Adobe InDesign verschlüsselt die Schriften beim Einbetten in die ePub-Datei. Dies ist sinnvoll, da somit die Schriften mitgegeben werden können, ohne die Lizenzrechte zu verletzen. Wir möchten Sie aber bitten, die Details mit Ihrem Schrifthändler abzuklären. Manche E-Book-Geräte kommen allerdings mit dieser Verschlüsselung nicht klar. Es ist möglich, diese Verschlüsselung durch Austausch der Schriften aufzuheben. Sie müssen allerdings die notwendigen Lizenzrechte dazu haben.

Entpacken Sie wieder mal Ihre ePub-Datei. Im Ordner »OEBPS« gibt es einen Unterordner »fonts«. Ersetzen Sie die dort enthaltenen Schriften durch ihre originale (unverschlüsselte) Version. Die Dateinamen müssen die gleichen wie in der ePub-Datei sein. (Wenn Sie TrueType-Schriften benutzt haben, hat InDesign daraus Open Type gemacht. Sie müssen also die content.opf- sowie die template.css-Datei nach »otf« durchsuchen und durch »ttf« ersetzen.)

Löschen Sie die Datei »encryption.xml« im Ordner »META-INF«.

Eine Liste der von Adobe unterstützten Geräte finden Sie auf der Internetseite [☝**56**].

Für iOS aktivieren

Bis zu iOS 4.2 und iBooks 1.2 wurden eingebettete Schriften noch gar nicht unterstützt. Und ab iBooks 1.2 ist dies nur möglich, wenn man iBooks explizit sagt, dass eingebettete Schriften enthalten sind und diese verwendet werden sollen. Dazu erstellen Sie eine neue Datei mit dem exakten Namen »com.apple.ibooks.display-options.xml« im Ordner »META-INF«. In diese XML-Datei schreiben Sie folgenden Code:

```
<?xml version="1.0" encoding="UTF-8"?>
<display_options>
<platform name="*">
<option name="specified-fonts">true</option>
</platform>
</display_options>
```

Wenn Sie nun Ihre einzelnen Dateien wieder zu einer ePub-Datei zusammenfügen und zum iPhone / iPad übertragen, kann iBooks eingebettete Schriften darstellen.

Sonderzeichen und Symbole

Auf dem iPad sind zwei Symbolschriften vorinstalliert. Die erste heißt Bodoni Ornaments und kann wie jede andere Schrift verwendet werden. Bei der zweiten Schrift Zapf Dingbats muss für jedes Symbol ein spezieller Unicode-Wert angegeben werden. Um das Symbol darzustellen, müssen Sie in der XHTML-Datei an betreffender Stelle den Code »&#x«, gefolgt von einem vierstelligen Wert, und als Abschluss ein Semikolon (;) angeben. Der Code sieht dann wie »✐« aus (die Nummern variieren). Die Codes können Sie folgender Liste entnehmen:

Symbol	Unicode Wert	HTML Wert
✁	2701	✁
✂	2702	✂
✃	2703	✃
✄	2704	✄
✆	2706	✆
✇	2707	✇
✈	2708	✈
✉	2709	✉
✌	270c	✌
✍	270d	✍
✎	270e	✎
✏	270f	✏
✐	2710	✐
✑	2711	✑
✒	2712	✒
✓	2713	✓
✔	2714	✔
✕	2715	✕
✖	2716	✖
✗	2717	✗
✘	2718	✘
✙	2719	✙
✚	271a	✚
✛	271b	✛
✜	271c	✜

Symbol	Unicode Wert	HTML Wert
✝	271d	✝
✞	271e	✞
✟	271f	✟
✠	2720	✠
✡	2721	✡
✢	2722	✢
✣	2723	✣
✤	2724	✤
✥	2725	✥
✦	2726	✦
✧	2727	✧
✩	2729	✩
✪	272a	✪
✫	272b	✫
✬	272c	✬
✭	272d	✭
✮	272e	✮
✯	272f	✯
✰	2730	✰
✱	2731	✱
✲	2732	✲
✳	2733	✳
✴	2734	✴
✵	2735	✵
✶	2736	✶
✷	2737	✷
✸	2738	✸
✹	2739	✹
✺	273a	✺
✻	273b	✻
✼	273c	✼
✽	273d	✽
✾	273e	✾
✿	273f	✿
❀	2740	❀
❁	2741	❁

Symbol	Unicode Wert	HTML Wert
❂	2742	❂
❃	2743	❃
❄	2744	❄
❅	2745	❅
❆	2746	❆
❇	2747	❇
❈	2748	❈
❉	2749	❉
❊	274a	❊
❋	274b	❋
❍	274d	❍
❏	274f	❏
❐	2750	❐
❑	2751	❑
❒	2752	❒
❖	2756	❖
❘	2758	❘
❙	2759	❙
❚	275a	❚
❛	275b	❛
❜	275c	❜
❝	275d	❝
❞	275e	❞
❡	2761	❡
❢	2762	❢
❣	2763	❣
❤	2764	❤
❥	2765	❥
❦	2766	❦
❧	2767	❧
❨	2768	❨
❩	2769	❩
❪	276a	❪
❫	276b	❫
❬	276c	❬
❭	276d	❭

Symbol	Unicode Wert	HTML Wert
❮	276e	❮
❯	276f	❯
❰	2770	❰
❱	2771	❱
❲	2772	❲
❳	2773	❳
❴	2774	❴
❵	2775	❵
❶	2776	❶
❷	2777	❷
❸	2778	❸
❹	2779	❹
❺	277a	❺
❻	277b	❻
❼	277c	❼
❽	277d	❽
❾	277e	❾
❿	277f	❿
➀	2780	➀
➁	2781	➁
➂	2782	➂
➃	2783	➃
➄	2784	➄
➅	2785	➅
➆	2786	➆
➇	2787	➇
➈	2788	➈
➉	2789	➉
➊	278a	➊
➋	278b	➋
➌	278c	➌
➍	278d	➍
➎	278e	➎
➏	278f	➏
➐	2790	➐
➑	2791	➑

Symbol	Unicode Wert	HTML Wert
➒	2792	➒
➓	2793	➓
➔	2794	➔
➘	2798	➘
➙	2799	➙
➚	279a	➚
➛	279b	➛
➜	279c	➜
➝	279d	➝
➞	279e	➞
➟	279f	➟
➠	27a0	➠
➡	27a1	➡
➢	27a2	➢
➣	27a3	➣
➤	27a4	➤
➥	27a5	➥
➦	27a6	➦
➧	27a7	➧
➨	27a8	➨
➩	27a9	➩
➪	27aa	➪
➫	27ab	➫
➬	27ac	➬
➭	27ad	➭
➮	27ae	➮
➯	27af	➯
➱	27b1	➱
➲	27b2	➲
➳	27b3	➳
➴	27b4	➴
➵	27b5	➵
➶	27b6	➶
➷	27b7	➷
➸	27b8	➸
➹	27b9	➹

Symbol	Unicode Wert	HTML Wert
➺	27ba	➺
➻	27bb	➻
➼	27bc	➼
➽	27bd	➽
➾	27be	➾

14 Bilder, Kästen und andere Gestaltungselemente

14.1 Kästen und farbige Auszeichnungen fertigstellen

Dieser Teil ist die Fortsetzung von Kapitel 5.6, S. 90 und beschreibt, wie die Hintergrundfarben, Ränder und Abstände in Ihre ePub-Datei eingearbeitet werden. Öffnen Sie die CSS-Datei (template.css) mit einem Editor. Wir kümmern uns zuerst um die farbige Auszeichnung.

Suchen Sie im Code der CSS-Datei nach Ihrem Zeichenformat für farbige Auszeichnungen.

```
span.Farbige-Auszeichnung {
   text-decoration: underline;
   color: #ffffff;
}
```

Fügen Sie die Codezeile `background-color: #991614;` mit dem gewünschten hexadezimalen Farbcode hinzu. Wie Sie den Hexadezimal-Code einer bestimmten Farbe herausfinden, können Sie im Kapitel 11.4, S. 153 nachlesen.

```
span.Farbige-Auszeichnung {
   text-decoration: underline;
   color: #ffffff;
   background-color: #991614;
}
```

Damit wären schon unsere farbigen Auszeichnungen erstellt. Fehlen noch die Kästen.

Kästen in HTML und CSS gestalten

Wir lassen die Datei noch offen bzw. öffnen sie mit einem Editor. Sollten Sie die Vorbereitung richtig erledigt haben, finden Sie am Ende der CSS-Datei eine »div«-Klasse mit dem Objektformatnamen, den Sie in InDesign gewählt haben.

```
div.Kasten {
}
```

Nun gilt es hier die richtigen Codezeilen einzufügen. Es gibt in CSS eine große Zahl an Gestaltungsmöglichkeiten für Kästen. Wir werden Ihnen an dieser Stelle die am häufigsten benutzten Codes erklären, angefangen mit den Abständen.

Das CSS-Box-Modell

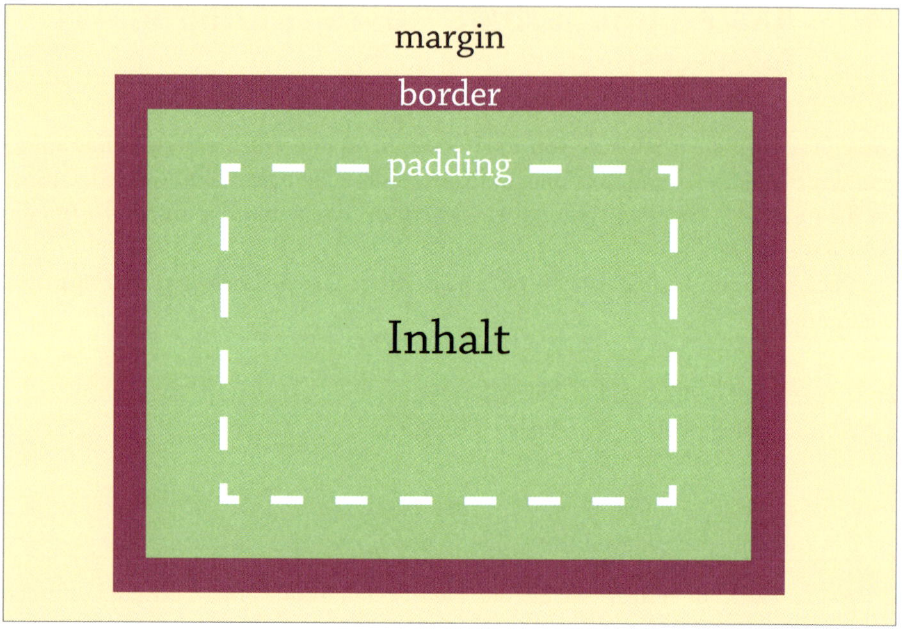

Inhalt: Inhalt eines Elements, z. B. Text oder ein Bild

padding: Abstand zwischen Inhalt und Rahmen, der die Hintergrundfarbe des Inhalts übernimmt

border: Rahmen des Elements

margin: Außenabstand des Elements, der transparent ist oder die Hintergrundfarbe des drumherum befindlichen Elements (body, div etc.) übernimmt

»div.Kasten« müssen Sie sich als virtuelle und noch unsichtbare Fläche vorstellen (Element), die zwischen zwei Textabschnitten positioniert ist. Die Abstände zu den Textabschnitten sowie zu den Seitenrändern (entspricht der Konturenführung in InDesign) werden mit dem Befehl: **(A)** `margin`: [Abstand oben] [Abstand rechts] [Abstand unten] [Abstand links]; angegeben. Die Werte können auch in weiteren Kombinationen definiert werden: **(B)** `margin`: [Abstand alle Seiten]; | **(C)** `margin`: [Abstand oben/unten] [Abstand links/rechts]; | **(D)** `margin`: [Abstand oben] [Abstand links/rechts] [Abstand unten]. Die Kombinationen sind nicht nur auf `margin` begrenzt.

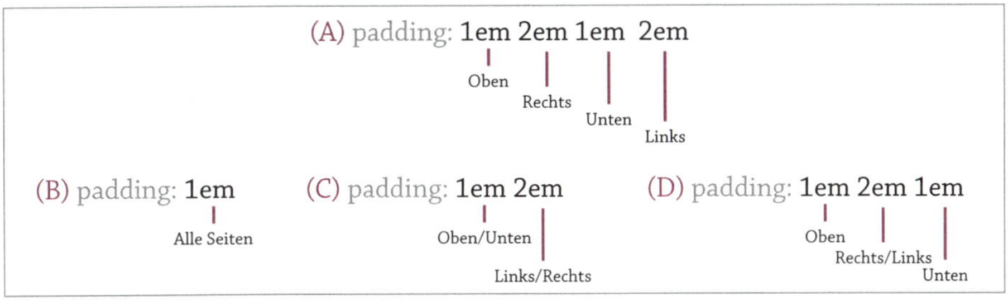


```
div.Kasten {
   margin: 1em 2em 1em 2em;
}
```

Der innere Abstand zur virtuellen Fläche wird mit `padding: [Abstand oben] [Abstand rechts] [Abstand unten] [Abstand links];` geregelt.

```
div.Kasten {
   padding: 1em;
}
```

Nachdem die inneren und äußeren Abstände definiert sind, kann der Fläche eine Hintergrundfarbe zugewiesen werden, um den Kasten sichtbar zu machen. Dafür steht der Befehl `background-color: #991614;` zur Verfügung.

```
   div.Kasten {
   background-color: #991614;
}
```

Zu guter Letzt wird die Kontur definiert. Diese setzt sich aus drei Grundcodes zusammen: der Konturstärke, der Konturfarbe und dem Konturstil.

```
div.Kasten {
   border-width: 2px; /*Konturstärke*/
   border-style: solid; /*Konturstil*/
   border-color: black; /*Konturfarbe*/
}
```

Für den Konturstil haben Sie acht Möglichkeiten: `border-style: solid;` | `border-style: dotted;` | `border-style: dashed;` | `border-style: double;` | `border-style: groove;` | `border-style: ridge;` | `border-style: inset;` | `border-style: outset;` – wobei von den meisten Geräten aber nur solid; dotted; dashed unterstützt werden.

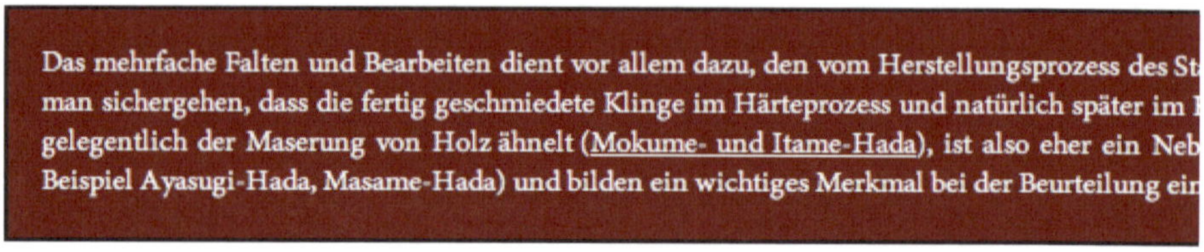

Solid

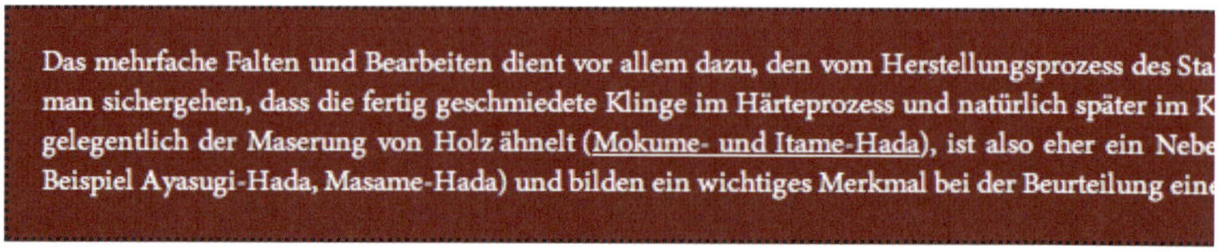

Dotted

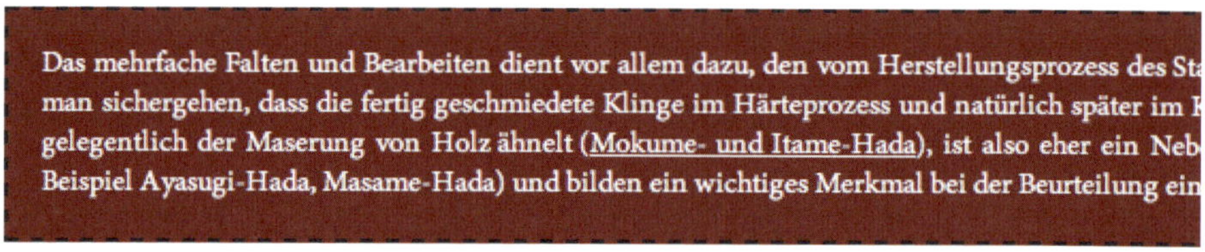

Dashed

Der Kasten wird mit sechs CSS-Codezeilen definiert:

```
div.Kasten {
   margin: 1em 2em 1em 2em;
   padding: 1em;
   border-width: 2px; /*Konturstärke*/
   border-style: solid; /*Konturstil*/
   border-color: black; /*Konturfarbe*/
   background-color: #991614;
}
```

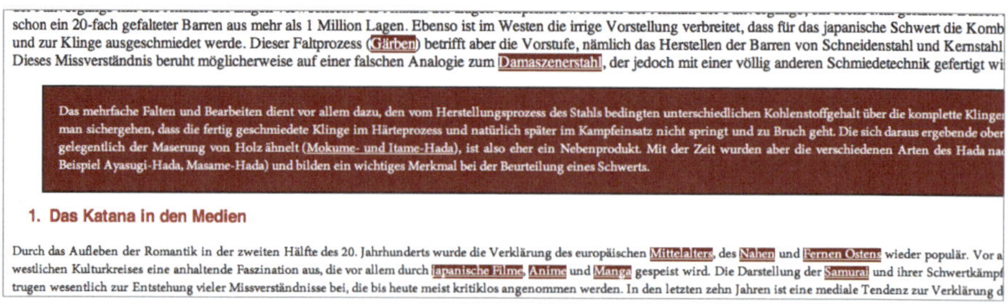

Abgerundete Ecken

Auch abgerundete Ecken sind möglich. Diese Funktion wird allerdings erst mit dem kommenden und nicht mit dem offiziellen CSS3-Standard definiert werden. Es gibt noch keine einheitliche Kodierung für alle Browser und erst wenige E-Reader unterstützen die Funktion der abgerundeten Ecken. Möchten Sie Ihr E-Book jedoch schon für die Zukunft vorbereiten, können Sie die Codes bereits angeben.

```
div.Kasten {
   margin: 1em 2em 1em 2em;
   padding: 1em;
   border-width: 2px; /*Konturstärke*/
   border-style: solid; /*Konturstil*/
   border-color: black; /*Konturfarbe*/
   background-color: #991614;
   border-radius: 10px 10px 10px 10px; /*Ist als allgemeiner Code
   vorgesehen*/
   -moz-border-radius: 10px 10px 10px 10px; /*Code für Mozilla
   Firefox*/
   -webkit-border-radius: 10px 10px 10px 10px; /*Code für Apple
   Safari, iBooks, ...*/
   -o-border-radius: 10px 10px 10px 10px; /*Code für Opera*/
}
```

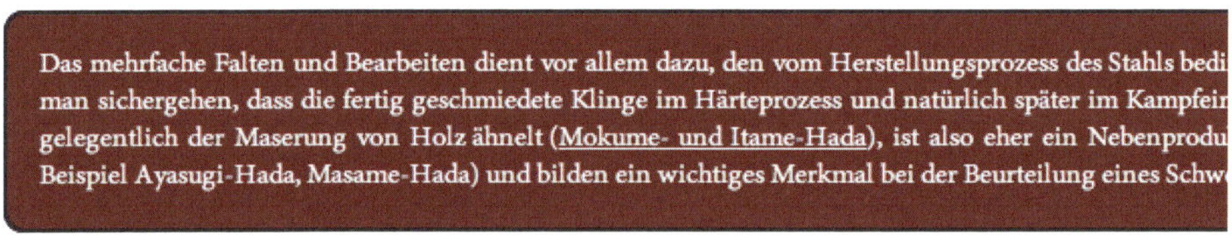

14.2 Bilder und Kästen mit Text umfließen

Bilder umfließen

Im Kapitel 5.7, S. 93 wurden Bilder und Kästen, die mit Text umflossen werden sollen, bereits vorbereitet. In dieser Weiterverarbeitung erfahren Sie, welche Codeänderungen noch vorgenommen werden müssen.

In der entsprechenden HTML-Datei des Kapitels suchen wir nun die Stelle mit unserem Bild. Der Code sollte in etwa wie folgt aussehen:

```
<div class="UMFLIESSEN leftFloat">
   <div class="UMFLIESSEN">
      <p class="para-style-override-2">
         <img width="109" height="204" src="images/125px-Katana-_
         Klinge_fmt.jpeg" alt="125px-Katana-_Klinge.jpg" />
      </p>
   </div>
   <div class="UMFLIESSEN">
      <p class="impressum para-style-override-3">
         <span>
            Querschnitt durch die Klinge eines Katana.
         </span>
      </p>
   </div>
</div>
```

In erster Hinsicht ist vor allem die Zeile `<div class="UMFLIESSEN leftFloat">` interessant, da Sie hier die Möglichkeit haben, Ihr Bild entweder an der linken oder rechten Seite der Textpassage zu positionieren. Standardmäßig setzt InDesign das Bild auf die linke Seite. Wenn Sie den Code aber auf `<div class="UMFLIESSEN rightFloat">` umändern, wird das Bild an die rechte Position vom Text gesetzt. Anders als in InDesign haben Sie hier nur die Auswahl zwischen links und rechts. Mit dem ePub3-Standard und HTML5 entsteht aber die Möglichkeit, die Position frei zu wählen.

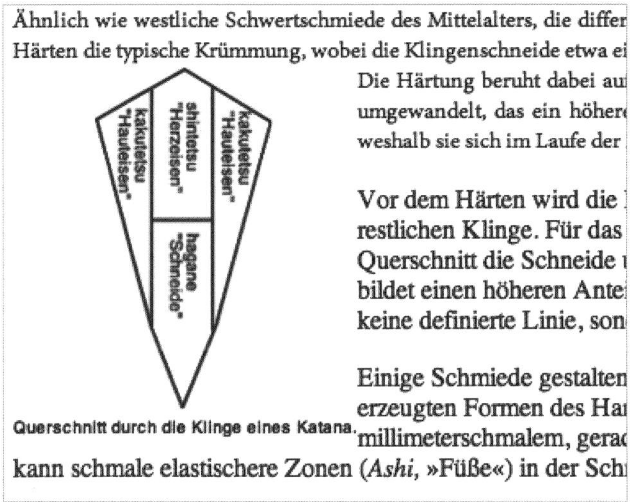

Durch den Code <div class=”UMFLIESSEN leftFloat”> **ist das Bild links positioniert.**

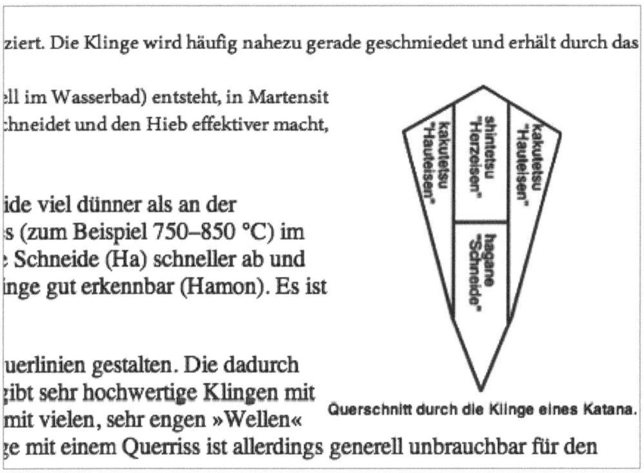

Durch den Code <div class=”UMFLIESSEN rightFloat”> **ist das Bild rechts positioniert.**

Schaut man sich das Resultat an, fällt auf, dass die Legende zu nahe am Text steht. Um dies zu ändern, wechseln Sie mit Ihrem Editor zu der CSS-Datei (template.css). Ganz am Ende finden Sie den Namen Ihres Objektformates, das der Gruppe und damit auch dem Textrahmen mit der Legende in InDesign zugewiesen wurde, wieder (hier: UMFLIESSEN).

```
div.UMFLIESSEN {
}
```

In der CSS-Regel können Sie nun die Breite einer unsichtbaren Fläche angeben, in der sich das Bild und die Legende befinden. Dies erreichen Sie mit dem Code `width: [Maße]`. Sie können dieser unsichtbaren Fläche auch noch eine Konturenführung geben, indem Sie den Code `margin: [Wert Oben] [Wert Rechts] [Wert Unten] [Wert Links]` einfügen. Diese Einstellungen betreffen jedes Objekt, dem das Objektformat zugewiesen wurde. Ihre CSS-Datei sieht dann etwa wie folgt aus:

```
div.UMFLIESSEN {
   width: 150px;
   margin: 3px 12px 12px 0;
}
```

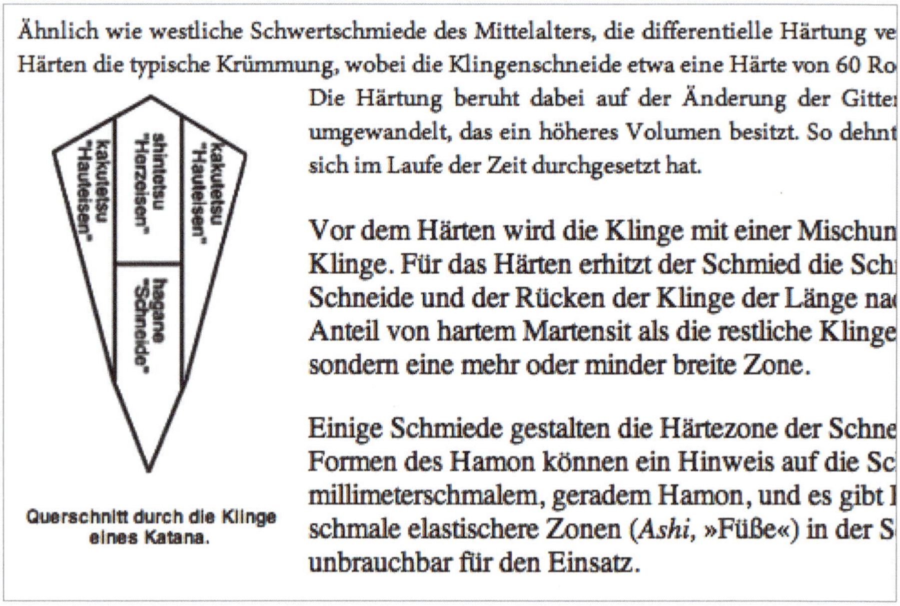

Fertiges Resultat

Hilfe, ich habe weder die Konturenführung noch das Objektformat erstellt!

Sie befinden sich in der Situation, dass Sie die finale ePub-Datei bereitgestellt haben? Sie haben bereits etliche Änderungen im HTML- und CSS-Code der ePub-Datei vorgenommen, aber die Konturenführung und die Objektformate für die Bilder vergessen? Wie schon in einem berühmten Roman können wir Ihnen auch hier nur raten:

Sie werden wohl ein ähnliches Bild wie das unten gezeigte Beispiel vor sich sehen:

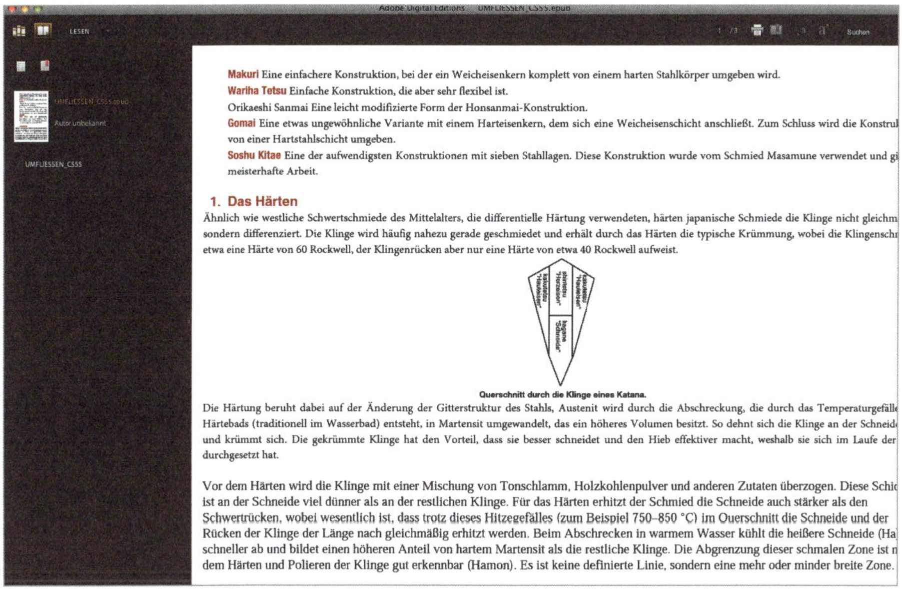

Öffnen Sie die betreffende HTML-Datei mit einem Editor und suchen Sie die Codestelle, die mit `<div class="group">` anfängt.

```
<div class="group">
  <div class="image">
    <p class="para-style-override-2">
      <img width="109" height="204" src="images/125px-Katana-_
      Klinge_fmt.jpeg" alt="125px-Katana-_Klinge.jpg" />
    </p>
```

```
        </div>
        <div class="story">
            <p class="impressum para-style-override-3">
                <span>
                    Querschnitt durch die Klinge eines Katana.
                </span>
            </p>
        </div>
    </div>
```

Ändern Sie das Wort »group« in der ersten Zeile in ein beliebiges Wort Ihrer Wahl, z.B. `<div class="umfliessen">`.

```
    <div class="umfliessen">
        <div class="image">
            <p class="para-style-override-2">
                <img width="109" height="204" src="images/125px-Katana-_
                Klinge_fmt.jpeg" alt="125px-Katana-_Klinge.jpg" />
            </p>
        </div>
        <div class="story">
            <p class="impressum para-style-override-3">
                <span>
                    Querschnitt durch die Klinge eines Katana.
                </span>
            </p>
        </div>
    </div>
```

Wechseln Sie mit dem Editor zur CSS-Datei (»template CSS«) und fügen Sie dort ganz zum Schluss folgende Codezeilen hinzu:

```
        div.umfliessen {
            float: left;
            width: 150px;
            margin: 3px 12px 12px 0;
        }
```

wobei der Code `float: left;` oder `float: right;` die Position des Bildes auf der linken oder rechten Seite angibt. Hinter dem »div« muss Ihr frei gewählter Name stehen.

Das war's dann auch schon und es genügt, in jeder HTML-Datei die Zeile bei jedem Bild in `<div class="umfliessen">` zu ändern.

Kästen umfließen

Um einen Kasten mit Texten umfließen zu lassen, sind dieselben Schritte nötig wie bei Bildern. Es ist allerdings eine zusätzliche Codezeile manuell einzugeben. Während bei Bildern eine Mindestbreite durch das Bild vorgegeben wird, muss für einen Kasten die Breite definiert werden. Der Code für die Breite ist `width: 30%;` und kann in Prozent angegeben werden, um immer den angegebenen Prozentsatz des Bildschirms auszufüllen. Der Code kann aber auch eine fixe Breite beinhalten: `width: 300px;`.

```
div.Kasten {
   width: 30%;
   float: left;
   margin: 0.25em 2em 1em 2em;
   padding: 1em;
   border-width: 2px; /*Konturstärke*/
   border-style: solid; /*Konturstil*/
   border-color: black; /*Konturfarbe*/
   background-color: #991614;
}
```

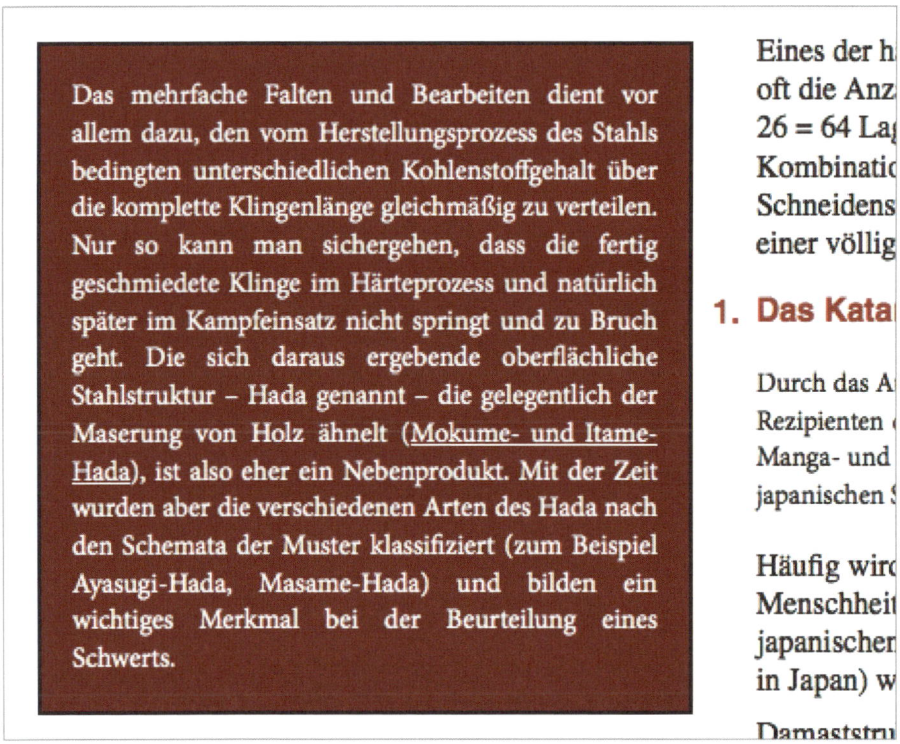

14.3 Bildgrößen im ePub

Beim Testen der ePub-Datei ist häufig festzustellen, dass E-Book-Bilder sich nicht so darstellen wie vorgesehen und die Bilder verschiedene Größen haben.

Unterschiedliche Größen der Bilder vermindern das Lesevergnügen.

Es ist aber nicht notwendig, aufwändig eine neue ePub-Datei zu erzeugen und alle bis dahin vorgenommenen Änderungen neu einzupflegen. Die Bildgrößen können im Quellcode der ePub-Datei angepasst werden. Der Code der Bilder stellt sich wie folgt dar: `<img src="images/Dateiname.jpeg" alt="Dateiname.JPG"/>` oder, wenn Sie feste Werte in InDesign angegeben haben, sogar `<img width="55" height="41" src="images/Dateiname.jpeg" alt="Dateiname.JPG"/>`. Dabei sind die beiden Codes »width« und »height« zu beachten, durch sie werden die Größenverhältnisse der Bilder gesteuert. Wird nur eine Zahl ohne Maßeinheit angegeben, ist Pixel die Maßeinheit. Der Wert beschreibt die Höhe oder Breite des Bildes im Buch. Eine solche Angabe ist nur bei einem festen Wert sinnvoll. In einem E-Book ist es aber eher üblich, dass die Bilder sich der Bildschirmbreite automatisch anpassen sollen. Um dies zu bewerkstelligen, ändern Sie den Wert für die Höhe oder Breite in einen Prozentsatz um. Bei einem Querformatbild wird in der Regel die Angabe der Breite angepasst, bei einem Hochformatbild die der Höhe. Behalten Sie dann auch nur diesen einen Code bei und löschen den anderen heraus, so dass Ihr Code für das Bild in etwa so aussieht: `<img width="100%" src="images/Dateiname.jpeg" alt="Dateiname.JPG"/>`. Andernfalls wird das Bild unproportional dargestellt. 100 % ist der Wert, um die ganze Bildschirmbreite oder -höhe auszufüllen. Sie können aber jeden beliebigen Wert eingeben, zum Beispiel 50 % für die Hälfte der Bildschirmbreite oder -höhe. Um alle Bilder in der gleichen Größe darzustellen, muss jedes Bild dabei einzeln angepasst werden.

Wie Sie der obigen Abbildung entnehmen können, gibt es aber noch einen Nachteil bei der Nachbearbeitung im Quellcode: Bilder, die im Original nur Briefmarkengröße hatten, werden dann so stark vergrößert, dass ihre Pixelanzahl für die Bildschirmdarstellung nicht ausreichend ist.

14.4 Einen Bildraster erstellen

Sind in dem Buch viele Bilder enthalten, ist ein Bildraster ein netter Effekt, um die Bilder auf einer Seite zusammen darzustellen. Was für den Druck recht leicht realisierbar ist, stellt für E-Books allerdings eine Herausforderung dar. Zwar kann man in InDesign hingehen, die Bilder gruppieren und mit den Objektexportoptionen die Bildergruppe als ein Bild darstellen. Nur wird diese Bildergruppe dann auch später in der ePub-Datei als ein ganzes Bild behandelt und es ist nicht möglich, die Bilder einzeln zu vergrößern und anzuschauen. Es gibt aber einen Weg, einen Bildraster für iBooks zu erzeugen. Andere Lesegeräte unterstützen noch keine Bildraster.

Vorbereitung in InDesign

Legen Sie Ihren Bildraster auf einer freien Fläche in InDesign an. Die Bilder dürfen auf dem Infobereich Ihres Dokuments liegen und müssen noch nicht im Layout enthalten sein. Für die Gesamtgröße können Sie das Format von 600 × 860 Pixel wählen, um in iBooks eine ganze Seite zu füllen.

Bildraster in InDesign anlegen

Wählen Sie alle Bilder aus und öffnen Sie die Objektexportoptionen (Menü: *Objekt → Objektexportoptionen*). Bei *EPUB und HTML* aktivieren Sie zuerst die *Benutzerdefinierte Rasterung* und stellen bei Größe *Relativ zur Seitenbreite* ein. Es empfiehlt sich auch, die Auflösung möglichst hoch, in diesem Fall 300 ppi, zu wählen.

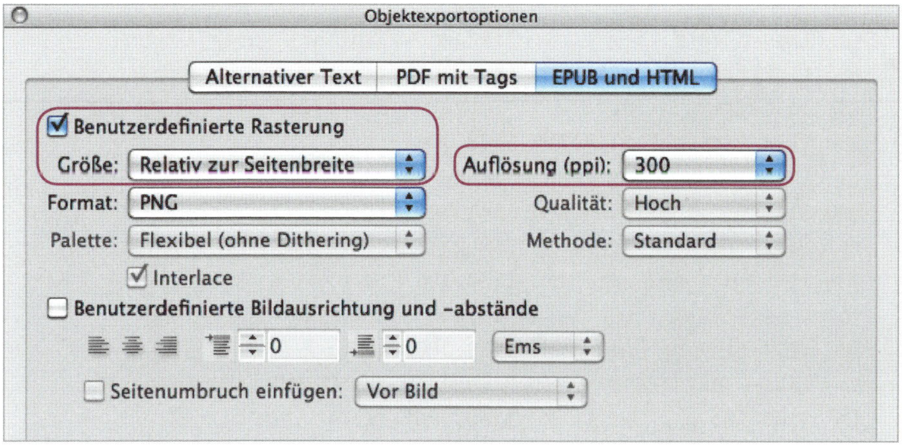

Sind die Objektexportoptionen eingestellt, legen Sie im Text für jedes Bild eine Leerzeile an. Es ist keine spezielle Formatierung für die Leerzeilen vorgegeben. Verankern Sie anschließend jedes Bild mit seiner eigenen Leerzeile.

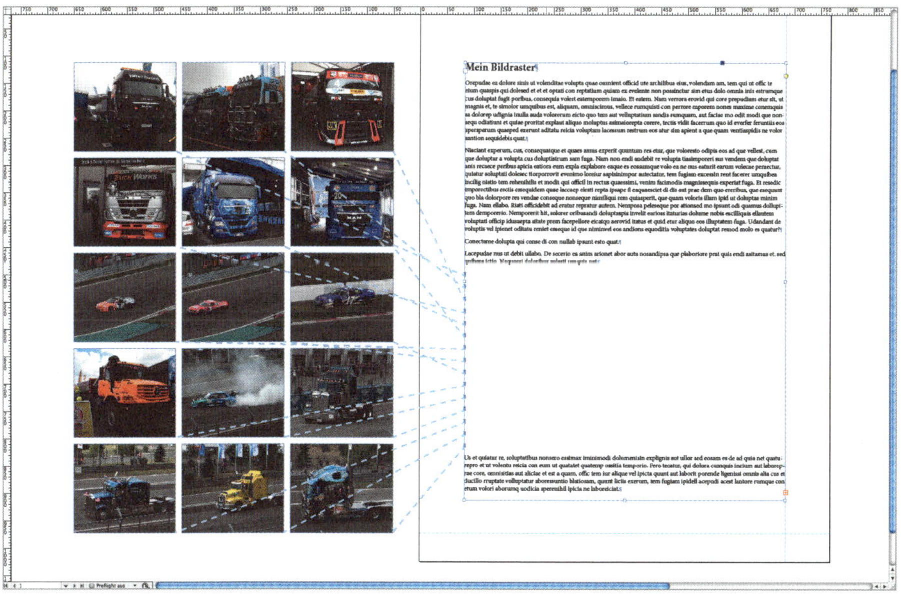

Nun können Sie auch schon Ihr ePub-Dokument exportieren. Es sind keine speziellen Einstellungen beim Export erforderlich.

Die Weiterverarbeitung im ePub-Dokument

Wie auch schon bei anderen Arbeitsschritten entpacken Sie die ePub-Datei oder öffnen sie direkt mit Sigil oder einem anderen Editor, der diese Funktion unterstützt. Öffnen Sie das Kapitel mit dem Bildraster und suchen Sie nach dem Code der Bilder.

```
<p class="Text"><img class="image" width="32%" src="images/
IMG_1137_fmt.png" alt="IMG_1137.JPG"/></p>
<p class="Text"><img class="image" width="32%" src="images/
IMG_1138_fmt.png" alt="IMG_1138.JPG"/></p>
<p class="Text"><img class="image" width="32%" src="images/
IMG_1141_fmt.png" alt="IMG_1141.JPG"/></p>
<p class="Text"><img class="image" width="32%" src="images/
IMG_1154_fmt.png" alt="IMG_1154.JPG"/></p>
<p class="Text"><img class="image" width="32%" src="images/
IMG_1159_fmt.png" alt="IMG_1159.JPG"/></p>
<p class="Text"><img class="image" width="32%" src="images/
IMG_1160_fmt.png" alt="IMG_1160.JPG"/></p>
<p class="Text"><img class="image" width="32%" src="images/
IMG_1247_fmt.png" alt="IMG_1247.JPG"/></p>
<p class="Text"><img class="image" width="32%" src="images/
IMG_1249_fmt.png" alt="IMG_1249.JPG"/></p>
<p class="Text"><img class="image" width="32%" src="images/
IMG_1312_fmt.png" alt="IMG_1312.JPG"/></p>
<p class="Text"><img class="image" width="32%" src="images/
IMG_1368_fmt.png" alt="IMG_1368.JPG"/></p>
<p class="Text"><img class="image" width="32%" src="images/
IMG_1393_fmt.png" alt="IMG_1393.JPG"/></p>
<p class="Text"><img class="image" width="32%" src="images/
IMG_1410_fmt.png" alt="IMG_1410.JPG"/></p>
<p class="Text"><img class="image" width="32%" src="images/
IMG_1418_fmt.png" alt="IMG_1418.JPG"/></p>
<p class="Text"><img class="image" width="32%" src="images/
IMG_1423_fmt.png" alt="IMG_1423.JPG"/></p>
<p class="Text"><img class="image" width="32%" src="images/
IMG_1439_fmt.png" alt="IMG_1439.JPG"/></p>
```

Um den Bildraster zu erzeugen, muss dieser Bildercode gesäubert und verändert werden.

Schritt 1: Unnötige Elemente entfernen

Die Bilder sind mit dem Element <p> umschlossen, das entfernt werden kann.

```
<img class="image" width="32%" src="images/IMG_1137_fmt.png"
alt="IMG_1137.JPG"/>
<img class="image" width="32%" src="images/IMG_1138_fmt.png"
alt="IMG_1138.JPG"/>
<img class="image" width="32%" src="images/IMG_1141_fmt.png"
alt="IMG_1141.JPG"/>
<img class="image" width="32%" src="images/IMG_1154_fmt.png"
alt="IMG_1154.JPG"/>
<img class="image" width="32%" src="images/IMG_1159_fmt.png"
alt="IMG_1159.JPG"/>
<img class="image" width="32%" src="images/IMG_1160_fmt.png"
alt="IMG_1160.JPG"/>
<img class="image" width="32%" src="images/IMG_1247_fmt.png"
alt="IMG_1247.JPG"/>
<img class="image" width="32%" src="images/IMG_1249_fmt.png"
alt="IMG_1249.JPG"/>
<img class="image" width="32%" src="images/IMG_1312_fmt.png"
alt="IMG_1312.JPG"/>
<img class="image" width="32%" src="images/IMG_1368_fmt.png"
alt="IMG_1368.JPG"/>
<img class="image" width="32%" src="images/IMG_1393_fmt.png"
alt="IMG_1393.JPG"/>
<img class="image" width="32%" src="images/IMG_1410_fmt.png"
alt="IMG_1410.JPG"/>
<img class="image" width="32%" src="images/IMG_1418_fmt.png"
alt="IMG_1418.JPG"/>
<img class="image" width="32%" src="images/IMG_1423_fmt.png"
alt="IMG_1423.JPG"/>
<img class="image" width="32%" src="images/IMG_1439_fmt.png"
alt="IMG_1439.JPG"/>
```

Schritt 2: Den Bildcode abändern

Auch im Bildcode sind noch zu viele Informationen enthalten, denn die Klasse und die Breitenangaben können dort entfernt werden. Merken Sie sich jedoch den Wert bei der Breitenangabe, da Sie diesen Prozentsatz später noch brauchen.

```
<img src="images/IMG_1137_fmt.png" alt="IMG_1137.JPG"/>
<img src="images/IMG_1138_fmt.png" alt="IMG_1138.JPG"/>
<img src="images/IMG_1141_fmt.png" alt="IMG_1141.JPG"/>
```

```
<img src="images/IMG_1154_fmt.png" alt="IMG_1154.JPG"/>
<img src="images/IMG_1159_fmt.png" alt="IMG_1159.JPG"/>
<img src="images/IMG_1160_fmt.png" alt="IMG_1160.JPG"/>
<img src="images/IMG_1247_fmt.png" alt="IMG_1247.JPG"/>
<img src="images/IMG_1249_fmt.png" alt="IMG_1249.JPG"/>
<img src="images/IMG_1312_fmt.png" alt="IMG_1312.JPG"/>
<img src="images/IMG_1368_fmt.png" alt="IMG_1368.JPG"/>
<img src="images/IMG_1393_fmt.png" alt="IMG_1393.JPG"/>
<img src="images/IMG_1410_fmt.png" alt="IMG_1410.JPG"/>
<img src="images/IMG_1418_fmt.png" alt="IMG_1418.JPG"/>
<img src="images/IMG_1423_fmt.png" alt="IMG_1423.JPG"/>
<img src="images/IMG_1439_fmt.png" alt="IMG_1439.JPG"/>
```

Schritt 3: Container erstellen

Der Speicherort der Bilder ist jetzt definiert, doch ähnlich wie in InDesign müssen die Bilder in einen Rahmen eingesetzt werden. Dafür muss für jedes einzelne das Element `<div>` erstellt werden. Die genaue Angabe lautet `<div class="[beliebiger Name]">` und wird vor den Bildcode eingefügt. In HTML muss jedes angefangene Tag auch wieder geschlossen werden. In dem Fall haben Sie das Element `<div>` geöffnet und müssen es wieder schließen, indem am Ende des jeweiligen Bildes `<div>` eingefügt wird. Seine Eigenschaften werden später in der CSS-Datei definiert.

```
<div class="bildraster"><img src="images/IMG_1137_fmt.png"
alt="IMG_1137.JPG"/></div>
<div class="bildraster"><img src="images/IMG_1138_fmt.png"
alt="IMG_1138.JPG"/></div>
<div class="bildraster"><img src="images/IMG_1141_fmt.png"
alt="IMG_1141.JPG"/></div>
<div class="bildraster"><img src="images/IMG_1154_fmt.png"
alt="IMG_1154.JPG"/></div>
<div class="bildraster"><img src="images/IMG_1159_fmt.png"
alt="IMG_1159.JPG"/></div>
<div class="bildraster"><img src="images/IMG_1160_fmt.png"
alt="IMG_1160.JPG"/></div>
<div class="bildraster"><img src="images/IMG_1247_fmt.png"
alt="IMG_1247.JPG"/></div>
<div class="bildraster"><img src="images/IMG_1249_fmt.png"
alt="IMG_1249.JPG"/></div>
<div class="bildraster"><img src="images/IMG_1312_fmt.png"
alt="IMG_1312.JPG"/></div>
<div class="bildraster"><img src="images/IMG_1368_fmt.png"
alt="IMG_1368.JPG"/></div>
```

```
<div class=”bildraster”><img src=”images/IMG_1393_fmt.png”
alt=”IMG_1393.JPG”/></div>
<div class=”bildraster”><img src=”images/IMG_1410_fmt.png”
alt=”IMG_1410.JPG”/></div>
<div class=”bildraster”><img src=”images/IMG_1418_fmt.png”
alt=”IMG_1418.JPG”/></div>
<div class=”bildraster”><img src=”images/IMG_1423_fmt.png”
alt=”IMG_1423.JPG”/></div>
<div class=”bildraster”><img src=”images/IMG_1439_fmt.png”
alt=”IMG_1439.JPG”/></div>
```

Schritt 4: Bilder in HTML gruppieren

Bildverknüpfungen und Rahmen sind angelegt und müssen gruppiert werden, damit das Lesegerät auch weiß, dass diese Bilder zusammengehören und nicht getrennt werden sollen. Wie im Schritt zuvor wird auch hier ein Element angelegt, das alle Bilder umschließt. Der Name ist wieder beliebig. Diesmal wird das Element aber nicht hinter jedem Bild eingefügt, sondern nur hinter dem letzten Bild. Der Code sieht dann wie folgt aus:

```
<div class=”bildgruppe”>
<div class=”bildraster”><img src=”images/IMG_1137_fmt.png”
alt=”IMG_1137.JPG”/></div>
<div class=”bildraster”><img src=”images/IMG_1138_fmt.png”
alt=”IMG_1138.JPG”/></div>
<div class=”bildraster”><img src=”images/IMG_1141_fmt.png”
alt=”IMG_1141.JPG”/></div>
<div class=”bildraster”><img src=”images/IMG_1154_fmt.png”
alt=”IMG_1154.JPG”/></div>
<div class=”bildraster”><img src=”images/IMG_1159_fmt.png”
alt=”IMG_1159.JPG”/></div>
<div class=”bildraster”><img src=”images/IMG_1160_fmt.png”
alt=”IMG_1160.JPG”/></div>
<div class=”bildraster”><img src=”images/IMG_1247_fmt.png”
alt=”IMG_1247.JPG”/></div>
<div class=”bildraster”><img src=”images/IMG_1249_fmt.png”
alt=”IMG_1249.JPG”/></div>
<div class=”bildraster”><img src=”images/IMG_1312_fmt.png”
alt=”IMG_1312.JPG”/></div>
<div class=”bildraster”><img src=”images/IMG_1368_fmt.png”
alt=”IMG_1368.JPG”/></div>
<div class=”bildraster”><img src=”images/IMG_1393_fmt.png”
alt=”IMG 1393.JPG”/></div>
```

```
<div class="bildraster"><img src="images/IMG_1410_fmt.png"
alt="IMG_1410.JPG"/></div>
<div class="bildraster"><img src="images/IMG_1418_fmt.png"
alt="IMG_1418.JPG"/></div>
<div class="bildraster"><img src="images/IMG_1423_fmt.png"
alt="IMG_1423.JPG"/></div>
<div class="bildraster"><img src="images/IMG_1439_fmt.png"
alt="IMG_1439.JPG"/></div>
</div>
```

Schritt 5: Zeilen festlegen

Im Beispiel wurden fünf Zeilen zu je drei Bildern angelegt. Die Zeilenschaltungen fehlen noch im HTML und müssen manuell angelegt werden. Dafür benötigen wir den Code `<br />`, der durch das »/« sowohl Anfangs- als auch Endcode ist. `<br />` wird am Ende jedes dritten Bildes (da drei Bilder pro Reihe) eingefügt.

```
<div class="bildgruppe">
<div class="bildraster"><img src="images/IMG_1137_fmt.png"
alt="IMG_1137.JPG"/></div>
<div class="bildraster"><img src="images/IMG_1138_fmt.png"
alt="IMG_1138.JPG"/></div>
<div class="bildraster"><img src="images/IMG_1141_fmt.png"
alt="IMG_1141.JPG"/></div><br />
<div class="bildraster"><img src="images/IMG_1154_fmt.png"
alt="IMG_1154.JPG"/></div>
<div class="bildraster"><img src="images/IMG_1159_fmt.png"
alt="IMG_1159.JPG"/></div>
<div class="bildraster"><img src="images/IMG_1160_fmt.png"
alt="IMG_1160.JPG"/></div><br />
<div class="bildraster"><img src="images/IMG_1247_fmt.png"
alt="IMG_1247.JPG"/></div>
<div class="bildraster"><img src="images/IMG_1249_fmt.png"
alt="IMG_1249.JPG"/></div>
<div class="bildraster"><img src="images/IMG_1312_fmt.png"
alt="IMG_1312.JPG"/></div><br />
<div class="bildraster"><img src="images/IMG_1368_fmt.png"
alt="IMG_1368.JPG"/></div>
<div class="bildraster"><img src="images/IMG_1393_fmt.png"
alt="IMG_1393.JPG"/></div>
<div class="bildraster"><img src="images/IMG_1410_fmt.png"
alt="IMG_1410.JPG"/></div><br />
<div class="bildraster"><img src="images/IMG_1418_fmt.png"
```

```
alt="IMG_1418.JPG"/></div>
<div class="bildraster"><img src="images/IMG_1423_fmt.png"
alt="IMG_1423.JPG"/></div>
<div class="bildraster"><img src="images/IMG_1439_fmt.png"
alt="IMG_1439.JPG"/></div><br />
</div>
```

Schritt 6: Anlegen der Definitionen für die »Bildrahmen«

Wechseln Sie mit Ihrem Editor zur template.css-Datei. Sie haben für jedes Bild einen Rahmen angelegt und in einer Gruppe definiert. Sie benötigen also zwei Definitionen. Gehen Sie zum Ende der CSS-Datei und geben dort einen »Punkt«, gefolgt von dem gewählten Namen, gefolgt von { } für jede Definition ein.

```
   .bildgruppe {
   }
   .bildraster {
   }
```

Schritt 7: Eigenschaften festlegen

Legen Sie folgende Eigenschaften für beide Definitionen an:

```
/* Befehl, um die Eigenschaften der Bildgruppierung zu definieren */
   .bildgruppe {
      page-break-inside: avoid; /* Gruppiert Bilder zusammen */
   }

/* Befehl um die Eigenschaften der Bilderrahmen zu definieren */
   .bildraster {
      width: 32% !important; /* Verkleinert die Bilder auf 32% */
      padding: 0px 0px 12px 0px; /* Erstellt 12 px Abstand unter
      jedem Bild */
      display: inline-block; /* Ermöglicht mehrere Bilder in einer
      Zeile */
   }
```

Darstellung in iBooks

Indem Sie in iBooks doppelt mit dem Finger auf ein Bild tippen, können die Leser das Bild einzeln vergrößern und im Detail anschauen.

14.5 Eine Hintergrundfarbe definieren

Eine Eigenschaft, die nicht sonderlich viel Verwendung bei elektronischen Büchern findet, ist, eine Hintergrundfarbe zu definieren. Hintergrundfarben werden in gedruckten Büchern meist für Sonderseiten benutzt. Doch bei der Umsetzung einer ePub-Datei wird diese Option gerne vergessen, obwohl es ein Leichtes ist, die Hintergrundfarbe nachträglich hinzuzufügen. Sie können dafür zwei Methoden wählen: Es bestehen die Möglichkeiten, nur ein einzelnes Kapitel einzufärben oder aber das ganze E-Book mit einer Hintergrundfarbe zu definieren.

Die Hintergrundfarbe eines einzelnen Kapitels festlegen

Öffnen Sie die zu ändernde HTML-Datei mit dem Editor. Suchen Sie nach `<body>` und ändern Sie die Zeile in `<body style="background-color: #f8ff95">` ab, wobei `#f8ff95` für einen beliebigen Farbcode steht. Wie Sie den Hexadezimal-Code einer bestimmten Farbe herausfinden, können Sie in Kapitel 11.4, S. 153 nachlesen.

```
<?xml version="1.0" encoding="UTF-8" standalone="no"?>
<!DOCTYPE html PUBLIC "-//W3C//DTD XHTML 1.1 //EN" "http://www.w3.org/TR/xhtml11/DTD/xhtml11.dtd">
<html xmlns="http://www.w3.org/1999/xhtml">
    <head>
        <title>Beispielbuch.html</title>
        <link href="template.css" rel="stylesheet" type="text/css"/>
    </head>
    <body style="background-color: #f8ff95">
        <div id="Beispielbuch.html" xml:lang="de-DE">
            <div class="image">
                <p class="para-style-override-1">
                    <img width="100%" src="images/303.png" alt="303.png"/>
                </p>
            </div>
            <div class="story">
```

Die Hintergrundfarbe im ganzen E-Book ändern

Im ePub öffnen Sie die template.css-Datei mit einem Editor. Fügen Sie die nachfolgenden Codezeilen hinzu:

```
body {
    background-color: #f8ff95;
}
```

Und schon erstrahlt der Hintergrund in neuer Farbe.

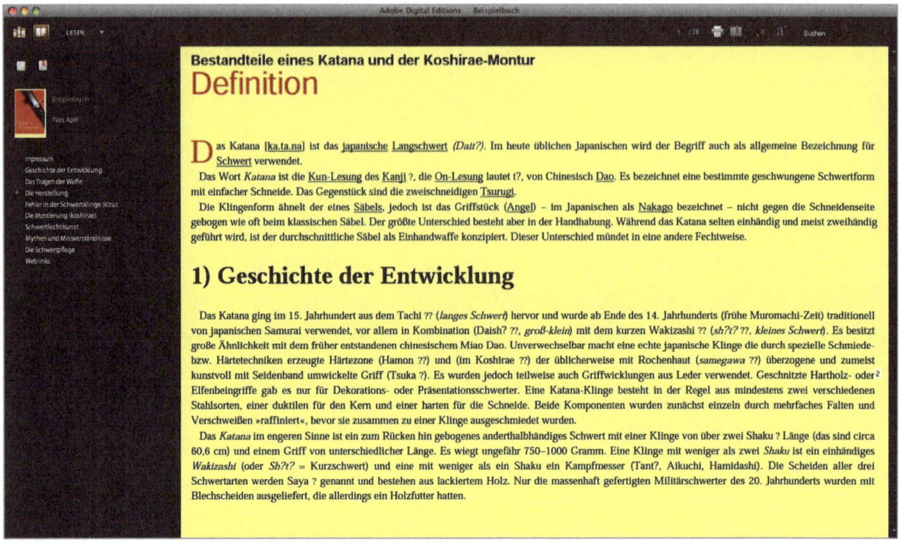

Darstellung in Adobe Digital Editions

Auch hier gilt, dass nicht jeder Reader die Hintergrundfarbe darstellen kann.

iBooks hat verschiedene Lesemodi, ab der Version 1.5 neben dem normalen und dem Sepia-Lesemodus nun auch einen Nacht-Lesemodus, der beim Lesen im Dunkeln die Augen schonen soll. Dieser Nacht-Lesemodus überschreibt aber die Hintergrund-Farbeinstellungen!

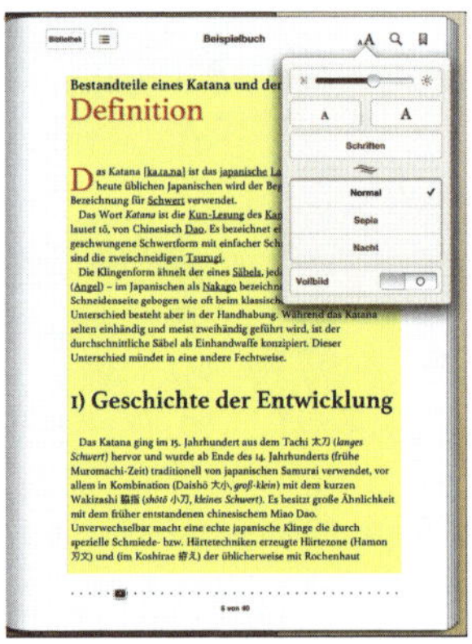

Normal-Lesemodus

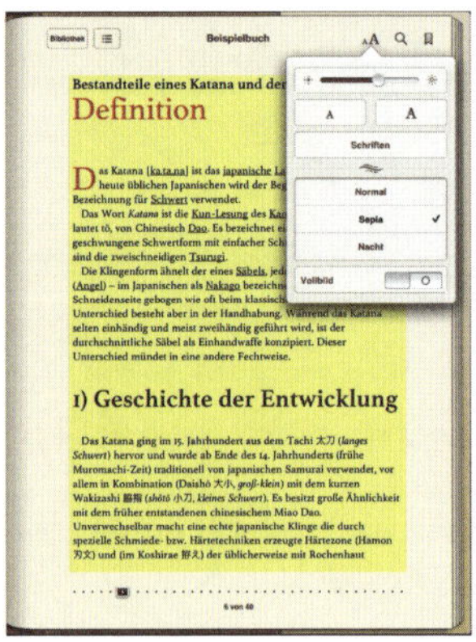

Sepia-Lesemodus

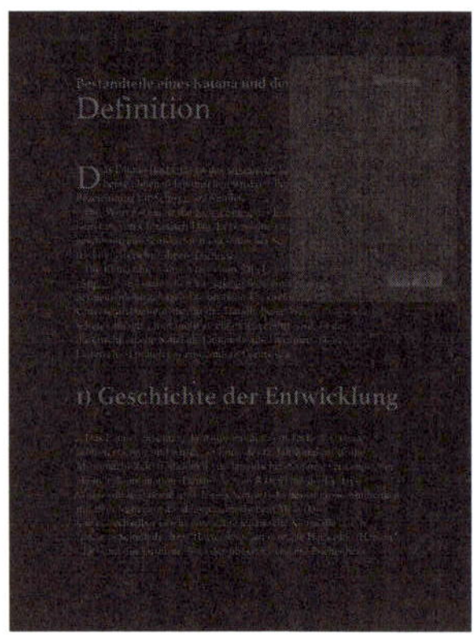

Nacht-Lesemodus

14.6 Initialen erstellen

CS5.5: Die gute Nachricht in diesem Fall zuerst: CS5.5-User brauchen gar nichts zu tun. Initialen werden automatisch von InDesign richtig ins ePub exportiert. Leider vergibt InDesign selbstständig eine CSS-Klasse, die nicht sehr aussagekräftig ist. Sie finden die CSS-Klasse für das Initial i.d.R. unter »char-style-override-1« wieder.

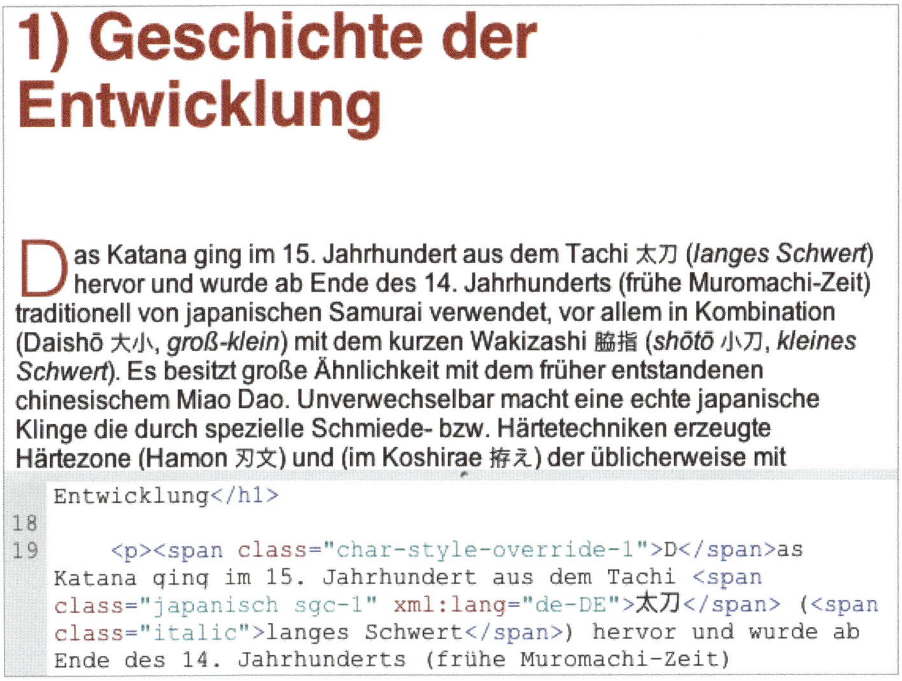

Kleiner Schönheitsfehler in CS5.5: Die Klasse für das Initial wird von InDesign nicht aussagekräftig benannt.

CS5: Bei Versionen vor CS5.5 ignoriert InDesign alle Einstellungen für das Initial. Aber die Klasse wird mit ins CSS übernommen. Um eine Nachbearbeitung kommt man also nicht herum.

Voraussetzung dafür, damit die CSS-Klasse ins ePub exportiert wird, ist, dass wie immer alles akribisch mit Formaten ausgezeichnet wurde. Allerdings reicht das in diesem Fall nicht. Auch wenn ein Absatzformat für den Absatz erstellt und mit einem

Zeichenformat das Aussehen des Initials festgelegt wurde, zeigt InDesign trotzdem im Zeichenformate-Bedienfeld das ausgewählte Zeichenformat nicht an. Das ist eine Besonderheit von InDesign: Es weist das Zeichenformat nicht direkt zu, weiß aber intern durch das Absatzformat, dass es anzuwenden ist.

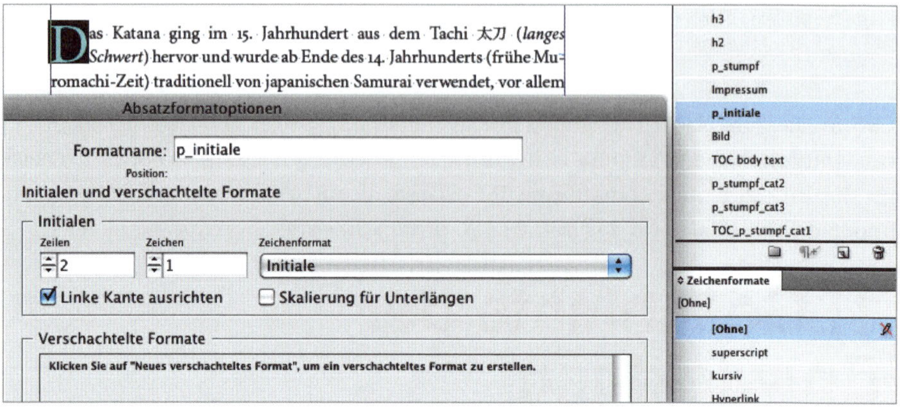

Erstellung des Initials durch Zuweisung des entsprechenden Zeichenformates im Absatzformat

Sie müssen InDesign also noch einmal explizit sagen, dass es sich um ein Initial handelt, indem Sie es im Text auswählen und dann im Zeichenformate-Bedienfeld einmal auf das Format klicken. Fortan wird eine Klasse für das Initial exportiert und Sie finden Ihr Zeichenformat in der CSS-Datei wieder. Das sieht dann in etwa so aus:

```
span.initiale {
   font-weight: normal;
   font-style: normal;
   color: #b30000;
   font-family: "Minion Pro";
   font-size: 0.88em;
   line-height: 1.33em;
   text-decoration: none;
   font-variant: normal;
}
```

Die Farbe wurde schon mit auf den Weg gegeben. Der Rest der Eigenschaften wirkt sich nicht direkt auf das Aussehen aus. Verändern Sie zuerst die `font-size`, z.B. auf 3 em. Die E-Reader sind so in der Lage, die Schrift propotional zu vergrößern. Stellen Sie z.B. bei iBooks den Schriftgrad etwas größer, wächst das Initial proportional mit. Um die richtige Größe für font-size herauszufinden, müssen Sie etwas experimentieren; es hängt auch von Ihren typografischen Vorstellungen ab.

Die nächste Eigenschaft müssen Sie von Hand hinzufügen. Und zwar handelt es sich hier um `float: left;` Dadurch wird das Initial in den Absatz integriert und steht nicht mehr oben heraus.

Um anschließend die richtige Position für das Initial zu finden, müssen Sie mit den Eigenschaften `margin-top`, `margin-left`, `margin-right` und `margin-bottom` herumspielen. Diese werden auch in »em« definiert und beschreiben die Abstände oben vom Initial (top), links (left), rechts (right) und unter dem Initial (bottom). Auch hier müssen Sie experimentieren, um die richtigen Werte herauszufinden. Für das folgende Beispiel wurden z.B. diese Werte verwendet:

```
span.initiale {
   font-weight: normal;
   font-style: normal;
   color: #b30000;
   font-family: "Minion Pro";
   font-size: 2.5em;
   float: left;
   margin-top: 0.05em;
   margin-right: 0.05em;
   line-height: 1em;
   text-decoration: none;
   font-variant: normal;
}
```

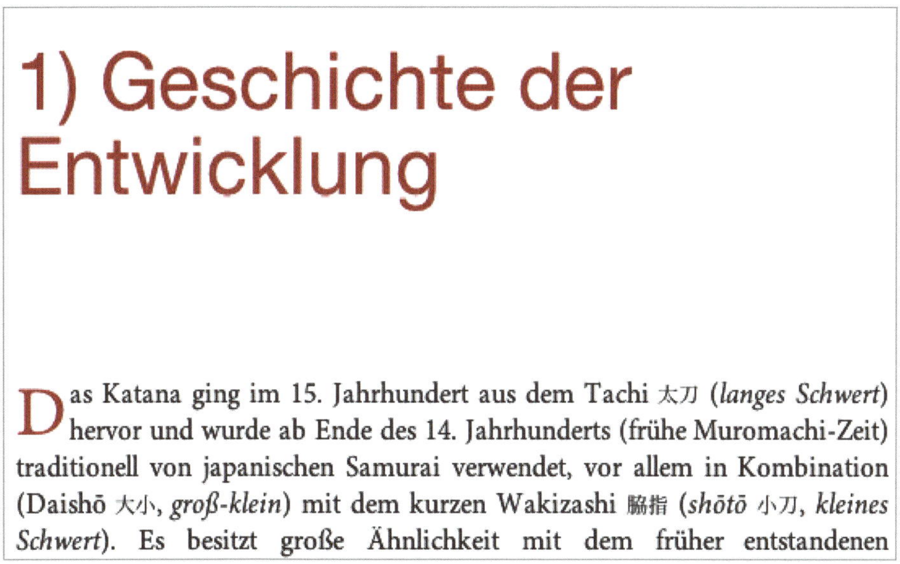
1) Geschichte der Entwicklung

Das Katana ging im 15. Jahrhundert aus dem Tachi 太刀 (*langes Schwert*) hervor und wurde ab Ende des 14. Jahrhunderts (frühe Muromachi-Zeit) traditionell von japanischen Samurai verwendet, vor allem in Kombination (Daishō 大小, *groß-klein*) mit dem kurzen Wakizashi 脇指 (*shōtō* 小刀, *kleines Schwert*). Es besitzt große Ähnlichkeit mit dem früher entstandenen

Initiale, nachdem der CSS-Code erweitert wurde

Bilder als Initialen

Vielleicht möchten Sie auch ausgefallenere Initialen für Ihr E-Book gestalten und nicht die 0815-Version nehmen? Dann gibt es auch die Möglichkeit, ein Bild als Initiale zu benutzen. Die Darstellung bei den verschiedenen E-Readern kann allerdings sehr unterschiedlich sein. Das Arbeiten mit Initialen, die rein aus Schrift bestehen, bringt deutlich konsistentere Ergebnisse. Das Bild muss für diesen Vorgang im Text verankert und nachher umflossen werden (sehen Sie dazu auch das Kapitel 5.7, S. 93).

Die Vorgehensweise ist für CS5 wie für CS5.5 die gleiche: Kopieren Sie das Bild, das Sie benutzen möchten, in die Zwischenablage und fügen Sie dann vor dem Absatz wo die Initiale erscheinen soll, einen neuen Absatz ein. Fügen Sie dort die kopierte Grafik ein und erstellen Sie für diesen Absatz ein neues Absatzformat, z.B. mit dem Namen »kassetteninitiale«.

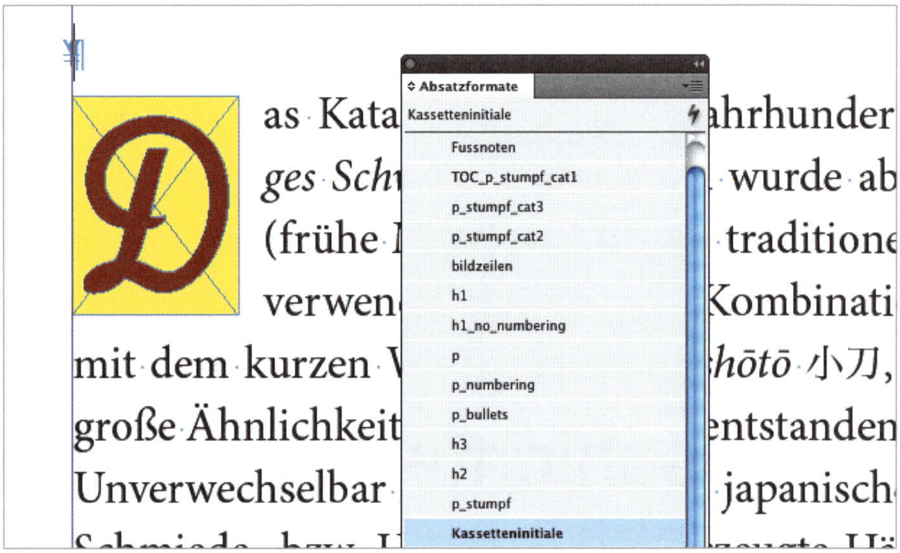

Die Initiale mit dem gelben Kasten wurde vektorisiert, gruppiert und dann in einen neuen Absatz oberhalb eingefügt.

Dem Absatz wird das neue Absatzformat »kassetteninitiale« zugewiesen. Anschließend können Sie die Position des Kassetteninitials mit Hilfe der Optionen für verankerte Objekte steuern (Menü *Objekt → Verankertes Objekt → Optionen*). Das hat aber keine Auswirkungen auf den ePub-Export, sondern ist nur für Ihre bessere Übersicht im InDesign-Dokument relevant.

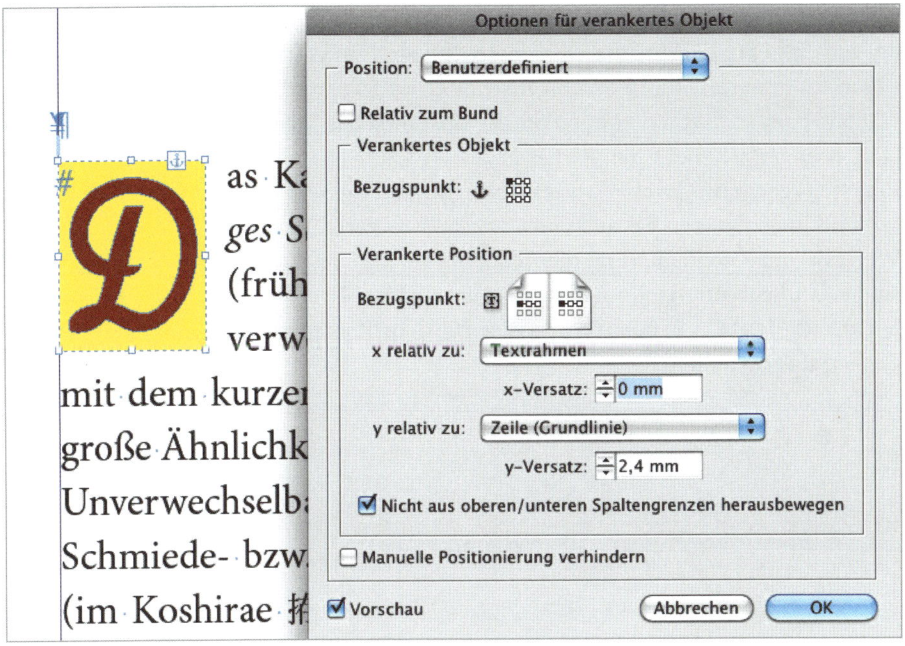

Die Initiale kann durch die *Optionen für verankertes Objekt* positioniert werden.

Wenn Sie das exportierte ePub im Editor oder Reader öffnen, sehen Sie erst mal genau das, was wir definiert haben, nämlich einen eigenen Absatz mit dem Initial und im nächsten Absatz den nachfolgenden Text. Wir müssen also noch manuell den CSS-Code verändern, damit die Kassetteninitiale integriert wird. Das Initial wurde als Bild exportiert und in den Ordner »Images« exportiert.

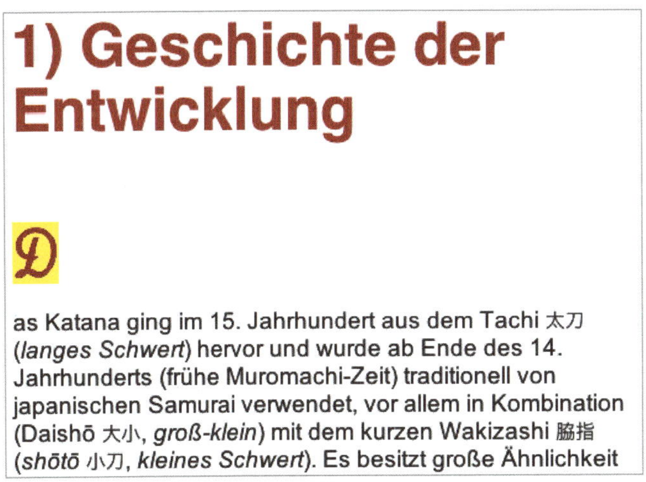

Im Editor ist die Initiale zunächst noch nicht in den Absatz integriert.

Wechseln Sie also in die CSS-Datei und suchen Sie die vorher definierte Klasse `kassetteninitiale`. Fügen Sie die Eigenschaft `float: left;` hinzu, um die Initiale in den Absatz zu integrieren. Mit den Eigenschaften `margin-right`, `margin-left`, `margin-top` und `margin-bottom` können Sie die Abstände des Initials zum Text bestimmen. Oder aber einfach durch `margin: 0.2em 0.5em 0em 0em;` – in CSS auch »Shorthand-Property« genannt –, wobei wir im Uhrzeigersinn drehen: Abstand oben, rechts, unten und links. Nutzen Sie auch hier wieder em-Werte, um bei einer proportionalen Vergrößerung/Verkleinerung die Abstände zu wahren. Verschiedene Eigenschaften sind eigentlich unnötig, da die Grafik ja ein Bild ist. Also könnte man die Eigenschaften, die wie `fontstyle` oder `fontweight` mit Schrift zu tun haben, entfernen, um den Code sauber zu halten.

```
p.kassetteninitiale {
    font-weight: normal;
    font-style: normal;
    text-decoration: none;
    font-variant: normal;
    line-height: 0;
    text-align: left;
    color: #000000;
    text-indent: 0px;
    margin-right: 0.5em;
    margin-top: 0.2em;
    margin-bottom: 0em;
    float: left;
}
```

Das Resultat in Sigil

14.7 Schusterjungen und Hurenkinder

Ist auf einer Seite eine einzelne Zeile eines Absatzes am Anfang oder Ende des Textflusses zu sehen, spricht der Setzer von einem Schusterjungen (orphan) oder von einem Hurenkind (widow), je nachdem, ob es sich um die erste oder die letzte Zeile des Absatzes handelt.

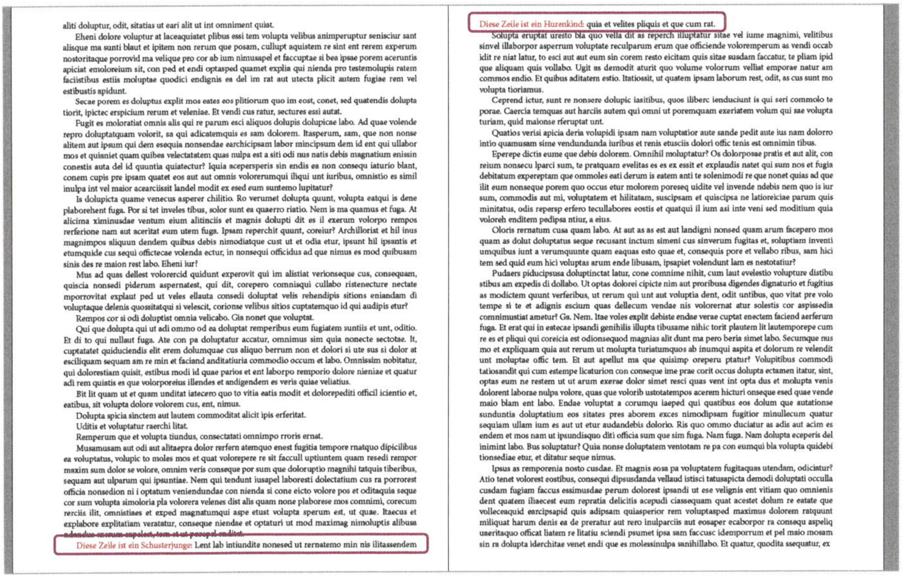

Schusterjungen (am Fuß einer Kolumne) und Hurenkinder (am Anfang einer Kolumne)

Und auch wenn iBooks und InDesign derzeit noch nicht die CSS-Befehle für Hurenkinder und Schusterjungen kennen, ist es ratsam, diese in die CSS-Stile einzufügen. E-Reader wie Adobe Digital Editions und Barnes & Noble verstehen diese Auszeichnungen und Ihr ePub-Dokument ist damit auch zukunftssicher angelegt.

Öffnen Sie die CSS-Datei in Ihrem ePub-Dokument und fügen Sie den Stilen, in denen Sie Hurenkinder und Schusterjungen vermeiden möchten, folgende Auszeichnungen hinzu:

orphans: [Anzahl der Zeilen] *(Schusterjungen)*
widows: [Anzahl der Zeilen] *(Hurenkinder)*

Ihr Stil sieht dann in etwa so aus:

```
p.Text {
   font-family: "Minion Pro", serif;
   font-weight: normal;
   font-style: normal;
   font-size: 1em;
   text-decoration: none;
   font-variant: normal;
   line-height: 1.2;
   text-align: justify;
   color: #000000;
   text-indent: 17px;
   margin: 0px;
   orphans: 2;
   widows: 2;
}
```

15 Aufzählungen und Listen nachbearbeiten

15.1 Kombinierte Listentypen bearbeiten

Im InDesign-Teil haben wir gesehen, dass das Programm mit kombinierten Listentypen nicht ganz zurechtkommt. Allein mit InDesign gelangen Sie nicht zum gewünschten Ziel, also müssen wir uns die ePub-Datei näher ansehen. Ein Blick in den HTML-Code zeigt, dass InDesign die Listen nicht richtig exportiert. Hier einmal vereinfacht dargestellt nur die Tag-Reihenfolge, wie InDesign CS5 und CS5.5 sie exportiert. Und ganz rechts sehen Sie, wie der Code eigentlich korrekt aussehen müsste, damit die Listen richtig dargestellt werden.

CS5

```
<ol>
  <li></li>
</ol>
  <ul>
    <li></li>
    <li></li>
  </ul>
<ol>
  <li></li>
  <li></li>
  <li></li>
  <li></li>
</ol>
```

CS5.5

```
<ol>
  <li>
    <ul>
      <li></li>
      <li></li>
    </ul>
  </li>
  <li></li>
</ol>
<ol>
  <li></li>
  <li></li>
  <li></li>
</ol>
```

Richtig wäre:

```
<ol>
  <li>
    <ul>
      <li></li>
      <li></li>
    </ul>
  </li>
  <li></li>
  <li></li>
  <li></li>
  <li></li>
</ol>
```

Vereinfachte Darstellung des von InDesign generierten HTML-Codes und ganz rechts die Korrektur

Listen werden in HTML mit Hilfe der Tags <ol> (Ordered List), <li> (List Items) und <ul> (Unordered Lists) ausgezeichnet. Sie sehen also, dass InDesign CS5 sowie auch CS5.5 hier jeweils die <ol> unterbrechen und eine neue Liste anfangen, wodurch das Nummerierungsproblem zu erklären ist. CS5.5 schließt die zwei Bullet-Aufzählungspunkte sogar innerhalb eines <li> ein.

Wenn Sie jetzt das Dokument in Sigil öffnen und den HTML-Code so abändern, dass er dem rechten Beispiel entspricht, erhalten Sie auch das gewünschte Resultat. Hier das Beispiel noch mal in Sigil, nachdem der HTML-Code angepasst wurde:

1. **Karasunokuchi:** Ein Riss in der Klingenspitze. Wenn der Riss mehr oder weniger parallel zur Schneide verläuft, trennt er somit den gehärteten vom ungehärteten Bereich. Ist dadurch die Form der Klinge stark beschädigt, so ist die Klinge verloren.
    - **Shinae:** Minimale Biegestellen, die eine Materialermüdung durch Biegung anzeigen. Diese Stellen laufen meistens rechtwinklig zur Schneide im ungehärteten Stahl. Sie sind eher harmlos.
    - **Fukure:** Einschlüsse vom Falten des Stahls, meist Schweißfehler durch Zunder oder Kohle. Die Einschlüsse können bei der Politur freigelegt werden und sind optisch äußerst hässlich. Sie mindern die Schönheit und natürlich auch die Qualität der Klinge.
2. **Kirikomi:** Scharte im Klingenrücken, die bei einer Parade mit dem Schwert entsteht. Diese Fehler sind nicht fatal für die Klinge. Im Rahmen einer kompetenten Politur werden sie nach Möglichkeit entfernt. Bei alten, bereits dünn gewordenen Klingen belässt man sie als Zeugnis eines Kampfeinsatzes.
3. **Umegane:** Eine Korrekturstelle von einem Schmied, um einen Fehler auszugleichen oder zu überdecken. Umegane sind auch Stahleinlagen, um den durch häufige Polituren hervortretenden Kernstahl zu kaschieren.
4. **Hagire:** Durch eine keilförmige Scharte in der Härtelinie (hamon) oder aber eine starke Biegung der Schneide kann ein Haar-Riss entstehen, der »Hagire« genannt wird. Die Scharte ist gewöhnlich gut zu erkennen und für die Klinge

15.2 Bullets durch eigene Grafik ersetzen

Wenn Sie anstatt einer Aufzählung mit Bullets lieber ein eigenes spezielles Zeichen benutzen wollen, so muss dieses Zeichen im E-Reader auch angezeigt werden können. Die einzige Methode, das Zeichen sicher ins ePub zu bekommen, ist, es zu einer Grafik umzuwandeln. Dadurch erhalten wir aber keine richtige Liste mehr und die Aufzählung wird im ePub wie ein normaler Absatz mit einem `<p>`-Tag definiert. So haben wir zwar unser Spezialzeichen im ePub, jedoch gehen die Einzüge verloren und die Folgezeilen stehen nicht richtig bündig.

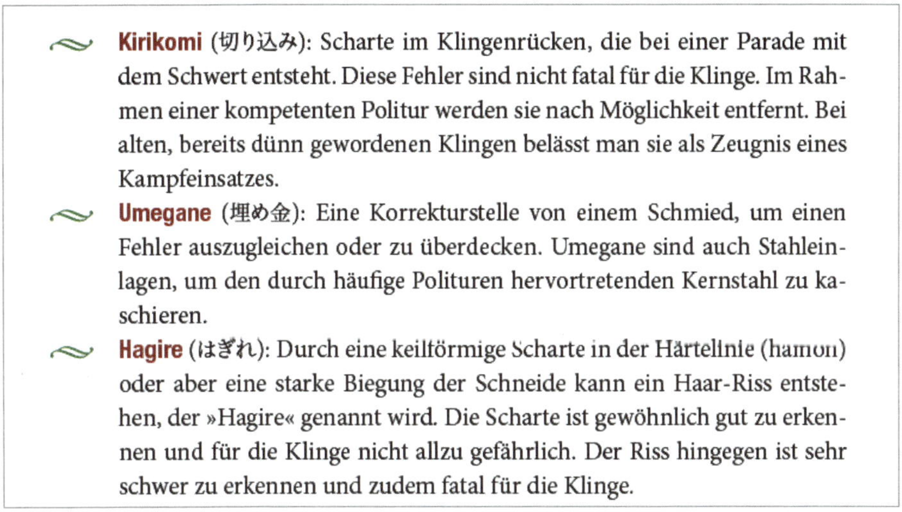

Kirikomi (切り込み): Scharte im Klingenrücken, die bei einer Parade mit dem Schwert entsteht. Diese Fehler sind nicht fatal für die Klinge. Im Rahmen einer kompetenten Politur werden sie nach Möglichkeit entfernt. Bei alten, bereits dünn gewordenen Klingen belässt man sie als Zeugnis eines Kampfeinsatzes.

Umegane (埋め金): Eine Korrekturstelle von einem Schmied, um einen Fehler auszugleichen oder zu überdecken. Umegane sind auch Stahleinlagen, um den durch häufige Polituren hervortretenden Kernstahl zu kaschieren.

Hagire (はぎれ): Durch eine keilförmige Scharte in der Härtelinie (hamon) oder aber eine starke Biegung der Schneide kann ein Haar-Riss entstehen, der »Hagire« genannt wird. Die Scharte ist gewöhnlich gut zu erkennen und für die Klinge nicht allzu gefährlich. Der Riss hingegen ist sehr schwer zu erkennen und zudem fatal für die Klinge.

Ausgangsbeispiel: Wir wollen eine Aufzählung mit eigenem Zeichen wie hier in InDesign haben.

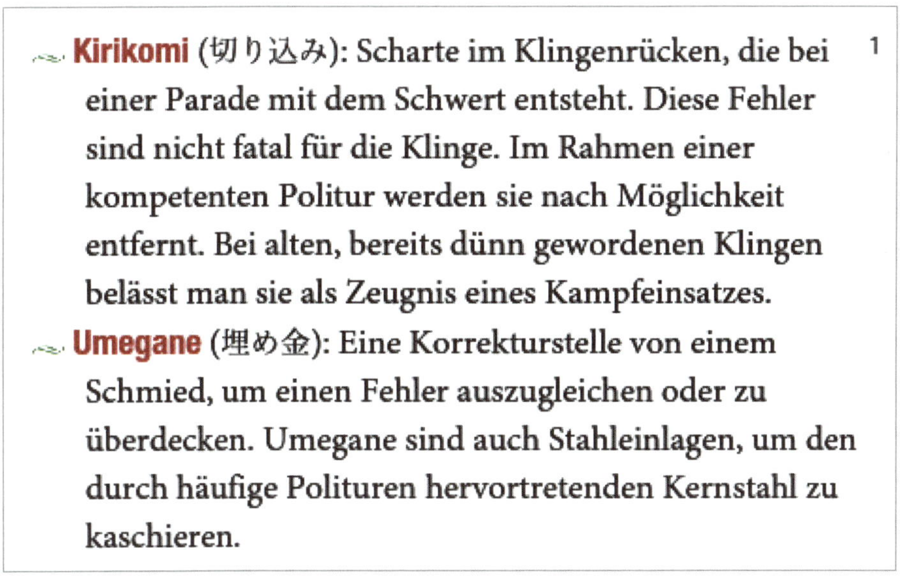

Kirikomi (切り込み): Scharte im Klingenrücken, die bei einer Parade mit dem Schwert entsteht. Diese Fehler sind nicht fatal für die Klinge. Im Rahmen einer kompetenten Politur werden sie nach Möglichkeit entfernt. Bei alten, bereits dünn gewordenen Klingen belässt man sie als Zeugnis eines Kampfeinsatzes. 1

Umegane (埋め金): Eine Korrekturstelle von einem Schmied, um einen Fehler auszugleichen oder zu überdecken. Umegane sind auch Stahleinlagen, um den durch häufige Polituren hervortretenden Kernstahl zu kaschieren.

Die Absätze werden als normale <p>-Tags ins HTML geschrieben, nicht als »Unordered List«. Die Zeilen sind nicht bündig.

Sie können aber beides miteinander kombinieren: zum einen die Liste im HTML erhalten und zum anderen die Bullets durch Ihre Grafik austauschen. Dazu erstellen Sie in InDesign eine ganz normale Auflistung mit Bullets und exportieren diese zu *Nicht sortierten Listen*.

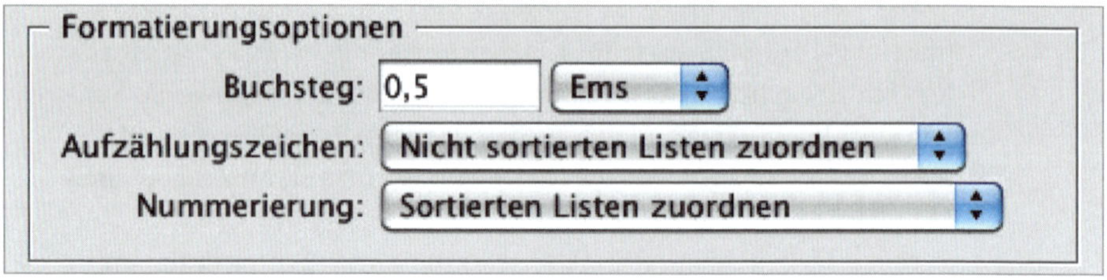

ePub-Export zu *Nicht sortierten Listen*

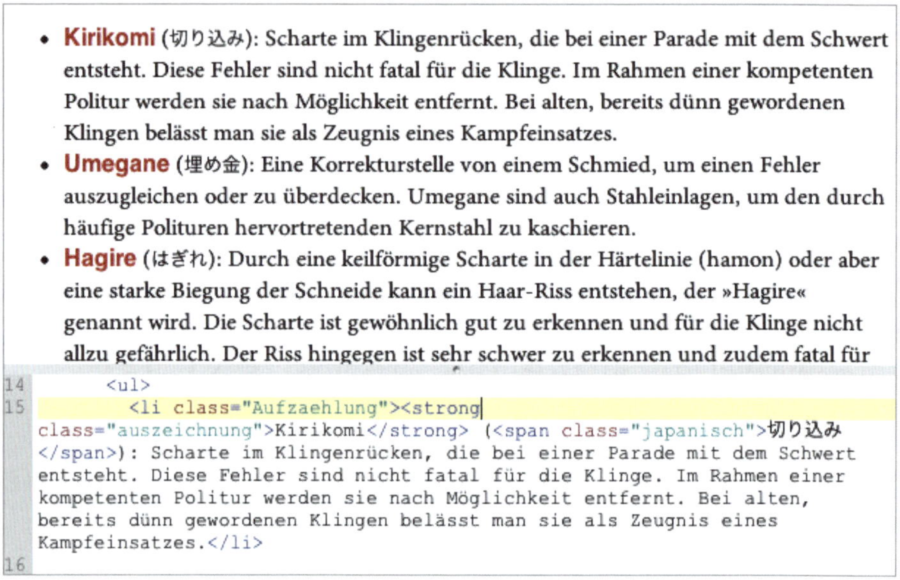

ePub-Datei in Sigil: Die Aufzählung erfolgt im HTML als richtige Liste mit <li>-Einträgen.

Jedes `<li>`-Element hat im Beispiel die Klasse »Aufzaehlung« zugewiesen bekommen. Diese brauchen wir, um im CSS die Liste anzusprechen.

Grafik hinzufügen

Um im weiteren Verlauf die spezielle Grafik benutzen zu können, muss diese im ePub im Ordner »Images« vorhanden sein. Ist sie es noch nicht, erstellen Sie erst die Grafikdatei. Im unserem Beispiel sehen Sie ein Ornament aus der Schrift Minion. Setzen Sie das Zeichen in InDesign in einen eigenen Textrahmen und weisen Sie die gewünschte Farbe zu. Anschließend wählen Sie den Textrahmen mit dem schwarzen Pfeil an und gehen im Menü auf *Schrift → In Pfade umwandeln*. Dadurch erhalten Sie nachher wirklich genau nur das Zeichen ohne Weißraum.

Grafik in InDesign erstellen und dann zu einer Grafik umwandeln

Noch immer mit ausgewähltem Rahmen wählen Sie jetzt *Datei* → *Exportieren* und als Dateiformat JPEG. Im erscheinenden Exportdialog gehen Sie auf *Exportieren* → *Auswahl*, um nur das ausgewählte Zeichen zu einer JPEG-Datei zu exportieren.

In Sigil können Sie nun Ihre Grafik zum Bilderordner hinzufügen, indem Sie einen Rechtsklick auf den Ordner »Images« machen und Ihr soeben in InDesign generiertes JPEG auswählen.

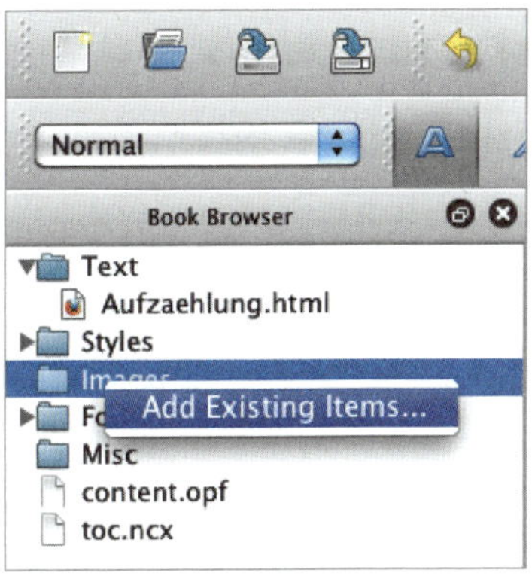

Sigil: Grafik hinzufügen durch Rechtsklick auf den Bilderordner

CSS-Code bearbeiten

Nachdem Sie jetzt Ihre Grafik zu Verfügung haben, können Sie die CSS-Datei anpassen. Fügen Sie folgende Zeilen hinzu:

```
li.Aufzaehlung {
   list-style-type: none;
   background: url('../Images/bild_liste.jpg') no-repeat top
   left;
   padding-left: 2.5em;
}
```

Nach `li.` kommt der Name Ihrer Klasse der Listeneinträge, die wir hier »Aufzaehlung« benannt haben.

`list-style-type: none;` sorgt dafür, dass die Bullets nicht mehr dargestellt werden.

Die dritte Zeile fügt unsere Grafik ein, die wir hinzugefügt haben. Zwischen den einfachen Anführungszeichen steht der Pfad zum Bild.

`padding-left` bezeichnet den Einzug und reguliert den Abstand zwischen Zeichen und Text.

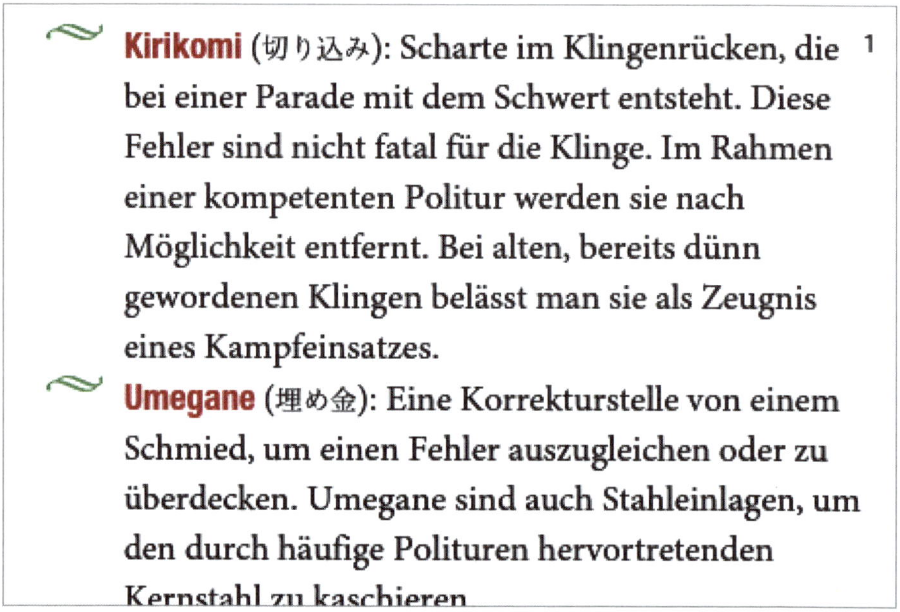

Kirikomi (切り込み): Scharte im Klingenrücken, die bei einer Parade mit dem Schwert entsteht. Diese Fehler sind nicht fatal für die Klinge. Im Rahmen einer kompetenten Politur werden sie nach Möglichkeit entfernt. Bei alten, bereits dünn gewordenen Klingen belässt man sie als Zeugnis eines Kampfeinsatzes. 1

Umegane (埋め金): Eine Korrekturstelle von einem Schmied, um einen Fehler auszugleichen oder zu überdecken. Umegane sind auch Stahleinlagen, um den durch häufige Polituren hervortretenden Kernstahl zu kaschieren

Resultat in Adobe Digital Editions: Die Zeichen werden korrekt dargestellt und die Zeilen laufen bündig.

Die Zeichen stehen vielleicht noch nicht ganz mittig zur jeweiligen Zeile. Durch eine weitere Zeile kann auch das behoben werden. Fügen Sie die Zeile `background-position` hinzu:

```
li.Aufzaehlung {
   list-style-type: none;
   background: url('../Images/bild_liste.jpg') no-repeat top
   left;
   padding-left: 2.5em;
   background-position: 0em 0.3em;
}
```

Der erste Wert ist die horizontale, der zweite Wert die vertikale Position. Experimentieren Sie mit den Werten, bis das Zeichen so steht, wie Sie es wünschen.

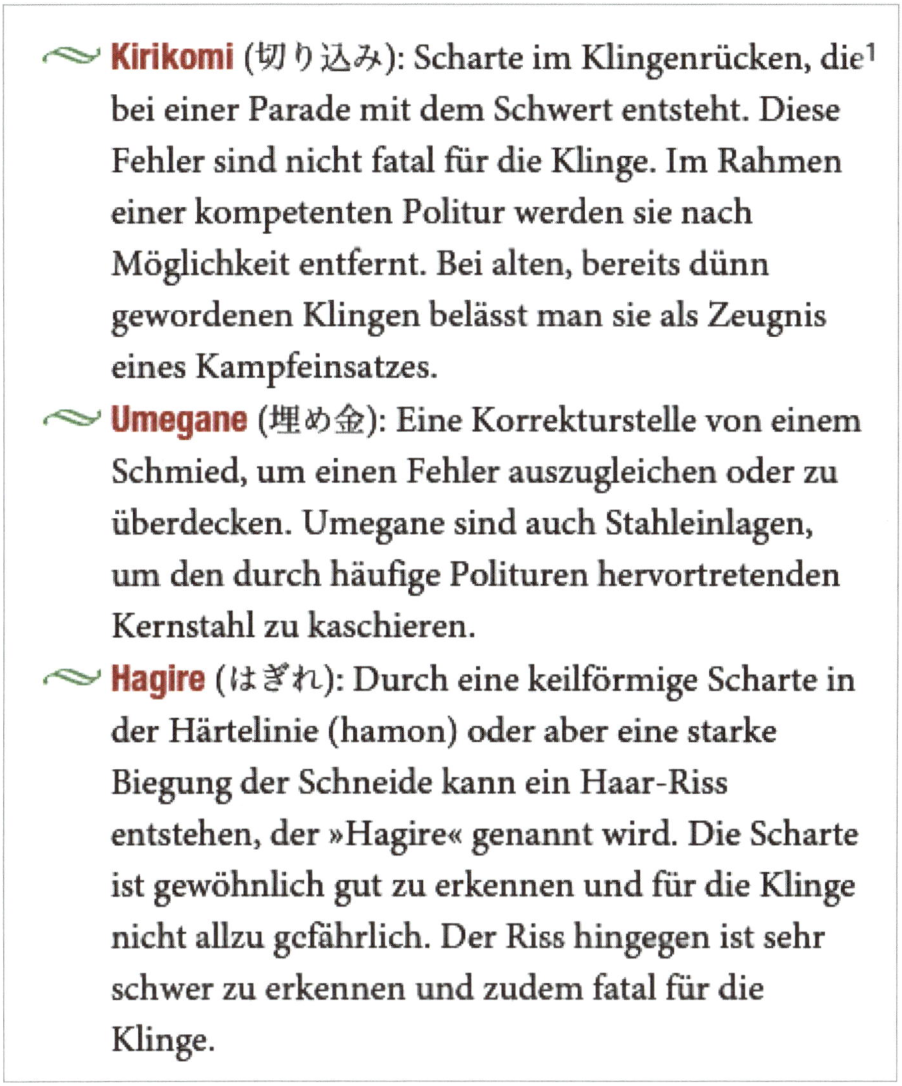

- **Kirikomi** (切り込み): Scharte im Klingenrücken, die[1] bei einer Parade mit dem Schwert entsteht. Diese Fehler sind nicht fatal für die Klinge. Im Rahmen einer kompetenten Politur werden sie nach Möglichkeit entfernt. Bei alten, bereits dünn gewordenen Klingen belässt man sie als Zeugnis eines Kampfeinsatzes.
- **Umegane** (埋め金): Eine Korrekturstelle von einem Schmied, um einen Fehler auszugleichen oder zu überdecken. Umegane sind auch Stahleinlagen, um den durch häufige Polituren hervortretenden Kernstahl zu kaschieren.
- **Hagire** (はぎれ): Durch eine keilförmige Scharte in der Härtelinie (hamon) oder aber eine starke Biegung der Schneide kann ein Haar-Riss entstehen, der »Hagire« genannt wird. Die Scharte ist gewöhnlich gut zu erkennen und für die Klinge nicht allzu gefährlich. Der Riss hingegen ist sehr schwer zu erkennen und zudem fatal für die Klinge.

Endresultat in Adobe Digital Editions: Die Zeichen wurden vertikal angepasst.

16 Tabellen weiterbearbeiten

Wenn in InDesign alles mit Formaten versehen worden ist, wie im InDesign-Teil S. 65 beschrieben, haben Sie die Voraussetzung dafür geschaffen, ein gut strukturiertes HTML-Gerüst mit entsprechender CSS-Datei zu erhalten. Allerdings ist dies allenfalls eine gute Basis für die Nachbearbeitung. Mit CS5.5 funktioniert der ePub-Export bei Tabellen etwas besser als in früheren Versionen. Bei CS4 oder CS5 kommt dabei nichts Vernünftiges raus. Die Klassen werden da zwar ins CSS geschrieben, aber sie bleiben leer. Im Fall von Tabellen ist Adobe Digital Editions kein geeignetes Tool, um die Darstellung zu testen. Vor allem Zeilenflächen werden hier nicht dargestellt (Version 1.7.2).

TECHNISCHE DATEN C-KLASSE COUPÉ						
	C 220 CDI	C 250 CDI	C 180	C 250	C 350	C 63 AMG
Motorbauart	4-Zylinder, Reihe	4-Zylinder, Reihe	4-Zylinder, Reihe	4-Zylinder, Reihe	V6	V8
Hubraum	2 143 cm³	2 143 cm³	1 796 cm³	1 796 cm³	3 498 cm³	6 208 cm³
Leistung bei	125 kW / 170 PS 3 000 U/min	150 kW / 204 PS 4 200 U/min	115 kW / 156 PS 5 000 U/min	150 kW / 204 PS 5 500 U/min	225 kW / 306 PS 6 500 U/min	336 kW / 457 PS 6 800 U/min
Drehmoment bei	400 Nm 1 400 U/min	500 Nm 1 600 U/min	250 Nm 1 600 U/min	310 Nm 2 300 U/min	370 Nm 3 500 U/min	600 Nm 5 000 U/min
Kraftübertragung	Heckantrieb, 6-Gang (7-Gang-Automatik)	Heckantrieb, 6-Gang (7-Gang-Automatik)	Heckantrieb, 6-Gang (7-Gang-Automatik)	Heckantrieb, 7-Gang-Automatik	Heckantrieb, 7-Gang-Automatik	Heckantrieb, 7-Gang-Automatik
Leergewicht	1615 kg	1655 kg	1 500 kg	1550 kg	1615 kg	1 730 kg
Maximales Gesamtgewicht	2085 kg	2 125 kg	1970 kg	2020 kg	2085 kg	2 160 kg
L × B × H	4 590 × 1 770 × 1406 Millimeter					4 707 × 1 795 × 1 391 Millimeter
Gepäckraum	450 Liter					
0–100 km/h	8,4 (8,1) Sekunden	7,0 (7,1) Sekunden	9,0 (8,9) Sekunden	7,2 Sekunden	6,0 Sekunden	4,4 Sekunden
Spitze	232 (231) km/h	240 (240) km/h	225 (223) km/h	240 km/h	250 km/h	250 km/h
ECE-Verbrauch	4,4 (4,9) Liter	4,9 (4,9) Liter	6,7 (6,5) Liter	6,5Liter	6,8 Liter	12,0 Liter
Tankinhalt	59 Liter					66 Liter
CO_2-Emission	117 (128) g/km	128 (128) g/km	157 (150) g/km	152 g/km	159 g/km	280 g/km
Grundpreis	35 200 Euro	38 700 Euro	31 900 Euro	39 900 Euro	46 200 Euro	70 600 Euro
Steuer/Jahr	34 (53) Euro	53 (53) Euro	119 (98) Euro	114 Euro	121 Euro	554 Euro

Das ist unser Ausgangspunkt: die Tabelle in InDesign.

TECHNISCHE DATEN						
Motorbauart	4-Zylinder, Reihe	4-Zylinder, Reihe	4-Zylinder, Reihe	4-Zylinder, Reihe	V6	V8
Hubraum	2 143 cm3	2 143 cm3	1 796 cm3	1 796 cm3	3 498 cm3	6 208 cm3
Leistung bei	125 kW / 170 PS 3 000 U/min	150 kW / 204 PS 4 200 U/min	115 kW / 156 PS 5 000 U/min	150 kW / 204 PS 5 500 U/min	225 kW / 306 PS 6 500 U/min	336 kW / 457 PS 6 800 U/min
Drehmoment bei	400 Nm 1 400 U/min	500 Nm 1 600 U/min	250 Nm 1 600 U/min	310 Nm 2 300 U/min	370 Nm 3 500 U/min	600 Nm 5 000 U/min
Kraftübertragung	Heckantrieb, 6-Gang (7-Gang-Automatik)	Heckantrieb, 6-Gang (7-Gang-Automatik)	Heckantrieb, 6-Gang (7-Gang-Automatik)	Heckantrieb, 7-Gang-Automatik	Heckantrieb, 7-Gang-Automatik	Heckantrieb, 7-Gang-Automatik
Leergewicht	1 615 kg	1 655 kg	1 500 kg	1 550 kg	1 615 kg	1 730 kg
Maximales Gesamtgewicht	2 085 kg	2 125 kg	1 970 kg	2 020 kg	2 085 kg	2 160 kg
L x B x H		4 590 x 1 770 x 1 406 Millimeter				4 707 x 1 795 x 1 391 Millimeter
Gepäckraum			450 Liter			
0–100 km/h	8,4 (8,1) Sekunden	7,0 (7,1) Sekunden	9,0 (8,9) Sekunden	7,2 Sekunden	6,0 Sekunden	4,4 Sekunden
Spitze	232 (231) km/h	240 (240) km/h	225 (223) km/h	240 km/h	250 km/h	250 km/h
ECE-Verbrauch	4,4 (4,9) Liter	4,9 (4,9) Liter	6,7 (6,5) Liter	6,5Liter	6,8 Liter	12,0 Liter
Tankinhalt		59 Liter				66 Liter
CO2-Emission	117 (128) g/km	128 (128) g/km	157 (150) g/km	152 g/km	159 g/km	280 g/km
Grundpreis	35 200 Euro	38 700 Euro	31 900 Euro	39 900 Euro	46 200 Euro	70 600 Euro
Steuer/Jahr	34 (53) Euro	53 (53) Euro	119 (98) Euro	114 Euro	121 Euro	554 Euro

Exportierte Tabelle aus InDesign CS5 in Sigil: Die Flächen und Linien sind verloren gegangen.

TECHNISCHE DATEN C-KLASSE COUPÉ						
	C 220 CDI	C 250 CDI	C 180	C 250	C 350	C 63 AMG
Motorbauart	4-Zylinder, Reihe	4-Zylinder, Reihe	4-Zylinder, Reihe	4-Zylinder, Reihe	V6	V8
Hubraum	2 143 cm^3	2 143 cm^3	1 796 cm^3	1 796 cm^3	3 498 cm^3	6 208 cm^3
Leistung bei	125 kW / 170 PS 3 000 U/min	150 kW / 204 PS 4 200 U/min	115 kW / 156 PS 5 000 U/min	150 kW / 204 PS 5 500 U/min	225 kW / 306 PS 6 500 U/min	336 kW / 457 PS 6 800 U/min
Drehmoment bei	400 Nm 1 400 U/min	500 Nm 1 600 U/min	250 Nm 1 600 U/min	310 Nm 2 300 U/min	370 Nm 3 500 U/min	600 Nm 5 000 U/min
Kraftübertragung	Heckantrieb, 6-Gang (7-Gang-Automatik)	Heckantrieb, 6-Gang (7-Gang-Automatik)	Heckantrieb, 6-Gang (7-Gang-Automatik)	Heckantrieb, 7-Gang-Automatik	Heckantrieb, 7-Gang-Automatik	Heckantrieb, 7-Gang-Automatik
Leergewicht	1 615 kg	1 655 kg	1 500 kg	1 550 kg	1 615 kg	1 730 kg
Maximales Gesamtgewicht	2 085 kg	2 125 kg	1 970 kg	2 020 kg	2 085 kg	2 160 kg
L x B x H		4 590 x 1 770 x 1 406 Millimeter				4 707 x 1 795 x 1 391 Millimeter
Gepäckraum			450 Liter			
0–100 km/h	8,4 (8,1) Sekunden	7,0 (7,1) Sekunden	9,0 (8,9) Sekunden	7,2 Sekunden	6,0 Sekunden	4,4 Sekunden
Spitze	232 (231) km/h	240 (240) km/h	225 (223) km/h	240 km/h	250 km/h	250 km/h
ECE-Verbrauch	4,4 (4,9) Liter	4,9 (4,9) Liter	6,7 (6,5) Liter	6,5Liter	6,8 Liter	12,0 Liter
Tankinhalt		59 Liter				66 Liter
CO_2-Emission	117 (128) g/km	128 (128) g/km	157 (150) g/km	152 g/km	159 g/km	280 g/km
Grundpreis	35 200 Euro	38 700 Euro	31 900 Euro	39 900 Euro	46 200 Euro	70 600 Euro
Steuer/Jahr	34 (53) Euro	53 (53) Euro	119 (98) Euro	114 Euro	121 Euro	554 Euro

Exportierte Tabelle aus CS5.5 in Sigil: Die zweite Header-Zeile hat noch die falsche Farbe und die abwechselnden Zeilen sind nicht mitexportiert worden.

Sie sehen, dass sowohl in CS5 als auch in CS5.5 noch eine Nachbearbeitung fällig ist. Im Folgenden gehen wir einige Punkte durch, die wir im Code beheben können. Das Gezeigte gilt sowohl für CS5 als auch für CS5.5.

Tabellenstruktur in HTML

In HTML werden Tabellen im Groben in dieser Form dargestellt:

```
<table>
   <tbody>
      <tr>
         <td></td>
      </tr>
   </tbody>
</table>
```

table = Tabelle, tbody = table body, tr = table row, td = table data

Eine Tabelle wird in HTML von oben nach unten und von links nach rechts gebaut. Die in InDesign definierten Formate (siehe Kapitel 4.6, S. 65) tauchen in der CSS-Datei ebenfalls wieder auf.

```
   td.tabelle-header {
   }

   td.tabelle-header2 {
   }

   td.tabelle-spalte1 {
   }

   td.tabelle-reihen {
   }
```

InDesign CS5 schreibt leere Klassen ins CSS.

```
   td.Tabelle-Header {
      background-color: #001966;
      padding-top: 0px;
      padding-bottom: 0px;
      padding-left: 0px;
      padding-right: 0px;
   }

   td.Tabelle-Header2 {
      background-color: #001966;
```

```
        padding-top: 0px;
        padding-bottom: 0px;
        padding-left: 0px;
        padding-right: 0px;
    }

    td.Tabelle-Spalte1 {
        padding-top: 0px;
        padding-bottom: 0px;
        padding-left: 0px;
        padding-right: 0px;
    }

    td.Tabelle-Reihen {
        padding-top: 0px;
        padding-bottom: 0px;
        padding-left: 0px;
        padding-right: 0px;
    }
```

InDesign CS5.5 schreibt Hintergrundfarbe und Padding (= Innenabstand zu den Rändern der Zelle) ins CSS.

Flächenfarbe für Header (InDesign CS5)

Wenn Sie mit InDesign CS5 arbeiten, dann bleiben die Klassen für den Kopfbereich der Tabelle einfach leer. Kein Wunder also, dass es im obigen Beispiel keine Flächen und Linien gibt. Fügen Sie der Klasse, die den Header beschreibt, also z.B. folgende Eigenschaft hinzu.

```
    td.tabelle-header {
        background-color: #002052;
    }
```

Dadurch bekommt der Header schon mal seine Hintergrundfarbe und die weiße Schrift können Sie nun auch lesen.

TECHNISCHE DATEN C-KLASSE COUPÉ						
Motorbauart	4-Zylinder, Reihe	4-Zylinder, Reihe	4-Zylinder, Reihe	4-Zylinder, Reihe	V6	V8

Header mit angepasster Hintergrundfarbe

Machen Sie das Gleiche mit dem Header2, indem Sie für diesen auch eine Hintergrundfarbe definieren:

```
td.tabelle-header2 {
   background-color: #506899;
}
```

TECHNISCHE DATEN C-KLASSE COUPÉ						
	C 220 CDI	C 250 CDI	C 180	C 250	C 350	C 63 AMG
Motorbauart	4-Zylinder, Reihe	4-Zylinder, Reihe	4-Zylinder, Reihe	4-Zylinder, Reihe	V6	V8
Hubraum	2 143 cm3	2 143 cm3	1 796 cm3	1 796 cm3	3 498 cm3	6 208 cm3
Leistung	125 kW / 170 PS	150 kW / 204 PS	115 kW / 156 PS	150 kW / 204 PS	225 kW / 306 PS	336 kW / 457 PS
bei	3 000 U/min	4 200 U/min	5 000 U/min	5 500 U/min	6 500 U/min	6 800 U/min

Header2 mit angepasster Hintergrundfarbe

Abwechselnde Flächen gestalten

In InDesign gibt es einen Automatismus, um abwechselnde Flächen in Tabellen zu gestalten. In unserem Beispiel haben wir zwei Farben, die sich abwechseln.

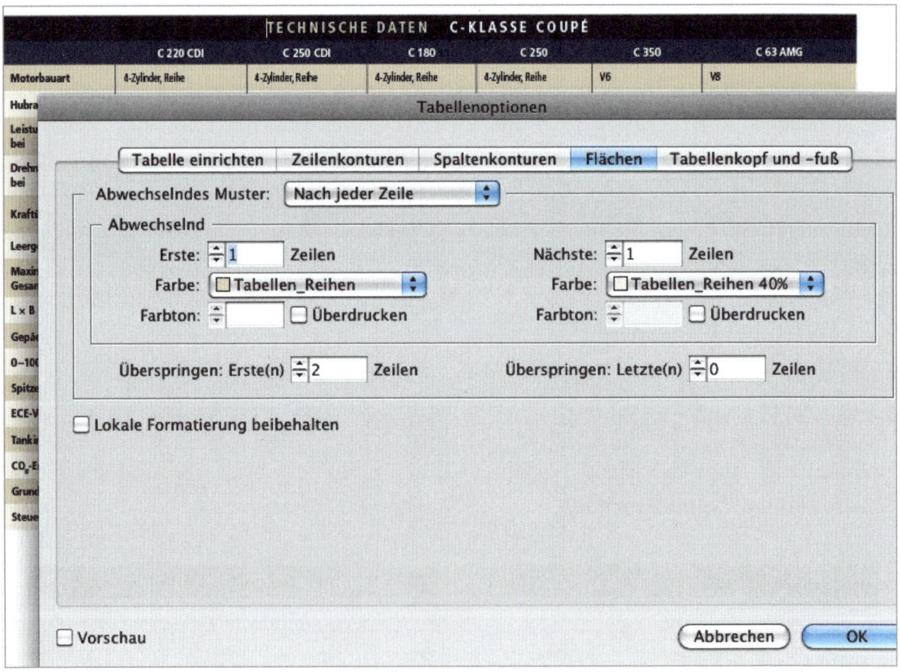

Um abwechselnde Flächen zu definieren, stellen Sie in InDesign Ihren Cursor in die Tabelle und wählen aus dem Menü *Tabelle → Tabellenoptionen → Abwechselnde Flächen*.

Das wird Ihnen für das ePub nicht automatisch so aus InDesign heraus gelingen. Um diese zwei abwechselnden Farben im ePub zu beschreiben, muss jeder Zeile der Tabelle die Farbe per CSS zugewiesen werden. Dazu wird in der HTML-Datei dem Element <tr> (= table row, Tabellenzeile) jeweils eine Klasse zugewiesen. In CS5 müssen Sie die Klasse neu erstellen/definieren, in CS5.5 eine zweite anlegen, da hier für jede Tabellenzeile die gleiche Klasse exportiert wurde.

```
<tr class="AbwechselndeFlaeche1">
```

Wenn das <tr>-Tag schließt und ein neues beginnt, weisen Sie diesem die zweite neue Klasse zu, z.B.:

```
<tr class="AbwechselndeFlaeche2">
```

```
<tr class="AbwechselndeFlaeche1">
  <td class="Tabelle-Spalte1">
    <p class="RD-Tabellen-Spalte-1">Motorbauart</p>
  </td>

  <td class="Tabelle-Reihen">
    <p class="RD-Tabellen-Spalte-2">4-Zylinder, Reihe</p>
  </td>

  <td class="Tabelle-Reihen">
    <p class="RD-Tabellen-Spalte-2">4-Zylinder, Reihe</p>
  </td>

  <td class="Tabelle-Reihen">
    <p class="RD-Tabellen-Spalte-2">4-Zylinder, Reihe</p>
  </td>

  <td class="Tabelle-Reihen">
    <p class="RD-Tabellen-Spalte-2">4-Zylinder, Reihe</p>
  </td>

  <td class="Tabelle-Reihen">
    <p class="RD-Tabellen-Spalte-2">V6</p>
  </td>

  <td class="Tabelle-Reihen">
    <p class="RD-Tabellen-Spalte-2">V8</p>
  </td>
</tr>

<tr class="AbwechselndeFlaeche2">
  <td class="Tabelle-Spalte1">
    <p class="RD-Tabellen-Spalte-1">Hubraum</p>
  </td>

  <td class="Tabelle-Reihen">
    <p class="RD-Tabellen-Spalte-2">2 143 cm<span class="char-style-override-1">3</span></p>
  </td>

  <td class="Tabelle-Reihen">
    <p class="RD-Tabellen-Spalte-2">2 143 cm<span class="char-style-override-1">3</span></p>
  </td>

  <td class="Tabelle-Reihen">
    <p class="RD-Tabellen-Spalte-2">1 796 cm<span class="char-style-override-1">3</span></p>
  </td>

  <td class="Tabelle-Reihen">
    <p class="RD-Tabellen-Spalte-2">1 796 cm<span class="char-style-override-1">3</span></p>
  </td>

  <td class="Tabelle-Reihen">
    <p class="RD-Tabellen-Spalte-2">3 498 cm<span class="char-style-override-1">3</span></p>
  </td>
```

Weisen Sie jedem <tr>-Tag abwechselnd die entsprechende Klasse zu. Wechseln Sie anschließend in die CSS-Datei und fügen Sie die zwei Klassen und mit ihnen die Definition der Hintergrundfarbe für die Zellen hinzu.

```
tr.AbwechselndeFlaeche1 {
   background-color: #ebe1c3;
}

tr.AbwechselndeFlaeche2 {
   background-color: #fffbe7;
}
```

TECHNISCHE DATEN C-KLASSE COUPÉ						
	C 220 CDI	C 250 CDI	C 180	C 250	C 350	C 63 AMG
Motorbauart	4-Zylinder, Reihe	4-Zylinder, Reihe	4-Zylinder, Reihe	4-Zylinder, Reihe	V6	V8
Hubraum	2 143 cm3	2 143 cm3	1 796 cm3	1 796 cm3	3 498 cm3	6 208 cm3
Leistung bei	125 kW / 170 PS 3 000 U/min	150 kW / 204 PS 4 200 U/min	115 kW / 156 PS 5 000 U/min	150 kW / 204 PS 5 500 U/min	225 kW / 306 PS 6 500 U/min	336 kW / 457 PS 6 800 U/min
Drehmoment bei	400 Nm 1 400 U/min	500 Nm 1 600 U/min	250 Nm 1 600 U/min	310 Nm 2 300 U/min	370 Nm 3 500 U/min	600 Nm 5 000 U/min

Tabelle nach angepasstem CSS

Mit Linien gestalten

Sie müssen Ihre Tabelle nicht unbedingt mit farbigen Flächen gestalten, sondern können z.B. auch Linien zur Unterteilung nutzen. Wenn Sie Zellenformate zugewiesen haben, dann können Sie in der CSS-Datei die Eigenschaft `td.tabelle-reihen` nutzen. InDesign schreibt diese schon in die CSS-Datei auf Basis Ihres definierten Zellenformates (der Name kann natürlich frei gewählt werden) hinein. Mit `border-bottom`, `border-left` und `border-right` können Sie bestimmen, wo die Linie positioniert sein soll.

```
td.tabelle-reihen {
   border-bottom: 1px solid;
   border-left: 1px dotted;
   border-right: 1px dotted;
}
```

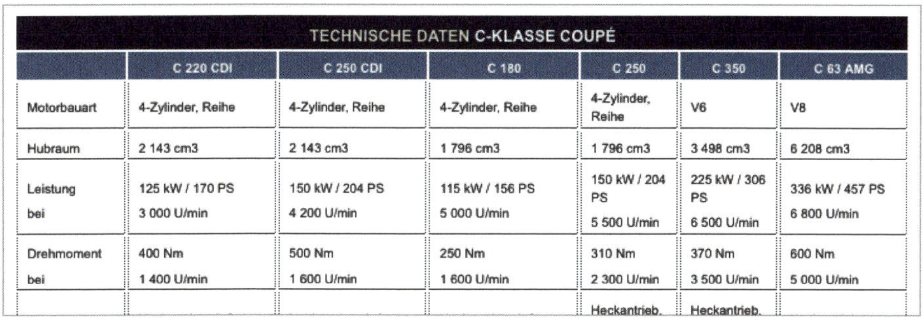

TECHNISCHE DATEN C-KLASSE COUPÉ						
	C 220 CDI	C 250 CDI	C 180	C 250	C 350	C 63 AMG
Motorbauart	4-Zylinder, Reihe	4-Zylinder, Reihe	4-Zylinder, Reihe	4-Zylinder, Reihe	V6	V8
Hubraum	2 143 cm3	2 143 cm3	1 796 cm3	1 796 cm3	3 498 cm3	6 208 cm3
Leistung bei	125 kW / 170 PS 3 000 U/min	150 kW / 204 PS 4 200 U/min	115 kW / 156 PS 5 000 U/min	150 kW / 204 PS 5 500 U/min	225 kW / 306 PS 6 500 U/min	336 kW / 457 PS 6 800 U/min
Drehmoment bei	400 Nm 1 400 U/min	500 Nm 1 600 U/min	250 Nm 1 600 U/min	310 Nm 2 300 U/min	370 Nm 3 500 U/min	600 Nm 5 000 U/min
				Heckantrieb,	Heckantrieb,	

Die Tabelle, unterteilt durch waagerechte durchgezogene Linien und vertikale gepunktete Linien

Sie können durchaus mit Hilfe von CSS noch ganz andere Kombinationen anwenden. Ich kann Sie nur ermutigen, sich hier etwas tiefer einzuarbeiten und die CSS-Eigenschaften auszutesten. Eine interessante und inspirierende Zusammenstellung über CSS-Layouts für Tabellen finden Sie z.B. hier: [57].

Tabellen für Kindle

Tabellen auf dem Kindle – das ist momentan noch etwas schwierig, denn tendenziell können alle E-Ink-Reader damit noch nicht besonders gut umgehen. Nachdem Amazon mit dem Kindle Fire jetzt auch ein farbiges Display anbietet, fällt das Problem »farbiger Hintergrund« weg. Es wird aber auch Leute geben, die ihre E-Books auf dem Kindle mit E-Ink-Technologie lesen wollen, und es kann noch dauern, bis die farbige E-Ink-Technologie überall Einzug findet. Tabellen für Kindle sollte man nur bei schmalen Tabellen mit eher wenigen Spalten und nicht allzu komplexen Daten umsetzen. Ansonsten gibt es noch die Möglichkeit, die Tabelle als Bild einzubauen. Wie das geht, erklären wir im Kapitel 5.3, S. 78 (siehe auch Kapitel 20, S. 263).

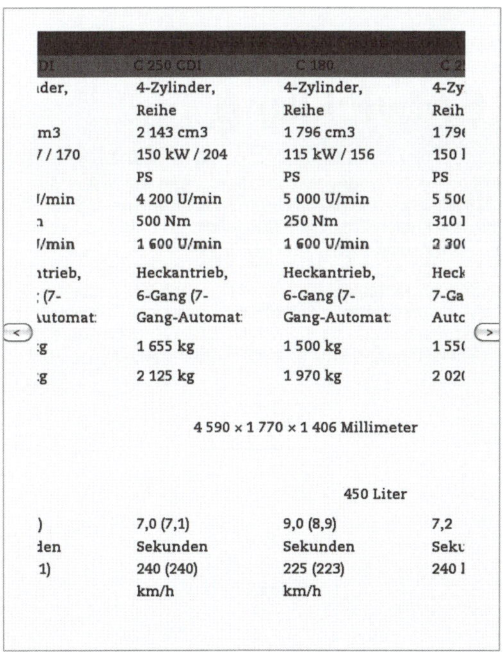

17 Hyperlinks erstellen und weiterbearbeiten

17.1 Textanker und Links erstellen

Wie Textanker, Hyperlinks und Verweise in InDesign erstellt werden können, haben wir im Kapitel 7, S. 122 gesehen. Wie geht das aber nachher im HTML-Code? Auch hier muss für einen Verweis zunächst der Textanker erstellt werden und anschließend der Hyperlink, der darauf verweist.

Textanker setzen

Gehen Sie zuerst zu der Textpassage, wo der Textanker gesetzt werden soll. Nehmen wir z.B. einfach den Kapiteltitel:

```
<h1 class="Titel">1) Geschichte der Entwicklung</h1>
```

Sie können nun den Textanker setzen, indem Sie `id="Textanker"` hinzufügen:

```
<h1 class="Titel" id="IhrTextankername">1) Geschichte der Entwicklung</h1>
```

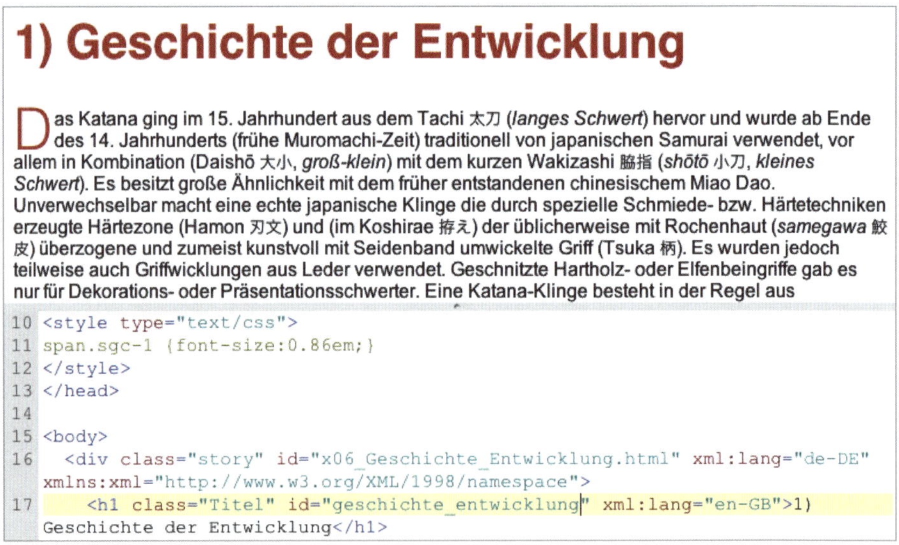

Textanker setzen im HTML-Code

Hyperlinks in HTML erstellen

Hyperlinks werden durch folgende Syntax erzeugt:

```
<a href="MeinLinkziel">Mein Hyperlink-Text</a>
```

Um auf unseren vorher erstellten Textanker zu verweisen, wird zuerst auf die entsprechende XHTML-Datei verwiesen und danach durch das Doppelkreuz ohne Leerzeichen auf den Textanker. Achten Sie auf die Syntax. Sie müssen hier den Textanker exakt so angeben wie beim Setzen des Textankers.

```
<a href="../Text/Datei.xhtml#IhrTextankername">Hier kommt der Text
Ihres Hyperlinks hin</a>
```

17.2 Aussehen von Hyperlinks verändern

Im Kapitel 7, S. 122 haben Sie gesehen, welche Möglichkeiten es gibt, in InDesign Hyperlinks zu erstellen. Ob nun Hyperlinks, Querverweise oder auch Fußnoten bzw. Endnoten definiert wurden – im ePub wird alles zu Hyperlinks. Wenn Sie in InDesign Hyperlinks erstellen, gibt es im Menüfenster *Hyperlink bearbeiten* (siehe Screenshot in Kapitel 7, S. 127) Optionen für die Darstellung der Hyperlinks. Diese haben allerdings auf den ePub-Export keine Auswirkungen.

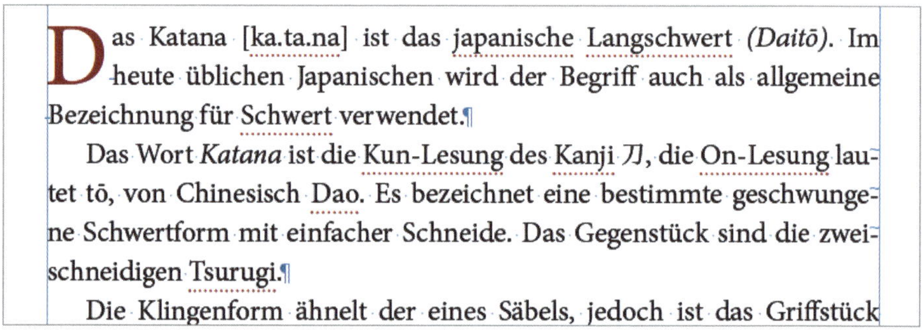

Das Katana [ka.ta.na] ist das japanische Langschwert *(Daitō)*. Im heute üblichen Japanischen wird der Begriff auch als allgemeine Bezeichnung für Schwert verwendet.¶

Das Wort *Katana* ist die Kun-Lesung des Kanji 刀, die On-Lesung lautet tō, von Chinesisch Dao. Es bezeichnet eine bestimmte geschwungene Schwertform mit einfacher Schneide. Das Gegenstück sind die zweischneidigen Tsurugi.¶

Die Klingenform ähnelt der eines Säbels, jedoch ist das Griffstück

Hyperlinks, definiert durch ein Zeichenformat in InDesign

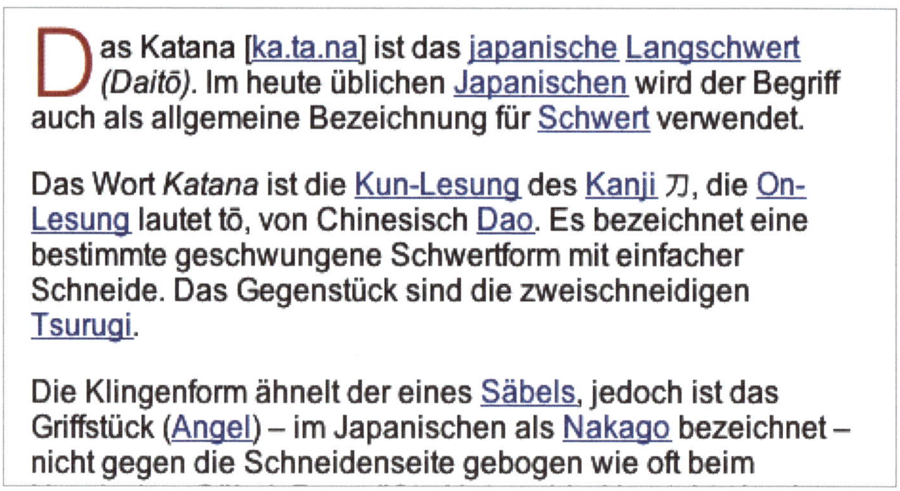

Das Katana [ka.ta.na] ist das japanische Langschwert *(Daitō)*. Im heute üblichen Japanischen wird der Begriff auch als allgemeine Bezeichnung für Schwert verwendet.

Das Wort *Katana* ist die Kun-Lesung des Kanji 刀, die On-Lesung lautet tō, von Chinesisch Dao. Es bezeichnet eine bestimmte geschwungene Schwertform mit einfacher Schneide. Das Gegenstück sind die zweischneidigen Tsurugi.

Die Klingenform ähnelt der eines Säbels, jedoch ist das Griffstück (Angel) – im Japanischen als Nakago bezeichnet – nicht gegen die Schneidenseite gebogen wie oft beim

Standarddarstellung von Hyperlinks, hier in Sigil

Webdesigner kennen das Verhalten von Browsern: Werden die Hyperlinks aus InDesign ins ePub-Format exportiert, so erhalten sie im Reader meist die Standard-Formatierung, und diese erscheint i.d.R. im hässlichen Blau und unterstrichen. Auf jeden Fall ist es schöner, die Hyperlinks-Farbe anzupassen und vielleicht auch die Unterstreichung wegzulassen oder zumindest anders zu formatieren. Dazu ist ein Eingriff in die CSS-Datei nötig (die »template.css«).

Links kennen verschiedene Zustände:

- link = normale Darstellung
- hover = wenn man mit der Maus drüberfährt (was bei iPad, Kindle etc. ja nicht relevant ist),
- active = wenn man gerade darauf klickt
- visited = nachdem man schon mal darauf geklickt hat

Für all diese Zustände kann man nun das Aussehen definieren. Für die Syntax und Möglichkeiten ist z.B. die Seite SelfHTML [☝58] sehr interessant.

CSS-Code einfügen

Im CSS-Code gibt es von InDesign aus noch keine vordefinierten Klassen. Das heißt, Sie müssen diese zuerst selbst erstellen. Dazu öffnen Sie die CSS-Datei »template.css« mit einem Editor, scrollen ans Ende der Datei und erstellen für alle zuvor genannten Zustände eine (zunächst) leere Klasse:

```
a:link {
}

a:visited {
}

a:hover {
}

a:active {
}
```

Unterstreichung anpassen

Unterstreichung löschen
Zuerst wollen wir die Unterstreichung des Links herausnehmen. Das erreichen Sie durch den Befehl: `text-decoration: none;`

```
a:link {
   text-decoration: none;
}
```

Wenn Sie im Layoutdokument ein Zeichenformat benutzt haben, um die Hyperlinks auszuzeichnen, finden Sie es in der CSS-Datei wieder. Damit die zwei Definitionen sich nicht gegenseitig behindern, sollten Sie die CSS-Regel für die Klasse ausfindig machen und prüfen, ob hier nicht etwas Gegenteiliges als Regel definiert wurde:

```
span.hyperlink {
   text-decoration: underline;
}
```

Sie sehen im Beispiel, dass zweimal etwas Verschiedenes für »text-decoration« definiert wurde. Damit die CSS-Regel funktioniert, können Sie den span-Eintrag löschen (alles, was zwischen den geschweiften Klammern steht) und eine leere Klasse stehen lassen oder die Regel komplett löschen, falls Sie den Code sauberer halten möchten.

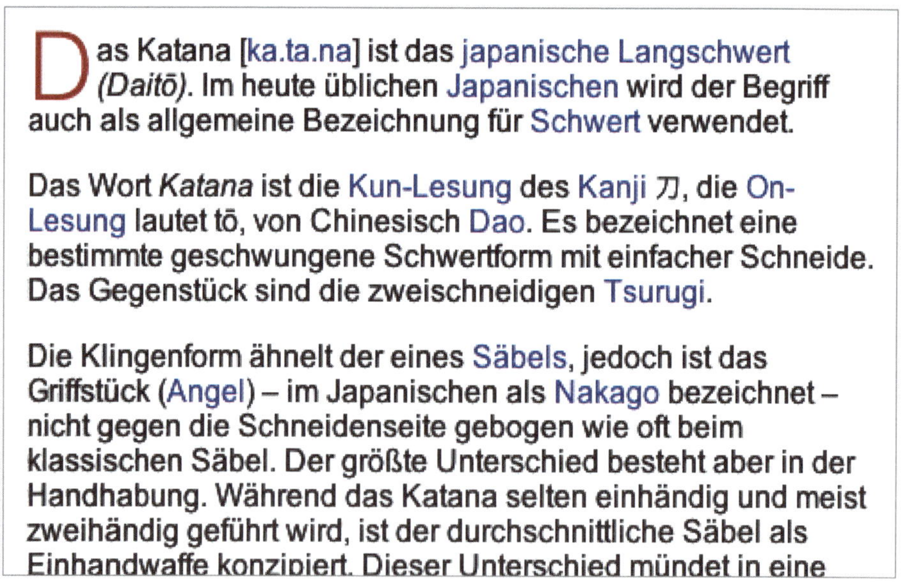
Das Katana [ka.ta.na] ist das japanische Langschwert *(Daitō)*. Im heute üblichen Japanischen wird der Begriff auch als allgemeine Bezeichnung für Schwert verwendet.

Das Wort *Katana* ist die Kun-Lesung des Kanji 刀, die On-Lesung lautet tō, von Chinesisch Dao. Es bezeichnet eine bestimmte geschwungene Schwertform mit einfacher Schneide. Das Gegenstück sind die zweischneidigen Tsurugi.

Die Klingenform ähnelt der eines Säbels, jedoch ist das Griffstück (Angel) – im Japanischen als Nakago bezeichnet – nicht gegen die Schneidenseite gebogen wie oft beim klassischen Säbel. Der größte Unterschied besteht aber in der Handhabung. Während das Katana selten einhändig und meist zweihändig geführt wird, ist der durchschnittliche Säbel als Einhandwaffe konzipiert. Dieser Unterschied mündet in eine

Ansicht in Sigil: Die Unterstreichung ist jetzt verschwunden.

Gestrichelte/Punktierte Linie

Anstatt einer durchgehenden kann man auch eine gestrichelte Linie verwenden. Das wirkt nicht so klotzig. Der CSS-Befehl dafür lautet: `border-bottom`. Als Linienart können Sie z.B. `dotted` oder `dashed` verwenden.

```
a:link {
   text-decoration: none;
   border-bottom: #CC3300 1px dashed;
}
```

Mit einer punktierten oder gestrichelten Linie wirkt der Hyperlink dezenter und tritt mehr in den Hintergrund.

Schriftfarbe ändern

Als Zweites wollen wir die Schriftfarbe des Hyperlinks umändern. Bedenken Sie dabei aber, dass sich das nur lohnt, wenn das ePub nachher auch auf einem Reader mit farbigem Display gelesen wird. Auf dem iPad ist das kein Problem, auf einem Sony-Reader aber vielleicht doch. Viele professionelle E-Reader sind mit der E-Ink-Technologie ausgestattet, die ein sattes Schriftbild ermöglicht, aber häufig keine Farben. Neuere Modelle verfügen jedoch schon über farbige E-Ink-Displays.

Der Befehl für die Schriftfarbe lautet einfach: `color: #000000`. Die Farbe wird in HTML und CSS in Hexadezimal-Code dargestellt. Den Trick, um den Hexadezimal-Code einer bestimmten Farbe herauszufinden, können Sie im Kapitel 11, S. 153 nachlesen. Wir entscheiden uns hier für die Hauptfarbe Rot unseres Beispielbuches mit dem Wert `ad0600`. Der CSS-Code sieht so aus:

```
a:link {
    text-decoration: none;
    color: #ad0600;
}
```

Das Katana [ka.ta.na] ist das japanische Langschwert (*Daitō*). Im heute üblichen Japanischen wird der Begriff auch als allgemeine Bezeichnung für Schwert verwendet.

Das Wort *Katana* ist die Kun-Lesung des Kanji 刀, die On-Lesung lautet tō, von Chinesisch Dao. Es bezeichnet eine bestimmte geschwungene Schwertform mit einfacher Schneide. Das Gegenstück sind die zweischneidigen Tsurugi.

Im ePub bekommen alle Links nach der Änderung im CSS die rote Farbe zugewiesen.

Textmarkereffekt

Eine weitere Möglichkeit der Linkauszeichnung ist der Textmarkereffekt. Die Links werden dabei mit einer Farbe hinterlegt. Diese Auszeichnung ist aber viel aufdringlicher. Der Befehl dafür lautet: `background-color`. Das sieht dann z.B. so aus:

```
a:link {
    text-decoration: none;
    color: #ad0600;
    background-color: #fdff31;
}
```

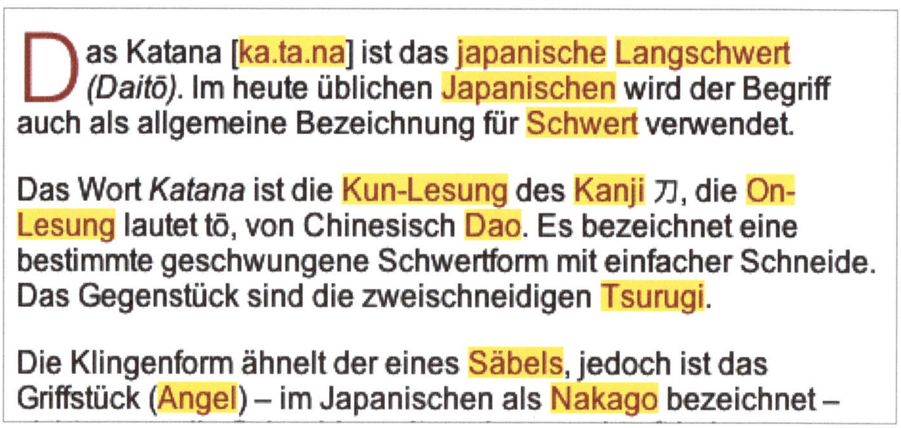
Das Katana [ka.ta.na] ist das japanische Langschwert (*Daitō*). Im heute üblichen Japanischen wird der Begriff auch als allgemeine Bezeichnung für Schwert verwendet.

Das Wort *Katana* ist die Kun-Lesung des Kanji 刀, die On-Lesung lautet tō, von Chinesisch Dao. Es bezeichnet eine bestimmte geschwungene Schwertform mit einfacher Schneide. Das Gegenstück sind die zweischneidigen Tsurugi.

Die Klingenform ähnelt der eines Säbels, jedoch ist das Griffstück (Angel) – im Japanischen als Nakago bezeichnet –

Der Textmarkereffekt: Die Hyperlinks werden mit einer Farbe hinterlegt.

18 Abschließende Arbeiten

18.1 Metadaten bearbeiten

Vor dem ePub-Export ist es, wie wir bereits gesehen haben, möglich, in InDesign Metadaten einzutragen. Das sind auch die wichtigsten Daten, die ein E-Book auf jeden Fall haben sollte. Darüber hinaus können Sie aber noch viele weitere zu Ihrem E-Book hinzufügen.

Mit Sigil können Sie einfach das ePub öffnen und via *Tools → Meta Editor* auf die Metadaten zugreifen.

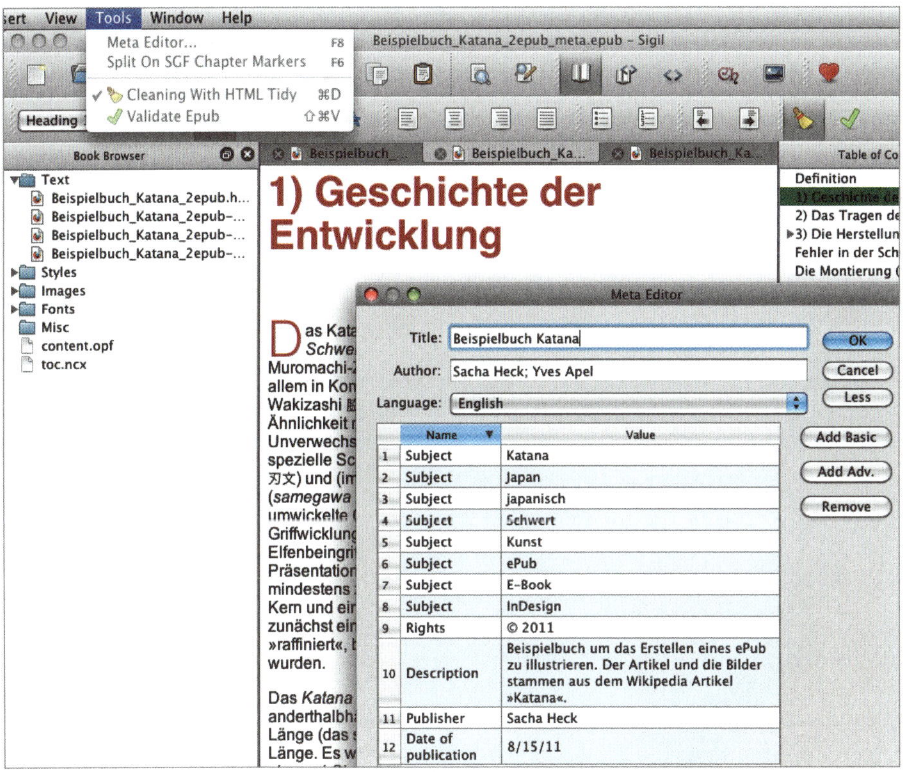

Hier sehen Sie schon die Einträge, die wir vorher in InDesign eingefügt haben. Über die Schaltflächen *Add Basic* und *Add Adv.* können Sie noch eine ganze Reihe weiterer Metadaten hinzufügen. Wenn Sie die ePub-Datei aus InDesign CS5 generiert haben, müssen Sie noch *Date of publication* hinzufügen.

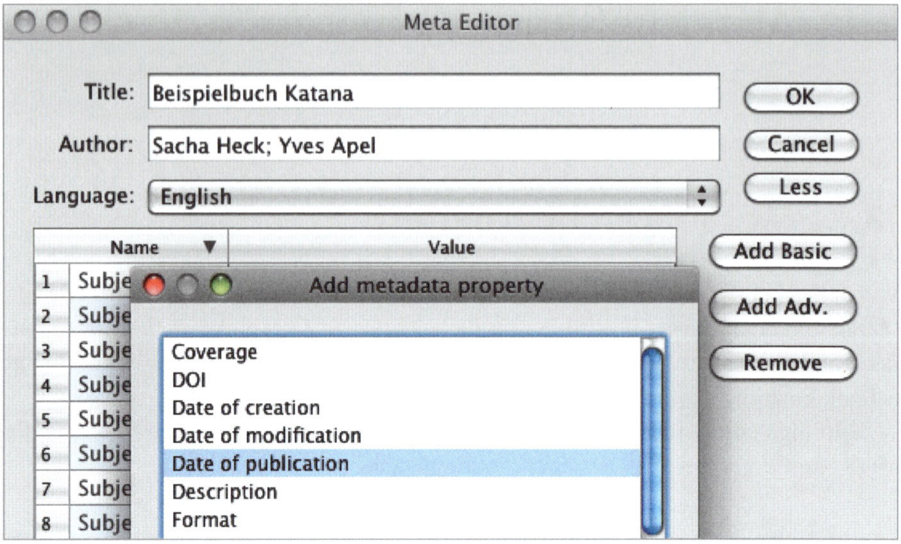

Bei ePubs aus CS5 muss noch nachträglich »Date of publication« hinzugefügt werden.

Calibre bietet ebenfalls einen Dialog, um Metadaten zu bearbeiten. Wenn Sie Ihr ePub der Bibliothek hinzugefügt haben, können Sie es aus der Liste auswählen und über den großen Button *Metadaten bearbeiten* oben das Bearbeitungsfenster öffnen.

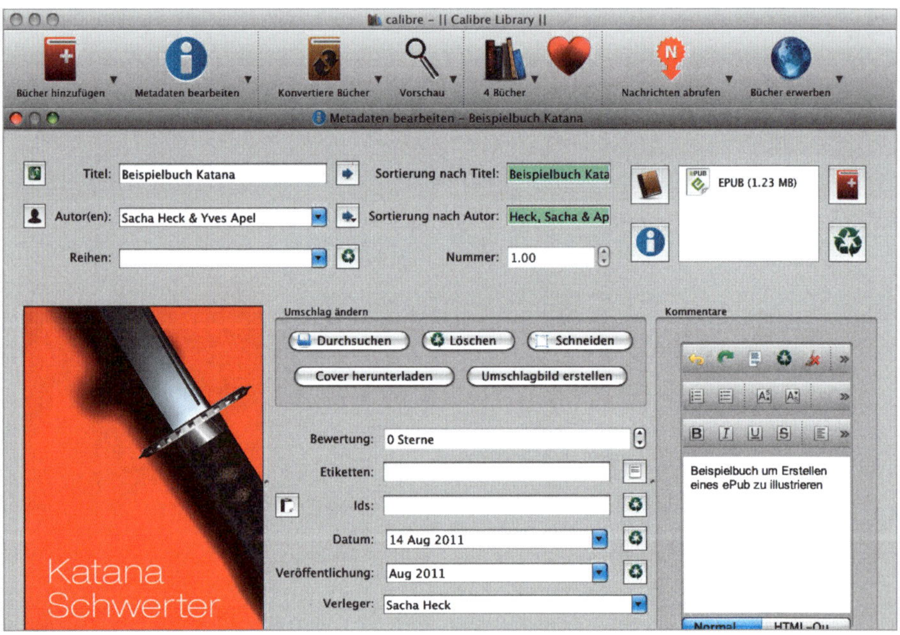

Metadaten bearbeiten in Calibre

Ein besonderer Vorteil von Calibre liegt darin, dass Sie die Metadaten mehrerer Bücher auch gleichzeitig ändern können. Dazu wählen Sie einfach zwei oder mehrere Bücher aus Ihrer Liste und klicken dann auf *Metadaten bearbeiten*.

content.opf-Datei bearbeiten

Als weitere Möglichkeit wird hier noch die Bearbeitung der content.opf-Datei vorgestellt. Die Metadaten, die Sie in den vorher beschriebenen Schritten eingegeben haben, werden in dieser Datei gespeichert. Die neuen Sigil-Versionen erlauben das direkte Bearbeiten der content.opf-Datei, andere Programme wie oXygen Author oder BBEdit ebenfalls. Die content.opf-Datei besteht aus den Metadaten, dem sog. Manifest und den Leserichtungsangaben. Wenn Sie die Datei z.B. mit Sigil öffnen, sehen Sie als Erstes die Metadaten.

```
    <meta content="Adobe InDesign" name="generator" />
    <meta content="Katana_Cover.jpg" name="cover" />
    <dc:title>Beispielbuch Katana</dc:title>
    <dc:creator>Sacha Heck</dc:creator>
    <dc:creator>Yves Apel</dc:creator>
    <dc:subject>Katana</dc:subject>
    <dc:subject>Japan</dc:subject>
    <dc:subject>japanisch</dc:subject>
    <dc:subject>Schwert</dc:subject>
    <dc:subject>Kunst</dc:subject>
    <dc:subject>ePub</dc:subject>
    <dc:subject>E-Book</dc:subject>
    <dc:subject>InDesign</dc:subject>
    <dc:description>Beispielbuch um das Erstellen eines ePub
zu illustrieren. Der Artikel und die Bilder stammen aus dem
Wikipedia Artikel »Katana«.</dc:description>
    <dc:publisher>Sacha Heck</dc:publisher>
    <dc:date>2011-08-15</dc:date>
    <dc:source />
    <dc:relation />
    <dc:coverage />
    <dc:rights>© 2011</dc:rights>
    <dc:language>de-DE</dc:language>
    <dc:language>en-GB</dc:language>
    <dc:identifier id="bookid" />
    <dc:identifier>urn:uuid:1E4FA258-B2BD-4898-A6C2-
B8009C853B12</dc:identifier>
  </metadata>
```

Ansicht der content.opf-Datei in Sigil

Sie sehen hier die Metadaten, die Sie vorher definiert haben und die teils aus InDesign kommen, wie die erste Zeile in der XML-Datei auch zeigt. Um hier allerdings Änderungen vorzunehmen, müssen Sie sich mit der genauen Syntax auseinandersetzen.

Das »dc:« bei den Tags bedeutet »Dublin Core«. Die Dublin Core Metadata Initiative stellt beschreibende Termen zur Verfügung, um Dokumente und Objekte im Internet einfacher auffindbar zu machen. Wer sich da tiefer ins ePub einarbeiten möchte, sollte sich mal auf der Dublin-Core-Seite umsehen: [☝59]. Allerdings wird es wohl für die meisten Anwender reichen, die oben beschriebenen Metadaten zum ePub hinzuzufügen.

```
<metadata>
<meta content="Adobe InDesign" name="generator" />
<meta content="Katana_Cover.jpg" name="cover" />
<dc:title>Beispielbuch Katana</dc:title>
<dc:creator>Sacha Heck</dc:creator>
<dc:creator>Yves Apel</dc:creator>
<dc:subject>Katana</dc:subject>
<dc:subject>Japan</dc:subject>
<dc:subject>japanisch</dc:subject>
<dc:subject>Schwert</dc:subject>
<dc:subject>Kunst</dc:subject>
<dc:subject>ePub</dc:subject>
<dc:subject>E-Book</dc:subject>
<dc:subject>InDesign</dc:subject>
<dc:description>Beispielbuch um das Erstellen eines ePub zu
illustrieren. Der Artikel und die Bilder stammen aus dem Wikipedia
Artikel »Katana«.</dc:description>
<dc:publisher>Sacha Heck</dc:publisher>
<dc:date>2011-08-15</dc:date>
<dc:source />
<dc:relation />
<dc:coverage />
<dc:rights>© 2011</dc:rights>
<dc:language>de-DE</dc:language>
<dc:language>en-GB</dc:language>
<dc:identifier id="bookid" />
<dc:identifier>urn:uuid:1E4FA258-B2BD-4898-A6C2-B8009C853B12</
dc:identifier>
</metadata>
```

18.2 Cover nachträglich anlegen oder bearbeiten

Die Nachbearbeitung des Covers aus InDesign CS5

InDesign CS5 ist, was den richtigen Export einer Coverseite betrifft, leider etwas fehlerhaft, wodurch die Benennung (Cover ID) vom Cover nicht erkannt wird und einige notwendige Angaben im Code fehlen, so dass eine Nachbearbeitung geleistet werden muss.

In der entpackten ePub-Datei (bei Sigil nicht notwendig) öffnen Sie bitte die XHTML-Datei des Covers (z.B. cover.html). Dort sollten Sie einen Code ähnlich dem folgenden vorfinden:

```
<body>
   <div id="x01">
      <div class="generated-style">
         <img src="images/01_fmt.jpeg" alt="01.jpg" />
      </div>
   </div>
</body>
```

Ändern Sie die Zeile `<div id="x01">` in `<div id="cover-image">` um.

Öffnen Sie anschließend die ontent.opf-Datei. Fügen Sie hinter `<meta name="generator" content="Adobe InDesign"/>` den Code `<meta name="cover" content="cover-image"/>` ein.

Suchen Sie nach `<manifest>` den Code, in dem die XHTML-Datei des Covers angegeben wird (`href="Name des Covers"`). In unserem Beispiel ist das `<item id="x01" href="01.xhtml" media-type="application/xhtml+xml"/>` , wo Sie `id="x01"` in `id="cover"` umändern.

Zusätzlich müsste weiterer Code gefunden werden, der die Bilddatei für das Cover angibt, hier: `<item id="x01-fmt-jpeg" href="images/01_fmt.jpeg" media-type="image/jpeg"/>`, zu erkennen an `href="images/01_fmt.jpeg"` mit dem Pfad der Coverdatei. Ändern Sie dort `id="x01-fmt-jpeg"` in `id="cover-image"` um.

Zu guter Letzt suchen Sie `<itemref idref="x01"/>` in selbiger content.opf-Datei, wobei das »x01« für den Wert steht, den Sie bereits in den Schritten vorher angetroffen und abgeändert haben. Ersetzen Sie den Code mit `itemref idref="cover"/>`.

Das war's. Ihr Cover sollte nun richtig in iBooks & Co. dargestellt werden!

Ein Cover manuell anlegen

Mit InDesign CS 5.5 ist die Erstellung einer Coverseite viel einfacher geworden. Doch was ist, wenn Sie ein Cover manuell erstellen oder bearbeiten müssen? Überspringen Sie dieses Kapitel, wenn Ihr Cover in Ordnung ist. Ansonsten gehen Sie wie folgt vor:

1. Entpacken Sie die ePub-Datei.
2. Erstellen Sie eine neue HTML-Datei mit dem Editor Ihrer Wahl.
3. Kopieren Sie dort folgenden Code hinein:

```
<!DOCTYPE html PUBLIC "-//W3C//DTD XHTML 1.1//EN" "http://www.
w3.org/TR/xhtml11/DTD/xhtml11.dtd">
<html xmlns="http://www.w3.org/1999/xhtml">
   <head>
      <title>Cover</title>
      <style type="text/css"> img { max-width: 100%; } </style>
   </head>
   <body>
   <div id="cover-image">
      <img src="images/cover.png" alt=""/>
   </div>
   </body>
</html>
```

4. Speichern Sie die Datei unter dem Namen »Cover.html« im Order »OEBPS« ab.

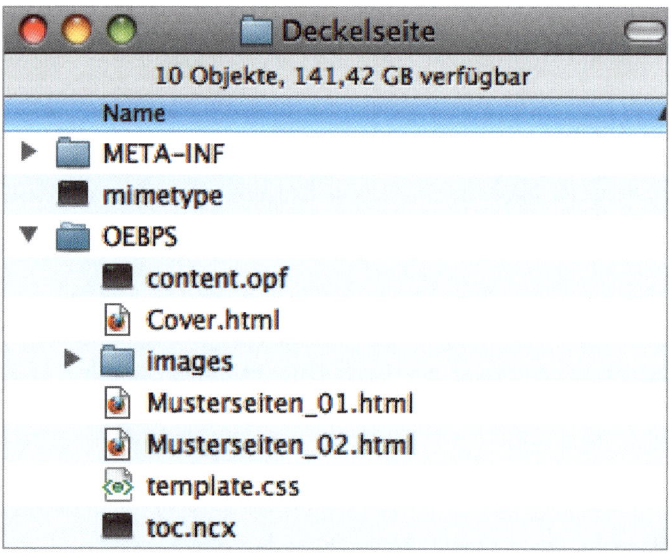

Legen Sie eine Kopie der Datei mit Ihrem Coverbild in den Ordner »images«. Der Name der Datei sollte »cover.png« lauten, da dieser Name auch oben so im Code angegeben wurde.

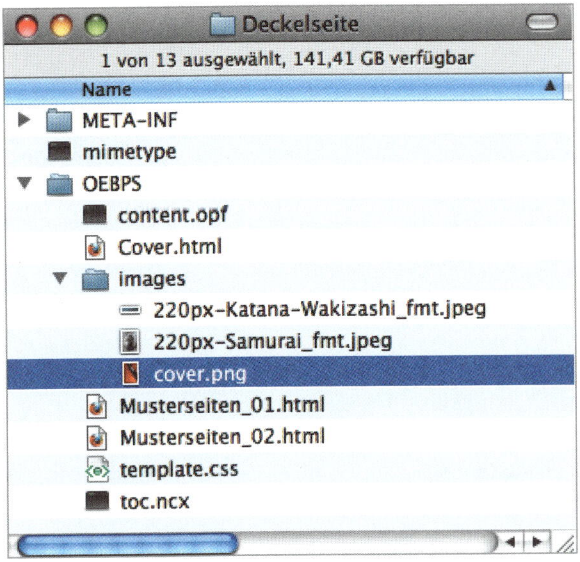

Um eine valide ePub-Datei zu erhalten, öffnen Sie mit dem Editor die Datei »content.opf« und suchen nach dem Code `<manifest>`.

Legen Sie noch die folgenden zwei neuen Zeilen an:

```
<item id="cover" href="Cover.html" media-type="application/
xhtml+xml"/>
<item id="cover-image" href="images/cover.png" media-type="image/
png"/>
```

Ganz unten in der content.opf-Datei steht der Code `<spine toc="ncx">`. Dort fügen Sie die nachfolgende Zeile hinzu, mit der Sie Programmen wie Adobe Digital Editions und den E-Readern die Position vom Cover angeben.

```
<itemref idref="cover" linear="yes"/>
```

Weiter geht's mit den Metadaten. Bei `<metadata>` erstellen Sie noch die Zeile:

```
<meta name="cover" content="cover-image"/>
```

Und damit auch sichergestellt ist, dass die meisten E-Reader die Coverseite erkennen, fügen Sie vor `</package>` noch drei weitere Zeilen ein:

```
<guide>
   <reference href="cover.html" type="cover" title="Cover"/>
</guide>
```

Der gesamte Code der »content.opf« kann dann zum Beispiel so aussehen:

```
<?xml version="1.0" encoding="UTF-8" standalone="yes"?>
<package xmlns="http://www.idpf.org/2007/opf" xmlns:dc="http://
purl.org/dc/elements/1.1/" unique-identifier="bookid" version="2.0">
<metadata>
   <meta name="generator" content="Adobe InDesign"/>
   <meta name="cover" content="cover-image"/>
   <dc:title></dc:title>
   <dc:creator></dc:creator>
   <dc:subject></dc:subject>
   <dc:description></dc:description>
   <dc:publisher></dc:publisher>
   <dc:date>2011-08-29</dc:date>
   <dc:source></dc:source>
   <dc:relation></dc:relation>
   <dc:coverage></dc:coverage>
   <dc:rights></dc:rights>
   <dc:language>de-DE</dc:language>
   <dc:language>en-GB</dc:language>
   <dc:identifier id="bookid"></dc:identifier>
</metadata>
<manifest>
   <item id="ncx" href="toc.ncx" media-type="application/x-
   dtbncx+xml"/>
   <item id="css" href="template.css" media-type="text/css"/>
   <item id="cover" href="Cover.html" media-type="application/
   xhtml+xml"/>
   <item id="Musterseiten_01" href="Musterseiten_01.html" media-
   type="application/xhtml+xml"/>
   <item id="Musterseiten_02" href="Musterseiten_02.html" media-
   type="application/xhtml+xml"/>
   <item id="cover-image" href="images/cover.png" media-
   type="image/png"/>
   <item id="x220px-Katana-Wakizashi_fmt.jpeg" href="images/220px-
   Katana-Wakizashi_fmt.jpeg" media-type="image/jpeg"/>
   <item id="x220px-Samurai_fmt.jpeg" href="images/220px-Samurai_
   fmt.jpeg" media-type="image/jpeg"/>
```

```
</manifest>
   <spine toc="ncx">
      <itemref idref="cover" linear="yes"/>
      <itemref idref="Musterseiten_01"/>
      <itemref idref="Musterseiten_02"/>
   </spine>
   <guide>
      <reference href="cover.html" type="cover" title="Cover"/>
   </guide>
</package>
```

Zugegeben, dieser Teil war wirklich etwas kompliziert und ist nicht jedermanns Sache. Wir wollten Ihnen trotzdem zeigen, wie es funktioniert, damit Sie für alle Fälle gewappnet sind.

18.3 »Guide«-Sektionen anlegen

InDesign kann valide ePub-Dateien herstellen, d.h., die ePub-Dateien entsprechen den Standards der IDPF. Doch Sie werden feststellen, dass Firmen wie Apple und Amazon zusätzliche Regeln für die ePub- und Mobipocket-Dateien festgelegt haben, sollten Sie diese Dateien in deren Shops veröffentlichen wollen. Zumindest Apple und Amazon verlangen eine zusätzliche »Guide«-Sektion, die in der content.opf-Datei Ihres E-Books definiert werden muss. Die »Guide«-Sektion muss manuell eingetragen werden. InDesign gibt diese Informationen nicht aus.

Eine herkömmliche content.opf Datei besteht aus den drei Definitionen metadata, manifest und spine. »Guide«-Sektion muss als vierte Definition hinzugefügt werden. Doch was macht eigentlich diese »Guide«-Sektion?

- Ähnlich wie bei den anderen beiden Definitionen bildet die »Guide«-Sektion eine Referenz zu den Hauptbestandteilen Ihres E-Book wie Cover, Titelseite, Inhaltsverzeichnis usw.
- Zusätzlich zu der normalen Navigation benötigen der iBookstore und Kindle Store noch weitere Referenzen, um zu den verschiedenen Kapiteln zu gelangen. Jedoch können die »Guide«-Referenzen nicht frei definiert werden. Diese müssen einer genauen Liste des IDPF entsprechen, die Sie unter [👆60] finden.
- Kindle benötigt nur die »toc«-Referenz, während Sie für den Apple iBookstore möglichst alle Referenzen in Ihrem Projekt angeben sollten.

Um die »Guide«-Sektion einzufügen, gehen Sie wie folgt vor:

1. Öffnen Sie die content.opf mit einem Editor.
2. Fügen Sie zwischen `</spine>` und `</package>` nachfolgende Codezeilen ein, wobei jede Zeile für eine Referenz (`type="Referenz"`) steht. `title="..."` gibt eine Beschreibung an. `href="Dateiname.html` ist der Link zu der betreffenden HTML-Datei.

```
<guide>
  <reference type="cover" title="Deckelseite" href="Dateiname.
  html" /><!-- Jeder »type« darf nur einmal benutzt werden -->
  <reference type="toc" title="Inhaltsverzeichnis"
  href="Dateiname.html" />
```

```
    <reference type="text" title="Erstes Kapitel" href="Dateiname.
    html" /><!-- »type="text"« definiert das erste Kapitel -->
</guide>
```

TEIL 3

Weiterführende Themen

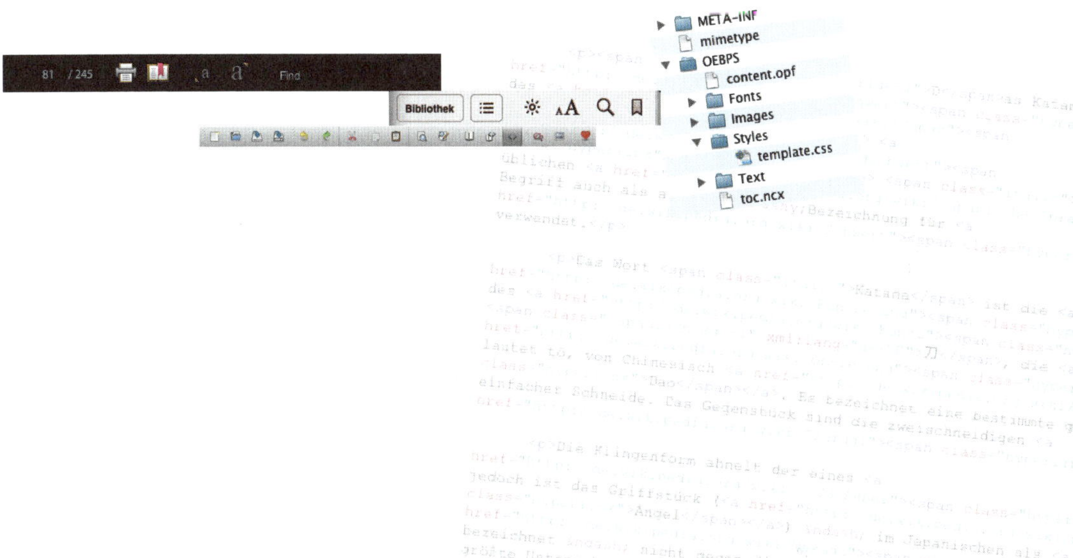

19 Video und Audio im ePub

19.1 Videos einfügen

Einer der größten Vorteile, die das elektronische Buchformat mit sich bringt, ist die Möglichkeit, Video- und Audio-Dateien zu integrieren. In diesem Artikel erklären wir Ihnen, wie Sie Videos in das richtige Format umwandeln und in Ihr E-Book einbinden können. Das hier gezeigte Vorgehen zum Einfügen von Videos und Audio-Dateien ist leider noch kein Standard in der ePub-Erstellung. Wir haben das Augenmerk auf die Funktionalität für iPad und iPhone gelegt. Viele andere Geräte können noch keine interaktiven Inhalte darstellen.

Bei Geräten von Barnes & Noble können Video- und Audioinhalte dargestellt werden. Allerdings werden solche »enhanced« E-Books nur über den eigenen Shop oder die eigene Internetseite, aber nicht über den Verkaufsplatz von Barnes & Noble vertrieben. Auch bei Amazon Kindle besteht diese Möglichkeit, jedoch nur, wenn das elektronische Buch auf einem Gerät mit Apple iOS dargestellt wird (bzw. mit dem neuen Kindle Format 8 auf dem Kindle Fire. Siehe auch S. 264). Bei Amazons Kindle Store ist zu bedenken, dass auch eine Gebühr abhängig von der Dateigröße verlangt wird. Sind viele Videos und Audio-Dateien enthalten, wird die Dateigröße Ihres E-Books erheblich und es kann vorkommen, dass die Kosten zum Vertrieb der E-Book-Datei höher sind als die Einnahmen. Adobe Digital Editions (1.7.2) kann leider noch keine Videos darstellen.

Erste Ansätze

Wenn Sie Apples iBookstore Asset Guide lesen, entsteht leicht der Eindruck, Sie bräuchten die Programme Apple Compressor und Apple Final Cut Pro, um Videos für iOS-Geräte herzustellen. Zusammen kosten diese Programme gerne ein paar hundert Euro, die Sie nicht investieren müssen, wenn nicht gerade sehr professionelle und aufwändige Videos hergestellt werden sollen. Wir haben einige freie Konvertierungsprogramme getestet, die aber allesamt nicht die notwendigen Kriterien wie z. B. eine benutzerdefinierte Qualität oder Videogröße bieten konnten oder bei denen der Videoexport zu aufwändig oder mit Fehlern belastet war, um die Videos für ein elektronisches Buch nutzen zu können.

Sollten Sie die Adobe Creative Suite Design Premium CS5 oder CS5.5 gekauft haben, wurde Ihnen bereits der Adobe Media Encoder mitgeliefert, der es ermöglicht, die Videos umzukonvertieren. Den Adobe Media Encoder konnte man leider zum Zeitpunkt, als wir dieses Buch schrieben, noch nicht gesondert kaufen.

Besitzen Sie Adobe Media Encoder nicht, empfehlen wir Ihnen den Wondershare Video Converter für Mac [☝61] oder Wondershare Video Converter Platinum für Windows [☝62], der um die 30 € kostet. Das Preis-Leistungs-Verhältnis erscheint gerechtfertigt, bedenkt man, dass der Umgang damit sehr leicht fällt und die Qualität sowie der Funktionsumfang in Ordnung sind.

Wenn Sie ein Bastler sind und gerne freie Programme zur Umkonvertierung ausprobieren möchten, haben Sie die Möglichkeit, auf VLC [☝63], Adapter [☝64], HandBrake [☝65] oder Miro Video Converter [☝66] zurückzugreifen, die es sowohl für Windows als auch Macintosh gibt. Bei dem mit OS X mitgelieferten QuickTime X besteht auch die Möglichkeit, Videos in andere Formate zu exportieren.

Das kleine Einmaleins für iOS-kompatible Videos

Noch vor nicht allzu langer Zeit gab es nur die Möglichkeit, ein Video im unkomprimierten AVI-Format (Audio Video Interleave) herzustellen, so dass es ohne zusätzliche Programme auf Windows- sowie auch auf Macintosh-Systemen abgespielt werden konnte. Da eine Verringerung der Dateigröße dabei nicht enthalten war bzw. sein durfte, kamen schnell für ein paar Minuten Videovergnügen ein paar hundert Megabyte bis zu mehreren Gigabyte an Daten zusammen. Undenkbar, solch ein Video in ein E-Book einzubauen.

Abhilfe hat der H.264-Standard (MPEG4) mit seiner hocheffizienten Videokompression geschaffen. Mit H.264 ist es nun möglich, hochaufgelöste Videos (inklusive HD) mit einer möglichst geringen Dateigröße herzustellen. Zudem ist der H.264-Standard sehr beliebt, weil er mit gängigen Windows-, Macintosh-, iOS- sowie anderen mobilen Geräten und Systemen kompatibel ist und Videos so fast überall abgespielt werden können.

H.264 wird auch gerne als MPEG4 bezeichnet, zumal die Dateiendung »mp4« oder »m4v« ist. An dieser Stelle daher der Hinweis, dass MPEG4 nicht auf den H.264-Standard begrenzt ist und auch Standards wie DAVC, X.264 und Matroska umfassen kann. Wichtig ist also, auf die Erstellung von MPEG4-Videos im H.246-Standard zu achten.

Hinweis:

Bei den Recherchen zu diesem Buch sind uns einige Beiträge im Internet aufgefallen, in denen erwähnt wird, dass Dateien mit der Dateiendung »mp4« nicht in iBooks auf dem iPhone funktionieren sollen. In unseren Tests konnten wir aber keine Probleme feststellen.

Dateigrößen

Videodateien sind größer als Audio-Dateien, Bilder oder Texte. Bei einer gängigen Videogröße mit mittlerer Kompressionsrate entspricht eine Minute an Videomaterial ca. 7–10 MB an Festplattenspeicher. Je längere und je mehr Videos Sie in Ihr E-Book einbauen, umso länger braucht das Gerät, um das E-Book zu öffnen und darzustellen. Behalten Sie daher im Hinterkopf, dass das ePub-Format eine maximale Dateigröße von 2 GB haben darf, wenn die Umsetzung eines enhanced E-Books geplant wird.

Außerdem ist zu beachten, dass Videos eine hohe Leistung vom Gerät abrufen. Ein zu großes Video kann in schwachen Geräten beim Abspielen ruckeln oder gar die App oder das Gerät zum Absturz bringen.

Aspect ratio

»Aspect ratio« definiert das Größenverhältnis von Bildschirmen und Videodateien. Die Proportionen werden in Breite: Höhe angegeben, wobei die beliebtesten Verhältnisse 4:3 (altes Fernseher-Format) und 16:9 (Breitbild oder auch bekannt als Widescreen) sind.

Beim einem Größenverhältnis von 4:3 sind die gängigsten Videogrößen 1024 × 768, 640 × 480, 480 × 360, 400 × 300 und 320 × 240, bei 16:9 sind es 1280 × 720, 640 × 360, 480 × 270 und 400 × 224.

Das iPad z.B. hat ein Größenverhältnis von 4:3. Spielen Sie also ein 16:9-Video auf dem iPad ab, werden oben und unten schwarze Balken hinzugefügt, um das Video ganz anzuzeigen. Oder wenn es bildschirmfüllend dargestellt werden soll, wird links und rechts ein Teil vom Video ausgeblendet.

Vorschaubild

Das Vorschaubild ist meist ein einzelnes Bild, das der Videodatei entnommen wurde und angezeigt werden soll, wenn das Video nicht abgespielt wird. Es wird empfohlen, ein Vorschaubild zu definieren. Unverständlicherweise hat Apple als Richtlinie für das Vorschaubild eine Größe auf 300 × 150 Pixel angegeben (Verhältnis von 2:1). Die Videos müssen aber laut Vorgabe einem Verhältnis von 4:3 oder 16:9 entsprechen. Beide Angaben widersprechen sich also. Es ist günstiger, das Vorschaubild mit denselben Proportionen wie das Video zu exportieren.

Beim NOOK Color von Barnes & Noble ist es obligatorisch, dass sowohl Vorschaubild als auch Video im Widescreen-Format angelegt werden, da sonst das Video verzerrt wird.

Bitrate

Als Bitrate wird die Auflösung der Videodatei definiert. Die Angabe erfolgt aber nicht wie bei Bildern in »dpi«, sondern in »kbit/s«. Für mobile Geräte wie das iPad und andere Tablet-PCs ist eine Auflösung von 1.000 kbit/s im Verhältnis zur verfügbaren Bildschirmgröße eine gute Wahl. Zum Vergleich: Auf einem deutlich größeren Fernseher wird das normale Fernsehprogramm mit ca. 3.500 kbit/s dargestellt. Eine normale DVD liegt bei 9.800 kbit/s, BluRay-Discs bei satten 40.000 kbit/s. Je höher die Auflösung, umso größer die Datei.

Fazit

Wenn die Ausgabe nur für das iPad gedacht ist, erstellen Sie ein Video im Verhältnis von 4:3. Sollen mehrere Geräte unterstützt werden, nehmen Sie am besten das Widescreen-Format 16:9. Die Größe von 480 × 270 Pixel ist äußerst beliebt und bringt gute Resultate. Die Bitrate sollte nicht mehr als 1.000 kbit/s betragen.

Vorbereitung zur Konvertierung

Sie haben also ein Video zur Verfügung und wollen es nun für das E-Book konvertieren. Dazu müssen Sie zuerst wissen, welche Größe und Auflösung Ihr Originalvideo hat. Dazu öffnen Sie das Video in QuickTime X (Macintosh) und drücken CMD + I. Sie erhalten ein Fenster mit den wichtigsten Informationen.

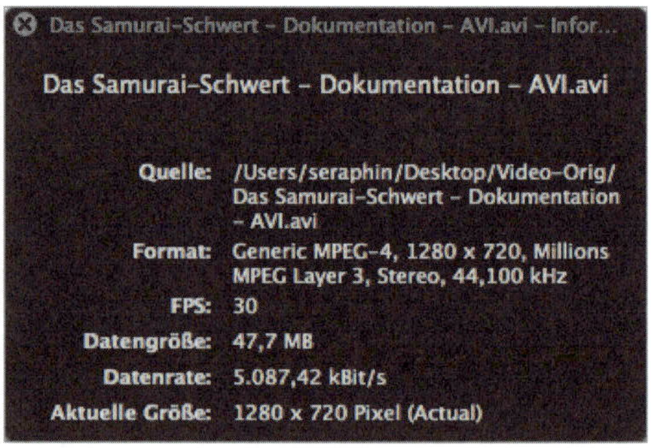

Windows-Nutzer können diese Informationen einsehen, indem sie die Datei anwählen und mit einem Rechtsklick mit der Maus die »Eigenschaften« aufrufen. Beim Reiter *Details* können die Videoeigenschaften eingesehen werden.

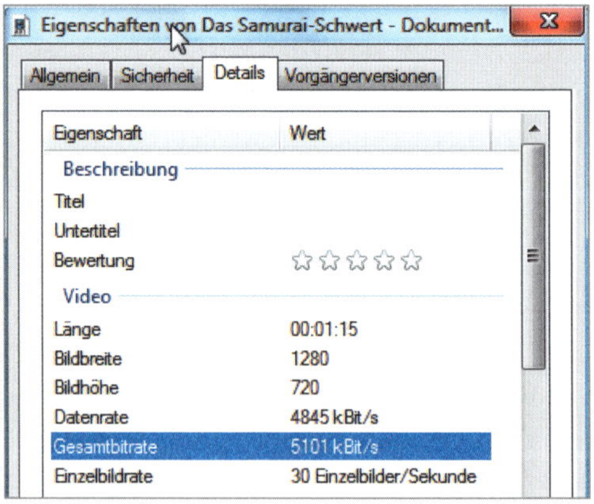

Die Informationen verraten, dass das Video eine Auflösung (Datenrate/Bitrate) von ungefähr 5.100 kbit/s hat und 1280 × 720 Pixel (Widescreen) groß ist.

Konvertieren mit dem Adobe Media Encoder

Starten Sie den Adobe Media Encoder und ziehen Sie Ihre Datei auf die freie Fläche.

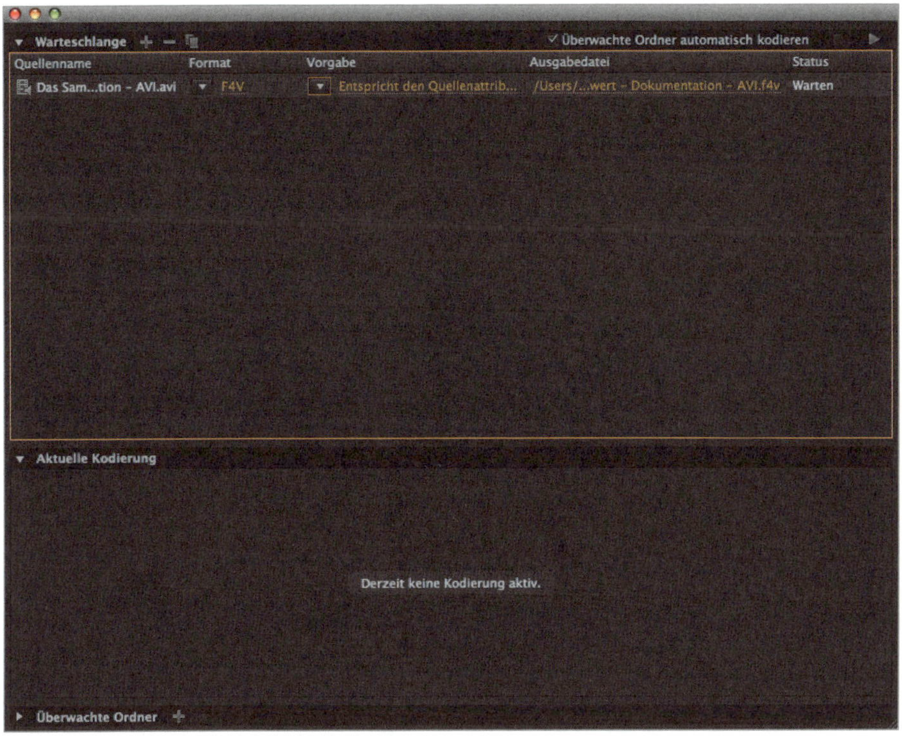

Hier abgebildet ist der Adobe Media Encoder CS5.5. Der AME CS5 sieht leicht anders aus.

In der Spalte *Format* wählen Sie *H.264* aus.

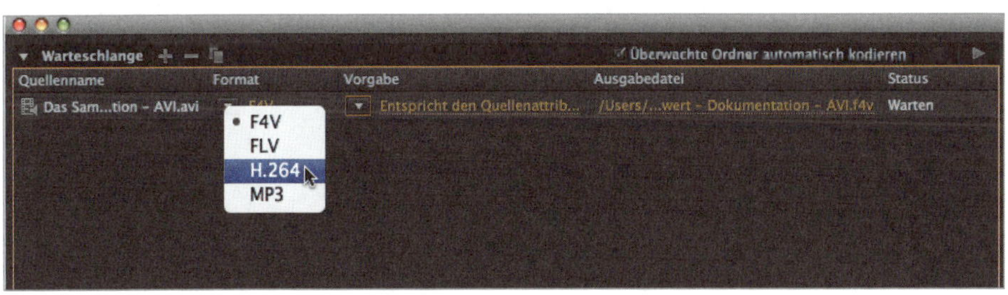

Bei *Vorgabe* sind schon einige Ausgabequellen vordefiniert. Sie können »Apple iPad – 640 × 360, 16 × 9, 29.97, 1.200 Kbit/s« auswählen (bei einer reinen iOS-Ausgabe können Sie ein 4:3-Profil nehmen). Um aber benutzerdefinierte Einstellungen vornehmen zu können, klicken Sie auf den Namen »Apple iPad – 640 × 360, 16 × 9 ...«, nachdem Sie das Profil ausgewählt haben.

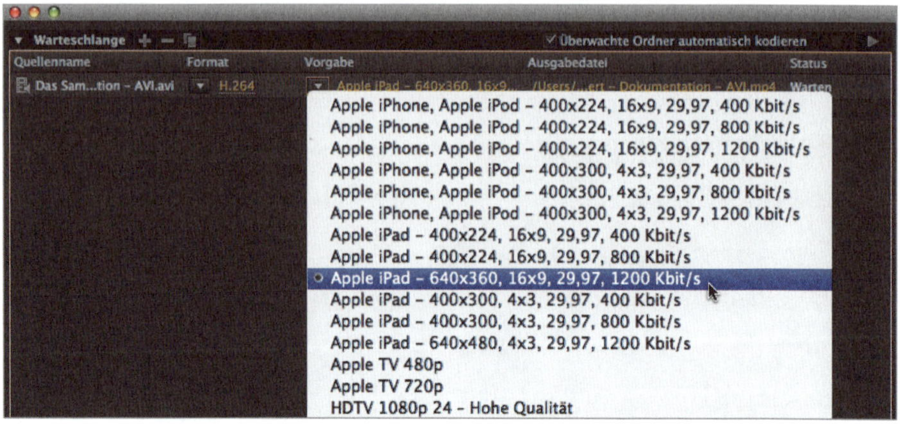

Im neuen Fenster können Sie die Detaileinstellungen vornehmen. Wechseln Sie zum Reiter *Video*. Dort geben Sie beim Punkt *Framebreite* die Videogröße ein. Möchten Sie eine höhere Qualität in die ePub-Datei einbinden, können Sie das Original von 1.280 Pixel beibehalten, wodurch Sie eine größere Datei bekommen. Stellen Sie die Größe auf 480 Pixel ein, um das Video für Ihr E-Book zu optimieren.

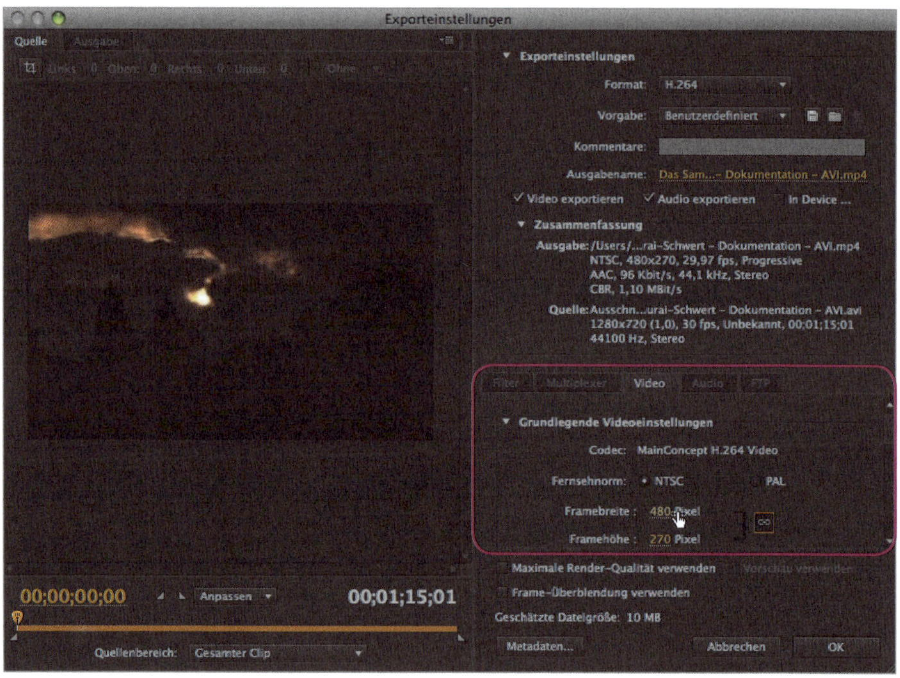

Scrollen Sie etwas runter zu *Bitrate [Mbit/s]* und geben rechts beim Wert 1,000 ein (Komma nicht vergessen). Auch hier lässt sich die benutzerdefinierte Datenrate/Auflösung angeben.

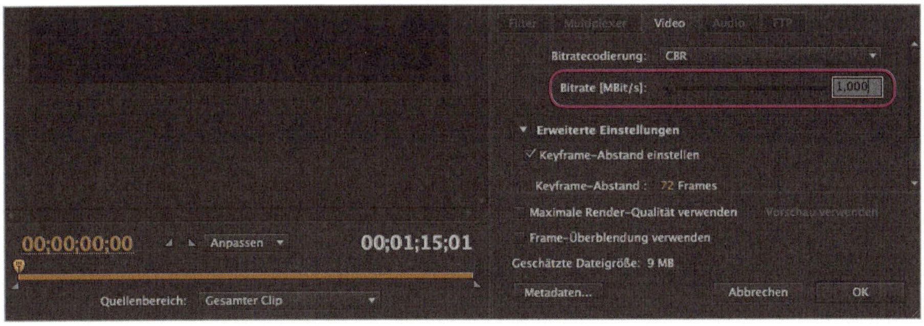

Ganz unten bei *Geschätzte Dateigröße* gibt Ihnen der AME die voraussichtliche Dateigröße an. Dieser Wert kann jedoch je nach Länge des Videos vom tatsächlichen Ergebnis abweichen, da die Berechnung mitunter nicht hundertprozentig genau ist. Bestätigen Sie mit OK.

Durch Klicken auf den Namen in der Spalte *Ausgabedatei* können Sie noch den Namen und den Speicherort definieren. Sie starten die Videokonvertierung anschließend durch Klicken auf das Dreieck oben rechts.

Die Videokonvertierung kann zwischen einigen Minuten und mehreren Stunden dauern. Die Ressourcen des Computers sind dabei meist komplett ausgelastet, was ein paralleles Arbeiten in anderen Programmen erschwert. Planen Sie also genug Zeit ein oder lassen Sie die Konvertierung über Nacht durchlaufen, da dieser Prozess nicht unbedingt Ihre Aufmerksamkeit verlangt.

Adobe Media Encoder sowie Wondershare Video Converter besitzen noch einige erweiterte Funktionen, um zum Beispiel Videos zuzuschneiden oder andere Qualitäts- und Farbeinstellungen vorzunehmen. Wir bitten um Verständnis, dass wir diese Optionen nicht alle in diesem Buch erwähnen können.

Konvertieren mit dem Wondershare Video Converter

Auch wenn Sie den Adobe Media Encoder nicht besitzen, lesen Sie bitte zuerst den Umgang mit dem AME durch, da dort einige Informationen gegeben wurden, die auch im Folgenden gelten und daher nicht doppelt erwähnt werden.

Starten Sie das Programm und ziehen Sie Ihre Videodatei in das Feld *Ziehen Sie die Videodateien hier hin.*

Klicken Sie auf das kleine Icon neben dem Dateinamen, um Dateiname, Speicherort und Konvertierungseinstellungen bearbeiten zu können. Als Format definieren Sie *MP4*.

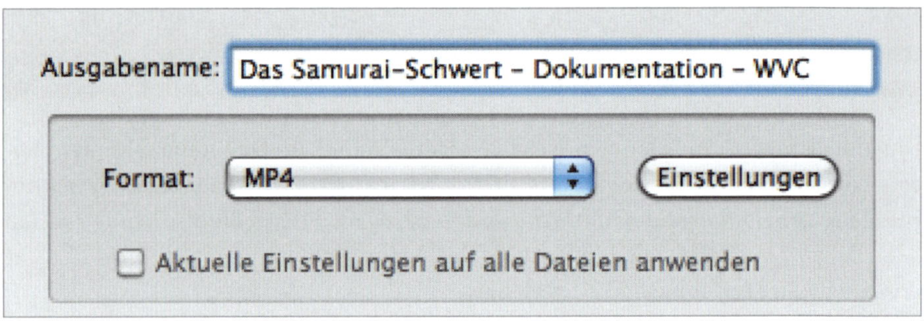

Wählen Sie *Einstellungen*. Bei Encoder stellen Sie *H.264 Normal(MC)* ein. Wie schon vorher beim Adobe Media Encoder optimieren wir auch hier das Video für iBooks und geben eine Größe (hier als Auflösung dargestellt) von 480 × 270 Pixel und eine Bitrate von 1.000 kbit/s an.

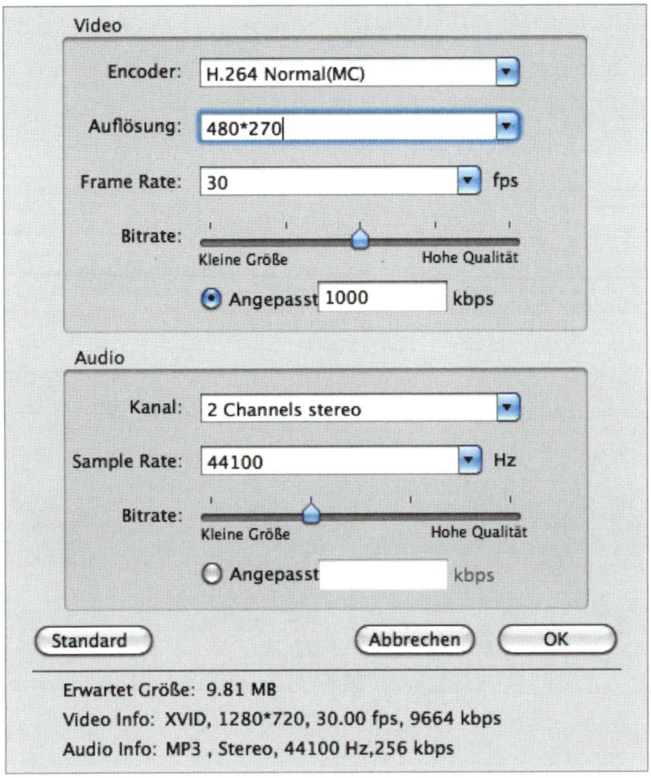

Tipp:

Sollten Sie ein Video besitzen, das nicht den Proportionen 4:3 oder 16:9 entspricht und mit einer Breite von 480 Pixel nicht die Höhe von 270 Pixel erreichen würde, können Sie einen kleinen Trick anwenden, um die richtige Höhe herauszufinden. Erstellen Sie dazu in InDesign einen leeren Rahmen mit der Originalgröße des Videos. Verkleinern Sie den Rahmen proportional auf die gewünschte Breite und Sie erhalten automatisch die Höhe.

Die Audioangaben belassen Sie wie vorgegeben. Jetzt zweimal mit OK bestätigen und unten rechts auf den Start-Button klicken, um die Konvertierung zu starten.

Nach InDesign importieren

InDesign macht Ihnen den Import von Videos leicht. Importieren und platzieren Sie das Video auf die gleiche Weise, wie Sie es mit Bildern tun.

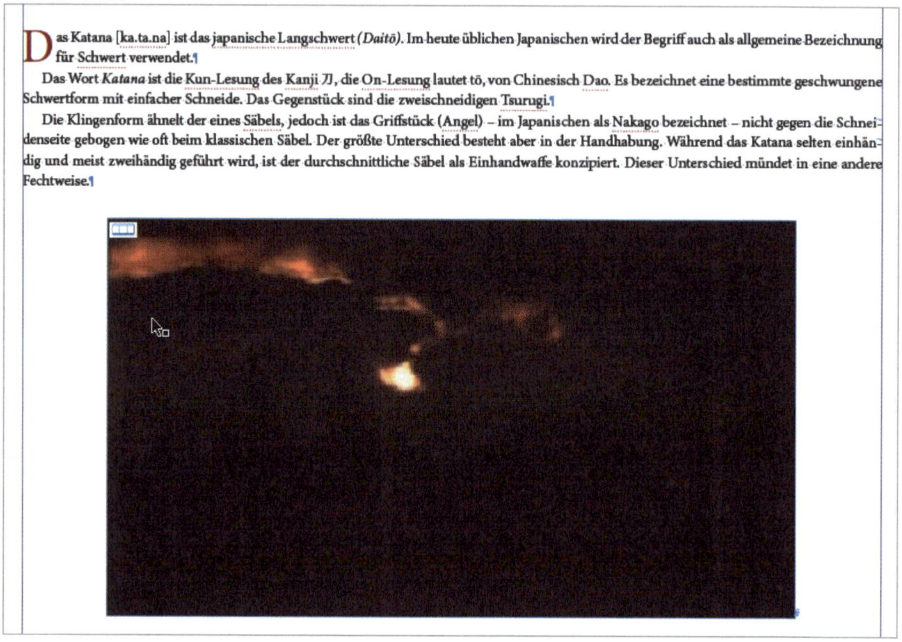

Schritt 1

Nun könnten Sie bereits ein ePub-Dokument exportieren, das das Video beinhalten würde. Allerdings wären keine Steuermöglichkeiten wie Pausieren oder Stoppen im Video enthalten. Sie müssen also noch die »Controls« aktivieren. Öffnen Sie dazu die Medienpalette, zu finden bei *Fenster → Interaktiv → Medien*, und wählen Sie Ihr Video aus. Bei *Steuerelemente* geben Sie *SkinOverAll* an.

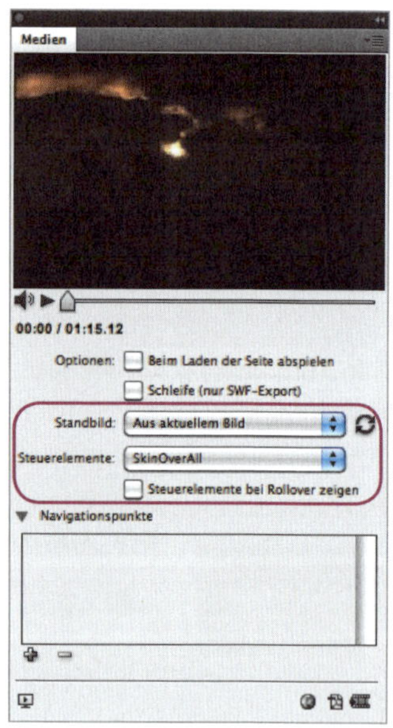

Schritt 2

Weiterhin besteht die Möglichkeit, ein anderes Vorschaubild auszuwählen, indem bei *Standbild → Aus aktuellem Bild* ausgewählt, oben der Schieberegler auf das gewünschte Bild eingestellt und die Auswahl mit einem Klick auf die zwei Pfeile als Kreis neben *Aus aktuellem Bild* bestätigt wird. Allerdings wird das definierte Vorschaubild durch einen Fehler in

InDesign nicht oder nicht richtig in die ePub-Datei exportiert. Dadurch, dass Sie aber gerade das Vorschaubild geändert haben, reicht es, den Bildrahmen auszuwählen und als JPEG zu exportieren. In der nachträglichen Codebearbeitung werden wir noch zeigen, wie Sie das gerade erstellte Vorschaubild einbauen.

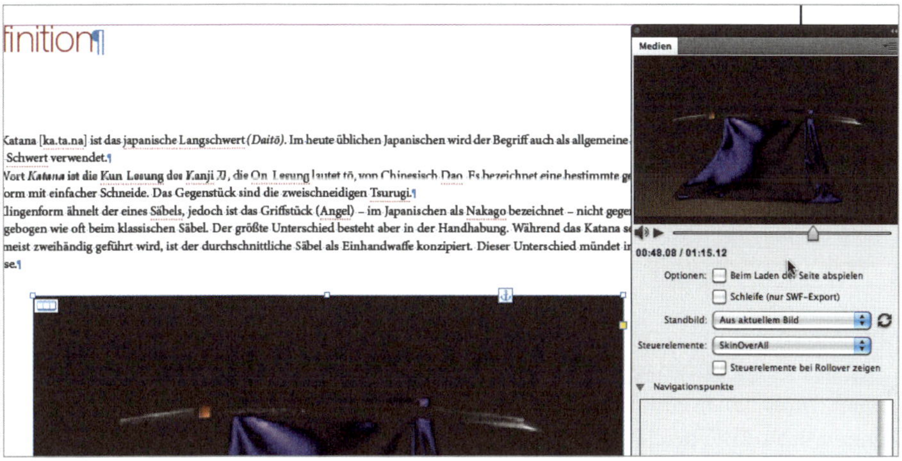

Schritt 3
Zusätzlich können Sie auch noch *Beim Laden der Seite abspielen* auswählen. Allerdings wird dann die Video-Datei nicht beim Anzeigen der Seite, sondern beim Öffnen der ePub-Datei abgespielt. Ist diese Option bei mehreren Videos in derselben Datei aktiviert, versucht iBooks alle Videos gleichzeitig beim Laden der ePub-Datei abzuspielen. Das ist aber nicht möglich, da in iBooks immer nur ein Video zur gleichen Zeit gestartet werden kann, und bei uns entweder dazu geführt hat, dass jedes Video nur kurz (ca. 1 Sekunde) abgespielt oder iBooks einfach beendet wurde.

Anschließend können Sie eine ePub-Datei erstellen. Zwar wäre das Video in der ePub-Datei schon voll funktionsfähig, da aber kein Vorschaubild angezeigt bzw. das erste Bild vom Video übernommen wird, ist noch eine Nachbearbeitung erforderlich.

Weiterverarbeitung

Öffnen Sie die ePub-Datei mit Sigil. Mit einem Rechtsklick der Maus auf den Ordner »Images« und nachfolgende Auswahl vom Befehl *Add existing items* fügen Sie das Vorschaubild der ePub-Datei hinzu. In der content.opf-Datei hat Sigil bereits den nachfolgenden Eintrag automatisch eingefügt. Wenn Sie die Dateien manuell oder ohne Sigil hinzufügen, muss dieser Eintrag noch in der Liste bei »manifest« eingetragen werden.

```
<item id="Vorschau.jpg" href="images/Vorschau.jpg" media-
type="image/jpeg"/>
```

Wechseln Sie mit dem Editor zu der XHTML-Datei mit dem Video. Dort sollten Sie einen Code ähnlich den nachfolgenden Zeile finden:

```
<p class="Video"><video class="image" id="Dokumentation.mp4"
controls="controls" width="480" height="270"><source src="images/
Dokumentation.mp4" type="video/mp4"/></video></p>
```

Geben Sie das Vorschaubild an, indem Sie das Attribut »poster« benutzen.

```
<p class="Video"><video class="image" id="Dokumentation.mp4"
controls="controls" width="480" height="270" poster="images/
Vorschau.jpg"><source src="images/Dokumentation.mp4" type="video/
mp4"/></video></p>
```

Auf einigen Geräten sowie in verschiedenen Programmen wird das Video gar nicht dargestellt und auch das Vorschaubild erscheint nicht. Um das Vorschaubild anzuzeigen, muss noch eine zusätzliche Codezeile vor `</video>` eingefügt werden. Sie können dazu Ihr Vorschaubild nehmen oder aber eine andere Version erstellen, die angibt, dass kein Video abgespielt werden kann. In unserem Beispiel verwenden wir aber einfach das ursprüngliche Vorschaubild und fügen den Code

```
<img src="images/Vorschau.jpg" alt="Video nicht abspielbar" />
```

hinzu. Aber selbst diese alternative Angabe wird nicht auf jedem Gerät oder Programm angezeigt.

Der ganze Code lautet dann:

```
<p class="Video"><video
class="image"
id="Dokumentation.
mp4" controls="controls"
width="480" height="270"
poster="images/Vorschau.
jpg"><source src="images/
Dokumentation.mp4"
type="video/mp4"/><img
src="images/Vorschau.jpg"
alt="Video nicht abspielbar"
/></video></p>
```

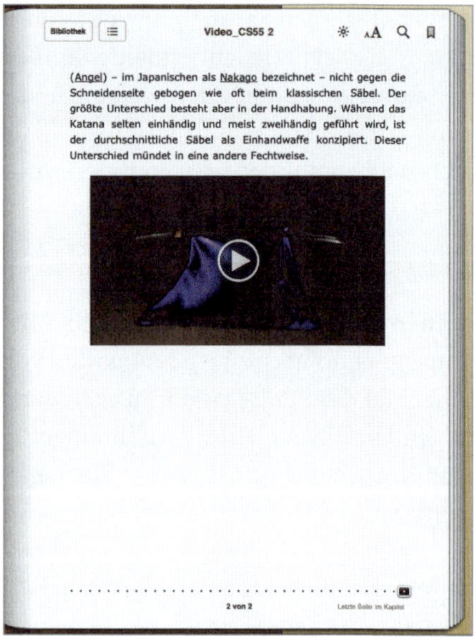

19.2 Audio einfügen

Eine Audio-Datei in ein E-Book einzubetten, kann ein sehr effektiver und interessanter Weg sein, um eine zusätzliche Nachricht zu übermitteln, einen Podcast einzubinden oder den Text mit etwas Musik zu hinterlegen.

Noch unterstützen nur wenige Geräte eingebettete Audio-Dateien in einem E-Book. *iBooks* und das *Nook Color* sind hier Vorreiter. Doch nicht jedes Dateiformat kann wiedergegeben werden und es gilt, den gemeinsamen Nenner zu suchen. Hierbei ist das einfache und sehr gängige MP3-Format (.mp3) eine gute Wahl, da es sehr weit verbreitet ist und sowohl von *iBooks* und *Nook* unterstützt wird als auch von InDesign direkt in das Layout eingebunden werden kann.

Eine Audio-Datei in das MP3-Format konvertieren

Sollte Ihnen die Audio-Datei nur als Wave (.wav) oder AAC (.mp4) vorliegen, muss sie zuerst in das MP3-Format konvertiert werden. In diesem Abschnitt arbeiten wir mit iTunes, um die Konvertierung vorzunehmen.

Öffnen Sie Ihr iTunes und den Ordner, in welchem sich die zu konvertierende Datei befindet.

Ziehen Sie die Audio-Datei per Drag & Drop auf die Mediathek in iTunes.

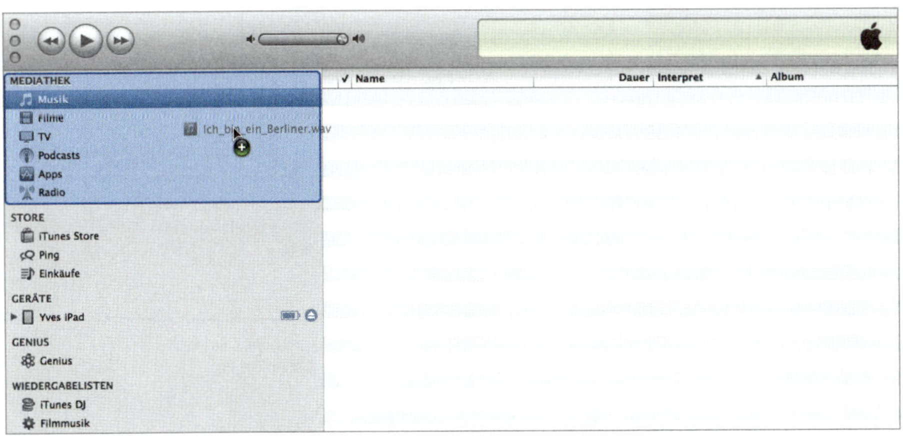

Öffnen Sie die Einstellungen von iTunes. Diese finden Sie im Menü unter *iTunes* → *Einstellungen* (Mac); *Bearbeiten* → *Einstellungen* (Win).

Klicken Sie auf die Importeinstellungen.

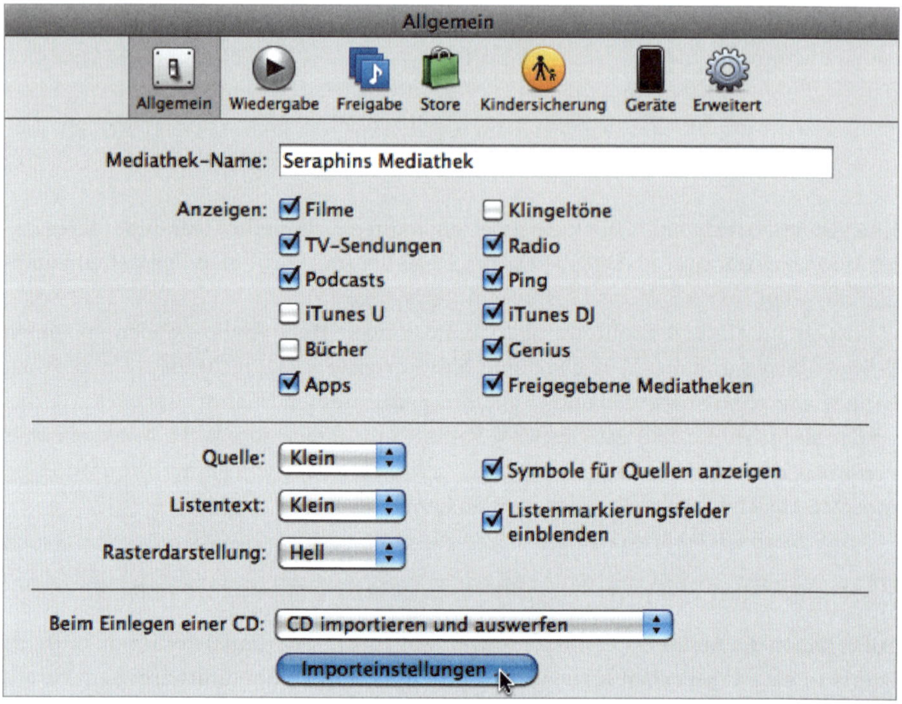

Bei *Importieren mit* wählen Sie *MP3-Codierer*, bei *Einstellung* können Sie *Höhere Qualität (192 kBit/s)* nehmen.

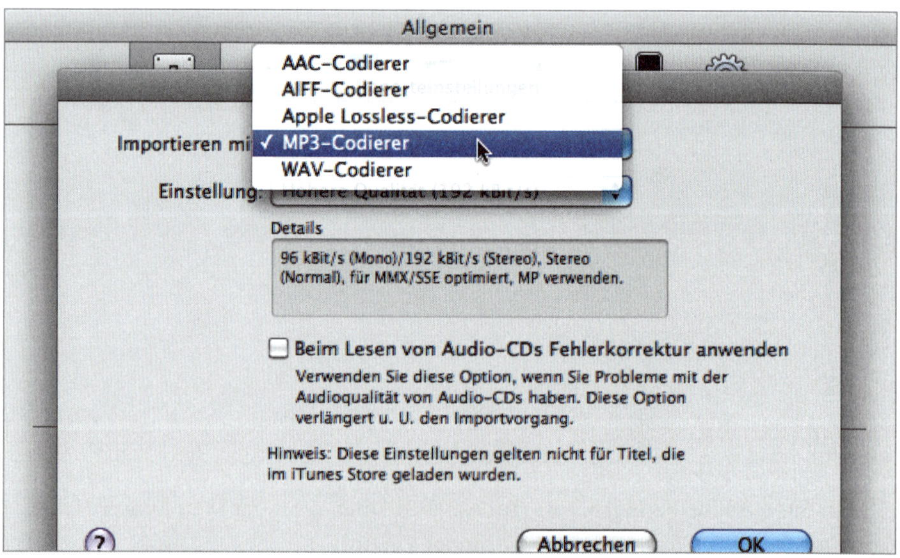

Nachdem Sie die Einstellungen bestätigt haben, machen Sie einen Rechtsklick auf die Audio-Datei in der Mediathek und wählen dort *MP3-Version erstellen*.

In der Mediathek erscheint nun eine zweite Datei mit gleichem Namen. Je nach Spieldauer des Titels kann dieser Vorgang aber einige Zeit in Anspruch nehmen.

Machen Sie erneut einen Mausklick auf die zweite (neuere) Datei und wählen Sie *Im Finder anzeigen* (Mac) bzw. *In Windows Explorer anzeigen* (Win), um auf die Datei zugreifen zu können. Alternativ können Sie die Datei direkt per Drag & Drop aus iTunes heraus in den gewünschten Ordner ziehen.

Nun können Sie die Datei in den gewünschten Ordner kopieren, um sie in das E-Book einzubauen.

Die Audio-Datei in das InDesign-Dokument einbinden

Wechseln Sie zu Ihrem Dokument in InDesign. Wählen Sie im Menü *Datei → Platzieren* oder verwenden Sie die Tastaturkürzel Apfel + D (Mac) bzw. Strg + D (Win), um Ihre Datei im Dokument zu platzieren.

Platzieren Sie die Datei an einer beliebigen Stelle.

CS5.5: Um die Datei wie gewünscht zu positionieren, erstellen Sie daraus ein Textanker (Inline-Objekt). Dazu wählen Sie das kleine blaue Quadrat oben rechts mit gedrückter linker Maustaste an . Bewegen Sie nun den Mauszeiger an die gewünschte Stelle im Text und drücken dabei noch zusätzlich die Umschalttaste (Shift), um das Objekt auch an die Stelle zu bewegen und nicht nur einen einfachen Textanker zu erstellen.

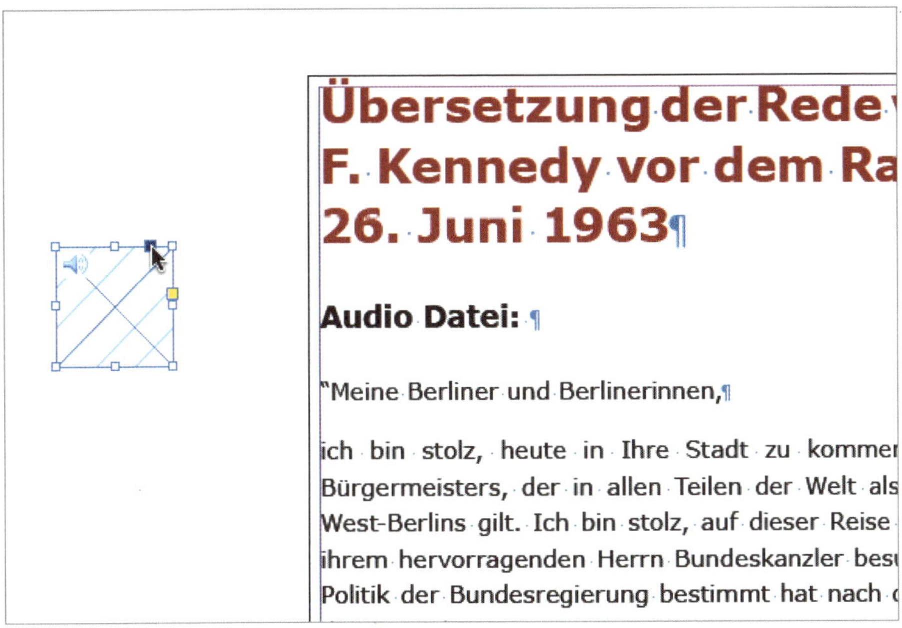

CS5: In InDesign CS5 fügen Sie die Audio-Datei in den Text ein, indem Sie die in InDesign platzierte Audio-Datei mit Apfel + X (Mac) / Strg + X (Win) ausschneiden, den Textcursor an die gewünschte Stelle setzen und die Audio-Datei mit Apfel + V (Mac) / Strg + V (Win) dort einfügen.

Jetzt ist Ihre Audio-Datei in Ihr Dokument eingebunden. Nun können Sie die Objektgröße noch anpassen. Dieser Schritt hat allerdings keinen Einfluss auf die ePub-Datei, da der Audio-Kontrollbalken in Größe und Form im ePub vordefiniert ist und noch nicht abgeändert werden kann bzw. Sie kein eigenes Bildelement zuweisen können.

Eine Audio-Datei direkt im HTML-Code einfügen

Sollten Sie noch mit einer älteren Version von InDesign (< CS5.5) arbeiten, müssen Sie die Audio-Datei manuell im Quellcode der Datei einfügen. Dazu entpacken Sie ggf. zuerst die ePub-Datei, wie im Kapitel 11, S. 149 erklärt.

Im Ordner OEBPS erstellen Sie einen neuen Unterordner mit dem Namen »images«, sollte dieser noch nicht bestehen, und kopieren dort Ihre Audio-Dateien hinein.

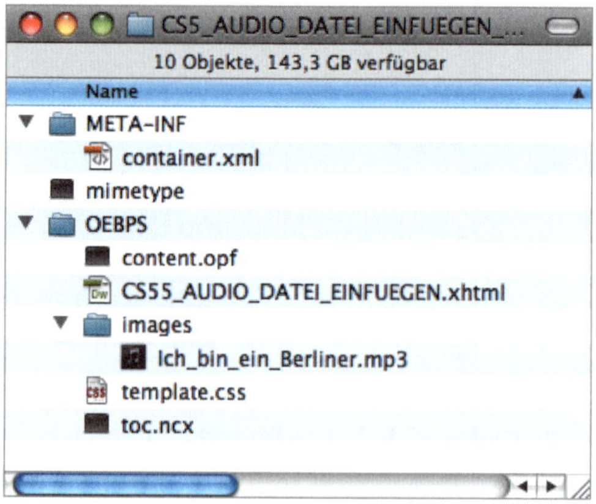

Info

Sie müssen den Unterordner nicht »images« nennen, sondern können den Namen frei wählen. Dabei sollten Sie dann aber die Pfadangaben in dem Quellcode immer anpassen. InDesign CS5.5 setzt Audio- und Video-Inhalte in den »images«-Ordner, woran wir uns in diesem Buch bei den manuellen Änderungen auch gehalten haben.

Öffnen Sie nun die HTML-Datei, in welche Sie die Audio-Datei einfügen möchten, mit dem HTML-Editor (hier Adobe Dreamweaver) und gehen in die betreffende Stelle im Text. Dort fügen Sie nun folgende Zeile ein:

```
<audio src=”images/[Name der Audio-Datei]” controls=«controls«></
audio>
```

Hierbei ersetzen Sie "`[Name der Audio-Datei]`" durch den kompletten Namen der Datei inklusive Dateierweiterung. Das Resultat sollte wie folgt aussehen.

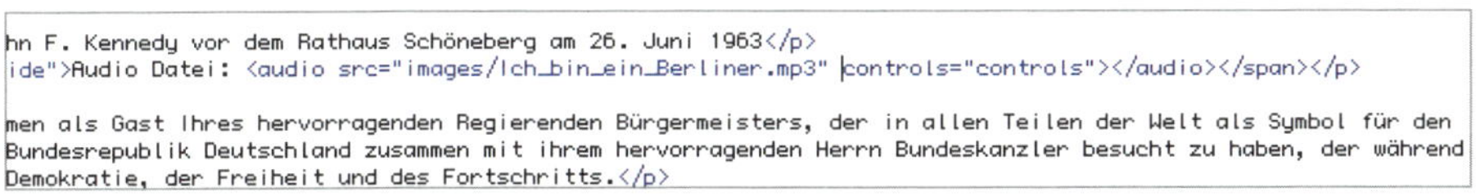

```
hn F. Kennedy vor dem Rathaus Schöneberg am 26. Juni 1963</p>
ide">Audio Datei: <audio src="images/Ich_bin_ein_Berliner.mp3" controls="controls"></audio></span></p>

men als Gast Ihres hervorragenden Regierenden Bürgermeisters, der in allen Teilen der Welt als Symbol für den
Bundesrepublik Deutschland zusammen mit ihrem hervorragenden Herrn Bundeskanzler besucht zu haben, der während
Demokratie, der Freiheit und des Fortschritts.</p>
```

Nun wechseln Sie zu der Datei »content.opf« und öffnen diese mit Ihrem HTML-Editor bzw. einem normalen Text-Editor wie TextEdit (Mac) oder Notepad (Win). Suchen Sie nach der Codezeile:

```
</manifest>
```

Platzieren Sie den Textcursor genau davor und fügen Sie für jede eingefügte Audio-Datei folgende Zeile ein:

```
<item id=”audio1” href=”images/Ich_bin_ein_Berliner.mp3” media-
type=”audio/mpeg”/>
```

Hierbei steht der Eintrag `audio1` für eine einmalige Identifikation. Diese können Sie beliebig wählen, jedoch sollte der Eintrag nur einmal vorkommen. Bei `images/Ich_bin_ein_Berliner.mp3` geben Sie den Pfad zu der Audio-Datei an und bei dem Medientyp setzen Sie »audio/mpeg« oder alternativ »audio/mp3«.

```
<?xml version=”1.0” encoding=”UTF-8” standalone=”yes”?>
<package xmlns=”http://www.idpf.org/2007/opf” xmlns:dc=”http://
```

```
purl.org/dc/elements/1.1/" unique-identifier="bookid" version="2.0">
    <metadata>
        <meta name="generator" content="Adobe InDesign"/>
        <dc:title></dc:title>
        <dc:creator></dc:creator>
        <dc:subject></dc:subject>
        <dc:description></dc:description>
        <dc:publisher></dc:publisher>
        <dc:date></dc:date>
        <dc:source></dc:source>
        <dc:relation></dc:relation>
        <dc:coverage></dc:coverage>
        <dc:rights></dc:rights>
        <dc:language>de-DE</dc:language>
        <dc:identifier id="bookid"></dc:identifier>
    </metadata>
    <manifest>
        <item id="ncx" href="toc.ncx" media-type="application/x-
        dtbncx+xml"/>
        <item id="css" href="template.css" media-type="text/css"/>
        <item id="AUDIO_DATEI_EINFUEGEN_FERTIG" href="AUDIO_DATEI_
        EINFUEGEN_FERTIG.html" media-type="application/xhtml+xml"/>
        <item id="Ich_bin_ein_Berliner.mp3" href="images/Ich_bin_ein_
        Berliner.mp3" media-type="audio/mpeg"/>
    </manifest>
    <spine toc="ncx">
        <itemref idref="AUDIO_DATEI_EINFUEGEN_FERTIG"/>
    </spine>
</package>
```

Nachdem Sie Ihre separierten Dateien wieder zu einer ePub-Datei zusammengefügt haben, ist die Audio-Datei in Ihrem E-Book eingebettet.

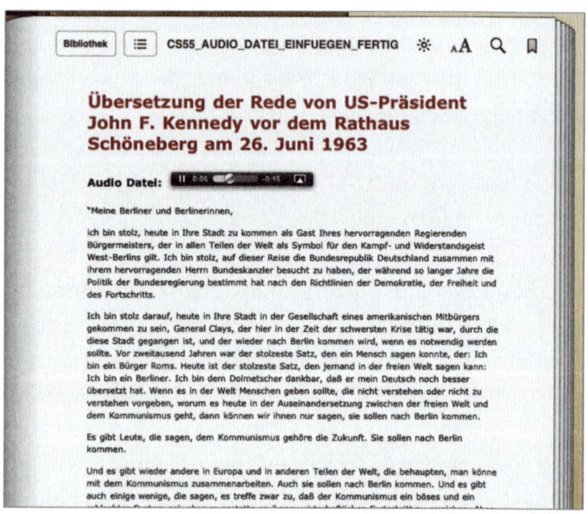

20 E-Books für Kindle

Für ePub-Dokumente, die für iBooks und Barnes & Noble gedacht sind, sowie für Mobipocket-Dateien für Amazon Kindle gibt es unterschiedliche Gestaltungsrichtlinien, die man berücksichtigen muss. Erstellen Sie zuerst eine Kopie Ihrer InDesign-Dateien, die speziell für das Mobipocket-Format aufbereitet werden. Dieser Schritt ist nur notwendig, wenn Sie sowohl eine ePub- als auch eine Mobipocket-Version vom selben Projekt herstellen wollen.

Eine ePub-Datei für Kindle vorbereiten

In der nachfolgenden Auflistung finden Sie die Änderungen, die Sie in Ihrer Kopie der InDesign-Dateien vornehmen sollten.

- Bei Amazon Kindle wird die Größe des Covers in den Gestaltungsrichtlinien von Amazon vorgeschrieben. Das Cover muss eine Größe von 600 × 800 Pixel besitzen, um richtig dargestellt zu werden. Wenn Sie in die FAQ vom Kindle-Portal reinschauen, werden Sie bemerken, dass Amazon auch andere Größen zulässt, jedoch hat sich aus unseren Erfahrungen gezeigt, dass die Größe von 600 × 800 Pixel in den meisten Fällen die besten Ergebnisse bringt. Es genügt eine Bildauflösung von 72 dpi.
- Im Kapitel »Buchfunktionen«, S. 102 haben wir erklärt, wie Sie die Buchnavigation sowie ein manuelles Inhaltsverzeichnis anlegen. Für Kindle benötigen Sie beides. Es ist leider nicht ausreichend, nur eine Buchnavigation zu erstellen, da die Kindle-Geräte auch auf ein richtiges Inhaltsverzeichnis mit interaktiven Links zu den verschiedenen Kapiteln zurückgreifen müssen.
- Für Amazon Kindle ist es obligatorisch, den Buchtitel und den Ersteller in den Metadaten anzugeben. Sie können dies direkt in den Dateiinformationen in Ihrem InDesign-Dokument definieren (Menü *Datei → Dateiinformationen*) oder aber später die Daten in der content.opf-Datei bearbeiten.
- Ältere Kindle-Geräte können keine Initialen darstellen. Entfernen Sie diese aus Ihren InDesign-Dateien.
- Die Funktion, Bilder mit Text zu umfließen, wird von Kindle nicht unterstützt.

Alle bisher genannten Änderungen können in den InDesign-Dateien getätigt werden. Danach können Sie nun Ihre ePub-Datei exportieren, da die restlichen Bearbeitungen ausschließlich in verschiedenen einzelnen Dateien der ePub-Datei erfolgen.

- Das Cover und das manuelle Inhaltsverzeichnis müssen in den »Guide«-Sektionen angegeben werden (siehe dazu Kapitel 18.3, S. 240), damit Cover und Inhaltsverzeichnis richtig vom ePub- in das Mobipocket-Format umkonvertiert werden.
- »@«-Befehle im CSS-Code werden nicht unterstützt und erzeugen Fehler bei der Konvertierung. Sie müssen also in der template.css-Datei Codes wie »@font-face« und »@page« entfernen.

Diese veränderte und auf Kindle zugeschnittene ePub-Datei können Sie nun verwenden, um eine Mobipocket-Datei zu erstellen.

Eine mobi-Datei erstellen

Kindle Format 8

Im Januar 2012 hat Amazon das neue Kindle Format 8 (Dateiendung: mobi) herausgebracht. Somit sind alle Hoffnungen, dass Amazon doch noch das standardisierte ePub-Format übernehmen könnte, hinfällig. Stichworte wie HTML5, CSS3, Fixed Layout, eingebettete Schriften, Initialen, Nummerierte Listen, Text auf Hintergrundbildern usw. eröffnen hier neue Möglichkeiten, die aber auch nicht so weit vom ePub3-Standard weg sind. Das Kindle Format 8 wird das alte Mobipocket-Format ersetzen und zuerst auf dem »Kindle Fire« laufen. Danach werden die Apps aktualisiert. Was das für uns E-Book-Architekten heißt, bleibt abzuwarten.

Hier finden Sie eine Liste der Funktionen, die in KF8 unterstützt werden: [☝67]

KindleGen und Kindle Previewer

Sie finden die Programme KindleGen und Kindle Previewer unter dem Link [☝68]. KindleGen ist ähnlich wie EpubCheck ein kommandozeilenorientiertes Programm und für Anfänger nicht besonders benutzerfreundlich. Im nachfolgenden Beispiel haben wir uns für die Konvertierung mit Kindle Previewer entschieden, da dieses Programm auch KindleGen zur Konvertierung benutzt (bereits integriert), jedoch komplett per Benutzeroberfläche gesteuert werden kann und die Arbeitsschritte deutlich leichter auszuführen sind.

Mit Kindle Previewer konvertieren

Es wird sich banal anhören und das ist es auch: Für die Konvertierung reicht es, den Kindle Previewer zu starten, im Menü *File → Open Book* und anschließend die ePub-Datei auszuwählen. Kindle Previewer zeigt den Verlauf der Konvertierung an.

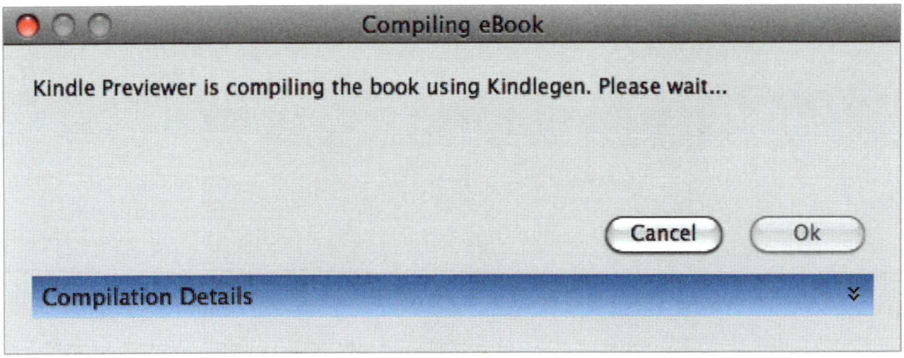

Nach Abschluss der Konvertierung bekommen Sie eine weitere Nachricht mit einem Link zu dem Speicherort der Mobipocket-Datei (normalerweise im selben Verzeichnis wie die ePub-Datei). Die Nachricht zeigt Ihnen an, ob während der Konvertierung Fehler aufgetreten sind. Falls ja, können Sie sich diese Fehler anzeigen lassen, indem Sie auf den kleinen Doppelpfeil mit dem blauen Hintergrund klicken. Die richtigen Fehler werden mit »Warning« angegeben. Die »Info(prcgen)«-Zeilen können meist ignoriert werden.

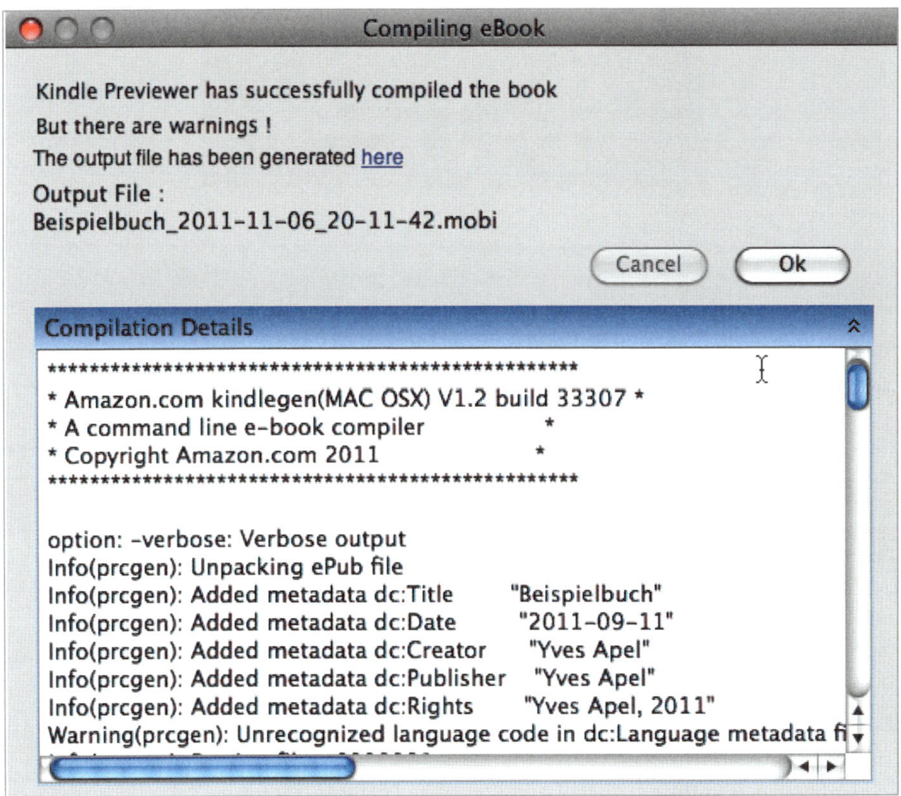

Die Tatsache, dass die Datei in Kindle Previewer nach der Konvertierung angezeigt wird, ist ein gutes Zeichen.

Im Menü *Devices* können Sie das Aussehen auf den verschiedenen Kindle-Geräten simulieren.

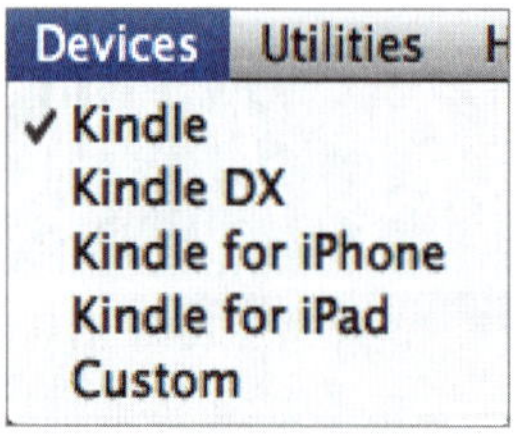

Bei *Kindle for iPad* können Sie Ihr Dokument in Farbe betrachten.

Simulation »Kindle for iPad«

InDesign-to-Kindle-Plug-in

Amazon hat vor einiger Zeit sein InDesign-to-Kindle-Plug-in herausgebracht. Das ist sehr lobenswert. Bedauerlich nur, dass man eigentlich nicht wirklich viele Einstellungsmöglichkeiten hat: Die Navigation Map lässt sich via TOC-Style exportieren. Dann hat man die Möglichkeit, ein Coverbild zu bestimmen, und kann dem E-Book einen Namen geben. Das war's auch schon. Wenn der Export den Ansprüchen genügt, ist es eine Möglichkeit, ein Amazon-optimiertes E-Book aus InDesign zu exportieren. Um allerdings ein hochwertiges E-Book zu produzieren, kommt man nicht um eine Nachbearbeitung herum. Getestet wurde die Plug-in-Version 0.95 [☞69].

Calibre

Calibre ist ein weiteres Programm, um eine ePub-Datei in eine mobi-Datei zu konvertieren. Vorteile gegenüber Kindle Previewer sind, dass in den Konvertierungseintellungen noch Angaben wie die Metadaten und das Coverbild umgeändert werden können, um nur einige zu nennen.

Um die ePub-Datei in das mobi-Format zu konvertieren, ziehen Sie sie zuerst in das große Fenster in der Mitte.

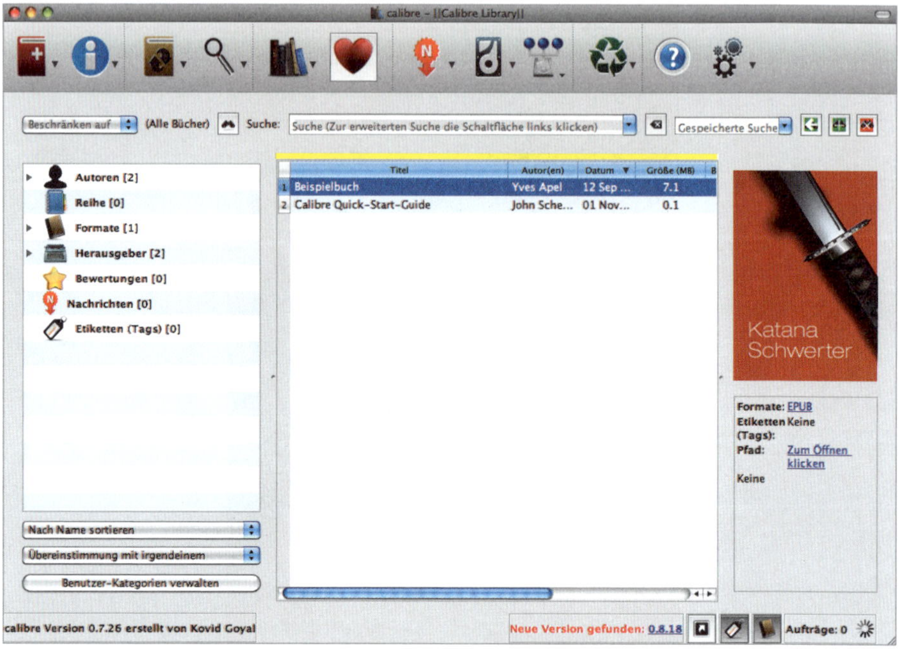

Wählen Sie das Buch aus und machen einen Rechtsklick mit der Maus. Wählen Sie anschließend *Konvertiere Bücher* → *Einzeln konvertieren*.

Im neuen Dialogfenster wählen Sie oben rechts bei Ausgabe-Format die Option *MOBI* aus. Die im Ausgabeprofil definierten Voreinstellungen können belassen werden. Bestätigen Sie die Konvertierung mit OK.

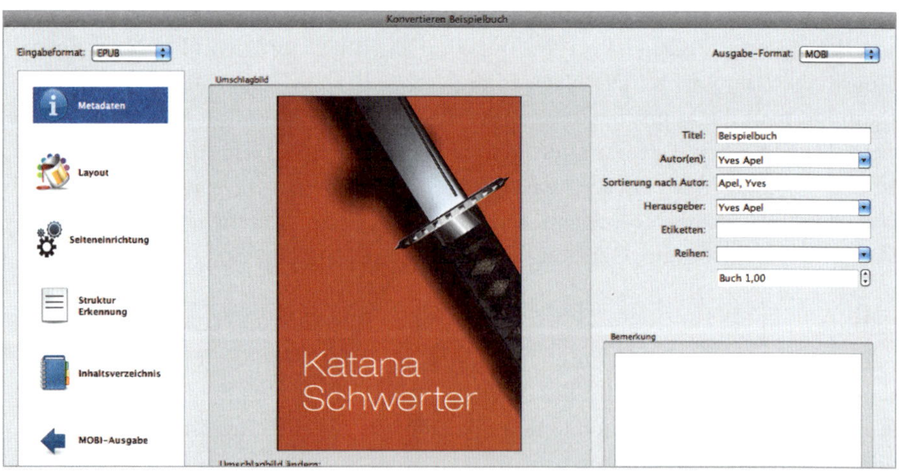

Nun benötigt Calibre etwas Zeit, um die Datei zu konvertieren (länger als Kindle Previewer).

Nach der Konvertierung müssen Sie Ihr Buch erneut auswählen und einen Rechtsklick mit der Maus machen. Wählen Sie diesmal *Auf Festplatte speichern* → *Auf Festplatte speichern* und geben einen Speicherort an.

Im angegebenen Ordner finden Sie nun die konvertierte Mobipocket-Datei sowie ein Vorschaubild des Covers, eine separate opf-Datei mit Inhaltsangaben und die ePub-Datei.

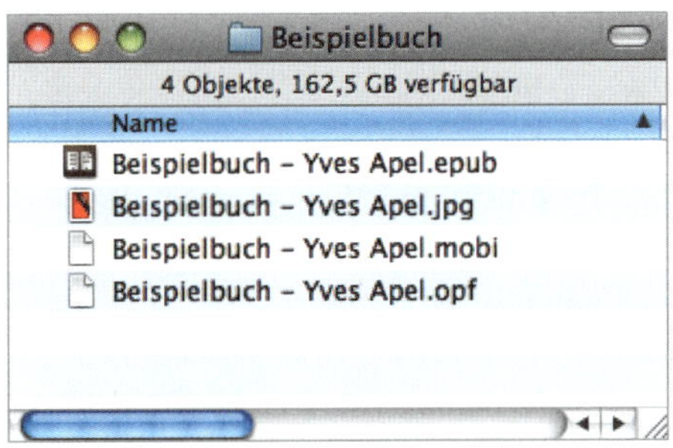

Prüfen Sie das Resultat mit dem Kindle Previewer.

21 Vertrieb der elektronischen Bücher

21.1 Die Online-Shops von Amazon, Apple & Co.

Amazon Store

Mit dem Amazon Kindle Store können Sie Ihre Bücher in digitaler Form verkaufen. Bei Amazon nennt sich dieses Verkaufsportal »Kindle Direct Publishing« (kurz KDP). Der Zugang wird kostenlos angeboten. Amazon bezieht Gebühren aus dem Verkauf der Bücher. Aktuell bietet Amazon zwei Lizenzmodelle an: die 35 %-Lizenzgebühr-Option und die 70 %-Lizenzgebühr-Option. Die genauen Bedingungen zu den Lizenzmodellen finden Sie unter [70]. Wir bitten um Verständnis, dass wir in diesem Buch nicht genauer auf die Bedingungen eingehen können, da diese Angaben kontinuierlich aktualisiert oder in einigen Punkten geändert werden. Anders als bei den meisten Shops wird bei Amazon keine ISBN verlangt.

Den Kindle-Shop finden Sie unter [71]. Um sich dort anzumelden, benötigen Sie ein kostenloses Amazon-Konto. Sollten Sie noch keines besitzen, können Sie es durch Betätigen des »Registrieren«-Buttons anlegen. Ihre zu verkaufenden Bücher und Kontoangaben verwalten Sie in einem Portal, das Sie nach der Anmeldung erreichen. Die Internetseite ist einfach aufgebaut und in vielen Teilen selbsterklärend.

Unvollständige Kontodaten können Sie über *Jetzt aktualisieren* nachtragen. Durch Klicken auf *Bücherregal* gelangen Sie zurück zu der ersten Seite des Portals.

Beim Anlegen eines neuen Titels gibt es zwei Hauptkategorien, die Sie durchlaufen müssen. In der ersten Kategorie sind Angaben zum Buch und Autor zu machen. Zudem wird hier bereits Ihre Datei hochgeladen. Sie können die Angaben erst mal nur als Entwurf speichern, sollten Sie noch nicht alle Informationen zusammen haben.

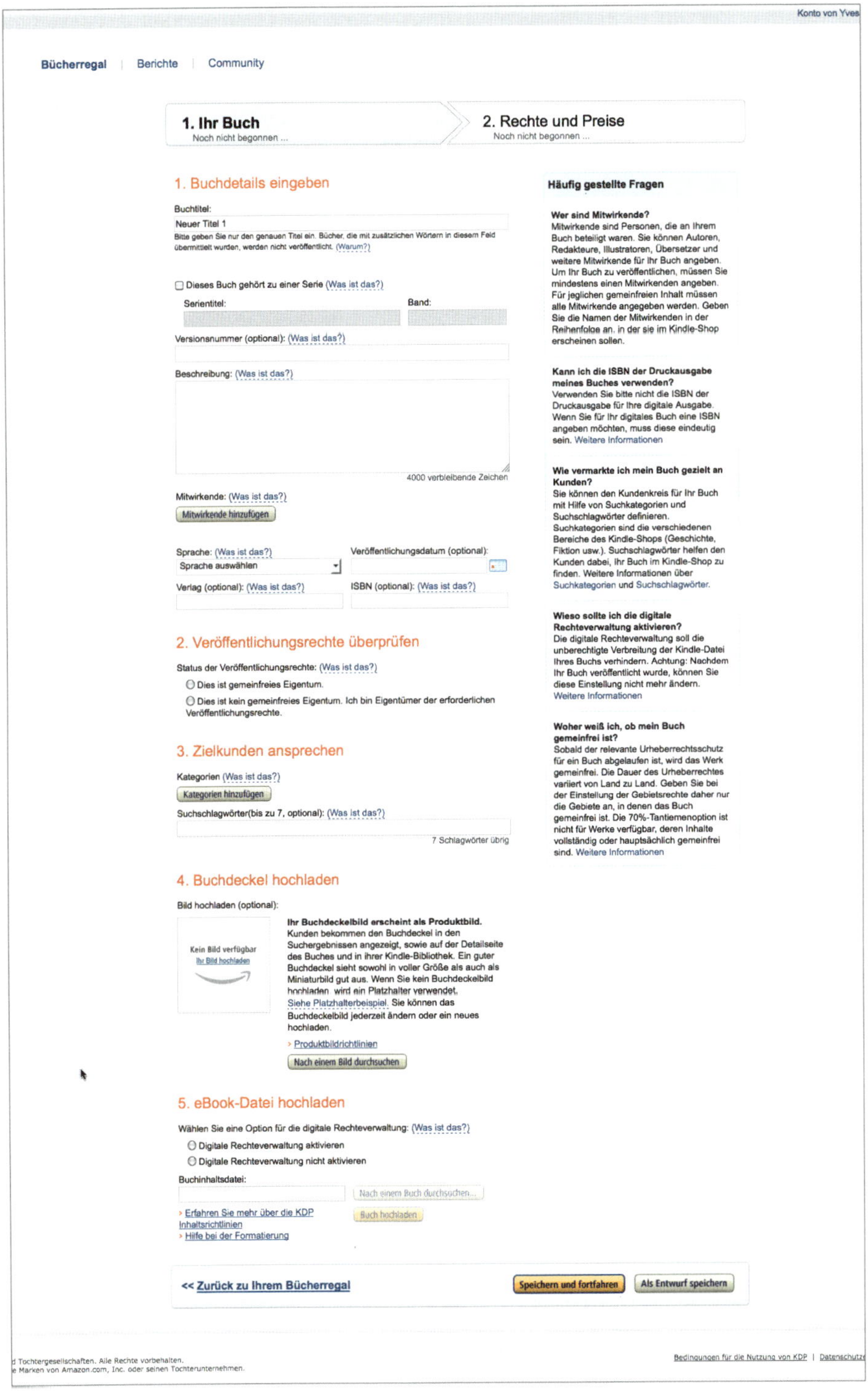
Konto von Yves
Bücherregal
Berichte
Community
1. Ihr Buch
Noch nicht begonnen ...
2. Rechte und Preise
Noch nicht begonnen ...
1. Buchdetails eingeben
Buchtitel:
Neuer Titel 1
Dieses Buch gehört zu einer Serie (Was ist das?)
Serientitel:
Band:
Versionsnummer (optional): (Was ist das?)
Beschreibung: (Was ist das?)
4000 verbleibende Zeichen
Mitwirkende: (Was ist das?)
Mitwirkende hinzufügen
Sprache: (Was ist das?)
Sprache auswählen
Veröffentlichungsdatum (optional):
Verlag (optional): (Was ist das?)
ISBN (optional): (Was ist das?)
2. Veröffentlichungsrechte überprüfen
Status der Veröffentlichungsrechte: (Was ist das?)
Dies ist gemeinfreies Eigentum.
Dies ist kein gemeinfreies Eigentum. Ich bin Eigentümer der erforderlichen Veröffentlichungsrechte.
3. Zielkunden ansprechen
Kategorien (Was ist das?)
Kategorien hinzufügen
Suchschlagwörter(bis zu 7, optional): (Was ist das?)
7 Schlagwörter übrig
4. Buchdeckel hochladen
Bild hochladen (optional):
Kein Bild verfügbar
Ihr Bild hochladen
Ihr Buchdeckelbild erscheint als Produktbild.
Kunden bekommen den Buchdeckel in den Suchergebnissen angezeigt, sowie auf der Detailseite des Buches und in ihrer Kindle-Bibliothek. Ein guter Buchdeckel sieht sowohl in voller Größe als auch als Miniaturbild gut aus. Wenn Sie kein Buchdeckelbild hochladen, wird ein Platzhalter verwendet.
Siehe Platzhalterbeispiel. Sie können das Buchdeckelbild jederzeit ändern oder ein neues hochladen.
Produktbildrichtlinien
Nach einem Bild durchsuchen
5. eBook-Datei hochladen
Wählen Sie eine Option für die digitale Rechteverwaltung: (Was ist das?)
Digitale Rechteverwaltung aktivieren
Digitale Rechteverwaltung nicht aktivieren
Buchinhaltsdatei:
Nach einem Buch durchsuchen...
Buch hochladen
Erfahren Sie mehr über die KDP Inhaltsrichtlinien
Hilfe bei der Formatierung
Häufig gestellte Fragen
Wer sind Mitwirkende?
Mitwirkende sind Personen, die an Ihrem Buch beteiligt waren. Sie können Autoren, Redakteure, Illustratoren, Übersetzer und weitere Mitwirkende für Ihr Buch angeben. Um Ihr Buch zu veröffentlichen, müssen Sie mindestens einen Mitwirkenden angeben. Für jeglichen gemeinfreien Inhalt müssen alle Mitwirkende angegeben werden. Geben Sie die Namen der Mitwirkenden in der Reihenfolge an, in der sie im Kindle-Shop erscheinen sollen.
Kann ich die ISBN der Druckausgabe meines Buches verwenden?
Verwenden Sie bitte nicht die ISBN der Druckausgabe für Ihre digitale Ausgabe. Wenn Sie für Ihr digitales Buch eine ISBN angeben möchten, muss diese eindeutig sein. Weitere Informationen
Wie vermarkte ich mein Buch gezielt an Kunden?
Sie können den Kundenkreis für Ihr Buch mit Hilfe von Suchkategorien und Suchschlagwörter definieren. Suchkategorien sind die verschiedenen Bereiche des Kindle-Shops (Geschichte, Fiktion usw.). Suchschlagwörter helfen den Kunden dabei, Ihr Buch im Kindle-Shop zu finden. Weitere Informationen über Suchkategorien und Suchschlagwörter.
Wieso sollte ich die digitale Rechteverwaltung aktivieren?
Die digitale Rechteverwaltung soll die unberechtigte Verbreitung der Kindle-Datei Ihres Buchs verhindern. Achtung: Nachdem Ihr Buch veröffentlicht wurde, können Sie diese Einstellung nicht mehr ändern. Weitere Informationen
Woher weiß ich, ob mein Buch gemeinfrei ist?
Sobald der relevante Urheberrechtsschutz für ein Buch abgelaufen ist, wird das Werk gemeinfrei. Die Dauer des Urheberrechtes variiert von Land zu Land. Geben Sie bei der Einstellung der Gebietsrechte daher nur die Gebiete an, in denen das Buch gemeinfrei ist. Die 70%-Tantiemenoption ist nicht für Werke verfügbar, deren Inhalte vollständig oder hauptsächlich gemeinfrei sind. Weitere Informationen
<< Zurück zu Ihrem Bücherregal
Speichern und fortfahren
Als Entwurf speichern
Bedingungen für die Nutzung von KDP | Datenschutz

Im zweiten Teil gilt es die Preise zu definieren und ein Lizenzmodell auszuwählen sowie die allgemeinen Bedingungen von Amazon zu akzeptieren.

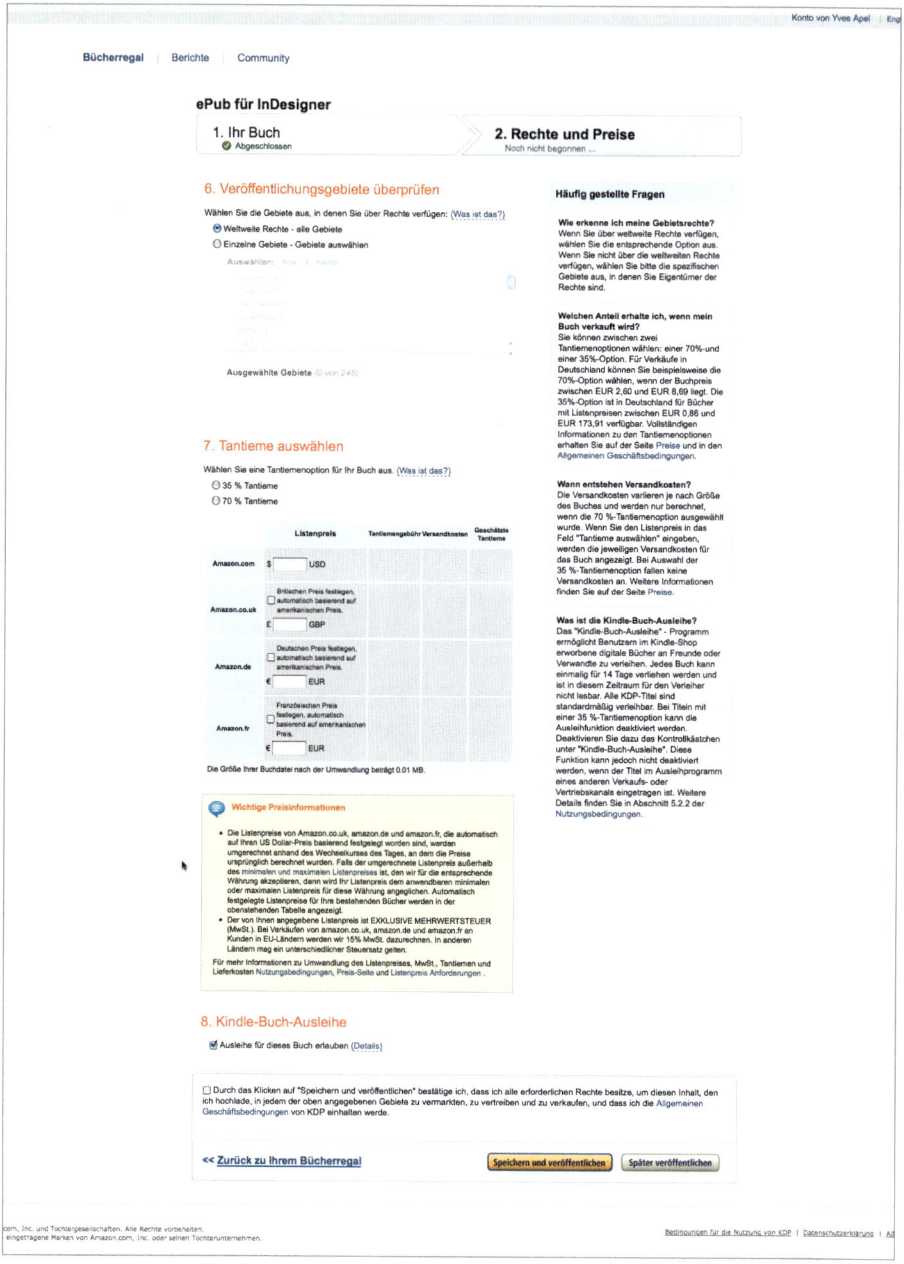

Durch Klicken auf *Speichern und Veröffentlichen* nimmt Ihr Buch seinen Weg in den Amazon-Shop.

Apple iBookstore

Ähnlich wie Amazon verfügt auch Apple über ein eigenes Portal, das sich »iTunes Connect« nennt. Wer bereits ein iOS-Entwicklerkonto besitzt, dem wird dieses Portal bekannt vorkommen. Jedoch kann auch derjenige nicht einfach die Daten übernehmen, sondern muss sich neu anmelden. Die kostenlose Anmeldung zu iTunes Connect kann unter [☝**72**] gestartet werden. Dort haben Sie die Möglichkeit sich ein Benutzerkonto zum freien Vertrieb der Bücher anzulegen oder aber ein Benutzerkonto zum Verkauf der Bücher zu erstellen. In dem Fall ist allerdings eine Kreditkarte erforderlich. Eine weitere Voraussetzung ist, dass Sie für die spätere Übermittlung in den iBookstore einen Apple-Computer benötigen. Nachfolgender Text erklärt den Weg bei einem Benutzerkonto zum Verkauf Ihrer elektronischen Bücher:

Doch bevor Sie beginnen, benötigen Sie noch eine ISBN, die für Apple obligatorisch ist. Um die ISBN zu erlangen, besuchen Sie für Deutschland die Website der Agentur für Buchmarktstandards, zu finden unter [☝**73**]. Leser dieses Buches aus anderen Ländern finden die jeweilige nationale Agentur für ISBN-Anmeldungen bei [☝**74**].

Klicken Sie zur Beantragung im Menü der Internetseite auf »ISBN« (gelbe Hintergrundfarbe). Sie werden zunächst auf eine Seite mit einem Merkblatt zur Verwendung der ISBN geleitet, die Sie am besten vor der Beantragung sorgfältig durchlesen.

Weiter gehts, indem Sie auf *ISBN-Beantragung* im oberen Menüfeld klicken. Verlage führen den Bestellprozess mit »*Bedingungen für Verlage mit fortlaufender Verlagsproduktion* fort. Autoren mit einer einmaligen Publikation wählen »Bedingungen für (Selbst-)Verlage mit absehbar einmaliger Verlagsproduktion«. Wenn Sie also geplant haben, mehrere Bücher zu veröffentlichen, kommen Sie nicht umhin, ein Gewerbe anzumelden und einen Verlag zu gründen. Das lässt sich beim Ordnungsamt oder auch der Gewerbemeldestelle erledigen und kostet je nach Region zwischen 10 und 65 €.

Im weiteren Schritt können Sie das Beantragungsformular herunterladen. Autoren mit einer einmaligen Veröffentlichung bezahlen 79,08 €, Verlage zuerst eine einmalige Anmeldegebühr von 129 € und dann zum Beispiel für zehn ISBNs, 19,00 €. Alle Preise verstehen sich zuzüglich Versandkosten und MwSt.

Leider sind Sie noch nicht von der Bürokratie erlöst und mussen als Gewerbetreibende und Verlag bei der amerikanischen Steuerbehörde [☝**75**] eine EIN-Steuernummer (Employer Identification Number) beantragen. Bitte lesen Sie sich die dafür notwendigen Schritte auf der Internetseite durch. Privatpersonen oder Autoren ohne Verlag/Gewerbe müssen auf selbiger Internetseite einen Antrag zum Erhalt einer Steuernummer ausfüllen.

Mit den iTunes-Kontodaten, einem Mac und der ISBN im Gepäck können Sie nun endlich loslegen und die Buchübermittlung an Apple über iTunes Connect (o.g. Link) starten. Im ersten Teil wählen Sie *Books*.

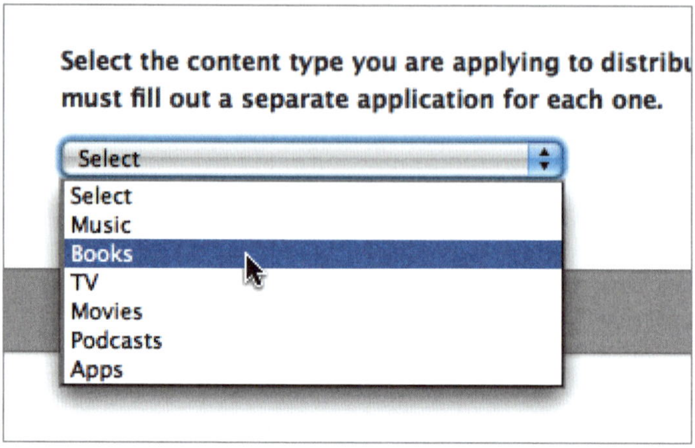

1. Im nächsten Schritt bekommen Sie eine Auflistung der benötigten Angaben.
2. Weiter geht es mit den Anmeldedaten aus Ihrem iTunes-Konto.
3. Als Nächstes werden Sie neben Buch, Adressinformationen und der Angabe, in welchen Ländern Sie Ihr Buch verkaufen möchten, aufgefordert, die U.S. Tax ID (EIN-Nummer) anzugeben. Für die Privatpersonen oder Autoren ohne Verlag/Gewerbe gilt es hier *SSN/ITIN* auszuwählen und in dem entsprechenden Feld die Steuernummer einzugeben. Im Internet kursiert eine Beschreibung, in der geraten wird, neun Nullen einzutragen und sich damit die Beantragung einer Steuernummer zu sparen, sofern Sie nicht in Amerika verkaufen. Dieser Trick hat in unseren Tests leider nicht funktioniert.

Nachdem Sie in iTunes Connect registriert sind, können Sie das Programm »iTunes Producer« herunterladen, womit sich Ihr Buch in den iBookstore übertragen lässt. Das Programm führt Sie durch die einzelnen Schritte zur Übermittlung.

Drittanbieter-Aggregatoren

Drittanbieter-Aggregatoren sind eigenständige Firmen, die ein Abkommen mit Apple getroffen haben und selbstständig meist große Mengen an Büchern für Kunden übermitteln. Aggregatoren sind als eine Art Zwischenhändler zu verstehen, die es Verlagen oder Autoren erlauben, die Bücher in den iBookstore zu übermitteln, ohne selbst eine amerikanische Steuernummer oder ISBNs zu beantragen. Somit haben auch Privatpersonen oder Autoren ohne Verlag/Gewerbe eine Möglichkeit, ihre Bücher im iBookstore zu vertreiben.

Bookwire [☝76] war der erste offizielle Apple-Aggregator für Europa. Mit *Immatériel* [☝77] ist Ende 2011 noch ein weiterer europäischer Aggregator hinzugekommen. Die genaue Leistungsbeschreibung entnehmen Sie der Internetseite der Anbieter bzw. treten Sie mit ihnen in direkten Kontakt.

E-Book-Reseller

Für Autoren, die ohne Verlagsbindung auf eigene Faust publizieren und verkaufen – man spricht auch von Indie-Publishing oder Indie-Autoren (»Indie« steht für Independent, also unabhängig) – und programmiertechnisch nicht so fit sind, einen eigenen Webshop aufzubauen, bieten sich die E-Book-Reseller wie xinxii.com [👆**78**], ciando.com [👆**79**], bod.de [👆**80**], beam-ebooks.de [👆**81**], lulu.com [👆**82**], epubli.de [👆**83**], eleboo.de [👆**84**] usw. an. Eleboo ist der erste Indie-Bookshop Deutschlands auf Facebook. Das ist sicher auch eine Idee, die sich in nächster Zeit noch weiter entwickeln wird: dahin zu gehen, wo die potenziellen Käufer sich im Netz sowieso schon aufhalten.

Meistens zahlen Sie bei diesen Plattformen eine kleine Gebühr und erhalten damit eine komplette Zahlungsabwicklung mit Kreditkartenzahlung, PayPal usw. Das E-Book wird nach Zahlungseingang automatisch an den Kunden versendet – alles Dinge, die Sie bei einem eigenen Webshop selbst implementieren müssten.

Nicht zu vergessen auch der Google eBookstore (früher Google Editions) unter [👆**85**]: Die E-Books befinden sich hier in der Cloud (also auf Google-Servern) und können auf allen Geräten gelesen werden. Es gibt Apps für iPhone, iPad, Android-Geräte. Jemand, der bei Google sucht, findet nicht nur Treffer im Web, sondern auch in Google-Büchern und kann zum entsprechenden Buch weitergeleitet werden, darin blättern und es auch sofort kaufen und herunterladen.

Für Verlage bieten sich noch andere Plattformen an, die bekanntesten in Deutschland dürften libreka.de [👆**86**], home.libri.de [👆**87**], umbreitdigital .de [👆**88**] und kn-digital.de [👆**89**] sein.

Viele gute Infos fnden Sie auch auf [👆**90**].

21.2 E-Books selbst verkaufen

Es gibt in der Welt nicht nur Amazon, iTunes und den iBookstore, um E-Books zu verkaufen. Mittlerweile finden sich einige Anbieter, über die Sie selbst Ihr E-Book verkaufen können oder die z.B. die Möglichkeit bieten, Shop-Module in Ihre eigene Website einzubauen.

Über die eigene Website verkaufen

Denkbar ist auch das Verkaufen des E-Books auf der eigenen Website. Sie beschränken dabei jedoch die Reichweite der potenziellen Käufer, die Ihre Seite erst einmal finden müssen. Es gibt jedoch Autoren, die erfolgreich in ihrem Marketing sind.

Rechtliche Überlegungen

Wenn Sie ein E-Book über den eigenen Shop verkaufen wollen, gibt es rechtliche Auflagen, die von Ihnen erfüllt werden müssen. Sie benötigen z.B. eine für jeden Besucher zugängliche Datenschutzerklärung, d.h., Sie müssen erklären, wie Sie mit den Kundendaten, die Sie durch eine Bestellung erhalten, umgehen wollen.

Um auf Ihrer Webseite etwas verkaufen zu können, müssen Sie einen Gewerbeschein beim Gewerbeamt beantragen und sollten mit einem Steuerberater über die Versteuerung der Umsätze sprechen.

Ein anderer Punkt sind die »Allgemeinen Geschäftsbedingungen«, die auf der Webseite für die Kunden zugänglich sein müssen. Diese AGB werden am besten von einem erfahrenen Anwalt für Online-Recht erstellt, was kostspielig sein kann. Natürlich müssen die AGB der Gesetzgebung entsprechend gelegentlich aktualisiert werden. Da stellt sich die Frage, ob das Ganze den Aufwand wert ist, um ein Buch für 5 € zu verkaufen.

Bei einem Drittanbieter fallen die genannten Probleme größtenteils weg. Hier zählen die Geschäftsbedingungen des Anbieters und wenn sich die rechtliche Lage ändert, so ist das nicht Ihr Problem.

Online-Bezahlung und Sicherheit

Eine Bezahlmöglichkeit, die stark verbreitet ist und sich rühmt, sehr sicher zu sein, ist PayPal. Interessierte Kunden klicken auf das Jetzt-kaufen-Symbol, bezahlen über die PayPal-Plattform und werden dann auf eine Seite weitergeleitet, wo sie das E-Book herunterladen können. Allerdings müssen Sie dabei beachten, dass diese Download-

Seite möglichst nicht von den sog. Webcrawlern gefunden wird, so dass sie in den Suchmaschinen aufgelistet wird. Dazu muss die Seite vor den »Robots« versteckt werden. Was manchmal übersehen wird: Man kann bei PayPal auch bezahlen, ohne einen eigenen Account zu haben, nämlich mit Visa Card, MasterCard usw.

Eine Bezahlung mit PayPal kann jeder relativ einfach in seine Seite implementieren, egal ob reguläre Website oder eine Seite, die auf einem CMS (Content Management System) beruht (z.B. Drupal, WordPress, Joomla u.a.). Für Letztere gibt es sogar kostenlose Plug-ins, mit denen Sie ein komplettes Shopsystem erstellen können. Im Netz finden Sie viele Anleitungen zum Thema. Schauen Sie auch auf der PayPal-Seite selbst [91]. Für ein paar Euro sind auch viele gute Infos auf der folgenden Seite erhältlich, die zwar eher für Musiker ausgelegt ist, aber auch viele allgemein wertvolle Informationen zu Marketing, Werbetexten, Merchandising und Webshops enthält: [92].

DRM – Digitale Rechteverwaltung

DRM bedeutet »Digital Rights Management« und bezeichnet eine Technik, um E-Books zu verschlüsseln. Es gibt drei große bekannte DRM-Systeme: das von Amazon, das von Apple und eins von Adobe. Das DRM-System von Adobe kann lizenziert und von Händlern implementiert werden. Für Privatleute ist das jedoch nichts, da hier hohe Kosten anfallen. Das Ganze läuft über einen eigenen Server, den »Adobe Content Server«. Beim Leser kann das E-Book dann auch nur auf einem System gelesen werden, das diese Technologie unterstützt. Apple benutzt sein »Fairplay DRM« für ePubs im iBookstore. Solche Bücher können nur in iBooks auf iOS-Geräten gelesen werden. Amazon benutzt ein eigenes DRM für das Mobipocket-Format.

Durch Lizenzcodesysteme kann ein E-Book z.B. für die Nutzung auf einem Computer freigegeben werden. Wird das E-Book dann weitergegeben, lässt es sich nicht auf einem zweiten Computer öffnen. Solche Systeme können auch die Erstellung von Screenshots unterbinden. Eine andere Möglichkeit ist, die E-Book-Dateien vor dem Download mit einem Schlüssel zu kennzeichnen. Trustlabel [93] bietet z.B. so ein System an.

Kopierschutzsysteme sind natürlich ein Streitthema in der Branche. Es gibt tatsächlich Raubkopierer, die E-Books ohne Schutzmaßnahmen z.B. auf CD brennen und für über 20 € – mit Erfolg – auf Trödelmärkten verkaufen. Oder Buchtitel werden 1:1 kopiert und über Download- oder Auktionsportale angeboten. Jedoch können auch Schutzsysteme von Leuten, die sich auskennen, gehackt werden. Den ultimativen Schutz gibt es da nicht.

Der Trend geht momentan in die Richtung, DRM-freie E-Books anzubieten. Die Buchindustrie wird hier von der Musikindustrie lernen müssen. Schließlich sollen die Kunden nicht verscheucht werden und möglichst einfach mit ihrem erworbenen Produkt umgehen können. Schutzmechanismen wirken eher abschreckend, weil sie oft dazu führen, dass das rechtmäßig erworbene Produkt nicht so genutzt werden kann wie gewünscht.

21.3 Online-Marketing und PR

Nachdem das Buch veröffentlicht ist, müssen Sie noch darauf aufmerksam machen. Das Internet bietet mittlerweile sehr viele Möglichkeiten, in Eigeninitiative PR zu betreiben.

PR-Portale

Zuerst können Sie durch eine Pressemeldung auf Ihr Buch aufmerksam machen, die Sie neben Ihrer eigenen auf Websites wie [94], [95], [96], [97], [98], [99] usw. veröffentlichen. Sie finden bestimmt über die Suchmaschinen noch andere. Außerdem können Sie Blogger und Journalisten aus Ihrem Fachbereich anschreiben, diesen Ihre Pressemitteilung schicken und um eine Rezension bitten.

Soziale Netzwerke nutzen

- Um Werbung für ein Buch bzw. in diesem Falle ein E-Book zu machen, sind soziale Netzwerke ideal, da sie eine kostenlose Plattform bieten. Achten Sie nur darauf, die Nutzer nicht mit zu viel Werbung zu vergraulen. Sie können z.B. für Ihr Buch eine Facebook-Seite erstellen und so mit interessierten Lesern direkt in Kontakt treten. Sie können auch eine Facebook-Anzeige schalten, falls Sie für eine Online-Kampagne etwas Geld ausgeben wollen.
- Bei Twitter sind international viele potenzielle Leser unterwegs. Es kann sich lohnen, auch darauf einen Blick zu werfen und den richtigen Hashtag (#), der zum Thema Ihres Buches passt, zu erwischen. Hashtags bei Twitter sind Schlüsselwörter, die an Nachrichten angehängt werden. Dadurch ist es möglich, in Echtzeit zu sehen, wer auf der Welt bei Twitter über das gleiche Thema schreibt. So können Sie mit Lesern eines Interessengebietes in Kontakt kommen und damit auch Ihr Buch promoten.
- In Foren können Sie ebenfalls auf das Buch aufmerksam machen. Fast zu jedem Thema gibt es Foren, die gut besucht werden. Aber auch hier: Achten Sie darauf, dass Sie die User nicht mit Werbung belästigen, sondern stellen Sie Ihren Beitrag eher in ein Forum wie »Ich stelle mich vor«, »Showcase«, »Testforum«, »Projektvorstellung« o.Ä.

- Auch wenn es sich um ein Buch handelt, können Sie z.B. ein kurzes Präsentationsvideo erstellen und das auf einer der vielen Videoportale wie [☝100], [☝101], [☝102], [☝103] usw. veröffentlichen.
- Nutzen Sie Google AdWords, um eine Kampagne zu schalten (kostenpflichtig).
- Auch auf Businessnetzwerken wie [☝104] oder [☝105] gibt es meist Bereiche wie »Leseecke«, »E-Books« usw. Nutzen Sie die kostenlosen Möglichkeiten des Web 2.0 und vernetzen Sie sich in der Branche.

Ausblick

Bei den E-Book-Shops ist noch vieles in der Entwicklung und jeder versucht momentan, irgendwie einen Fuß da hinein zu bekommen. Generell scheint Deutschland bzw. Europa aber auch hier wieder nach Amerika zu schauen, wie sich die Lage da entwickelt. Und die Verkaufszahlen sehen nicht schlecht aus: Im Juli 2010 haben die Verkäufe von elektronischen Büchern für den Kindle die Verkäufe von gebundenen Ausgaben überholt. Bis es in Deutschland so weit kommt, wird noch etwas Zeit vergehen. Ein Problem dabei ist auch die Preisbindung in Deutschland. Dadurch wird zwar der Preiswettbewerb verhindert, aber E-Books werden deutlich teurer verkauft als z.B. in den USA oder Großbritannien. Auch fehlt oft noch der Mehrwert. Es bleibt abzuwarten, ob 2012 wirklich das E-Book-Jahr wird.

TEIL 4

Anhang

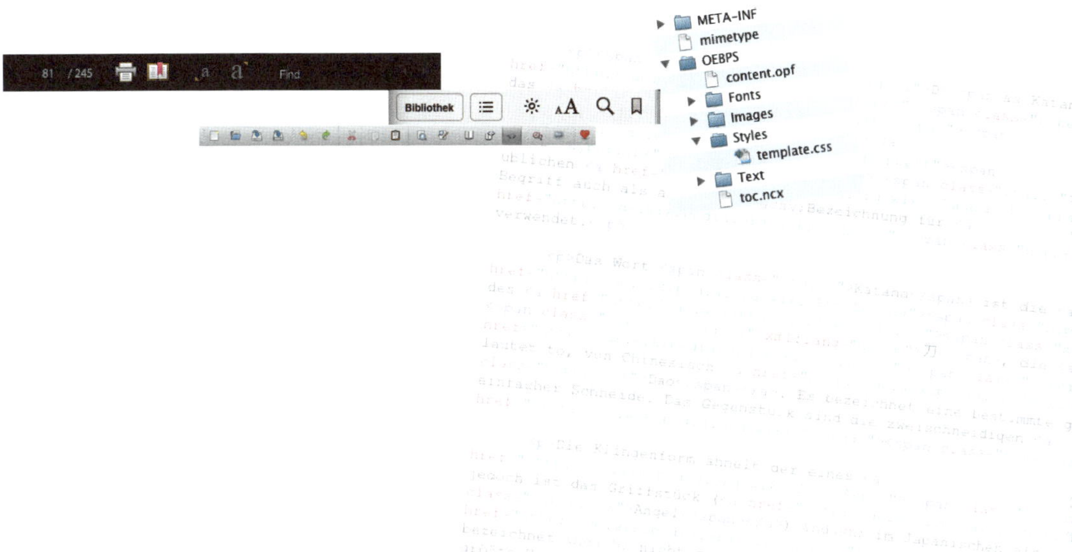

22 Unterschiede zwischen InDesign CS5 und CS5.5

Wir haben in diesem Buch ab und zu unterschiedliche Arbeitsweisen vorgestellt, und zwar in erster Linie dort, wo CS5.5 sich von CS5 unterscheidet. In diesem Kapitel möchten wir Ihnen noch einmal einen Gesamtüberblick über die wesentlichen Änderungen von CS5.5 geben. Adobe hat mit diesem Upgrade vor allem die Digital Publisher angesprochen. Die Funktionen selbst werden in den entsprechenden Abschnitten des Buches detaillierter vorgestellt und Schritt für Schritt besprochen.

Buchstege

Es kann ein einfacher Wert in Em oder Pixel eingegeben werden, um Stege im ePub zu definieren. Der Wert gilt für alle Stege, also Kopf-, Fuß- und Außenränder. Em ist die beste Einheit, um Kompatibilität für alle Geräte zu garantieren. InDesign generiert damit eine CSS-Klasse `@page rule`.

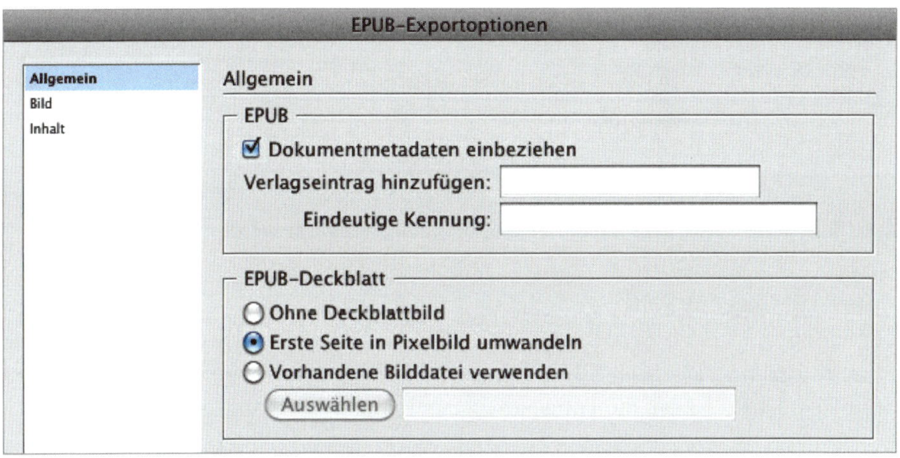

ePub-Export → Allgemein: **Der Buchsteg gibt an, wie weit entfernt vom Rand des Readers der Text beginnt, und bezeichnet damit den digitalen Satzspiegel.**

Bildauflösung

In InDesign CS5.5 kann man aus verschiedenen Optionen wählen: 72 ppi (kleinste Dateigröße), 96 ppi (Windows-Standard), 150 (für die meisten E-Reader zu empfehlen) und 300 ppi (für den Druck und Apples »Retina Display«). In CS5 gibt es nur die unveränderliche Möglichkeit, 72 ppi auszugeben.

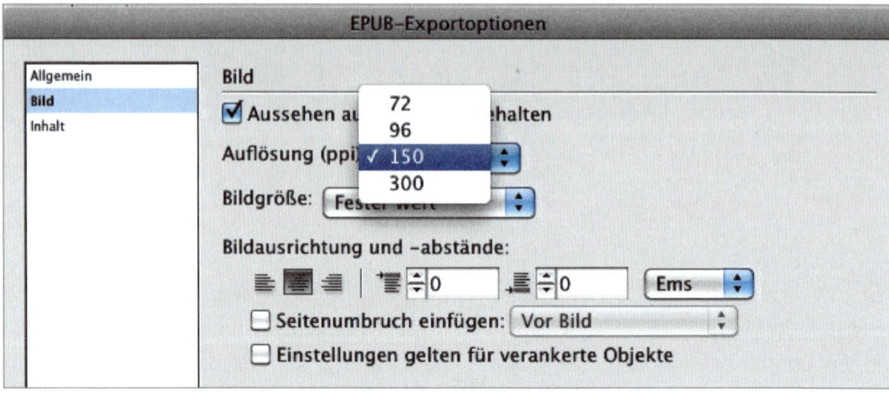

Vier Auswahlmöglichkeiten für die Bildauflösung bietet CS5.5.

Bildgröße

Zusätzlich zu *Fester Wert* gibt es jetzt *Relativ zur Seite*. Dadurch können Bilder im ePub automatisch proportional zur Seite skaliert werden. Wenn ein Bild die ganze Satzbreite einnimmt, wird das auch im ePub so sein und das Bild passt sich je nach Größe des Screens selbstständig an.

Relativ zu Seite heißt, dass die Bilder proportional angepasst werden.

Unterstützung für PNG

CS5 kannte beim ePub-Export kein PNG. Wird in CS5.5 PNG ausgewählt, erscheint die Komprimierung ausgegraut. PNG ist zu empfehlen, um verlustfreie Bilder ins ePub zu bringen, oder für Bilder, die Transparenz beinhalten.

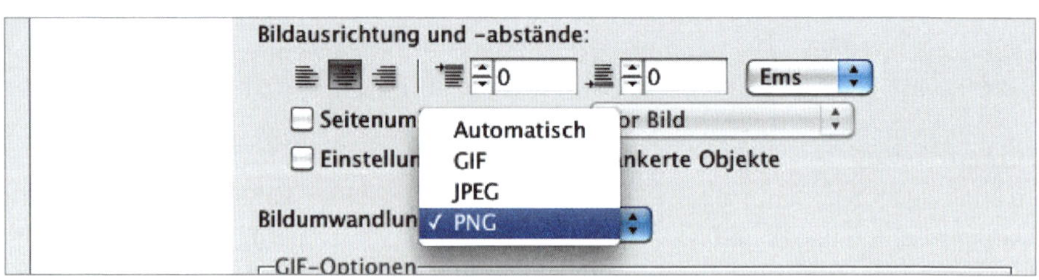

ePub-Export → *Bild*: PNG ist neu in der Liste.

Coverbild

Es sind einige Optionen hinzugekommen, um ein Coverbild zu bestimmen:

1) Die erste Seite des Dokuments wird zum Coverbild konvertiert.
2) Sie verwenden eine fertige Bilddatei.
3) Sie wollen kein Coverbild definieren (und das vielleicht später hinzufügen).

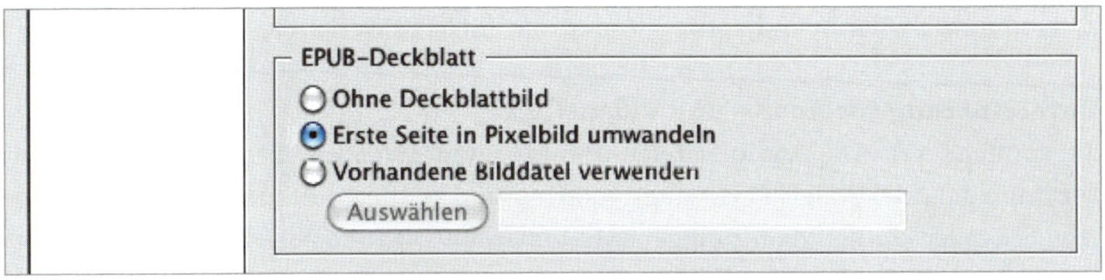

***ePub-Export → Allgemein*: Sie können die erste Seite des Dokumentes beim Export in ein Pixelbild umwandeln lassen.**

Dokument trennen bei Absatzformat

In früheren Versionen unterstützt InDesign Seitenumbrüche nur per Inhaltsverzeichnisformaten. In CS5.5 kann jedes Absatzformat dazu dienen, indem man es beim Export einfach auswählt. Allerdings kann man nicht mehrere verschiedene Absatzformate auswählen. Durch die Option generiert InDesign aber einzelne HTML-Dateien im ePub, was auf jeden Fall hilfreich ist, um Kapitelunterteilungen vorzunehmen. Bei zu langen Kapiteln können E-Reader sehr langsam werden. Im Buch erklären wir noch andere Methoden, um Seitenumbrüche vorzunehmen.

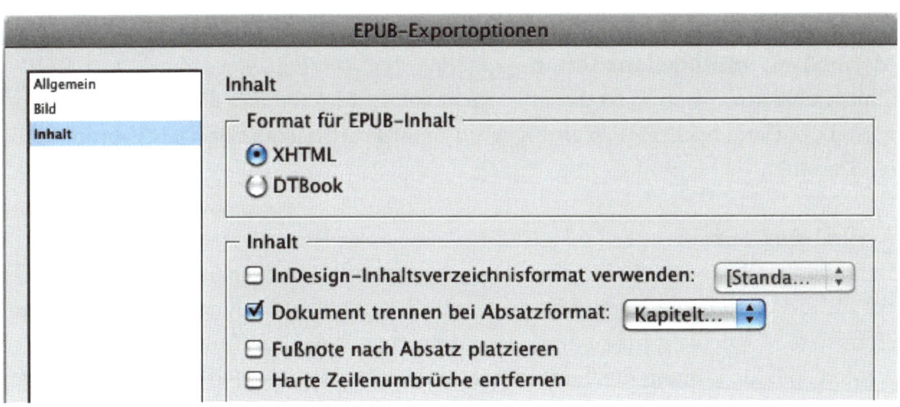

***ePub-Export → Inhalt:* Hier wird jeweils vor dem Absatzformat »Kapiteltitel« getrennt.**

Fußnote nach Absatz platzieren

Jetzt können Fußnoten auch sofort nach dem entsprechenden Absatz erscheinen anstatt erst am Textflussende.

Harte Zeilenumbrüche entfernen
Ein harter Zeilenumbruch ist eine feste Zeilenendmarkierung und wird als Absatz interpretiert (Steuerzeichen: ¶). Er wird durch Drücken der Return-Taste eingegeben. Der weiche Zeilenumbruch (¬) erzwingt eine neue Zeile, unterbricht die Absatzformatierungen aber nicht. Er wird durch Shift-Return eingegeben. Eigentlich ist die deutsche Übersetzung im ePub-Exportdialog hier falsch, denn gemeint ist der weiche Zeilenumbruch, der beim Export automatisch entfernt werden kann.

Unterstützung für Audio- und Video-Tags
Sie können jetzt MP3-Audio-Dateien und MP4-Videos (h.264-Codec) platzieren und InDesign generiert die HTML5-Tags `<audio>` und `<video>`. Achtung: Noch sehr wenige E-Reader können damit umgehen! Momentan spielt da hauptsächlich Apple mit iBooks eine Vorreiterrolle.

Verschachtelung von Listen
Listen mit Aufzählungszeichen und nummerierte Listen werden korrekt mit den verschachtelten Tags `<ul>` und `<ol>` exportiert. Das funktioniert, wenn InDesigns Listenfunktion benutzt wurde. Allerdings sehen Sie im Kapitel 4.5, S. 59, dass es einen Bug bei der Kombination von beiden Listentypen gibt.

Ausgabe des Inhaltsverzeichnisses
CS5.5 exportiert jetzt auch Inhaltsverzeichnisse, die mit InDesigns Inhaltsverzeichnis-Funktion erstellt wurden. Bei früheren Versionen lässt InDesign das Inhaltsverzeichnis einfach aus, d.h., die Seite fehlt komplett im ePub. Stattdessen wird nur die »Navigation Map« exportiert.

Metadaten: Publikationsdatum
Ohne Publikationsdatum ist das ePub nicht valide. Musste man die Metainformation vorher per Hand nachträglich einfügen, so generiert InDesign CS5.5 jetzt automatisch ein Datum.

Artikel-Bedienfeld
In früheren Versionen diente das etwas komplexe XML-Sidepanel dazu, die Struktur für das ePub festzulegen. Mit dem Artikel-Bedienfeld kommt jetzt eine weitere, einfachere Möglichkeit hinzu, um zu bestimmen, wie der Textfluss im ePub gestaltet werden soll. Sie können die Textrahmen und Bilder, die ins ePub exportiert werden sollen, einfach per Drag & Drop ins Artikel-Bedienfeld hineinziehen und nach Belieben verschieben. Zum Schluss können Sie dann beim ePub-Export unter *Sortieren: wie Artikel-Bedienfeld* anklicken.

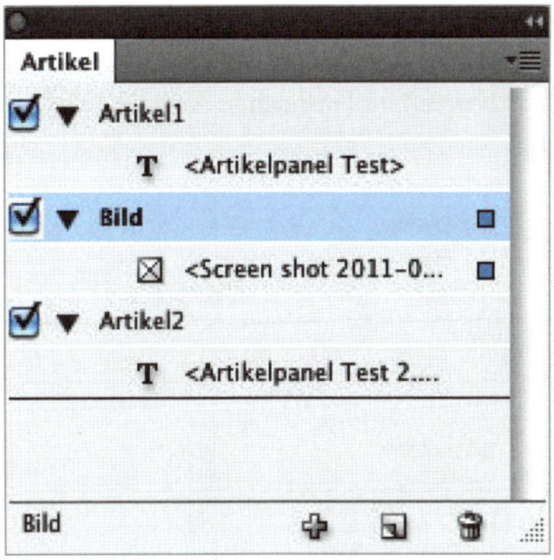

Sie können im Artikel-Bedienfeld genau festlegen, was ins ePub transportiert werden soll.

Tagsexport

Bei den Absatzformaten und den Zeichenformaten ist jetzt ein neuer Punkt hinzugekommen: Beim Tagsexport kann schon in InDesign bestimmt werden, wie die CSS-Klasse benannt werden soll, und Sie können ein `<p>`- oder ein `<h1>`-Tag zuweisen.

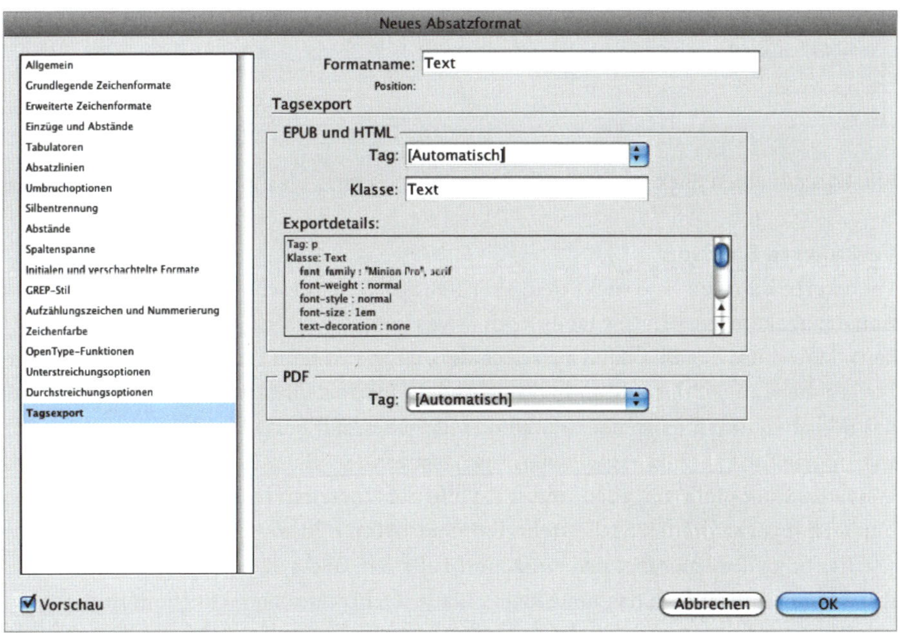

Beim Tagsexport sehen Sie eine Vorschau der CSS-Klasse.

Mapping von Formaten

In dem Kontextmenü der Absatzformate oder der Zeichenformate finden Sie etwas versteckt den neuen Eintrag *Alle Exporttags bearbeiten*. Hier sehen Sie alle Tags auf einen Blick und können diese bearbeiten.

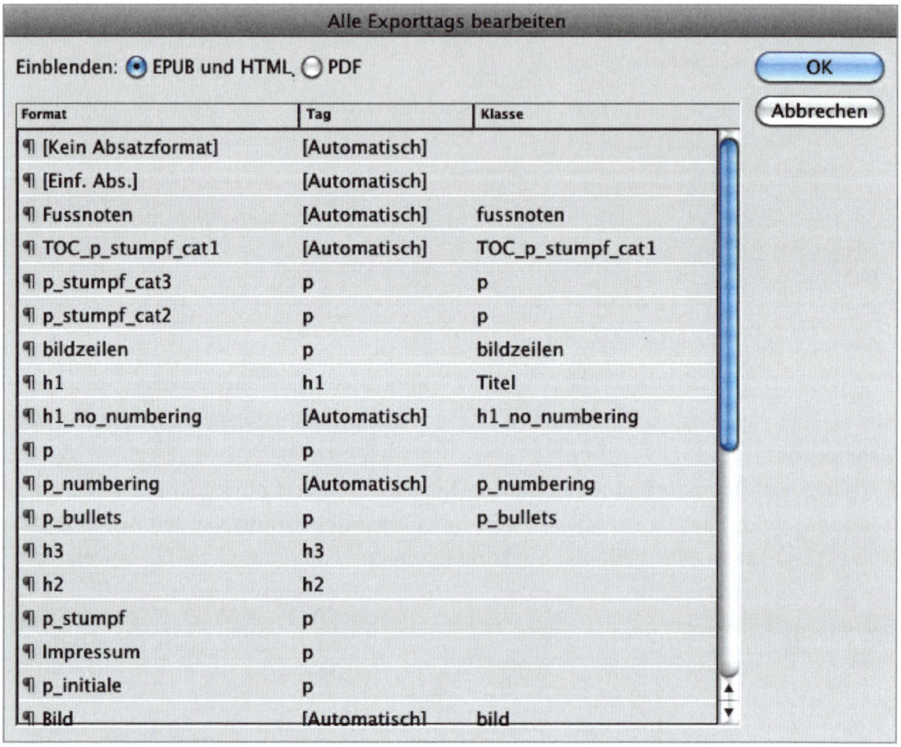

Alle Tags auf einen Blick

Verankerte Rahmen

Verankerte Rahmen sind nicht neu, aber in CS5.5 ist eine sehr praktische neue Funktion dazugekommen. In CS5 ist es noch etwas kompliziert, Bilder in Texten zu verankern: Man muss das Bild dazu ausschneiden, dann mit dem Cursor in den Text an die Stelle gehen, an der das Bild stehen soll, und dieses dort einfügen. Anschließend muss das Bild aber, damit es an der richtigen Stelle steht, mit Hilfe der Optionen unter *Objekt → Verankertes Objekt → Optionen* angepasst werden. Sie müssen dafür die richtigen Werte im Dialogfeld eingeben und mit Hilfe der Vorschau kontrollieren, ob das Bild nun an der gewünschten Stelle steht. Beim nächsten Bild wieder die gleiche Prozedur.

Bei CS5.5 funktioniert das einfacher: Falls das Bild schon dort steht, wo es hin soll, können Sie einfach das neue kleine blaue Rechteck oben rechts vom Bildrahmen anklicken und den Anker an die entsprechende Stelle im Text ziehen. Weitere Einstellungen sind nicht mehr nötig. Bei der ePub-Erstellung ist das auch eine besondere Erleichterung, da Bilder und Objekte im Text verankert werden sollten, damit sie nachher in der richtigen Reihenfolge erscheinen.

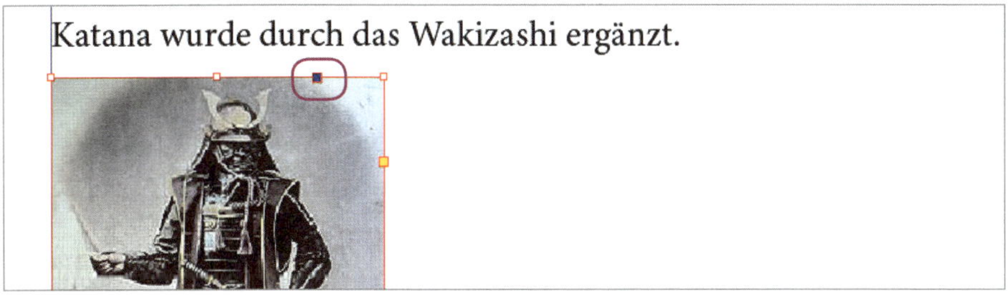

Objektexportoptionen

Neu sind in CS5.5 auch die Objektexportoptionen. Sie finden sie unter *Objekt → Objektexportoptionen* und können damit jedes Bild oder Objekt festlegen, wie es für das ePub oder auch für PDF oder HTML exportiert werden soll: welche Auflösung Sie verwenden wollen, wie groß es im E-Reader später erscheinen oder wie die Ausrichtung des Objekts sein soll. Im Tab *Alternativer Text* kann auch eine Bildbeschreibung eingegeben werden, was für die Barrierefreiheit eine Rolle spielt. Sehbehinderte, die das Bild nicht sehen können, bekommen dann die Beschreibung des Bildes vorgelesen.

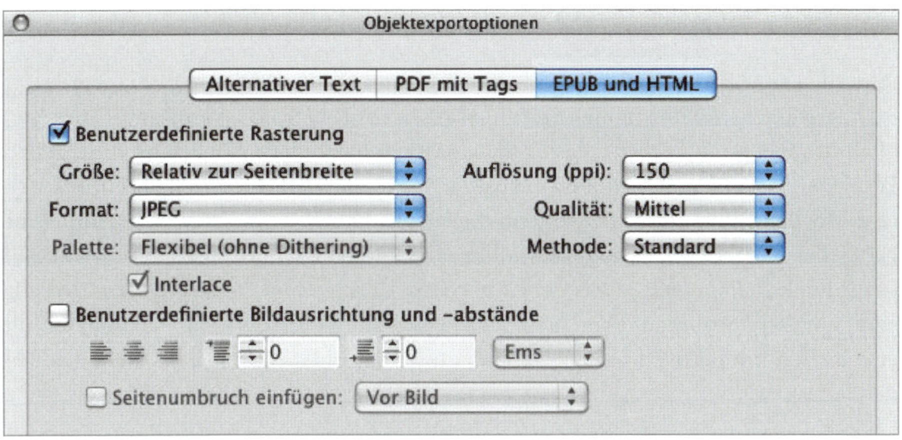

Wir sind jetzt die wichtigsten Neuerungen von InDesign CS5.5 kurz durchgegangen. Neben den Funktionen, die für die ePub-Erstellung relevant sind, gibt es auch ein paar weitere Änderungen wie die Verwendung von OpenSource-Wörterbüchern (Hunspell, siehe auch [☞106]), eine bessere Unterstützung für PDF-Tags und Updates beim PDF/X4-Standard.

23 IDPF und ePub3

IDPF

Das IDPF (International Digital Publishing Forum) ist eine globale Standardisierungsorganisation für elektronische Publikationen und Konsumverhalten. Ihre Standards werden durch das ePub-Format (ePub ist eine Abkürzung für »electronic publication«) definiert und verwirklicht. ePub ist ein freier und offener Buchstandard für dynamischen Inhalt, was heißen soll, dass sich die Inhalte wie Text, Bilder, Tabellen an die verschiedenen E-Book-Lesegeräte und Bildschirmgrößen anpassen und entsprechend dargestellt werden. Eine vom IDPF gebildete ePub-Arbeitsgruppe ist zuständig für die Entwicklung und Umsetzung der ePub-Spezifikationen und -Standards. Deren Aktivitäten sind als »open source« gekennzeichnet, wodurch alle Informationen öffentlich zugänglich und für die Herstellung von Lesegeräten oder -software offengelegt sind.

ePub3

Pünktlich zur Eröffnung der Frankfurter Buchmesse am 11. Oktober 2011 wurde der Standard ePub3 mit den finalen Spezifikationen vorgestellt. Die Veröffentlichung von ePub3 war ein großer Schritt, da es nun den Geräteherstellern möglich ist, die E-Book-Lesegeräte dem neuen Standard anzupassen und somit den Nutzern neue Funktionen und Möglichkeiten zur Verfügung zu stellen. Es bleibt abzuwarten, wie schnell die Hersteller reagieren können oder wollen. Und auch die Online-Portale zum Verkauf der E-Books haben jetzt etwas Arbeit vor sich, da auch hier Änderungen notwendig sind, um den Autoren und Verlagen die Möglichkeit zu bieten, ePub-Dokumente mit erweiterten interaktiven Inhalten anzubieten, was leider derzeit noch viel zu selten der Fall ist.

Warum ePub3?

Die rasche Entwicklung der Technologien sowie anderer elektronischer Buchstandards bedingt eine Aktualisierung der ePub2-Spezifikationen, um besser für die Zukunft der digitalen Publikationen gerüstet zu sein. Dabei beinhalten die neuen Spezifikationen die erweiterte Unterstützung der Funktionen von Tablet-PCs, die Integration des neuen Webstandards HTML5 und CSS3, die Anpassung der Barrierefreiheit auf alle Sprachen, den Einbau multimedialer Inhalte und neue Gestaltungsmöglichkeiten.

ePub3-Neuerungen im Überblick

Illustrierte ePub-Dateien (fixed layout ePub)

Illustrierte ePub-Dateien sind noch unter dem englischen Begriff »fixed layout ePub« bekannt. Dabei handelt es sich um elektronische Bücher, deren Gestaltung und Aussehen von der gedruckten Version übernommen werden können (sofern eine solche besteht) bzw. bei denen es möglich ist, für Texte, Bilder und sonstige Objekte sowie Hintergrundbilder eine exakte Position anzugeben. Somit sind viel mehr gestalterische Möglichkeiten gegeben.

Einige große Nachteile haben illustrierte ePubs allerdings gegenüber einem normalen oder enhanced ePub. So passt sich der Text hier nicht dynamisch an die Bildschirmgröße an. Es ist auch aktuell nicht möglich, illustrierte ePubs aus InDesign auszugeben. Die Herstellung ist reine Handarbeit und verlangt hohe technische Kenntnisse in der E-Book-Erstellung sowie viel Zeit, was Autoren und Verlage zögern lässt, solche elektronischen Bücher auf den Markt zu bringen. Dazu kommt, dass illustrierte ePubs derzeit nur in Apple iBooks angesehen werden können. Ein fixed layout ePub hat starke Ähnlichkeit mit einer PDF-Datei, da die Gestaltung beibehalten wird. Ein Nachteil von PDF-Dateien ist aber, dass eingebettete multimediale Inhalte nicht auf E-Readern funktionieren.

Unterstützung bei der Erstellung eines illustrierten ePub-Dokumentes verspricht der Software-Hersteller Aquafadas [👆107] mit seinen InDesign-Plug-ins zur Herstellung von digitalen Magazinen in App-Form. Mit einer für 2012 geplanten Version der Plug-ins soll es möglich sein, illustrierte ePub-Dateien ohne weitere technische Kenntnisse und mit geringem Zeitaufwand herzustellen.

Wir halten Sie natürlich auf der Internetseite zu diesem Buch unter [👆108] www.epub-fuer-indesigner.de über die weitere Entwicklung auf dem Laufenden.

Verbesserte multimediale Inhalte

Multimediale Inhalte wie Audio und Video werden zwar bereits von E-Book-Geräteherstellern wie Amazon, Apple und Barnes & Noble unterstützt, indem HTML5-Tags verwendet werden können, welche sich jedoch in den Audio- und Videoformaten unterscheiden und nicht geräteunabhängig benutzt werden können. ePub3 erlaubt es dem Gestalter, eine einzige Version eines E-Books herzustellen und dabei mehrformatige multimediale Inhalte (wie MP4 und OGG) gleichzeitig einzubinden, die dann von möglichst allen Geräten verstanden und ausgegeben werden können bzw. bei denen das Gerät automatisch entscheidet, welches Format für die Darstellung am geeignetsten ist.

Sprachunterstützung

ePub3 bietet die Möglichkeit, nicht nur Sprachen mit lateinischem Alphabet durchsuchen zu können, sondern auch solche wie Japanisch, Chinesisch und Arabisch. Diese Sprachen werden dann als richtige Schriftzeichen enthalten sein und nicht als JPEG-

Bilder, wie es beim aktuellen Standard der Fall ist. ePub3 bietet eine volle Unterstützung für die Leserichtung von rechts nach links sowie vertikal. Alle diese Änderungen ermöglichen es, eine noch größere Bandbreite an Literatur als elektronische Bücher anzubieten.

Verbesserte Barrierefreiheit und Metadaten

Barrierefreiheit wie die vom DAISY Consortium (**D**igital **A**ccessible **I**nformation **S**ystem) vorgeschlagenen Funktionen werden besser vom ePub3-Standard unterstützt, was den Einsatz von elektronischen Lesegeräten für sehbehinderte Personen interessant macht. ePub3 kann auch erweiterte Metadaten für ONIX (**On**line **I**nformation e**X**change) enthalten, um den Austausch von produktspezifischen Daten im Buchhandel zu verbessern.

Interaktivität

Eine der größten Neuerungen ist die Unterstützung von Interaktivität und Effekten mit Hilfe der Programmiersprache JavaScript. Dies ermöglicht es, zukünftig Spiele, Kreuzworträtsel und Sudokus in E-Books einzubinden sowie Inhalte abhängig von der geografischen Position anzuzeigen oder je nach Lesegerät zu ändern. JavaScript ist eine weit verbreitete und bekannte Programmiersprache, die bislang vor allem auf Webseiten eingesetzt wird.

Read Aloud

Bei read aloud (engl. für laut vorlesen) ePubs handelt es sich um Bücher, bei denen der Text mit Ton versehen ist. Durch Klicken auf den Text oder einen eigens dafür definierten Button ist es möglich, eine Audio-Datei abzuspielen, in der zum Beispiel der Text vorgelesen wird. Zudem können Effekte mit der Audio-Datei synchronisiert werden, so dass zum Beispiel die gerade vorgelesene Textstelle in anderer Farbe als der restliche Text dargestellt wird. Read Aloud ist momentan nur in Kombination mit einem illustrierten ePub in Apple iBooks möglich.

Neue Gestaltungsmöglichkeiten und MathML

In ePub3-Dokumenten können nun erweiterte Gestaltungsmöglichkeiten wie alternative Style Sheets basierend auf dem Lesegerät, mehrspaltige Gestaltung und erweiterte Bildeigenschaften zum Einsatz kommen. ePub3 wird auch MathML (**Math**ematic **m**arkup **l**anguage, eine Erweiterung von XML) unterstützen, um akademische und technische Literatur erstellen zu können.

Mehr über ePub3 und die kompletten Spezifikationen finden Sie auf der englischsprachigen Website [☝**109**].

24 Checkliste

Vorbereitende Arbeiten

- Print-Dokument für erste Schritte vorbereiten
- Seitengröße für das neue InDesign-Dokument definieren
- Intelligenten Textumfluss aktivieren
- Texte vom Print-Dokument in die ePub-optimierte Datei kopieren
- Manuelle Fußnoten in automatische Fußnoten umwandeln

Texte

- Texte säubern
- Absatz- und Zeichenformate erstellen
- Abstände einfügen
- Aufzählungen und Listen vorbereiten [1]
- Optional: Tabellen vorbereiten [2]

Bilder

- Bilder aus der Druckversion übernehmen
- Bilder für ePub optimieren
- Grafiken und Objekte in Bilder umwandeln
- Bilder im Textfluss verankern
- Coverbild vorbereiten [3]
- Optional: Kästen und farbige Auszeichnungen erstellen [4]
- Optional: Bilder und Kästen mit Text umfließen [5]

Buchfunktionen

- Optional: Artikel im Artikel-Bedienfeld definieren
- E-Book-Navigation einrichten [6]
- Optional: Inhaltsverzeichnis hinzufügen
- Buchdokument und Kapitel erstellen
- Metadaten hinzufügen [7]

Querverweise und Links

- Optional: Querverweise erstellen
- Optional: Hyperlinks anlegen [8]
- Optional: Fußnoten/Endnoten vorbereiten

Ein ePub exportieren

Die ePub-Datei validieren

Erweiterte Bearbeitung der ePub-Datei

- Schriftgröße einstellen
- Kapitelaufteilung und Navigation bearbeiten
  Kapitelaufteilung nach dem Export überarbeiten • Navigation Map manuell bearbeiten [6]
- Schriften und Sonderzeichen einbetten
- Bilder, Kästen und andere Gestaltungselemente
  Kästen und farbige Auszeichnungen fertigstellen [4] • *Bilder und Kästen mit Text umfließen* [5] • *Bildgrößen im ePub angeben • Bildraster erstellen • Hintergrundfarbe definieren • Schriften und Sonderzeichen einbetten • Initialen erstellen • Schusterjungen und Hurenkinder bearbeiten*
- Aufzählungen und Listen nachbearbeiten [1]
- Tabellen weiterbearbeiten [2]
- Hyperlinks nachträglich erstellen und bearbeiten
  Textanker und Links erstellen • Aussehen von Hyperlinks verändern [8]
- Abschließende Arbeiten
  Metadaten bearbeiten [7] • *Cover nachträglich anlegen oder bearbeiten* [3] • *»Guide«-Sektionen anlegen*

Die ePub-Datei erneut validieren

Video- und Audio-Dateien einbauen

- Extra: Video einfügen
- Extra: Audio einfügen

Das ePub für Kindle umwandeln

Vertrieb der elektronischen Bücher planen

- In Online-Shops von Amazon und Apple bringen
- E-Books selbst verkaufen
- Online-Marketing und PR planen

[0] Das Stiftsymbol gibt an, dass es sich hierbei um eine Arbeit handelt, die nur teilweise in InDesign ausgeführt werden kann und noch nachträglich fertiggestellt werden muss. Die darauffolgende Nummer verweist auf die Stelle zur Fortführung der Arbeit bei der erweiterten Bearbeitung.

25 Websites und Publikationen zum Thema

Die Internetseite zum Buch

www.epub-fuer-indesigner.de
Auf der Internetseite zum Buch halten wir Sie über Neuigkeiten zum Thema auf dem Laufenden. Dort finden Sie u.a. auch die Testdateien zum Herunterladen.

Internetseiten der Autoren

www.sachaheck.net/blog
Bei Sacha gibt es in unregelmäßigen Abständen Tipps und Tricks zu Techniken aus der Publishing-Welt, von InDesign über Photoshop, Acrobat bis zu ePub sowie News über Mediengestalter in Luxemburg.

www.indesign-world.com
Yves berichtet in seinem Blog über Tutorials, Screencasts und interessante Neuerungen rund um InDesign, digitales Publizieren und weiteren Themen der Community.

Deutsche Websites und Blogs

www.indesignblog.com
InDesign automatisieren ist das Thema von Gregor Fellenz.

www.ebookblog.de
Aktueller Newsblog zum Thema E-Books.

http://ebooksaktuell.de
Alles über E-Books: Formate, Reader, Vergleiche, Shops etc.

www.ebook-fieber.de
Weitere News-Seite über E-Books.

http://blogs.ulrich-media.ch
Blog von Haeme Ulrich und Michel Mayerle mit brandaktuellen Nachrichten zum Premedia-Bereich.

Englische Websites und Blogs

www.indesign-secrets.com
Die InDesign-Seite schlechthin. Mit vielen Details rund um InDesign, Tipps und Tricks zum digitalen Publizieren und einigem mehr.

www.pigsgourdsandwikis.com
Man könnte Liz Castro als Pionierin des ePub bezeichnen. Sie hat eines der ersten Bücher zum Thema geschrieben und ihr englischsprachiger Blog ist auf jeden Fall regelmäßig einen Besuch wert.

http://blog.threepress.org
Liza Daly schreibt im Blog von Threepress (Entwickler des Ibis-Reader).

http://goldenorbcreative.wordpress.com
Englischer Blog mit guten Artikeln über ePub.

http://silvadeau.wordpress.com
ePub, InDesign und Technisches zum Thema.

www.epubsecrets.com
Ein Muss für ePub-Ersteller, angelehnt an die bekannte InDesignSecrets.com-Seite.

www.workflowepub.com
Interessantes aus der Szene.

http://sigildev.blogspot.com
Blog von Sigil-Entwickler John Schember.

www.thebookdesigner.com
Blog von Joel Friedlander über das Buch allgemein und alles, was dazugehört.

www.instantindesign.com
Blog mit einigen Screencasts zu ePub und InDesign von Gabriel Powell.

Foren, Austausch, Netzwerke

www.hilfdirselbst.ch/foren/Digital_Publishing_Forum_64.html
Die Schweizer HilfDirSelbst-Plattform mit eigenem Digital-Publishing-Unterforum.

www.mobileread.com
Im MobileRead-Forum tauschen sich viele Experten zu unterschiedlichsten E-Book-Themen, über die Software, über Hard- und Software-Reader etc. aus.

www.twitter.com
In der Twitter-Gruppe mit dem Hashtag #eprdctn zwitschern viele Profis aus der Fachszene. Mitlesen lohnt sich.

26 Links zum Buch als QR-Code

Hinweise zur Nutzung der QR-Codes finden Sie im Abschnitt »Aufbau des Buches« im Abschnitt »Links«, S. 9.

001 002 003 004

005 006 007 008

009 010 011 012

013 014 015 016

017 018 019 020

021 022 023 024

025 026 027 028

029 030 031 032

033 034 035 036

037 038 039 040

041 042 043 044

045 046 047 048

049 050 051 052

053 054 055 056

057 058 059 060

061 062 063 064

065 066 067 068

069 070 071 072

073 074 075 076

077 078 079 080

081 082 083 084

085 086 087 088

089 090 091 092

093 094 095 096

097 098 099 100

101 102 103 104

105 106 107 108

109

27 Index

B

C

D

E

F

T

U

V

W

X

Z